**国家科学技术学术著作出版基金资助出版**

# 石化工业数字化智能化转型

SHIHUA GONGYE
SHUZIHUA ZHINENGHUA
ZHUANXING

李德芳
蒋白桦  等 编著
赵劲松

化学工业出版社

·北京·

## 内容简介

《石化工业数字化智能化转型》是中国石化集团公司、石化盈科公司、清华大学等单位基于多项国家"863"和工信部重大科研项目以及自主建设8家工信部智能制造试点示范"智能工厂""智能油气田"先进经验的系统性总结。

全书先从经营管理、生产营运、客户服务以及基础设施四大平台全面介绍了中国石化企业信息化现状和已有基础,再从核心使能技术PCPS、石化工业互联网平台、数字化工业体系和数字化服务体系等方面系统阐述了石化工业数字化智能化转型的理论框架、支撑技术体系、战略发展路径和重点任务,最后从集团企业、炼化企业、油田企业、油品销售企业数字化智能化转型等案例全方位展示了石化企业数字化智能化转型的实践成果。

《石化工业数字化智能化转型》可供石油化工企事业单位的管理人员、信息化科研人员和生产技术人员阅读,也可供钢铁、冶金、建材等流程型企业科技人员和高等院校相关专业师生学习参考。

## 图书在版编目（CIP）数据

石化工业数字化智能化转型/李德芳等编著. —北京：化学工业出版社，2021.8（2023.9重印）
国家科学技术学术著作出版基金资助出版
ISBN 978-7-122-39190-2

Ⅰ.①石… Ⅱ.①李… Ⅲ.①石油化工企业-工业企业管理-数字化-研究-中国 Ⅳ.①F426.22

中国版本图书馆CIP数据核字（2021）第099915号

---

责任编辑：杜进祥 丁建华 任睿婷 徐雅妮　　装帧设计：韩　飞
责任校对：李　爽

---

出版发行：化学工业出版社（北京市东城区青年湖南街13号　邮政编码100011）
印　　装：北京建宏印刷有限公司
710mm×1000mm　1/16　印张 $32\frac{1}{4}$　字数472千字　2023年9月北京第1版第3次印刷

购书咨询：010-64518888　　　　　　　　　　　　售后服务：010-64518899
网　　址：http://www.cip.com.cn
凡购买本书，如有缺损质量问题，本社销售中心负责调换。

---

定　　价：199.00元　　　　　　　　　　　　　　　版权所有　违者必究

# 序言

石化工业是国民经济的支柱产业。我国石化工业从无到有、从小到大，在全球占据十分重要的地位，炼油、乙烯产能均位居世界第二位，但仍然"大而不强、快而不优"，安全环保形势依然严峻。党的十九大报告指出要"加快建设制造强国，加快发展先进制造业，推动互联网、大数据、人工智能和实体经济深度融合"。推动工业化、信息化深度融合，促进石化工业数字化、智能化转型升级，是我国石化工业提质增效和可持续发展的关键。

《石化工业数字化智能化转型》一书由中国石化集团公司、石化盈科公司、清华大学等单位共同组织编写。本书是汇集国家级"石化智能工厂"和国家级"绿色制造示范工厂"等先进经验以及所承担的国家"863"课题、工信部高质量发展项目、国家自然科学基金项目等多项成果的系统总结。本书是编写团队历年研究成果的结晶。编写团队首次提出了基于信息物理系统（CPS）的石化智能工厂架构体系与技术体系；研制并发布了石油化工行业智能制造标准体系建设指南；首创以工业物联、工业数字化、工业大数据与人工智能（AI）、工业实时优化为核心引擎的石油和化工工业互联网平台，实现了石化工厂多维度、全方位模型化描述，率先形成了可推广的石化智能工厂解决方案与工业软件等。编写团队开发的"石化行业智能工厂解决方案""石油和化工工业互联网平台建设系统解决方案""面向信息物理系统（CPS）的制造执行系统产品和解决方案"分别入选工信部2017、2018、2019年"制造业与互联网融合发展试点示范项目"，"石油和化工工业互联网平台（ProMACE）"入选工信部"2018年工业互联网试点示范项目"。运用这些成果成功打造了集绿色、高效、安全和可持续发展于一体的系列石化智能工厂，其中九江石化、镇海炼化、中煤陕西、茂名石化等先后入选工信部"智能制造试点示范项目"，取得了良好的经济效益和社会效益，获得了各方面的好评。

本书共分为基础篇、理论篇和实践篇三篇，以系统化、全景式视角从石化工业信息化基础到转型发展技术支撑体系，再到实践应用取得良好成效，全面描绘了石化工业的数字化智能化转型蓝图。本书通篇贯穿了理论与实践相结合，集团与企业应用相结合，点、线、面数字化智能化场景应用相结合，对于石化行业乃至整个制造业的两化深度融合和转型升级发展都具有现实的指导意义和借鉴作用。

本书向读者提供了石化企业数字化智能化转型清晰、实用、可操作的方案。全书理论与实践相得益彰，内容翔实，特色鲜明，将为贯彻实施制造强国和网络强国战略，为石油化工行业提质增效与高质量发展，以及建设安全、绿色、智能工厂等提供针对性很强、又有可操作性的具体指导，相信本书出版后一定会受到广大石油化工管理人员、信息和生产技术人员的欢迎！

中国工程院院士　王基铭<br>
2021年3月

# 前言

自工业革命以来，石化工业一直在世界经济转型中发挥着关键作用，满足全球人类的衣、食、住、行、医需要。经过数十年的发展，我国石化工业已覆盖石油产品、合成树脂、合成纤维、合成橡胶、化肥等领域，石化产业的规模、产量和能力都有了大幅度提升，产业规模已跻身世界石化大国前列；拥有催化裂化、延迟焦化、催化重整、加氢裂化、加氢精制、渣油加氢等炼油核心技术；拥有具备自主知识产权的千万吨级炼油和百万吨级乙烯炼化一体化、清洁油品生产、重油轻质化、芳烃生产、炼油环境保护等成套技术，国际影响力显著提高。然而，石化工业的绿色发展、高质量发展与要求相比，还有一定差距。

当前，以物联网、大数据、人工智能等为代表的新一代信息技术与运营技术、制造技术深度融合，建设面向行业的工业互联网平台，推进传统行业的数字化智能化转型正愈演愈烈，新一轮工业革命正在全球范围内孕育兴起，制造业正迈向动力变革、体系重构、范式迁移的新阶段，加速向数字化、网络化、智能化方向发展。万物互联、数字驱动、软件定义、平台支撑、组织重构正在构建制造业的新体系，给企业带来前所未有的价值捕捉与创造机遇，也成为全球新一轮产业竞争的制高点。

我国石化工业信息化建设经历了"起步和技术引进""分散建设""统一规划、统一建设"和"集中集成、深化应用""集成共享、协同创新"等阶段，正逐步向工业化与信息化进一步融合深化发展。"十三五"以来，中国石化、中国石油、中国海油等中央企业均加快了石化智能工厂、智能油田试点建设，同时，积极打造石化工业智能制造的核心引擎——石化工业互联网平台，支撑石化产业转型升级和高质量发展。

全书是中国石化集团公司、石化盈科公司、清华大学等单位自主研发建设国家级"石化智能工厂"和国家级"绿色制造示范工厂"等先进经验以及所承担的国家"863"课题等多项重大科研项目成果的系统总结。近年来，本书编写团队先后承担了"面向石化行业的可配置MES（生产执行系统）产品及行业解决方案""面向石油化工的节能环保与安全管控MES开发及应用"等国家"863"课题，主持了"石化行业智能工厂通用技术要求和评估规范标准化和试验验证""石油和化工工业互联网平台（ProMACE）试验测试""工业互联网平台企业安全综合防护系统"等工信部重大项目。实践中，以中国石化集团公司智能工厂建设为例，在生产管控、供应链管理、设备管理、能源管理、安全管控、环保管控6大业务域，实现了集中集成、资产数字化、协同优化、融合通信、工业大数据分析、人工智能6类核心技术在石化工业中的融合应用，提升了企业数字化、网络化、智能化水平，提高了企业全面感知、预测预警、协同优化和科学决策能力。试点企业取得了良好的技术经济指标：装置自动化控制率由80%左右提升到95%以上，生产数据自动化采集率由60%左右提升到90%以上；劳动生产率平均提升30%以上，万元产值能耗平均降低8%左右；集约化、一体化生产管控能力显著提升；预测预警能力、本质安全环保水平显著提高。

本书共分为3篇。第1篇基础篇，共4章：从经营管理、生产营运、客户服务以及基础设施四大平台层级全面介绍了石化工业信息化现状和已有基础，本篇是对石化工业现有信息化发展基础的全面回顾和系统性总结；第2篇理论篇，共3章：从石化信息物理系统（PCPS）概念、内涵、特征、体系架构、石化工业互联网等方面阐述了石化转型的理论框架、技术支撑体系，展望了石化工业数字化智能化转型路线图与重点任务，是全书的理论创新重点，是对新一代信息通信技术与石化工业深度融合的理论创新和全面设计；第3篇实践篇，共6章：从集团企业、炼化企业、煤化工企业、油田企业、油品销售企业等全方位展示了中国石化、中煤陕西、新凤鸣等公司全面落实"创新、协调、绿色、开放、共享"的发展理念，深入实施创新驱动发展战略，推进两化深度融合，全力打造智能石化的实践成果。

本书由中国石化集团公司、石化盈科公司、清华大学组织编写，李德芳、蒋白桦、赵劲松、刘伟等编著。绪论由李德芳、刘伟编写；第1章由李德芳、张锐编写；第2章由蒋白桦、刘暄、王景涛、赵岩、韩永波、冯新国、张锐等编写；第3章由向瑞、王景涛编写；第4章由罗益民、潘增海编写；第5章由李德芳、赵劲松、蒋白桦、袁志宏、索寒生编写；第6章由蒋白桦、索寒生、高立兵、刘东庆编写；第7章由李德芳、蒋白桦、刘暄、李明杭编写；第8章由张锐、刘剑峰、向瑞、沈殿林、温震编写；第9章由李德芳、高瑞、储祥萍、陈彬、梁坚、冯志强、徐燕平、赵岩、刘平、温涛、郑京禾、赵毅编写；第10章由王会成、韩永波、曲雪慧编写；第11章由韩永波编写；第12章由南晓亮、易建锋、乔泉熙编写；第13章由向瑞、周兆林、刘君编写。全书由李德芳、蒋白桦、赵劲松筹划、草拟框架、组织编写、审稿定稿。

衷心感谢王基铭院士、袁晴棠院士、陈丙珍院士、钱锋院士以及化学工业出版社编辑对本书提出的宝贵建议及付出的辛劳，感谢王子宗、李剑峰、张朝俊、景帅、宫向阳、姜晓阳、王永耀、吴建军、蒋楠、孙丽华等对本书编写的支持，特别感谢以下企业提供案例素材：中国石油化工股份有限公司中原油田普光分公司、中国石油化工股份有限公司西北油田分公司、中国石油化工股份有限公司镇海炼化分公司、中国石油化工股份有限公司茂名分公司、中国石油化工股份有限公司九江分公司、中煤陕西榆林能源化工有限公司、新凤鸣集团股份有限公司、中国石化销售有限公司浙江石油分公司、中国石化（香港）有限公司。

由于编著者水平和时间有限，书中难免有疏漏和不妥之处，恳请读者批评指正，以期日后的不断修订和提高。

编著者

2021年3月

# 目录

## 0 绪论 — 001

### 0.1 石化工业发展趋势和挑战 — 001
0.1.1 石化工业发展趋势 — 001
0.1.2 当前石化工业的新挑战和新机遇 — 005

### 0.2 石化工业数字化智能化发展现状 — 008
0.2.1 石化工业发展的必由之路——数字化智能化转型 — 008
0.2.2 国际石化工业数字化智能化发展现状 — 013
0.2.3 我国石化工业数字化智能化转型现状 — 015

### 0.3 石化工业数字化智能化发展思考 — 017
0.3.1 石化工业数字化智能化转型内涵、方法与策略 — 017
0.3.2 石化工业数字化智能化转型带来的创新和变化 — 020

### 0.4 本书主要内容 — 025

参考文献 — 028

## 第1篇 基础篇 — 029

### 1 经营管理信息化 — 031

#### 1.1 企业资源计划系统 — 032
1.1.1 概述 — 032
1.1.2 系统架构 — 032
1.1.3 主要模块 — 032

|       |                    |     |
|-------|--------------------|-----|
| 1.1.4 | 应用效果 | 035 |

## 1.2 资金集中管理系统　　036

| 1.2.1 | 概述 | 036 |
|-------|------|-----|
| 1.2.2 | 系统架构 | 036 |
| 1.2.3 | 主要模块 | 037 |
| 1.2.4 | 应用效果 | 038 |

## 1.3 预算管理系统　　040

| 1.3.1 | 概述 | 040 |
|-------|------|-----|
| 1.3.2 | 系统架构 | 040 |
| 1.3.3 | 主要模块 | 041 |
| 1.3.4 | 应用效果 | 041 |

## 1.4 风险管控系统　　042

| 1.4.1 | 概述 | 042 |
|-------|------|-----|
| 1.4.2 | 系统架构 | 042 |
| 1.4.3 | 主要模块 | 043 |
| 1.4.4 | 应用效果 | 045 |

## 1.5 协同办公系统　　045

| 1.5.1 | 概述 | 045 |
|-------|------|-----|
| 1.5.2 | 系统架构 | 046 |
| 1.5.3 | 主要模块 | 047 |
| 1.5.4 | 应用效果 | 047 |

## 1.6 数据仓库系统　　048

| 1.6.1 | 概述 | 048 |
|-------|------|-----|
| 1.6.2 | 系统架构 | 048 |
| 1.6.3 | 主要模块 | 049 |
| 1.6.4 | 应用效果 | 050 |

参考文献　　051

# 2 生产营运信息化　　052

## 2.1 集团生产营运指挥系统　　052

| 2.1.1 | 概述 | 052 |

- 2.1.2 系统架构 ... 054
- 2.1.3 主要模块 ... 055
- 2.1.4 应用效果 ... 058
- 2.2 安全管理系统 ... 059
  - 2.2.1 概述 ... 059
  - 2.2.2 系统架构 ... 060
  - 2.2.3 主要模块 ... 061
  - 2.2.4 应用效果 ... 062
- 2.3 环保管理系统 ... 063
  - 2.3.1 概述 ... 063
  - 2.3.2 系统架构 ... 063
  - 2.3.3 主要模块 ... 064
  - 2.3.4 应用效果 ... 065
- 2.4 生产执行系统 ... 065
  - 2.4.1 概述 ... 065
  - 2.4.2 系统架构 ... 066
  - 2.4.3 主要模块 ... 067
  - 2.4.4 应用效果 ... 069
- 2.5 实验室信息管理系统 ... 072
  - 2.5.1 概述 ... 072
  - 2.5.2 系统架构 ... 073
  - 2.5.3 主要模块 ... 074
  - 2.5.4 应用效果 ... 077
- 2.6 能源管理系统 ... 078
  - 2.6.1 概述 ... 078
  - 2.6.2 系统架构 ... 079
  - 2.6.3 主要模块 ... 080
  - 2.6.4 应用效果 ... 082
- 2.7 物流管理系统 ... 085
  - 2.7.1 原油物流子系统 ... 085
  - 2.7.2 成品油物流子系统 ... 089
  - 2.7.3 化工品物流子系统 ... 092

## 2.8 工业控制系统 —— 097
### 2.8.1 集散控制系统 —— 097
### 2.8.2 数据采集与监视控制系统 —— 101
### 2.8.3 先进控制系统 —— 106

## 2.9 工程项目管理系统 —— 112
### 2.9.1 概述 —— 112
### 2.9.2 系统架构 —— 112
### 2.9.3 主要模块 —— 113
### 2.9.4 应用效果 —— 115

## 2.10 实时数据库系统 —— 116
### 2.10.1 概述 —— 116
### 2.10.2 系统架构 —— 117
### 2.10.3 主要模块 —— 118
### 2.10.4 应用效果 —— 119

## 参考文献 —— 119

# 3 客户服务信息化 —— 121

## 3.1 采购电子商务系统 —— 122
### 3.1.1 概述 —— 122
### 3.1.2 系统架构 —— 122
### 3.1.3 主要模块 —— 123
### 3.1.4 应用效果 —— 124

## 3.2 客户关系管理系统 —— 125
### 3.2.1 概述 —— 125
### 3.2.2 系统架构 —— 126
### 3.2.3 主要模块 —— 127
### 3.2.4 应用效果 —— 128

## 3.3 加油卡系统 —— 129
### 3.3.1 概述 —— 129
### 3.3.2 系统架构 —— 130
### 3.3.3 主要模块 —— 131

|  |  |  |
|---|---|---|
| 3.3.4 | 应用效果 | 132 |

### 3.4 零售管理系统 — 133

|  |  |  |
|---|---|---|
| 3.4.1 | 概述 | 133 |
| 3.4.2 | 系统架构 | 134 |
| 3.4.3 | 主要模块 | 135 |
| 3.4.4 | 应用效果 | 136 |

### 3.5 非油品销售管理系统 — 137

|  |  |  |
|---|---|---|
| 3.5.1 | 概述 | 137 |
| 3.5.2 | 系统架构 | 137 |
| 3.5.3 | 主要模块 | 139 |
| 3.5.4 | 应用效果 | 140 |

### 3.6 网上销售服务系统 — 141

|  |  |  |
|---|---|---|
| 3.6.1 | 概述 | 141 |
| 3.6.2 | 系统架构 | 141 |
| 3.6.3 | 主要模块 | 141 |
| 3.6.4 | 应用效果 | 143 |

### 参考文献 — 143

## 4 信息化基础设施 —— 144

### 4.1 数据中心 — 145

|  |  |  |
|---|---|---|
| 4.1.1 | 系统架构 | 145 |
| 4.1.2 | 主要模块 | 146 |

### 4.2 网络 — 150

|  |  |  |
|---|---|---|
| 4.2.1 | 系统架构 | 150 |
| 4.2.2 | 主要模块 | 153 |

### 4.3 云平台 — 154

|  |  |  |
|---|---|---|
| 4.3.1 | 系统架构 | 154 |
| 4.3.2 | 主要模块 | 156 |

### 4.4 运维管理平台 — 157

|  |  |  |
|---|---|---|
| 4.4.1 | 系统架构 | 158 |

4.4.2 主要模块 160

4.5 网络安全 161

4.5.1 系统架构 161

4.5.2 主要模块 162

参考文献 164

# 第 2 篇　理论篇 165

## 5　石化智能化转型核心——PCPS 167

### 5.1 CPS 的基本概念、层次与特征 167

5.1.1 CPS 的基本概念 167

5.1.2 CPS 的层次 168

5.1.3 CPS 的特征 168

### 5.2 石油化工价值链特征 170

### 5.3 PCPS 的内涵、功能与特征 171

5.3.1 PCPS 的内涵 172

5.3.2 PCPS 的功能与特征 173

### 5.4 PCPS 的体系架构 176

5.4.1 PCPS 的体系架构设计 176

5.4.2 PCPS 的单元结构和计算架构 179

### 5.5 PCPS 的关键使能技术 185

5.5.1 石化生产装置智能建模技术 185

5.5.2 面向石化本质安全的过程柔性优化设计技术 196

5.5.3 石化生产过程优化技术——
（实时）智能优化运行技术 198

5.5.4 先进控制技术 207

5.5.5 故障智能检测与诊断技术 210

5.5.6 石化安全智能监控技术——
基于视频监控系统的智能火灾识别 216

参考文献 219

# 6 石化工业互联网 — 225

## 6.1 石化工业互联网业务视图 — 227
## 6.2 石化工业通信网络 — 230
### 6.2.1 石化工业通信网络现状 — 230
### 6.2.2 石化工业通信网络发展趋势 — 232
## 6.3 石化工业互联网平台 — 236
### 6.3.1 平台功能 — 236
### 6.3.2 石化工业物联引擎 — 240
### 6.3.3 石化工业数字化引擎 — 246
### 6.3.4 石化工业大数据与人工智能引擎 — 250
### 6.3.5 石化工业实时优化引擎 — 257
### 6.3.6 石化工业软件 — 261
### 6.3.7 部署实施 — 268
## 6.4 石化工业互联网安全体系 — 272
### 6.4.1 石化工业互联网安全防护系统架构 — 273
### 6.4.2 石化工业互联网安全核心能力 — 274
### 6.4.3 重点发展领域 — 276
## 6.5 标准化和成熟度评估 — 277
### 6.5.1 石化行业智能制造参考模型 — 277
### 6.5.2 石化行业智能制造标准体系结构 — 280
### 6.5.3 石化行业智能制造成熟度评估 — 283

参考文献 — 286

# 7 数字化智能化转型路线图与重点任务 — 288

## 7.1 对石化工业数字化智能化发展的思考 — 289
### 7.1.1 总体思路 — 289
### 7.1.2 发展重点 — 299
## 7.2 石化工业数字化智能化转型路线图 — 302
### 7.2.1 经营管理走向智能化管理体系 — 302
### 7.2.2 生产营运走向智能化制造体系 — 304

7.2.3 客户服务走向智能化服务体系 305

参考文献 306

## 第3篇 实践篇 307

## 8 集团级数字化智能化转型案例 309

### 8.1 集中管控 309
8.1.1 发展历程 311
8.1.2 系统建设 311
8.1.3 应用效果 313

### 8.2 共享服务 314
8.2.1 发展历程 315
8.2.2 解决方案 316
8.2.3 应用效果 320

### 8.3 集团商业模式创新 321
8.3.1 易派客 321
8.3.2 石化e贸 326

参考文献 330

## 9 炼油化工数字化智能化转型案例 331

### 9.1 "老炼厂"旧貌换新颜——九江石化 331
9.1.1 基本情况 331
9.1.2 转型历程与效果 332
9.1.3 新一代生产营运指挥中心 334
9.1.4 生产一体化优化 337
9.1.5 内外操协同 339
9.1.6 环保地图 341
9.1.7 三维数字工厂 343
9.1.8 装置结焦及预测预警大数据分析 346

9.2 行业"标杆"炼化工厂——镇海炼化 350
 9.2.1 基本情况 350
 9.2.2 转型历程与效果 350
 9.2.3 生产全流程优化 353
 9.2.4 生产调度与物料操作协同 355
 9.2.5 工程建设全生命周期管理 358
 9.2.6 自动化立体仓库 361
 9.2.7 乙烯装置在线实时优化 363
 9.2.8 智能视频分析 365

9.3 创新型沿海炼厂——茂名石化 367
 9.3.1 基本情况 367
 9.3.2 转型历程与效果 368
 9.3.3 新一代生产指挥中心 371
 9.3.4 生产执行日优化效益 373
 9.3.5 施工作业过程管控 375
 9.3.6 泄漏检测与VOCs管控 377
 9.3.7 设备健康管理 379

参考文献 381

# 10 煤化工及其他工厂数字化智能化转型案例 —— 383

10.1 现代煤化工企业——中煤陕西公司 384
 10.1.1 基本情况 384
 10.1.2 转型历程与效果 384
 10.1.3 生产管理系统 388
 10.1.4 大机组监测系统 392
 10.1.5 应急指挥系统平台 396
 10.1.6 辅助决策系统 399
 10.1.7 企业信息集成平台 402

10.2 化纤行业全要素一体化智能工厂——新凤鸣集团 407
 10.2.1 基本情况 407
 10.2.2 转型历程与效果 408

10.2.3 智能产线 ... 409
10.2.4 智能排产 ... 410
10.2.5 智慧销售 ... 412
10.2.6 智慧物流 ... 414

# 11 油气管网管理数字化智能化转型案例 ... 419

## 11.1 概述 ... 419

## 11.2 解决方案 ... 420

11.2.1 管线数字化管理 ... 422
11.2.2 管线运行管理 ... 423
11.2.3 管道完整性管理 ... 424
11.2.4 应急响应 ... 426
11.2.5 隐患管理 ... 427
11.2.6 大数据应用 ... 428
11.2.7 移动应用 ... 428

## 11.3 应用效果 ... 430

11.3.1 技术及应用创新性 ... 430
11.3.2 应用效益 ... 435
11.3.3 应用成效 ... 437

参考文献 ... 440

# 12 油田企业数字化智能化转型案例 ... 441

## 12.1 数字化大型气田——中原普光 ... 444

12.1.1 基本情况 ... 444
12.1.2 转型历程与成效 ... 445
12.1.3 应急一体化指挥 ... 447
12.1.4 一体化生产指挥 ... 450
12.1.5 井站无人值守 ... 452
12.1.6 安全环保管控 ... 453
12.1.7 基于大数据的产量预测 ... 455

## 12.2 大漠上的智能油田——西北油田 ... 456
### 12.2.1 基本情况 ... 456
### 12.2.2 转型历程与成效 ... 457
### 12.2.3 井站场无人值守 ... 458
### 12.2.4 单井工况诊断 ... 462
### 12.2.5 管线泄漏智能识别 ... 463
### 12.2.6 能耗管理与优化 ... 466
### 12.2.7 设备预知性维修 ... 468

**参考文献** ... 470

# 13 油品销售企业数字化智能化转型案例 ... 471

## 13.1 多元化创新型销售企业——浙江石油分公司 ... 472
### 13.1.1 基本情况 ... 472
### 13.1.2 转型历程与效果 ... 473
### 13.1.3 经营管理精细化 ... 474
### 13.1.4 风险防控信息化 ... 477
### 13.1.5 创新业务数字化 ... 479
### 13.1.6 安全管理移动化 ... 482
### 13.1.7 储运设施智能化 ... 484

## 13.2 站级一体化智能加油站——香港石油分公司 ... 486
### 13.2.1 基本情况 ... 486
### 13.2.2 发展历程 ... 487
### 13.2.3 解决方案 ... 489
### 13.2.4 应用效果 ... 491

**参考文献** ... 492

**索引** ... 493

石化工业数字化智能化转型

# 0 绪论

当前,全球正在经历百年未有之大变革,继"大数据"之后,"智能化"或"人工智能"成为近几年的社会流行语。"智能化时代"或"新智能社会"以人工智能的发展为视角,强调电脑智能与人脑智能、工业社会与信息社会的有机融合。万物互联、人机协同、群智开放、跨界融合、共创分享以及网络空间实体化与现实生活数字化,是网络化、数字化与智能化新时代的基本特征。

当前,全球化发展环境日趋严峻,后疫情时代企业发展的不确定性前所未有,石化工业也面临着前所未有的机遇与挑战,提升竞争力迫在眉睫,石化企业亟须寻求差异化发展战略,在新的领域中发现新的机会。传统石油化工行业开始积极探索数字化、网络化以及智能化的转型发展。本章通过对石化工业发展趋势和挑战的分析,探讨石化工业数字化智能化发展历程,展望石化工业数字化智能化转型的路径和前景,旨在为未来十年的石化工业数字化智能化发展提供建议。

## 0.1 石化工业发展趋势和挑战

### 0.1.1 石化工业发展趋势

在过去的几十年间,全球石油化工行业经历了从技术更新到产地转移的巨大变化。1980年之前,美国、西欧以及日本是初级石油化工产品最主要的生产地;而目前,在全球石化工业中占有重要地位的是美国、中东以及亚太。同时

21世纪以来，原油价格波动和技术的快速进步，推动了全球石化产业向原料多元化和低成本的方向发展，特别是轻烃资源丰富的中东地区石化产能的快速扩张、北美页岩气和中国煤化工产业的高速发展，给以石脑油为原料的传统石化产业带来了巨大冲击[1]。随着原料价格的不断上涨以及对石化产品性能和品质要求的不断提升，在新一轮科技革命和产业变革兴起的推动下，世界石化工业呈现如下发展趋势。

（1）行业规模不断扩大，产品需求将继续增长　近年来，世界石化工业规模不断扩大。"十三五"以来全球石化产业一直处在景气周期，北美页岩气革命的成功使油气产量大幅提升，由于页岩气中轻烃资源丰富，乙烷裂解制乙烯进而生产聚乙烯的产能增长迅速。海湾地区油气资源丰富，且成本优势明显，炼化一体化以及以轻烃为原料生产烯烃、聚烯烃及其系列产品新增产能较大。根据2020年《BP：世界能源统计年鉴》[2]，2019年所有能源燃料的消费持续增长，但增速相比2018年明显放缓。

石油需求继续稳步增长，全球每日需求量在2018年基础上增加140万桶。其中，中国（70万桶/日）和印度（30万桶/日）贡献了约2/3的增量。2018年，美国的石油需求增加50万桶/日，达近十年来最高增长，最主要的推力是新兴产能投产下乙烷需求的增长。全球范围内产品增长的不同势头也印证了化工行业在刺激石油需求上的重要作用。2018年全球一半的石油需求增长来自诸如乙烷、液态石油、轻油等和化工密切相关的产品需求增加。2019年，全球石油消费量增长90万桶/日，低于历史平均增速；包括生物燃料在内的各类液体燃料需求总和达到1亿桶/日，这是有史以来最高的水平。

天然气方面，2019年，全球天然气产量同比增加了1320亿立方米，增幅为3.4%，超过了消费量的增长。美国几乎占据了全球天然气增量的2/3，同比增加了850亿立方米，略低于2018年创纪录的900亿立方米的增量。

在需求稳步增长的背景下，能源供应方也得到了发展的契机。随着全球经济的逐步发展，尤其是新兴经济体的发展，全球对石化产品的需求还会继续增加。

(2) 行业格局发生变化，北美、中东和亚太作用日益凸显　根据中国石油化工集团公司经济技术研究院《中国石油产业发展报告（2018）》[3]，2000年前，世界石化工业格局基本处于北美、西欧、亚太"三足鼎立"状况，三个地区炼油能力约占全球的70%，乙烯产能占81%[4]。但是，进入21世纪以来，随着中东石化工业的崛起、亚太地区市场的繁荣和美国页岩气技术的突破，世界石化工业格局重新洗牌。中东、亚太地位快速上升，北美石化工业在沉寂多年之后重新恢复增长，并进入新的增长期，2007～2017年全球炼油能力由9078万桶/日增至1.02亿桶/日，年均增长1.2%，新增炼能主要来自中国、印度、美国、伊朗等地。2017年亚太炼能占全球份额为36%，比2007年提高5个百分点。美国页岩油气革命给炼油业注入生机，其能力增长缓解了北美炼能下降态势。俄罗斯和非洲炼能停滞不前，欧洲和中南美甚至出现萎缩。2017年北美、亚太、中东三个地区炼油能力约占全球的70%，乙烯产能占78%，预计2020年以后，这一比例还将进一步上升[1]。

全球石油化工行业将以提高行业和产品国际竞争力为驱动力，行业重心向着有利于某一个行业和产品发展的方向去转移。目前，中东和北美地区的行业调整和发达国家工业化方面展现出的新特征都是石化行业重心转移驱动的。

(3) 结构调整步伐加快，产品质量不断提高　随着原料价格的不断上涨以及对石化产品性能和品质要求的不断提升，世界石化工业加快了结构调整步伐，开始由以规模带动效益阶段转向以质量和效益提升竞争力阶段。在炼油领域，为适应原油品质劣质化、交通运输燃料需求增加、燃料清洁化步伐加快的趋势，未来结构调整重点是提高原油加工适应性、增产交通运输燃料和生产质量标准日益严格的清洁燃料，提高经济效益。在石化产品领域，一方面，全球乙烯原料轻质化、多元化趋势明显，美国页岩气的成功开发，不仅为本国乙烯提供了廉价的原料，还影响到世界乙烯原料的变化，使得乙烯原料的选择更具多样性。采用页岩气乙烷或凝析液作为裂解原料，是降低乙烯原料成本的重要措施。以高成本石脑油为主要原料生产烯烃的国家，正逐步通过采购轻质化原料替代石脑油或新建乙烷裂解装置来生产烯烃。2019年，我国传统石化路线生产乙烯占总产能的73.1%，煤制烯烃和外购甲醇制烯烃的乙烯产能占比分别为13.6%、10.9%；另一方面，石化产品结构正在发生变革，日本和西欧正在逐步减少通用石化产品产量，不断增加高性能、高附加值和专用化学品生产，提升产品附加值，提高经济效益，同时积极推行非关税贸易壁垒应对全球石化工业竞争。

原料结构发生改变，将会有较大规模的低碳资源进入化工应用领域，应充分研究页岩气、轻烃及凝析油等对未来石化原料多元化、轻质化和低碳化带来的机遇和挑战。

（4）循环经济理念受到重视，绿色低碳引领未来发展  近年来，世界石化工业发展越来越受到资源环境制约，开始高度重视节能环保、绿色低碳和循环经济发展，正逐渐从"末端治理"向"生产全过程控制"转变。一是不断增加天然气等绿色低碳能源的生产和使用。生物燃料、非常规油气资源等开发利用进程加快，太阳能、地热能、风能等可再生能源开始在石化领域应用。二是不断强化生产过程清洁化、绿色化。采用清洁生产工艺技术，从源头上减少污染物产生；采用先进节能减排技术，提高资源能源利用效率，降低能耗物耗，减少污染物排放。三是不断增产绿色石化产品。成品油质量标准不断提高，进一步降低硫、烯烃和苯的含量；功能化、节能环保型石化新材料和新型精细化工产品成为发展的热点和新的增长点。四是不断加强循环经济发展。以减量化为核心，以再利用和资源化为重要内容，积极推进石化工业发展新模式，强调在追求自然资源利用率最大化、环境污染最小化的前提下寻求经济效益最大化。

后疫情时代全球和国际社会将更加重视应对气候变化危机。应对气候变化，对石化企业来说意味着加快去石油化、碳减排。

（5）科学技术日新月异，技术创新向集成创新转变  创新成为发展主题，企业成为行业创新主体会使行业创新更接地气、实用性效果更好。在新科技革命的推动下，世界石化工业科技创新发展迅猛。一是为改变石化工业的传统发展模式、提高行业整体技术水平、推动节能减排，世界石化工业十分重视新型催化材料与技术、先进分离材料与技术、化工过程强化技术的研究与创新；二是为实现化工材料高性能化，世界石化工业利用纳米等现代化工技术提高高分子复合材料的力学、光学、电学、阻燃性能以及催化剂的活性和选择性；三是为提高化工材料专用性能和附加值，石化产品技术开发向高性能、低成本、高附加值和专用化方向发展；四是科学技术的日新月异，学科间的相互交叉和不断渗透，特别是系统论思想的广泛传播，使当今世界技术开发和创新模式已发生质的转变，由注重单项技术创新向注重技术集成创新转变，以从整体上提高技术水平和经济效益。

（6）高端化、数字化、智能化引领石化行业变革  在日本、韩国、西欧，大部分石化工业产品市场已经成熟，自身市场增长有限，生产成本相对较高，正通过发展高端产品、全球产业链布局和数字化、智能化等手段增强石化行业的竞争力。领先的化学品生产企业利用科技与产业优势，向价值链高端延伸，逐步减少通用石化产品产量，致力于发展并输出工程塑料、特种橡胶等高端化和差异化的产品。

制造业发展方式正在发生深刻变革，智能制造正在成为新型生产方式。未来石化市场将更凸显差异化、高端化、绿色化的产品需求，而发展高端差异化产品更有利于降低企业的市场风险。

## 0.1.2　当前石化工业的新挑战和新机遇

2020年新型冠状病毒肺炎疫情（简称新冠疫情）突发，在给社会经济带来严重影响的同时，也加速了各领域数字化进程，新一代信息技术被广泛应用于疫情防控和复工复产，直播电商、远程医疗、在线教育等新业态迅速崛起，加速着传统生产方式和消费习惯的改变。技术发展新趋势、经济发展新形态和国家战略新布局给石化工业带来了前所未有的机遇和挑战。

（1）世界经济增长面临严峻挑战  世界银行、联合国、国际货币基金组织等国际权威机构发布的报告显示，2019年全球经济增速为过去十年来最低，

2020年又适逢新冠疫情全面暴发，全球经济收缩3.5%，出现深度衰退。总体看，世界经济在2021年可能企稳，但也面临严峻挑战。第一，贸易摩擦仍将持续。2021年贸易战可能有所缓和，但摩擦继续，且前期贸易战造成的负面影响还将持续发酵。第二，地区紧张局势可能加剧。美伊矛盾、巴以矛盾可能进一步激化，中东地区将更加动荡，美国新中东和平计划难以实施。第三，一些国家和地区可能出现经济动荡。特别是一些主要新兴经济体出现动荡，将对全球经济产生连锁反应。第四，新冠疫情在中国以外尚未得到全面控制，对全球经济的影响仍将持续[4]。

（2）原油市场疲软，价格持续波动　2019年，石油和主要化学品市场价格大幅波动，总体疲软，价格总水平在连续两年上涨后再度下降。2020年年初在公共卫生事件肆虐，冲击经济前景，导致能源需求骤降的大背景下，沙特发动石油价格战，油价遭遇疯狂暴击，美国西得克萨斯轻质中间基原油［West Texas Intermediate（Crude Oil），WTI原油］价格由2019年年末60美元/桶一度跌至4月份的20美元/桶，布伦特原油由2019年年末65美元/桶跌至24美元/桶，期间甚至出现了负油价。2020年4月下旬以后，原油价格开始反弹，在50美元/桶附近承压，9月份，原油价格回落至50美元/桶以下。受疫情持续影响，2021年全球原油需求仍很难恢复到疫情前的水平。航班和交通用油需求恢复缓慢仍是最大的拖累，若疫苗能在2021年中后期对疫情发挥作用，或将加快石油需求的恢复[5]。

（3）疫情带来部分石化产品短期需求增长　随着国内疫情缓解，石化行业逐渐开工，2020年二季度局部呈现供不应求、价格上涨等报复性反弹，但基于国内受后疫情影响，相当部分的消费端短期和中期趋于疲软。基建、房地产、交通的投入在短期内可能会大大加强，拉动经济部分增长；大健康概念行业大爆发，在公共医疗卫生设施建设、医药医疗劳防投入、家庭医疗保健等方面，疫情带来的"隔离经济"大行其道，厨房家电、快递外卖、冷链物流等异军突起，长期看好。与这些行业相关的石化产品的需求量会在短期或中长期得到释放。典型的，如消毒液、洗手液相关的氯化产品、过氧化氢（双氧水）、表面活性剂等；与口罩、手套、防护服相关的聚丙烯（PP）无纺布、聚氯乙烯（PVC）/丁腈原料等；基建、房地产、汽车、家电、冷链、包装相关的涂料，聚乙烯（PE）、聚丙烯、聚苯乙烯（PS）、丙烯腈-丁二烯-苯乙烯树脂（ABS）、聚碳酸酯（PC）、聚氨酯、合成橡胶等。其中新产生的机会和潜在风险相伴。

（4）全球石化产业链供需不确定因素加大　受海外疫情恶化影响，全球石化产业链短期大概率供需出现严重失衡，也会大大影响中国的石化产品以及下游产品的出口，但相对其他国家的石化企业，中国由于其特殊的全产业链石化，可能更有竞争力。与疫情直接相关的石化产品，中国将获得更多出口机会。而中国的石化进口端压力持续增大。2019年，我国石化产品进口持续较快增长，数据显示，全年净进口有机化学原料4448.6万吨，同比增长2.4%，特别是下半年以来，增速不断加快。合成材料进口增长更甚，净进口4100.9万吨，同比增长达9.3%，为2010年以来最大增幅。数据还显示，2019年合成树脂进口3366.8万吨，同比增幅达12.4%，12月当月进口增幅高达26.3%。由于进口量巨大，国内石化市场竞争十分激烈，价格不振，很多企业举步维艰。但进口端总体来说，伴随着全球经济逐渐复苏，中国石油化工行业相对其他地区而言，机会大于危机。

（5）碳中和技术派生未来新兴市场　国家碳达峰、碳中和战略的实施对于我国石化行业来说是未来发展转型的一个非常好的机会。尤其是新技术的研发在碳中和领域非常重要，谁拥有这类技术，谁就能占领未来世界的市场。

碳中和技术不只局限在技术市场，更会延伸出工程开发，从而带来新的制造业，促使中国企业进行制造业转型。目前，国家碳市场仅纳入发电行业，据2020年《BP：世界能源统计年鉴》称，煤炭仍是全球最大发电来源，占据全球发电量的36%。这表明未来三十年内，为推动电力系统的去碳化，可再生能源还需要更加强劲的增长。今后随着碳排放配额分配日益收紧，以及污染防治攻坚战的深入实施，未来电力行业的清洁化、低碳化进程将会持续加快，"煤改气""煤改电"仍将面临较大需求。这为石油石化企业带来了新的发展机遇，但也要清醒地认识到，石油石化企业作为高耗能、资本密集型行业，纳入碳市场将会对其单位产品碳排放和能耗物耗管理提出更高要求，如果应对得当，碳市场可以发挥促进企业转型升级、提质增效的积极作用。

总体看，石化行业的大部分产业链会在相当时期内趋于供过于求，贸易流通性相对于以往50年可能会趋于缓慢。基于不同产业链、需求链、全球和地区贸易流向的长期分析，具有全产业链制造业的中国石化行业，在本次全球性的大疫情下，虽也面临很大压力，但可能会拥有更多机会。

## 0.2 石化工业数字化智能化发展现状

石化工业作为国民经济的重要基础和支柱产业，为国民经济的快速健康发展做出了积极的贡献，我国正在由"石化大国"向"石化强国"逐步迈进。石化产业的产业升级，不仅需要新装备、新工艺和新型催化剂，也迫切需要先进制造技术、信息技术和管理技术。数字化和智能化水平的提升已成为提高企业竞争力和实现可持续发展的重要手段。

### 0.2.1 石化工业发展的必由之路——数字化智能化转型

#### 0.2.1.1 石化工业数字化智能化转型是国家战略的要求

（1）全球正在兴起以智能制造为代表的新一轮产业变革　近年来，全球兴起了以智能制造为代表的新一轮产业变革。德国发布了《保障德国制造业的未来：关于实施工业4.0战略的建议》，核心内容是发展基于信息物理系统的智能制造。美国联邦政府、行业组织和企业联手推动智能制造发展，提出了工业互联网和先进制造业2.0，即"互联网＋传统制造"，是以互联网激活传统制造，发挥科技创新优势，占据世界制造业价值链高端。法国政府通过多种手段，大力支持以智能制造为核心的"新工业法国"计划。日本在发布机器人新战略的基础上，提出工业价值链参考架构，标志着日本智能制造策略正式落地。而印度、越南等新兴国家正在加速进入全球制造业体系，带来资源、技术和市场的新组合。中国则制定了《中国制造2025》，明确了通过"三步走"实现制造强国的战略目标。工业数字化智能化已上升为世界各国的国家竞争战略，流程制造业的数字化智能化发展成为大势所趋。

（2）工业数字化智能化转型是我国国家战略的要求　进入新时代，党中央、国务院作出一系列重要战略部署，把信息化作为培育经济发展新动能、推动我国经济迈上高质量发展阶段的重要抓手。党的十九大报告提出，贯彻新发展理念，建设现代化经济体系。把提高供给体系质量作为主攻方向，加快建设制造强国，加快发展先进制造业，推动互联网、大数据、人工智能和实体经济深度融合。2015年，国家发布了《中国制造2025》，2016年发布了《信息化和工业化融合发展规划（2016—2020年）》，2017年发布了《关于深化"互联网＋先进制造业"发展工业互联网的指导意见》《新一代人工智能发展规划》。

目前，我国工业企业改革进入了深水区，正处于调整结构、转型升级、高质量发展的关口，各企业纷纷借助数字化智能化转型来实现改革、开拓、创新的发展新局面。通过数字化智能化转型推动传统产业基础设施、生产方式、创新模式持续变革，不断提高全要素生产率，大幅提升产业能力和质量。各企业把平台思维、跨界思维、大数据思维等新思维和以人为本、创新引领、开放协调等新理念注入企业发展的全过程，把数据作为新的生产要素与传统要素加速融合并成为提升全要素生产率的倍增器，制造方法正在从传统的试错法向模拟择优法、大数据分析法演进拓展，自动控制和感知、工业软件、工业网络、工业云平台正成为融合发展新基础。

### 0.2.1.2　"新基建"助力我国石化工业企业数字化智能化转型

（1）发展数字经济需要有相应的数字基础设施作为基础和保障　回顾全球经济发展史，每次工业革命的兴起都离不开基础设施的出现。例如，由蒸汽机推动的第一次工业革命是以铁路和运河建设为标志和必要条件；由内燃机和电力驱动的第二次工业革命是以高速公路、电网建设为标志和必要条件；由计算机和通信技术推动的第三次工业革命是以互联网和信息高速公路建设为标志和必要条件。当前,全球已经进入了第四次工业革命的初始阶段,数字经济是新工业革命的本质特征。由历史经验可知,发展数字经济也必须有一套与之相适应的数字基础设施作为基础和保障。

(2)新型基础设施建设支撑石化工业推进数字化建设　2018年中央经济工作会议重新定义了基础设施建设,把5G(第五代移动通信技术)、人工智能、工业互联网、物联网、特高压、新能源汽车充电桩等定义为新型基础设施建设,简称"新基建",并将其作为2019年经济建设的重点工作任务之一。与传统基础设施相比,5G、人工智能、工业互联网、物联网等新型基础设施的覆盖范围更加广泛,不同领域基础设施之间的交叉融合程度更高,参与基础设施投资、运营的主体更加多元,基础设施支撑的业务、业态更加丰富,更能体现数字经济的特征,可以更好地推动我国经济的转型升级。传统石化工业的数字化转型和新兴智能制造业的发展需要工业互联网的大力支撑;我国水、电、气等城市公共基础设施的数字化改造和智能化转型也需要物联网的有效支撑等。从国家政策导向上可以看出,"新基建"是整个社会发展的方向,代表着全局性的升级换代。而推进"新基建",对于石油化工行业转型升级、提质增效,实现高质量发展具有重要意义。

多年来,传统石油化工行业发展到现在,无论是运营成本的降低,还是产品品质的提升都遇到了瓶颈,而"新基建"技术的应用能够有效解决传统化工行业目前遇到的困境。"新基建"涉及7个领域中的5G、工业互联网、大数据中心和人工智能,是发展智能化工厂的基础,将对激发新消费需求、稳增长、稳就业、助力产业升级发挥重要作用。

### 0.2.1.3　数字化智能化转型推动石化工业产销模式变革

(1)降低能源在开采、加工、运维等方面的生产成本　传感器、人工智能、物联网等数字化工具的大量应用将显著降低石化企业在开采、加工、运维等环节的生产成本。根据IEA(国际能源署)的预测,数字技术的大规模应用将使油气资源的生产成本降低10%~20%。

石化企业通过在能源开采的过程中大量使用传感器等数字化设备，可以使能源的生产效率大幅度提升。例如，在很多大型的石油天然气开采项目中，不同的钻井之间往往分布着数以千计的传感器，这些传感器能够在以毫秒为单位的时间内帮助企业迅速作出可靠决策。人工智能、物联网、智能机器人等数字化设备的广泛应用可降低能源开采的经济成本和技术难度，改善能源开采的工作环境，原本由于成本太高、开采环境过于恶劣而无法开采的油气、煤炭等能源资源将逐步解禁。例如，随着智能机器人在石油勘探领域的应用，之前全球大量无法开采或者高成本开采的油气田将逐步解禁，全球能源可开采量将发生很大变化。

（2）使石化企业从仅能提供单一的能源产品转向同时提供能源产品和多种增值服务　数字化的发展使数据成为石化企业的一项重要资产，数据也从能源生产和销售过程中的副产品转变为企业的核心要素。石化企业利用数字化技术及工具对其所掌握的用户数据开展不同目的的数据挖掘，在此基础上为客户提供多样化的增值服务。这些增值服务既包括（但不限于）产品销售、能效管理、融资租赁等综合性的能源服务，也包括个性化的能源服务，从而有效推动"以客户为中心"理念的落地。在这一过程中，石化企业从仅能提供单一的能源产品转向同时提供能源产品和多种增值服务，石化企业的身份和定位也逐渐发生变化，从能源供应商逐渐转变为综合能源服务商。

（3）使石化企业接触客户的渠道更加多样，为客户提供更全面的服务　数字化为石化企业与客户之间提供了更加多样的交互方式。石化企业不仅可以通过传统的线下渠道（营业厅、加油站等）接触客户，还可以利用数字化所带来的新的数字渠道（如手机APP等）开发多种在线服务，线上、线下两类服务渠道互为补充，从而为用户提供全方位的服务。客户通过手机APP就能实现能源产品的在线查询、在线交费、在线管理等操作，大大提升客户体验。

区块链、物联网等数字化技术的出现彻底改变了石化行业的产销流程。利用区块链技术可以协助能源生产商和能源消费者（主要是石化生产商和石化消费者）之间建立直接的联系，简化各方的相互关系和相互影响，并改变现有的集中式、多级管理的能源系统。尤其是对于炼油销售、化工销售领域，区块链可以应用于对交易方的征信，以防控交易风险、提高交易效率，同时也规避了化工产品价格波动带来的收益风险。

（4）重塑能源生产者和消费者的身份和地位，使产销过程从"单向"转向"闭环" 储能、物联网等数字化技术和设备的出现能够重塑能源产销的全过程，使能源产销过程中涉及的各方的关系发生重要变化——能源生产商和能源消费者之间的界限逐渐变得模糊，各方的角色实现互换或者叠加。例如，能源生产商不仅可以向能源消费者单向地出售能源产品或服务，也可以从能源消费者那里回购多余的能源产品或者数据的使用权。同时，能源生产商还可以利用物联网、传感器等数字化设备主动获取用户的反馈数据，并基于反馈数据对能源产品的种类、质量、方式等信息进行修正，以利于二次销售或多次销售。在这一过程中，能源消费者也从单纯的需求方转向兼具需求方和供给方"双重角色"。因此，借助于物联网等技术的广泛应用，能源的产销过程从"单向"转向"闭环"。

#### 0.2.1.4　智能转型升级是后疫情时代石化企业的必然选择

新冠疫情加剧了全球化的分裂和全球经济的衰退。疫情过后世界石化产业的格局与布局、发展领域与创新重点、合作与协同都会发生深刻的变革与调整，这必将带给我国石化产业以及石化企业新的发展机遇。

当前我国工业生产情况基本向好，高技术制造业和新兴产业持续发力。但国外疫情蔓延使我国工业生产回升仍面临巨大挑战，有效需求不足成为制约工业回升的主要因素。未来要在做好疫情防控的前提下，扩大有效需求，推动制造业重大项目加快投入，全力保持产业链上下游协同创新，加速制造业数字化、网络化、智能化转型。

综上所述，数字化智能化是全球科技发展的大趋势，也是全球石油石化工业继续提质降本增效的有效途径和必由之路。同时工业自动化、信息化、智能化给当代社会带来的科技变革，在石油石化领域数字化智能化中也得到了大量应用。

## 0.2.2 国际石化工业数字化智能化发展现状

随着全球智能制造浪潮的推进，欧美国家纷纷制定各国的先进制造业发展战略，各国都非常重视这一轮以智能制造为核心的传统制造业的产业升级。

美国2009年发布了流程行业智能制造（smart process manufacturing，SPM）路线图，2011年启动"先进制造伙伴计划（Advanced Manufacturing Partnership Plan，AMP计划）"，同年智能制造领导联盟（Smart Manufacturing Leadership Coalition，SMLC）公布了"实施21世纪智能制造"报告。其中：SPM路线图以强化先进智能系统在石化、建材、冶金等流程行业的应用，打造一种集成的、知识支撑的、基于模型的企业，加快新产品开发，动态响应市场需求，实时优化生产制造和供应链网络。SPM针对流程行业与离散行业不同的特点，提出了实现六大业务转变和五大技术转变的独特技术路线，即五条"路线图通道（lane）"：数据到知识、知识到运行模型、运行模型变成关键工厂资产、模型由关键工厂资产到全面应用、人员-知识和模型变成组合的关键性能指标（KPI）[5]。

（1）石化企业智能制造应用情况　近年来，智能工厂这一概念在企业界和学术界被广泛提及，智能流程制造、德国工业4.0的核心要素也是智能工厂。像ExxonMobil、BP、Shell等国外大型石化公司采用自动化技术、信息技术和现代管理技术，基本上完成了传统石化工厂的数字化和网络化转型。例如：完成了企业资源计划系统（ERP）、客户关系管理系统（CRM）等经营管理系统的建设，支撑了日常经营管理；通过先进控制（APC）、实时优化（RTO）等优化控制技术，实现了重点生产装置卡边操作、最优运行；建立报警管理系统、安全操作导航系统、设备及仪表在线故障诊断及预警系统等，实现预知性维护，提高了生产效率，减少了人为事故的发生；实施以风险控制为核心的安环管控体系，实现全方位的环境监控、风险分析和预测预警，提高环境风险处置能力；开展装置可靠性管理，对动、静设备进行实时监测与评估，保障设备长周期运行，实现资产效益最大化；建立了面向全厂的工业有线网、无线网建设，支持了企业信息传递和业务协同；通过租用和自建模式，建立了基于云计算的数据中心，提高了IT（信息技术）资源的利用水平。

巴斯夫公司是工业4.0的推动者和石化工业的典型代表。2015年1月启动工业4.0项目，通过2016～2018年三年建设，提升安全生产水平和员工素质，并改变每位员工的工作环境和工作性质。巴斯夫认为，工业4.0包括人工智能、大数据分析、云计算、物联网、移动设备、3D打印和增强现实七项核心技术。其工业4.0的整体框架围绕企业价值链开展具有吸引力的创新应用，包括：创新生态系统、预测性维护、增强现实、横向集成、纵向集成、数字工厂、一体化优化、透明物流、数字业务模型等。巴斯夫希望领军化工行业的数字化转型，其愿景是通过数字化的产品和服务为客户增加价值，通过横向和纵向连接价值链数据并应用先进的大数据分析技术加强决策，从而提升效率和效益。

（2）石化工业服务商智能制造解决方案　霍尼韦尔、西门子等知名流程行业服务商也先后提出了智能制造解决方案。如霍尼韦尔面向制造业提出"互联工厂"解决方案，通过实现过程、资产与人员的互联，为制造企业打造一个开放性的创新平台。过程互联主要是指连接工艺过程和UOP（环球油品公司）专家，未来还将覆盖其他工艺过程供应商；资产互联是连接资产与OEM（原始设备制造商）设备专家和人工智能分析工具；人员互联指的是人员与最佳的知识共享和协同工具的互联。霍尼韦尔还充分发展并运用云平台、大数据以及物联网等技术，提出互联工业软件平台Honeywell Sentience。该平台包含数据的安全协议和数据分析软件，是连接工业物联网数据连接层、接口层和云服务层的重要工具[5]。

西门子为流程行业数字化转型提供了包括硬件、软件和服务在内的工厂数字化一体化的产品和解决方案，覆盖工厂整个生命周期，从而确保工程设计、工程、安装、运营、现代化升级改造以及云服务之间实现无缝数据交换。可以让用户能够利用其工厂的虚拟"数字模型"来模拟和优化调试、运营及维护。核心产品包括一体化工程和运维系统COMOS、Simatic PCS 7过程控制系统、工业互联网平台Mind Sphere（基于云的开放式物联网操作系统）等。其一体化工程设计与数字化交付平台COMOS已在巴西石油公司、瓦克化学公司、奥地利石油天然气集团、中国石化等企业得到应用。

### 0.2.3 我国石化工业数字化智能化转型现状

国内石化工业的自动化和信息化建设经历了"起步和技术引进""分散建设""统一规划、统一建设"和"融合与深化"四个阶段，正逐步向工业与信息化进一步深度融合发展。石化工业数字化智能化处于较高水平，我国石化工业智能工厂试点建设取得初步成效。为加快推进智能制造建设，2015年以来，工信部连续3年实施智能制造试点示范专项行动，石化工业10多家企业被列入试点示范项目，并取得了良好的示范效应。

历经几十年的创新发展，中国石化工业具备了一定程度的智能化发展基础：一是我国部分石化企业已经具备先进的生产工艺和良好的生产装备；二是基础自动化和生产管理信息化达到了较先进的水平；三是我国拥有技术力量雄厚的石化工业自动化研发队伍；四是从事经营决策、生产管理、工艺技术研发和设备运行等方面的工作者积累了丰富的经验，可以提供大量的数据和知识；五是我国石化工业规模和市场需求庞大且日益增长，具有不可替代的技术创新环境，具有迫切的高端化、低碳化和智能化的改造需求；六是初步建立了现代企业制度，为企业创新和可持续发展奠定了良好的组织保障。这些优势，为我国石油化工行业加快实现智能化、由大向强转变奠定了良好发展基础。

（1）石化企业数字化智能化转型现状　目前国内石化工业数字化智能化应用已广泛开展，特别是像中国石油化工股份有限公司（以下简称中国石化）、中国石油天然气集团有限公司（以下简称中国石油）、中国海洋石油集团有限公司（以下简称中国海油）等大型国有企业纷纷制定了推进数字化转型的战略图。国有大型石化企业通过自上而下的方式，分期开展数字化智能化示范项目，统筹推进企业数字化转型。

以中国石化为例，2012年中国石化开始启动智能工厂建设，选择了九江石化、燕山石化、茂名石化、镇海炼化4家企业作为试点。2014年完成智能工厂系统设计，包括业务架构、系统架构、集成架构、基础设施架构，制定了包含技术、数据和应用的智能工厂标准化体系。2015年九江石化被国家评为智能制造试点示范项目。2016年启动"智能工厂2.0"建设，与华为开展合作，打造石油和化工工业互联网平台ProMACE 2.0，镇海炼化和茂名石化分别于2016年和2017年被国家评为智能制造试点示范项目；除此之外，还在2016年和2017年连续两年承担国家智能工厂标准制定，2017年石化盈科入选了全国"第一批智能制造系统解决方案供应商推荐目录"。智能工厂的建设也使中国石化的数字化、网络化和智能化水平不断提升，有效促进了企业的转型升级和提质增效，取得了一系列显著成果——试点企业的劳动生产率平均提升了30%以上，对生产数据的自动采集率达到90%以上，对重点环境排放点实现了100%的实时监控与分析预警。公司下属的镇海炼化的乙烯装置绩效进入全球第一群组，2015~2017年连续3年利润超过百亿；茂名石化2016年劳动生产率比2013年提升近一倍，2017年效益也首次突破百亿元；九江石化2015年起扭亏为盈，2017年盈利超16亿，在同规模企业中效益名列前茅。

（2）石化工业智能制造服务商现状　　在石化工业智能制造服务商方面，也涌现出大批流程行业智能制造系统解决方案供应商，如石化盈科、浙江中控、中油瑞飞等。

以石化盈科为例，在工业互联网与智能制造领域中，石化盈科进行了长期的探索与实践，在国内石化工业率先开展了生产执行系统（MES）、智能工厂、智能管线的研发和建设，经过沉淀与积累，2015年形成了以集中集成和工厂模型为核心的智能制造平台ProMACE 1.0。2017年，在ProMACE 1.0基础上，融入工业互联网建设理念，把工业大数据、物联网、新一代人工智能等技术与石油和化工行业工业机理、管理模式、业务特点深度融合，发布了面向石油和化工行业的工业互联网平台ProMACE 2.0（以下简称ProMACE），按照"平台+数据+服务"的建设模式，启动了智能工厂升级版（2.0）建设，并在镇海炼化、茂名石化、上海石化、中科炼化等10余家企业进行推广应用。2020年，聚焦新能力、新模式、新生态，发布了ProMACE 3.0，在中国石化进行全面部署，并推广到其他石油化工企业与煤化工企业，同步启动了公有云建设工作。

## 0.3 石化工业数字化智能化发展思考

石化工业的数字化智能化转型不仅关乎石化工业在未来几十年内能否跟上时代的步伐，更关乎中国能否抓住第四次工业革命所带来的"弯道超车"的历史性机遇。展望未来，在物联网、大数据、人工智能以及5G通信等新一代信息技术的推动下，世界石油化工行业的数字化智能化水平将会越来越高，数字化智能化转型也将成为未来石油化工企业持续提质降本增效、实现高质量发展的有效途径和必由之路。

### 0.3.1 石化工业数字化智能化转型内涵、方法与策略

#### 0.3.1.1 石化工业数字化智能化转型内涵

石化工业数字化智能化转型是通过数字技术推动核心业务数字化，驱动传统业务转型和催生新业态，提升生产营运和管理效率，创造更大的价值效益。关于石化工业数字化智能化转型内涵认识如下：

一是以创造更大的价值效益为目的。改造优化供应链、生产、销售、服务等价值创造和传递环节，挖掘新的价值增长，不断沿价值链延伸，向为客户提供高附加值的产品服务和解决方案转型。

二是以数字技术为驱动。数据是推动转型的核心要素，进一步推动业务数字化和数据业务化，数字技术与石油化工实体业务深度融合，推动石化行业数字化、网络化、智能化发展，构建创新驱动潜能。

三是以业务变革为核心。数字化智能化转型核心是业务转型，通过业务变革打造石油化工生态化、服务化的新模式、新业态，其变革包括文化、组织、管理、技术的互动创新、全面变革等。

四是转型是一个长期的系统性工程，而不是一个项目。数字化智能化转型是一个持续打造新型能力的系统性变革过程，从业务赋能、运营优化到模式再造逐步递进。数字化智能化转型不是一次性任务，而是一个长期的变革过程。石化工

业数字化智能化转型是生产力变革与生产关系变革相辅相成，呈螺旋式上升的变革过程。

数字化智能化转型要着力培育壮大数字生产力，打破层级化、职能化的生产关系，从产业链、供应链、价值链的角度，构建与数字生产力相适应的组织与运行机制，实现业务、组织、技术的互动创新和协同优化，实现模式再造。

石化企业数字化智能化转型可分为三个阶段：业务赋能、运行优化、模式再造，这三个阶段各有侧重。

（1）业务赋能　主要聚焦打造数字化基础能力，实现业务数字化，为产品、工具、员工、团队赋能；统筹推进数据融通，加快数据资源共享，提升数据的管理和运用能力。其核心目标是加强业务协同，提升业务运行效率，从而创造更大的价值。

（2）运行优化　主要聚焦优化管理模式、运营模式、产品服务模式、生产模式；挖掘数据价值，形成数据洞察，以数据自动流转带动资金流、人才流、物资流合理配置，实现科学决策。其核心目标是动态响应内外部环境变化，提高资源配置、共享、优化能力，从而创造更大的价值。

（3）模式再造　主要聚焦构建全新的业务模式，重构融合产业要素，形成商业新业态、业务新环节、产业新组织、价值新链条，从业务数字化向数字化业务转变。其核心目标是构建新业态、创造新的效益增长点，创造新的价值[6]。

#### 0.3.1.2　石化工业数字化智能化转型方法

数字化智能化转型远不是拥抱并应用新技术那么简单，而是用新技术赋能整个企业，从客户、运营、员工到产品与服务，需要战略乃至企业文化的进化，换句话说要给企业重新注入数字化基因。

（1）首先要转理念　当数字化技术迅猛发展、互联网思维改变消费习惯，重构行业生态，这一切都在宣示新时代的到来。新时代下石化企业的数字化智能化转型，将为企业带来大量新机遇，并真实地创造新的业务价值。这里，企业应当充分认识到数字化智能化的定位超出了技术应用的范畴，并将其作为企业业务战略转型的重要支柱。因此，数字化智能化转型首先是要转观念理念，转型目标应当契合企业发展的战略规划，并且进行前瞻性、贴合自身发展的数字化智能化转型规划，以明确企业的短期、中期、长期目标和转型路径。让智能化更好地支撑企业业务转型发展，保持企业发展的持续领先。

（2）基础工作必不可少　数据是石化企业进行数字化智能化转型的"新型石油"，加强对于数据资产的管理能力、定义面向传统应用+智能化应用的数据治理能力框架及数据架构，是为石化企业智能化转型提供持续动力的根基。现在企业普遍遇到数据积累不足、数据质量不佳、数据资产不清晰等问题，严重阻碍了数字化智能化落地的步伐，让许多智能化应用的探索只停留在实验室级的尝试，而未能应用于实际业务中。要通过数据流闭环持续更新、原始数据接入和存储以及解决数据一致性问题，突破数字化智能化落地数据瓶颈。同时，注重数据服务能力，通过对服务的共享复用，以及开发流程的闭环化、标准化、自动化、规模化，对前台业务提供智能化服务的快速构建能力。在此过程中，逐渐完善数据治理、厘清数据架构、沉淀数据资产，为企业的数字化智能化转型提供坚实的基础。

（3）转型不能一蹴而就　数字经济新时代，在物联网、人工智能、大数据、云计算等新一代信息技术的加持下，硬件重塑基础设备，软件实施智能决策，二者合力、"软硬兼施"激发新动能，有效驱动制造产业加速转型升级，推动经济发展迈入全新快速增长阶段。但数字化智能化转型不会一步到位，更不会一蹴而就，而是需要一个循序渐进的过程。物联网+、智能制造、智能+等新概念背后是协同。对于石化企业来说，一家企业、一家服务商不能单兵作战，实现智能制造需要节拍，盲目冒进只会得不偿失，某个环节比较快，不代表全部的提升，需要互联互通、相互协同。企业应倡导智能制造回归效益导向，内部从数字化、自动化到智能化，外部形成互联，包括供应链、销售链、微企链，实现社会化、协同化。

（4）转型要"因地制宜"　石化行业是资产密集型行业，具有设备价值高、工艺复杂、产业链长、危险性高、环保压力大的行业特征，面临设备管理不透明、工艺知识传承难、产业链上下游协同水平不高、安全生产压力大等行业痛点。石化企业的数字化智能化转型需要结合石化行业自身特点，推动企业从生产方式到管控模式的变革，使企业具有更加优异的感知、预测、协同和分析能力，优化工艺流程，降低生产成本，促进劳动效率和生产效益的提升。

#### 0.3.1.3 石化工业数字化智能化转型策略

由于石油石化行业业务链长，各业务板块数字化基础不同，业务特点及相应的生产经营环境也有很大差异，因此，数字化智能化转型不可能有整齐划一的步调，要规避转型的风险，实现转型价值最大化，以下是关于企业数字化智能化转型实施策略的思考。

（1）规划先行　数字化智能化转型是经济发展的大潮流，要放眼长远、顺势而为，就要有一套适合本企业现状的长远发展规划，久久为功，保证企业的可持续发展。

（2）选择试点　选择条件比较成熟，人才、技术管理等各种关键要素比较齐备，见效快的领域作为先行先试的起点，快速见效、收获经验、树立信心。

（3）试点效果评价　随时评价试点工作成效，不要高估短期效益，更不要低估长期价值。

（4）复制放大，扩大范围　选择相近或相似的业务场景，复制并放大试点的成功经验。

（5）运行优化，持续调整　在业务运行过程中，紧跟新技术快速发展的步伐，不断优化、快速迭代。适时评估转型的进展和成败得失，据此优化和调整企业转型发展规划。

### 0.3.2 石化工业数字化智能化转型带来的创新和变化

伴随着数字化智能化技术的不断推进，商业与技术的发展关系已经发生了转变。传统模式是商业需求推动技术发展，技术反过来支持商业发展，而新的模式是技术发展不断促进商业模式的革新，商业随着技术发展的脚步不断演变。例如,过去由业务战略驱动IT战略,IT的角色主要是支撑业务运转;现在,技术创造新的机会,并深刻地改变着商业模式,带来IT角色的根本改变。商业全面数字化已经成为企业发展的大方向,商业全面数字化正在从内、外部两方面给石化企业带来创新和收益的新机会。

#### 0.3.2.1 对内实现卓越的企业运营

数字技术的发展为企业的运营管理注入了活力,也对企业的生产运营管理产生了颠覆式的冲击。在经历了大规模信息系统构建、人工智能等新兴技术储备等一系列应对数字化转型的举措后,企业越来越意识到,数字化智能化转型是循序渐进的长期变革过程,只有贯穿于企业战略、组织、运营的各个环节,才能使其落地并创造价值。

(1)数字化、智能化提升精准生产与管理能力

第一,优化企业组织结构。一方面,企业引入数字化、智能化改变了传统的金字塔形组织结构,使得企业的物流、资金流、决策指挥等运作更加扁平化,并提升了信息流效率;另一方面,数字化、智能化技术使企业生产管理过程信息集成化、可视化,提升了精准生产与管理能力。例如,采用各种传感技术,通过基于物联网的射频识别(RFID)、条形码、传感器、智能设备的应用,在生产过程中建立计算机闭环自动控制系统,准确跟踪生产各个环节,及时监测仓储和物流系统,提供生产过程质量、安全的追踪和回溯及专业化管理分析。

第二,提供良好的管理与服务模式。企业在管理中引入数字化、智能化技术,使得企业营销模式、服务模式和管理模式都产生了变革,更能适应业务变化和快速发展。具体技术包括数据采集与监控(SCADA)系统、业务流程重组(BPR)、企业资源计划(ERP)系统、供应链管理(SCM)系统、客户关系管理(CRM)系统等。

第三,提高企业的质量管理能力。通过引入数字化及智能化,可实现由检验最终产品的合格性转向在设计和生产中的预防;由经验化的书面管理转向以

数字化为依托的精细化管理；由专业人员管理转向全员参与管理；由定性的质量管理转向量化的质量管理；由手工采集信息转向自动采集信息。

（2）数字化、智能化是生产营运优化的重要支撑　在价值链维度上，通过数字化智能化赋能，降低原料采购成本、统筹资源配置、物料高效利用，实现供应链全过程的价值增值。

在生产优化维度上，通过建立计划、调度和操作的一体化闭环、敏捷管理体系，实现计划、调度、装置、控制四个层面上的一体化优化，实现生产全过程效益最大化。

在设备全生命周期维度上，通过建立设备状态监测与诊断、运行风险评估、维修策略优化等系统，针对设备设计、建造、运行、检维修、改造、报废的各环节，重点突出设备健康与可靠性管理，在确保安全的基础上最大限度地发挥设备能力，节约维修成本，实现生产装置长周期运行。

（3）数字化、智能化为生产研发提供综合服务　石化企业数字化、智能化研发平台的运用，对于企业研发数据的积累、产品研发质量的提升、产品开发效率的提高都有重要的意义，进而对生产研发过程提供综合化支撑。引入数字化、智能化能够充分发挥企业研发平台的优势，贯穿从设计到大规模生产的整个过程，也就是产品生命周期管理的理念。在企业产品开发过程中对产品结构信息进行管理，有效地组织各产品在不同时期的过程数据，追踪产品从研发到生产的全过程，并收集相关信息，为提升产品质量提供全面的资料。同时，将计算机辅助设计与制造等技术及应用系统集成，使整个企业产品生命周期中的相关数据得以高度融合、协调、共享，在此基础上建立专家库、知识库、经验库及人工智能系统，实现企业产品研发设计的高度信息化管理。

#### 0.3.2.2　对外构建行业生态圈，实现创新发展

引入互联网思维对商业模式进行重新思考，跨越传统边界，充分发挥企业优势资源进行创新经营，同时重塑与供应商、下游合作伙伴的关系，建立互利共赢的平台，更好地响应客户需求，通过产业融合、模式创新，实现企业和整个生态圈的快速发展（图0-1）。

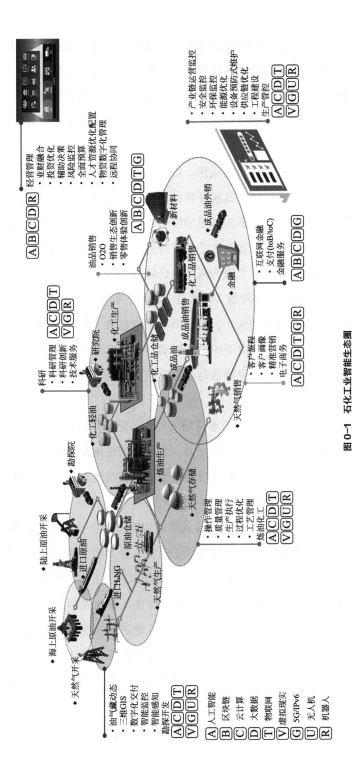

图0-1 石化工业智能生态圈

GIS—地理信息系统；IPv6—第6版互联网协议；LNG—液化天然气；O2O—线上、线下；toB/toC—面向企业/面向个人

（1）数字化、智能化使销售及售后协同发展　石化产品的销售和售后服务环节是与经销商、消费者直接接触的阶段，在这一阶段引入数字化、智能化技术，可以获取产品营销、市场反馈及客户行为等数据以进行管理和分析，进而为产品性能的提升提供针对性指导。企业在销售和售后环节对于数字化、智能化的应用包括如下三类：

a. 企业智能营销终端体系的运用。终端经销商是销售渠道的末端，是至关重要的一环，不仅能够销售产品实现利润，而且可以反馈市场信息，指导生产决策。企业引入智能终端（例如智能加油站），可以充分利用系统及时获取销售、库存等各种市场信息和竞争者的管理信息，实现销售终端的可视化管理和市场分析；通过建立覆盖整个销售网络的仓储物流体系，实现销售数据的全面量化分析、销售任务的动态考核、销售分支机构的管理等功能。

b. 企业电子商务平台的运用。电子商务平台包含企业与分销商、客户、合作伙伴的供需情况以及他们之间的相互影响，可以实现产品在线展示和销售、个性化产品和服务定制、信息推送与互动交流，相较于线下交易系统，其具有更为明显的优势。

c. 企业商务数据的挖掘。企业网络（Web）商务数据挖掘系统包含Web信息获取、Web内容挖掘和客户行为挖掘。这一系统使网络搜索引擎技术和Web数据挖掘技术相结合，企业能够从搜索结果中快速找到真正有价值的信息，并对客户偏好做出分析和判断，指导企业生产。

（2）数字化、智能化促进企业商业模式变革　企业引入数字化和智能化技术之后，企业与消费者的互动方式发生了改变，进而改变企业的商业模式，促使传统的"企业对企业"（B2B）转变为"端到端"（E2E）商业模式。

区别于B2B模式，E2E商业模式具有统筹性、互动性、共生性、认知性的特点。统筹性，即该模式可以根据业务生态系统进行实时统筹协调；互动性，即客户及合作伙伴的体验取决于其特定的行动和需求；共生性，即客户与企业之间是共生依存的；认知性，即该模式可以通过对数据的识别和认知来进行自我学习及预测。

E2E商业模式需要企业自身进行新的战略部署，以充分发挥数字化、智能化技术的重要作用。主要表现在三个方面：第一，掌握新的专业知识。在E2E商业模式的应用过程中，企业需要对客户体验进行重新定义，而重新定义的前提是企业要对产品、服务和流程进行数字化改造。同时，企业通过预测分析和认知计算，为E2E商业模式的应用提供灵活且敏捷的运营环境。第二，重视人才，培养创新文化。在数字型企业构建中，人才是关键。企业要善于发现、留住并培养所需人才，给予人才激励，使人才更好地发挥作用。同时，培养企业的创新文化，将设计思维、敏捷工作和容错精神等纳入企业文化。第三，企业要善于运用数字化技术提升消费者满意度，促进企业转型，构建客户所需的深层次体验；同时，企业需要利用数字强化因素，对现有的运营和流程进行优化，从而实现收入的增长、市场的拓展。

## 0.4 本书主要内容

本书先从经营管理、生产营运、客户服务以及基础设施四大平台全面介绍了中国石化企业信息化现状和已有基础，再从核心使能技术PCPS、石化工业互联网平台、数字化工业体系和数字化服务体系等方面系统阐述了石化工业数字化智能化转型的理论框架、支撑技术体系、战略发展路径和重点任务，最后从集团企业、炼化企业、油田企业、油品销售企业数字化智能化转型等案例全方位展示了石化企业数字化智能化转型的实践成果。

全书共分三篇，分别为基础篇、理论篇和实践篇。

（1）基础篇　重点讲述石化工业数字化智能化转型的基础，按照经营管理信息化、生产营运信息化、客户服务信息化以及信息化基础设施四个方面展开描述。

经营管理信息化：常见的经营管理信息系统既包括跨多个领域协作的综合性系统，如企业资源计划（ERP）系统、协同办公系统等；也包括专项管理系统，如合同管理、资金管理、预算管理等。重点介绍石化工业广泛应用的六大主要经营管理信息系统，分别是ERP系统、资金集中管理系统、预算管理系统、风险管控系统、协同办公系统、数据仓库系统。

生产营运信息化：从国内外知名石化企业的生产管理信息化建设可以看出，企业产业链优化和专业化管理的集中集成、协同一体化已成为企业现代化管理的必然，促进了企业运营和战略决策能力的提升，最终推动了企业发展。重点介绍石化工业广泛应用的10个主要生产营运信息系统，分别是：集团生产营运指挥系统、安全管理系统、环保管理系统、生产执行系统、实验室信息管理系统、能源管理系统、物流管理系统、工业控制系统、工程项目管理系统、实时数据库系统等。

客户服务信息化：石化工业属于传统行业，石化产品销售在各板块拥有大量优质客户群体，同时也面临着日益严峻的市场竞争挑战。从客户需求出发，重点介绍了石化工业面向客户方面的六个广泛应用的信息系统：采购电子商务、客户关系管理系统、加油卡系统、零售管理系统、非油品销售管理系统和网上销售服务系统。

信息化基础设施：是应用发展和业务创新的支撑平台，是广泛应用大数据、云计算、人工智能等新技术的基础。要提高石油化工企业生产营运、经营管理数字化智能化水平，就必须先建好信息化基础设施。基础设施信息化建设主要包括：数据中心、网络、云、运维管理和信息安全等。

（2）理论篇　重点讲述石化工业数字化智能化转型的理论。首先，对石化工业数字化智能化转型的核心——CPS（信息物理系统）进行重点阐述。通过对CPS的发展起源、CPS的技术本质与内涵的分析，重点阐述了石化工业CPS的核心价值及主要特征，同时对石化信息物理系统（PCPS）的关键使能技术进行详细的描述，列举在中国石化应用的主要案例。其次，重点阐述了基于PCPS的石化工业互联网的技术体系。通过工业互联网平台发展趋势以及我国工业互联网平台发展历程的分析，说明工业互联网在工业企业应用的本质是一个跨界融合的过程。最后，畅想石化工业数字化智能化转型路线图与重点任务。基于对数字化智能化转型的趋势和阶段分析，结合中国石化的发展战略和发展模式，展望了石化工业的数字化智能化转型路线图与重点任务。

石化智能化转型核心——PCPS：简要介绍石油化工的本质特性以及CPS的基本概念、基本层次与特征。描述由此引申的PCPS的内涵和特征。并重点阐述

PCPS的关键使能技术，例如：过程建模与模拟、过程优化、先进控制、机器学习与安全等。

石化工业互联网：重点阐述基于CPS的工业互联网平台的主要组成部分（边缘层是基础，IaaS是保障，工业PaaS是核心，工业SaaS是关键），同时阐述基于CPS的新一代业务体系（石化工业全产业链流程——3条业务主线和2个管理层级）。业务主线包括：从生产管理到自动化控制的营运管控一体化（从采购、制造、销售到配送的企业供应链全流程；从设计、工程到运营的工厂全生命周期资产价值链）、支撑体系（网络和安全）及石化智能化解决方案。

数字化智能化转型路线图与重点任务：结合石化工业的数字化智能化转型现状和最新研究成果，描述了石化工业数字化智能化转型的特征与成熟度评估，基于此提出了具体的数字化智能化发展蓝图与重点任务。

（3）实践篇　重点讲述石化工业数字化智能化转型的应用实践。首先，对集团层面数字化智能化转型案例进行重点阐述，然后分别对炼油化工企业、煤化工企业、油田企业、油品销售企业等数字化智能化转型案例进行分析。

集团层面数字化智能化转型案例方面：按照集中管控、共享服务和集团商业模式创新这三个方面阐述了中国石化集团公司的经营管理集中管控平台、共享服务平台、采购电商平台（易派客）和石化e贸电商平台。

业务板块数字化智能化转型案例方面：按照不同板块进行数字化智能化转型案例分析。炼油化工板块从石油和化工行业智能制造试点示范项目中，选择了中国石化九江石化、镇海炼化、茂名石化3家企业和新凤鸣公司作为典型的案例进行了重点介绍；煤化工板块从煤化工行业智能制造试点示范项目中，选择了中煤陕西、中煤蒙大等企业作为典型的案例进行了重点介绍；油气管网板块重点介绍了中国石化智能化管线管理系统；油田板块从国内石油公司中，选择了数字化大型气田——中原普光、大漠上的智能油田——西北油田2家企业作为典型的案例进行了重点介绍；油品销售板块重点介绍中国石化浙江石油公司和香港石油公司数字化智能化转型的情况。

## 参考文献

[1] 前瞻产业研究院. 2020—2025年中国石油化工产业发展前景预测与投资战略规划分析报告[R]. 前瞻产业研究院, 2019.

[2] 英国石油公司. BP世界能源统计年鉴[R]. 第68版. 英国石油公司, 2019.

[3] 中国石油化工集团公司经济技术研究院, 中国国际石油化工联合有限责任公司. 中国石油产业发展报告（2018）[M]. 北京：社会科学文献出版社, 2018.

[4] 中国石油和化学工业联合会信息与市场部. 2019年中国石油和化学工业经济运行报告[R]. 北京：中国石油和化学工业联合会, 2020.

[5] 中国能源研究所.中国能源发展报告2020（三季度版）[R]. 北京：中国能源研究会中能智库、中国信息协会能源分会和中国能源智库网研究中心, 2020.

[6] 朱民, 黄乐平. 中国制造业的互联网化、数字化、智能化路径探索|企鹅经济学[EB/OL]. 腾讯研究院, 2019-01-31 [2020-12-01]. https://www.sohu.com/a/292660702_455313.

# 第 1 篇

## 基础篇

一 石化工业数字化智能化转型

# 1 经营管理信息化

经营管理信息化是指将企业经营管理与信息技术相融合,实现防控经营风险、提升经营效率和效益的过程,涵盖投资管理、财务管理、人力资源管理、物资管理、风险管控、企业绩效管理等领域。常见的经营管理信息系统既包括跨多个领域协作的综合性系统,如企业资源计划(ERP)系统、协同办公系统等;也包括专项管理系统,如合同管理、资金管理、预算管理、绩效管理等。以下重点介绍石化工业广泛应用的六个主要经营管理信息系统,分别是企业资源计划系统、资金集中管理系统、预算管理系统、风险管控系统、协同办公系统、数据仓库系统。典型的经营管理信息化业务框架如图1-1所示。

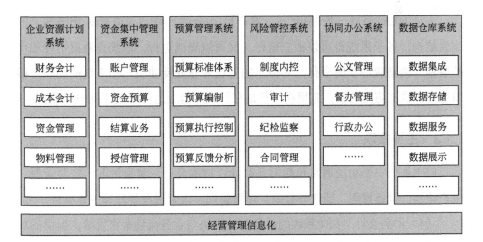

图1-1 经营管理信息化业务框架图

## 1.1 企业资源计划系统

### 1.1.1 概述

企业资源计划（ERP）系统是一个集物流、资金流和信息流为一体的业务运营和管理系统，其核心思想是供应链管理[1]。ERP软件是集成了不同功能模块的计算机软件包，它是ERP管理思想的实际载体。ERP系统是指ERP软件与硬件和网络等企业信息技术的基础设施相结合，在企业内部形成一套通用的集成的管理系统，以支持企业日常操作和高级管理。

ERP系统经过数十年的发展和演变，融合了许多先进的企业管理方法和实际操作。ERP系统集信息技术与先进管理思想于一身，成为现代企业的运行模式，是企业管理的工具之一。目前主流的ERP软件供应商，如SAP（思爱普）、Oracle（甲骨文）、用友、金蝶等，提供技术平台，支持定制化开发以及与周边系统的集成功能。

### 1.1.2 系统架构

ERP系统能够帮助企业合理调配资源，规范业务流程，实现物流、资金流和信息流三流合一，提高企业核心竞争力。典型的ERP系统业务架构如图1-2所示。

主流的ERP系统一般采用C/S（客户机/服务器）+B/S（浏览器/服务器）的体系结构，各子系统既可以独立运行，又可以集成运行，系统具有重构性和可扩展性，能适应环境的变化，对信息的处理能充分反映生产和市场的动态，接口规范，数据访问透明，应用程序都是在开发工具上进行二次开发的结果。

### 1.1.3 主要模块

ERP系统主要功能通常包括财务会计、成本会计、资金管理、物料管理、生产计划、设备管理、销售与分销、项目管理、人力资源管理等主要模块。

（1）财务会计　ERP系统的财务会计模块与业务流程紧密集成，提供的功能包括总账、财务报表、资金管理、固定资产管理等。财务会计模块的最大特

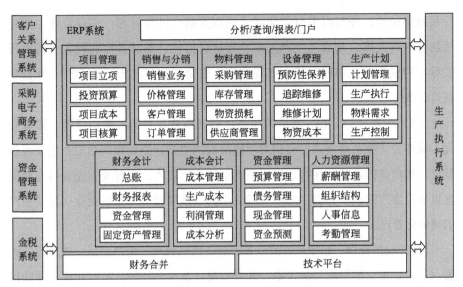

图 1-2　ERP 系统业务架构图

点是通过业务执行过程与财务管理紧密集成，形成财务、业务的一体化，提升成本核算精细化水平，提升财务管理的业务执行效率。

（2）成本会计　ERP 系统的成本会计与物料管理、生产计划、设备管理、财务会计和项目管理等模块紧密集成，跟踪各种业务经营活动，根据阶段性成本情况、成本差异、成本变动、生产成本、人工成本等报表，帮助管理者准确地了解企业的成本构成情况，实现精细化管理。

（3）资金管理　ERP 系统的资金管理与物料管理模块紧密集成，帮助资金管理人员实时、灵活地分析现金头寸，并且可以对未来现金流量进行分析，有效控制预算的执行，进行实时的监控与分析。与银行系统实现电子支付、电子对账等系统集成功能，可以提高现金交易的效率与准确性。

（4）物料管理　ERP 系统的物料管理与生产计划、销售与分销、财务会计、成本会计等模块紧密集成，提供物料全过程管理功能，主要包括计划管理、采购管理和库存管理。根据生产管理、项目管理、设备管理等业务执行过程形成的原辅材料需求计划、备品备件需求计划等进行库存平衡自动生成采购计划，保证及时供应；根据采购计划进行采购寻源、合同维护、订单执行和发票校验，并与财务付款集成，实现采购全过程管理；库存管理主要包括物资采购入库、产成品生产入库、原材料消耗、备品备件消耗等业务执行过程中物资库存状态的管理，实现物流、资金流、信息流三流合一，降低物资库存成本。

（5）生产计划　ERP系统的生产计划与销售及分销、物料管理、设备管理、成本会计等紧密集成，提供对不同层次的生产计划管理的功能，企业可根据原料和产品的采购、库存、销售情况以及生产能力，合理配置企业各方面资源以满足生产需求，出具生产单元或装置的成本等报告，帮助企业实现对生产的精细化管理。

（6）设备管理　ERP系统的设备管理与物料管理、生产计划、成本会计等模块紧密集成，根据物资的采购、库存情况以及生产计划，及时安排最佳的设备维护方案，保证企业的设备运营能力能够满足生产需求，出具设备维护方案报告、基于设备维护计划的物资和人工成本报告等，帮助企业管理人员合理地制定并调整设备维护方案，控制设备维护成本。

（7）销售与分销　ERP系统的销售与分销与生产计划、物料管理、财务会计、成本会计等模块紧密集成，覆盖产品销售的业务活动，功能包括价格管理、客户信息管理、客户信用额度管理、销售订单的产生和状态跟踪、订单发货和开具发票等功能，帮助企业实时掌握销售状况，以快速响应市场变化。

（8）项目管理　ERP系统的项目管理与财务会计、成本会计、物料管理、设备管理、人力资源等模块紧密集成，涵盖项目的整个生命周期，支持企业从多角度、实时对各阶段实施项目的各种投资成本（包括设备投资、物料投资、待摊费用等）进行考核分析，并按照项目投资预算情况进行监控。

（9）人力资源管理　ERP系统的人力资源管理与财务会计、成本会计、生产计划等紧密集成，支撑人力资源"选、用、育、留"全过程管理。主要内容包括组织机构管理（包括岗位）、员工信息管理、劳动合同管理、员工考勤管理、薪资结构和计薪管理、企业绩效管理、人力资源相关数据的统计或分析等，帮助企业提高人力资源管理业务执行效率。

### 1.1.4 应用效果

ERP系统的成功建设可以帮助企业大幅提升经营管理水平，逐步构建现代企业制度，并为企业带来巨大效益[2]。在十多年ERP建设应用历程中，中国石化始终本着"国际水准、石化特色"的理念，不断完善优化系统功能，持续提升应用水平，使中国石化业务特点与ERP管理理念相结合，逐步形成了一套符合石化行业特点的ERP项目实施方法及ERP建设应用业务推广模板，并在中国石化企业普遍实施。ERP建设应用水平达到国内外同行业先进水平，2009年中国石化ERP建设项目被国资委评为央企示范工程，其ERP的应用成效主要表现在以下几个方面：

（1）推进体制改革，支撑业务重组　ERP实施过程与企业管理体制机制改革紧密地融合在一起，借助于系统实施，推进组织架构和管理的扁平化，推动财务核算上移，加快销售企业省级统一纳税，进行物装管理体制的深化改革。中国石化浙江石油分公司ERP系统上线运行后，实现了全省采购业务的集中统一管理；中国石化江苏油田所有财务核算账合并为一套账，撤销了22个基层财务核算点，形成了一套账、一级核算的财务管理新体制。

（2）强化内部控制，提升管控水平　ERP系统在销售量价控制、资金和费用控制、供应商和采购价格控制等方面作用明显。油品销售企业普遍通过系统锁价功能，在价格上涨的时候能够有效控制住低价放量行为，避免了恶性套利。2005年扬子石化ERP系统上线后，取消了二级单位的银行账户，实现资金集中管理、集中收付，降低了财务费用，同时公司资金流动速度大大加快，流动比率由1.02上升到2.42，升幅达137.3%，速动比率由0.43上升到1.64，升幅达281.4%。

（3）加强精细化管理，提高经济效益　中国石化集团以ERP系统实施为契机，对近300个业务流程进行了重组优化，并将优化后的流程和工作程序以及岗位权限都固化在系统中，精细化管理有了新的手段。中国石化中原油田2008年通过ERP系统实现科学、精细、高效的采购和库存管理，全年节约采购资金1.57亿元，物资周转次数达到16次，同比增加5.1次。

（4）规范业务流程，夯实基础管理　中国石化各企业通过实施ERP，借鉴了国内外先进企业的最佳业务实践，夯实了管理基础，进一步规范了业务流程，优化了工作程序。同时，加大了标准化工作的力度，重点开展了编码标准化、组织架构标准化、工作流程标准化以及数据标准化等项工作，建立了针对不同业务板块的ERP系统推广模板，将形成的标准和成熟的模板设置到ERP系统中。燕山石化通过ERP系统实现了预算"编制、控制、分析"一体化，公司对采购指标26项、生产耗用指标96项、费用指标108项及销售指标31项，共261项预算进行监控。

（5）整合信息资源，提高工作效率　ERP应用实现了企业内部财务、计划、销售、采购等信息的集成和共享，提高了数据的实时性、准确性，做到了"财务一套账，物资一个库，信息一套数"。依靠系统实时获取信息、实时处理信息、实时发布信息，工作效率大幅提高。

## 1.2　资金集中管理系统

### 1.2.1　概述

资金是企业集团经营运作的"血液"，资金状况及其运行质量综合反映了企业的资源配置、经营质量和可持续发展能力。资金管理是财务管理的核心工作之一，特别是对实施多法人体制的大型集团公司而言，如何在妥善处理好集权与分权关系的基础上，通过有效的资金管理工作，不断强化集团财务管控，实现集团资金价值最大化，是众多企业集团资金管理工作的目标。

大型集团企业在发展壮大过程中，面临着内部不同板块资金管理不统一、管理水平参差不齐、集团整体资金效率较低等问题。集团企业统一资金管理模式，提升整体资金运营管理效率和水平的要求日益迫切。融合资金管理要求，应用先进的信息技术所打造的资金集中管理系统应运而生，如中国石化资金集中管理系统、中国石油司库平台等。

### 1.2.2　系统架构

资金集中管理系统在提升资金管理效率、提供经营决策分析、防控金融风险等方面向企业提供了强大的业务功能支持，同时整合企业资源，实现企业整体资金管理的集中控制，将企业的资金管理水平带上新的台阶。典型的资金集中管理系统业务架构如图1-3所示。

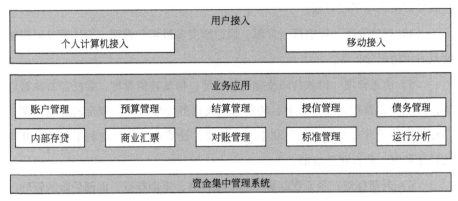

图1-3 资金集中管理系统业务架构图

主流的资金管理系统除提供资金管理功能外，还提供银企直联接口与主要合作银行的直联操作，实现与银行直联的支付交易、余额查询等操作；同时资金系统对信息及业务安全要求较高，通常在技术层面提供数字证书等安全手段。

### 1.2.3 主要模块

资金集中管理系统涵盖的主要功能包括账户管理、预算管理、结算管理、授信管理、债务管理、内部存贷、对账管理、商业汇票、运行分析等功能模块。

（1）账户管理 对企业在境内外商业银行、内部金融机构、结算中心开立的各类账户进行全生命周期管理。对各类账户提供线上开户、变更、撤销等业务审批流程，实现全生命周期的在线管理。根据收付款、债务等业务记录账户交易明细，每日日结余额。提供账户限额管理功能，按账户设置日限额，并在业务处理时进行提醒或控制。

（2）预算管理 根据资金预算管控力度，配置资金计划项目，提供资金计划控制规则，按资金计划控制资金结算、融资业务处理等。记录资金计划执行数，提供资金计划执行分析功能。

（3）结算管理　各类账户、各类途径的付款及审批管理，包括境内外银行存款、内部存款的收付款业务处理。资金计划控制付款申请，资金收付业务产生账户交易明细，账户交易余额与业务单据自动关联，银企直联账户通过银企互联接口实现电子收付款。

（4）授信管理　授信统一管理，授信额度多级切分管理，授信额度可用额度及占用情况分析等。

（5）债务管理　借款合同及提还款管理，借款转贷管理，委托存贷款管理等，提供借款管理、债券管理、转贷合同及业务处理管理，按合同逐笔管理，并提供相关的计息功能。提供利率分析功能，计算企业的平均利率水平，并可按预计利率，分析财务成本。

（6）内部存贷　企业在结算中心活期存款、定期存款、内部贷款的管理。通过资金核算账户在资金系统内部搭建单位内部银行资金池，可按资金管理层级分级进行内部银行管理。提供内部贷款合同、提款、还款、提前还款等功能，实现下属单位通过资金核算账户实现其在内部银行贷款，并提供内部贷款计息收息等功能。提供内部定期存款起存、支取、提前支取等功能，实现下属单位资金核算账户资金转为内部定期存款，并提供内部定期存款计息付息等功能。

（7）对账管理　实现企业内外部存款账户根据电子对账单自动精确对账，系统由对账结果出具银行余额调节表。

（8）商业汇票　企业持有的应收票据、应付票据全生命周期管理，与银行授信模块建立关联，并提供商业汇票相关的业务数据分析。

（9）运行分析　按照管理需求，定义各类资金业务运行情况的实时分析，提供各类运行分析报表，包括资金余额、明细、计划执行分析，付息债务情况、监控业务流量、业务处理情况、业务未完情况等。

### 1.2.4　应用效果

中国石化资金集中管理系统自2009年全面上线以来，取得了显著的经济和管理效益。解决了内部资金管理模式不统一、管理水平参差不齐、融资分散、重复投资、账户众多、资金分散等问题，构建形成了具有中国石化特色的资金收入实时汇集、资金支付统筹安排、融资需求整体筹划、内部结算封闭运作、资金运行实时集中反馈的新型资金管控体系及其运行机制，充分发挥了集团资金整体运作优势，提升了集团公司资金管控水平及运行效益，实现了集团公司资金价值最大化。2010年年底，中国石化资金集中管理获得国资委第十七届国家级企业管理现代化创新成果一等奖[3]。

（1）构建新型集团资金集中管理模式，促进公司资金运营效率的显著提高　中国石化根据所属企业及其组织层级较多、地理分布广泛、业务类型及运作特点突出的实际情况，搭建了整体协调、高效运作的集团公司资金管理体制及其运行机制，即：以总部财务部门为决策支持层、以各企业财务部门为管理执行层、以企业所属资金核算单元为运行操作层、以中国石化内部金融机构为服务运作层的立体化集团资金管理组织运行框架，实现了集团公司资金集中管控与分级组织日常资金管理的有机结合，实现了内部资金管理流程的高度统一化和标准化，提升了资金安全的保障程度，提高了资金统筹聚合能力。

（2）创新资金管理平台，提高财务人员工作效率　构建以银行总分账户为实施途径，资金收入自动汇集、资金支出流程化运行、结算与核算同步处理、资金运行报表自动生成的资金管理运行模式，实现各层级资金预算全过程线上管理和按预算分项目、分流向自动控制支出、集团内部以及企业内部交易封闭运行的管理目标，提高了工作效率。在总分账户的模式下，中国石化资金集中管理系统的建设始终坚持着"三个不变"（资金所有权、使用权、收益权不变）、收支两条线和全额预算控制等基本原则，从而保证了资金集中管理整体运作的合理性和高效性，而总分账户的方案也开辟了国内大型集团公司资金集中管理的先河。

（3）促进资金管理观念转变，提高资金效率　准确分析企业整体及局部的资金盈亏原因，全面建立资金有偿使用机制，实行资金收支平衡考核，实现资金管理方式由定时归集、分散使用向实时汇集、集中支付转变；资金管理对象由侧重总量与存量的静态管理向动态精细化管理转变；资金管理重点由侧重保障与支持向提升资金价值转变。通过统筹分析，全面理顺总部与各企业之间、企业与下属单位之间、财务部门与业务部门之间的资金管理权责关系，同时按照权责对等、规范高效原则对资金管理流程进行全面梳理和优化，以信息网络技术为载体全面提升资金管理效率。

（4）资金集中管控能力显著增强，提升资金聚合协同效应　集团公司总体资金流量集中度迅猛增长，资金流量集中度年均保持在92%左右。货币资金余额集中度年均保持在93.5%左右。融资业务集中度显著提高，集团总部以统筹对外融资、组织总部转贷和集团内部委存委贷融资、安排财务公司自营贷款等形式提供的资金，占各企业付息债务总额的比重由系统上线前的61%提高到97.5%左右。

## 1.3　预算管理系统

### 1.3.1　概述

预算管理是实现企业战略目标的重要手段之一，同时也是企业管理的一个重要组成部分[4]。党中央、国务院、财政部及国资委对全面预算管理均提出了明确要求，国资委要求央企加快推进全面预算管理，同时要积极推动预算信息系统建设，充分利用信息化手段，规范预算管理流程，提高预算管理效用。但是由于缺乏有效的信息技术手段支撑，不少企业存在预算编制工作周期长、手工填报工作量大、预算与战略规划及绩效管理脱节等问题。近十年来，中国石油、中国石化、中国化工等企业均开展了预算管理系统建设，以解决上述问题，同时通过预算管理加强对运营、投资成本的控制，保证业务计划的落实。

### 1.3.2　系统架构

预算管理系统加强对运营、投资成本的控制，保证业务计划的落实，支持日常运营中及时、快速、有效的决策。典型的预算管理系统业务架构如图1-4所示。

预算管理最大特点在于完整的闭环管理体系，支撑这个体系正常运作的两个重要因素是"信息共享"和"顺畅的沟通"。基于这两个特点，决定了预算管理系统具备外部高度集成、内部联系紧密的系统架构。

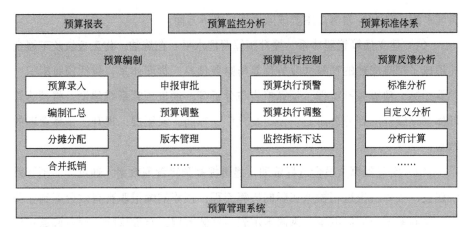

图 1-4　预算管理系统业务架构图

## 1.3.3　主要模块

预算管理系统以预算标准管理体系为基础，预算标准体系包括预算组织、合并架构、预算指标体系、预算管理制度与流程等。预算管理系统涵盖预算编制、预算执行控制、预算反馈分析等功能模块，为企业提供预算报表和预算监控分析功能。

（1）预算编制　包括预算录入、申报审批、编制汇总、预算调整、版本管理等功能；另外根据企业的预算组织架构和指标设置，提供分摊分配、合并抵销等功能。

（2）预算执行控制　包括预算执行监控、预算执行调整、监控指标下达等功能。通过对预警指标的预警范围设定，帮助企业及时发现和纠正预算执行中的偏差，积极采取应对措施，实施预算控制，例如对超警戒线的开支发出提示信息，对超预算的开支实施控制，不予通过执行等。

（3）预算反馈分析　提供标准分析和自定义分析模式，根据分析模型生成计算结果，提供分析报表和图形化展示功能。

## 1.3.4　应用效果

近年来，预算管理系统在石油化工行业的应用范围也在不断扩大，取得了显著的成果。以中国石化炼油板块和化工板块基于多年业务实践所构建的预算管理系统（TBM）为例，主要成效体现在以下方面。

（1）建立预算管理体系，提升预算管理水平　在炼油、化工板块及下属企业形成了相对成熟的预算（业务预算与财务预算）管理体系，包括预算组织、预算指标、预算编制流程、预算报告与分析等；通过预算系统建设，将预算管理体系逐级推广到分公司、子公司及分厂、车间、装置层，提升了预算管理的水平。

（2）实现预算全员全过程管理，显著提高预算管理效率　通过全面预算系统建设，预算编报过程模拟实际的核算流程；预算的编报职责有效分解到业务端，横向多部门协同编制，纵向下沉到生产装置层；有效排除了预算偏离核算的人为因素，提高了预算的准确度和预算管理工作的效率。

（3）实现预算数据集成共享，提高预算编制效率　全面预算管理系统集成ERP、MES、综合分析等系统，实现预算数据集成共享，减少预算的手工填报量，为预算编制工作提供有力支撑。

## 1.4　风险管控系统

### 1.4.1　概述

企业在经营管理和生产运行过程中，需以风险管理为导向，建立完善的风险防范体系，在防范控制风险的同时实现可持续发展，不断提升自身市场竞争力。随着企业信息化水平的提升和建设步伐的逐步加快，通过信息技术来对企业风险的全面管控进行支撑、实现风险信息的高效集成共享，已成为一种行之有效的手段。将先进的风险管理技术和风险管理业务流程融合固化于信息系统之中，以实现对风险进行科学合理的规避与控制。

### 1.4.2　系统架构

风险管控系统以风险管理相关制度和规范为依托，将风险管理标准体系，包括风险管理框架、过程、工具和模板等融合在信息系统中，实现风险管理的标准化、规范化，实现策略统一、数据标准统一。同时建立企业的风险事件库、符合自身业务特性的风险评估准则，实现针对不同业务流程风险的分类管理需求。典型的风险管控系统业务架构如图1-5所示。

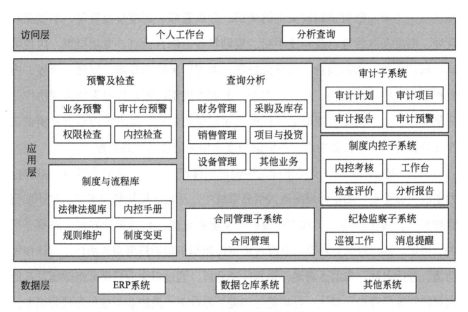

图1-5 风险管控系统业务架构图

风险管控系统的特点是通过信息技术，将传统的风险管理与风险管控工作融合，建立风险从识别、分析、评价到应对的全过程管理；与内控矩阵、内控评价、缺陷认定和整改等内部控制管理过程，在工作组织、业务流程、工具手段、方式方法等方面贯通和整合。通过风险管控系统，将管理标准、重大风险、关键内部控制点的规则逻辑固化在生产经营管理相关信息系统中，实现风险管控的事前、事中管理；固化在内控、审计、监察相关信息系统中，实现风险管控的事中、事后管理。

## 1.4.3 主要模块

企业根据其自身组织机构部门和业务特点，建设风险管理系统用于支撑风险管理部门、内控管理部门、内审管理部门、纪检监察部门等监督业务工作的开展。风险管控系统通常包括：制度内控子系统、审计子系统、纪检监察子系统、合同管理子系统等。

（1）制度内控子系统　支持制度的全生命周期管理及内控管理工作的全过程管理。主要功能包括制度文件的分层、分级管理、制度模板管理、制度流程管理、制度条款管理以及内控手册、规则管理、综合检查、专项检查、内控测试、跟踪整改、内部报告、信息分析等。形成以风险为导向，制度、流程、内控相互集成的管理规范，审计、内控、制度管理部门通过信息系统实现协作，并从业务信息系统中获取规范执行的相关数据和信息，促进内控检查及测试工作有效、高效开展，更能进一步促进制度和相关信息系统的完善。

（2）审计子系统　支持审计工作全过程管理，将"以风险为导向、以内控为主线、抓重点"的审计思路嵌入信息系统中。从审计计划制定下发、审计项目管理到审计成果利用，实现审计业务的全流程贯通，包括审计方案、底稿、报告、决定、统计报表等环节，支撑各级审计组织机构的日常沟通协作；审计预警功能，包括自动、自助、查询、预警结果分析，通过对企业日常业务数据与系统内置的制度标准进行对比，自动将与制度、标准不一致的业务或行为预警出来，实现对重点单位、主要业务、关键环节的实时监控和异常情况预警预报。

（3）纪检监察子系统　纪检监察子系统包括重点业务公开和监督执纪问责，利用信息技术构建廉洁风险防控标准化管理体系和管理模式，规范纪检监督业务，提高监督效能。重点业务公开主要实现了对企业经营风险和廉洁风险进行在线的监督，监督执纪问责则保证了监察日常的信访管理、案件管理、领导活页夹管理等日常业务的信息化管理。

（4）合同管理子系统　合同管理子系统业务覆盖从合同的订立准备、合同签署、合同履行到终结的全过程管理，包括合同订立功能、合同履行、合同终结、标准文本等功能。支持合同文本制定、申请和发布；支持合同文本模板化和合同分类管理；支持根据合同类别自动获取合同模板，进行合同文本在线编辑订立合同；在线处理合同变更、转让、中止、终止、合同付款与报销业务集成，在线跟踪合同付款信息；对合同履约进行正常或异常评价，并相对进行后评价管理，最终对合同资料进行归档管理。

### 1.4.4 应用效果

风险管控系统大大提高了企业防范风险的能力和内控、审计、纪检监察工作的效率。以中国石化的风险管控系统应用的实践为例,通过信息系统建设,建立了一整套的风险管理体系和新型的监管体系,取得成效包括:

(1)实现风险管理工作的闭环管理和协同　通过风险管控系统实施,促使企业全员、全过程参与风险管理,风控、内控、审计、纪检监察等管理部门共享数据,缩短了沟通周期、提高了工作效率;风险问题关联业务流程及风控点,实现监督闭环;通过信息系统积累数据,建立分析和优化模型,促进风险管控系统的持续改进。

(2)改进风险管理方式,实现预警和事中控制　通过风险管控系统实施,以业务流程为出发点,关联内部控制规则、内部控制流程及内部控制点,基于控制流程指导审计监察工作方向;对于发现的预警、审计、监察问题要追溯到内控失效环节及内控流程,最终实现审计部门能够出具内控评价报告,基于内控、审计、监察部门工作成果共同绘制出企业风险地图。

(3)指标量化,精细化管理　将风险管理中数据、单据、流程、模板的标准化,风险分级、分类和影响的定量定性化等内容固化融合于信息系统之中,促进相关标准和量化内容的推行和落地。在系统支持管理落地的层面,对所有的业务制度流程和检查考核进行指标量化,构建了四类通用信息化控制点检查规则470项,覆盖总部机关、企业及上千家下级单位。目前,系统中共创建检查评价项目(季度、年度、专项等)3900多项,检查ERP系统相关信息化控制点14万余次(按流程、规则等不同角度),涉及信息化控制点系统样本230万,改变了传统手工的检查控制工作,为决策提供支持,提高了工作质量和水平。

## 1.5 协同办公系统

### 1.5.1 概述

协同办公系统是企业启动时间最早、覆盖人数最多、流程差异性最大的信息化系统。随着数字化、移动化、智能化时代的到来,协同办公系统作为企业各类业务办理的抓手和工具,在提高工作效率、提升决策速度方面的价值日益突出。在企业信息化工作推进的过程中,越来越多的企业开始搭建基于互联网的集约化办公系统,以实现企业内部各组织与部门的协同,以用户服务为核心,以战略目标为导向,以业务流程为纽带,以IT平台为基础,驱动企业管理各项业务的有序开展,逐步促进企业内部经营管理和业务执行体系的完善。

### 1.5.2 系统架构

先进的协同办公系统是一个基于业务逐步优化完善的办公平台,以用户为中心提升服务,以平台为基础构建应用,以数据为中心挖掘价值,逐步向周边业务进行扩展覆盖,并与ERP等系统无缝集成。典型的协同办公系统业务架构如图1-6所示。

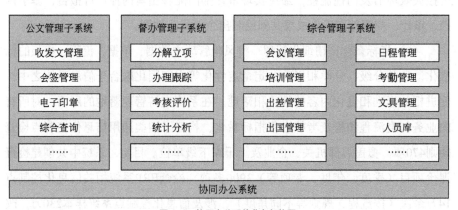

图1-6 协同办公系统业务架构图

主流的协同办公系统一般采用浏览器/服务器(B/S)的体系架构,并提供移动端支持,少量特殊子系统因其业务特点和保密性等要求,会采用客户机/服务器(C/S)的架构。各子系统均基于共享平台进行建设,并经过应用中心的统一管理,通过个人桌面向个人提供使用。基于平台进行快速部署和弹性扩展,随时满足系统性能提升需要。

### 1.5.3 主要模块

协同办公系统主要包括公文管理子系统、督办管理子系统、综合管理子系统。

（1）公文管理子系统　是企业政令上传下达的核心系统，主要功能包括发文、收文、会签、电子正文、电子印章、电子签名、个人助理、报表打印等。公文管理子系统满足各级机关与其所属单位之间公文的上传下达、零距离传输的需要，实现从纸质办公模式向电子化办公方式的跨越式转变，增强了公文流转的有效性和高效性，实现了公文管理规范、严谨和降本增效。

（2）督办管理子系统　实现各类督办事项从发起、承办、反馈到考评的全过程的闭环管理，并对每一个督办事项的办理过程进行实时、全流程跟踪和监控。主要功能包括分解立项、督办办理、办理跟踪、考核评价及统计分析等。通过对督办事项进行分级、分类管理，按照职责分工分解落实，实现各类督办事项的工作立项、部署安排、逐级分解、协作执行、反馈与点评、确认与评价等全生命周期闭环管理，以及对重点工作、会议纪要、领导批示、上级文件、专题活动、其他事项的专业化管理。

（3）综合管理子系统　主要包括会议管理、培训管理、出差管理、出国管理、考勤管理、文具管理、日程管理、人员库等模块。同时，各子模块之间以用户为核心进行流程上的关联，如通过会议管理为会议事务提供同意办理和协调安排，为出差系统提供出差申请、行程记录等功能；通过日程管理为个人或组织的日程计划进行安排、展示和提醒，并与会议管理、出差管理等相结合；同时通过消息管理向用户提供手机短信、邮件、即时通信等形式的消息发送服务。

### 1.5.4 应用效果

协同办公系统的建设能够提升管理的流程化、规范化水平，保障制度的落地，沉淀知识资产。同时通过与各类业务系统的打通和数据共享，还能够显著提高内部沟通、业务协同等办公效率，从而提升企业的执行力、知识共享和创新力。

中国石化的协同办公系统建设与应用经历了由分散到集中、由孤立到统一的历程，该系统基于石化特色的流程和业务，逐步沉淀为一整套平台化的办公套件，形成了横向到底、纵向到边的信息化覆盖，在集团总部及各分公司、子公司实施并取得了较好的应用。协同办公系统的应用成效主要表现在以下几个方面。

（1）提高办公效率，加快业务流转　协同办公系统适应业务流程而建，并在建设中进行流程的优化再造，使各级领导及用户可以随时随地收发消息、审批及办文，显著提升了业务办理的效率。

（2）规范工作流程　通过信息化来固化约束业务流程化，基于事前约束、事中监控、事后检查的原则，对制度规定中有明确办理要求的流程，将其办理时限及要求、控制点固化在系统中，不断优化工作流程，提高完善管理体系。

（3）整合信息资源，沉淀知识资产　在完成各类业务办理后，协同办公系统通过对形成的重要文档资料进行有序的分类和整合，形成不同板块、专业公司的档案分类及数据模板。

## 1.6　数据仓库系统

### 1.6.1　概述

在经营管理信息化建设过程中，信息系统持续产生大量的数据，如何高效处理、利用和管理这些数据，支持各部门数据的共享和综合的决策，是众多企业面临的一个挑战。数据仓库是一个面向主题的、集成的、相对稳定的、反映历史变化的数据管理系统，用于支持管理决策。通过建设企业数据仓库系统，能够对企业的采购、库存、销售、财务等重要信息"统一抽取、统一加工和统一存储"，实现"数出一门"。

### 1.6.2　系统架构

数据仓库系统主要功能仍是将联机事务处理（OLTP）所累积的大量数据，通过统一处理、加工、建模，为企业提供多维度分析、辅助决策进而构建商务

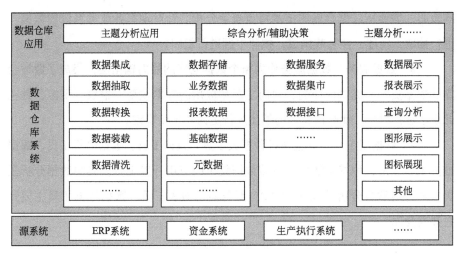

图1-7 数据仓库系统架构图

智能。典型的数据仓库系统架构如图1-7所示。

数据仓库系统的主要特点是：采用层次架构设计，保证系统稳定性和可持续建设，满足管理需求；数据仓库产品具有强大的数据抽取能力来满足复杂环境的数据抽取；面向业务分析，统一建模标准；进行模型数据加载、性能优化、归档管理，对数据生命周期进行全面管理。

### 1.6.3 主要模块

数据仓库系统的主要功能，一般包括数据集成、数据存储、数据服务、数据展示四个方面。

（1）数据集成 是数据仓库系统的基础，是整个系统的数据源泉。通常包括企业内部信息和外部信息。内部信息包括存放于关系数据库管理系统（RDBMS）中的各种业务处理数据和各类文档数据。外部信息包括各类法律法规、市场信息和竞争对手的信息等等。

（2）数据存储 是整个数据仓库系统的核心。数据仓库的真正关键是数据的存储和管理。数据仓库的组织管理方式决定了它有别于传统数据库，同时也决定了其对外部数据的表现形式。要决定采用什么产品和技术来建立数据仓库的核心，需要从数据仓库的技术特点着手分析。针对现有各业务系统的数据，进行抽取、清理，并有效集成，按照主题进行组织。

（3）数据服务　数据服务作为整个数据仓库的能力输出层，集成了数据仓库的数据资产，提供便捷的、面向主题和应用的数据模型、报表等资源，并在此之上进行封装，使数据仓库的整体运行更为安全和稳定。

（4）数据展示　主要包括各种报表工具、查询工具、数据分析工具、数据挖掘工具以及各种基于数据仓库或数据集市的应用开发工具。其中数据分析工具主要针对联机分析处理（OLAP）服务器，报表工具、数据挖掘工具主要针对数据仓库。

### 1.6.4　应用效果

以中国石化数据仓库建设为例，从2005年开始企业数据仓库的规划设计和建设，目前已经集成了ERP、电子商务等200多个源系统，主要成效包括以下几点。

（1）建成企业级数据仓库平台，实现"数出一门"　中国石化数据仓库应用已经涵盖油田、炼化、销售、物装等分析主题，通过数据仓库系统建设，实现了企业的采购、库存、销售、财务等重要信息的"统一抽取、统一加工和统一存储"，初步实现了"数出一门"，有效地避免了对企业ERP重复抽取数据，解决了数据仓库应用模型间的数据定义不统一的问题，支撑了20余个数据仓库应用系统。

（2）利用数据分析手段，促进精细化管理　通过数据仓库在线分析工具，用户可以实现层层追溯直至最小管理粒度，支撑了精细化管理理念的落实。通过管理驾驶舱，管理层能够一目了然企业的整体经营状况，中国石化数据仓库平台对总部管理部门决策科学化、信息透明化、管理精细化起到了很好的促进和支持作用。

（3）支持数据分析应用，促进企业降本增效　如通过自动化数据处理，节省人工成本；通过实时监控，促进降库；通过综合分析，减少各项漏损等。

## 参考文献

[1] Shadrack Katuu.Enterprise Resource Planning: Past, Present, and Future [J]. New Review of Information Networking, 2020, 25 (1): 37-46.
[2] 石宝明. 中国石化实施ERP的对策研究 [D]. 大连：大连理工大学.
[3] 全国企业管理现代化创新成果审定委员会，中国企业联合会管理现代化工作委员会. 国家级企业管理现代化创新成果（第十七届）[M]. 北京：企业管理出版社，2011.
[4] 周晓娟. 我国中石化集团强化全面预算管理应用的探讨 [J]. 中外企业家，2018（26）：22.

# 2 生产营运信息化

在石油化工行业中,生产营运信息化有着鲜明行业特色,是信息化技术与石化工业企业生产相融合,实现企业安稳长满优的重要保障措施之一,助力企业实现安全环保、绿色低碳、节能减排、提质增效的运营目标。从纵向上看,涵盖了集散控制系统(DCS)、数据采集与监视控制(SCADA)系统、实时数据库、先进控制、实时优化、生产执行系统、调度指挥、多级生产营运指挥等;从专业上看,涵盖了能源化工行业生产过程中的安全、环保、能源、物料、质量、物流、管网、工程等。典型的生产营运信息化业务架构如图2-1所示。

## 2.1 集团生产营运指挥系统

### 2.1.1 概述

国内外炼化企业正朝着大型化、清洁化、一体化和智能化等方向发展,充分体现安全、健康、环保和循环经济的理念[1]。在发展的过程中,同时也面临诸多挑战:成本的持续增加以及需求的长期波动,企业及客户对于价格的变动敏感度持续增强;效益提高与生产平稳安全的矛盾;全球经济一体化导致企业的经营环境更加复杂,供应链壁垒以及各环节的复杂度日益升高;能源消费的增长趋缓,炼油与销售的利润空间缩小;低碳时代的环境保护和节能减排等。

为此,各大石油公司纷纷采用先进的信息技术提升整体竞争实力,陆续建

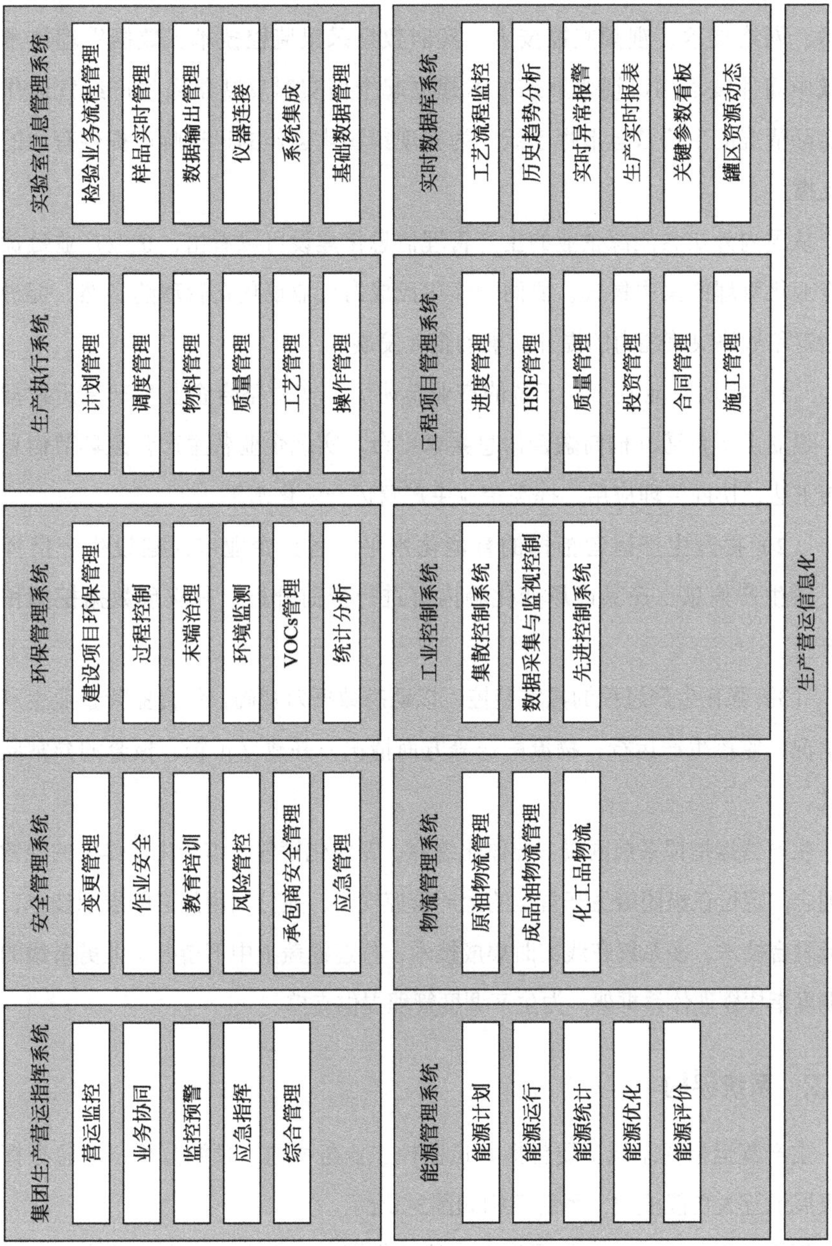

## 2 生产营运信息化 | 053

| 集团生产营运指挥系统 | 安全管理系统 | 环保管理系统 | 生产执行系统 | 实验室信息管理系统 |
|---|---|---|---|---|
| 营运监控 | 变更管理 | 建设项目环保管理 | 计划管理 | 检验业务流程管理 |
| 业务协同 | 作业安全 | 过程控制 | 调度管理 | 样品实时管理 |
| 监控预警 | 教育培训 | 末端治理 | 物料管理 | 数据输出管理 |
| 应急指挥 | 风险管控 | 环境监测 | 质量管理 | 仪器连接 |
| 综合管理 | 承包商安全管理 | VOCs管理 | 工艺管理 | 系统集成 |
|  | 应急管理 | 统计分析 | 操作管理 | 基础数据管理 |

| 能源管理系统 | 物流管理系统 | 工业控制系统 | 工程项目管理系统 | 实时数据系统 |
|---|---|---|---|---|
| 能源计划 | 原油物流管理 | 集散控制系统 | 进度管理 | 工艺流程监控 |
| 能源运行 | 成品油物流管理 | 数据采集与监视控制 | HSE管理 | 历史趋势分析 |
| 能源统计 | 化工品物流 | 先进控制系统 | 质量管理 | 实时异常报警 |
| 能源优化 |  |  | 投资管理 | 生产实时报表 |
| 能源评价 |  |  | 合同管理 | 关键参数看板 |
|  |  |  | 施工管理 | 罐区资源动态 |

生产营运信息化

图 2-1 生产营运信息化业务架构图

立起集中统一的生产营运指挥系统，以实现更高层次的集团化运作，全面提升集团竞争力。ExxonMobil、Shell、BP、沙特阿美等都采用先进成熟的数据采集技术、网络技术、视频监控技术、实时数据采集监控技术、数据管理技术、集成中间件技术和可视化展示技术建立起全面实时反映集团生产经营运作动态实际情况的生产营运指挥系统，为实现集团化运作的迅速响应提供有力的技术支撑。

从国内外知名能源企业的生产管理信息化建设可以看出，企业产业链优化和专业化管理的集中集成、协同一体化已成为企业现代化管理的必然，促进企业运营和战略决策能力的提升，推动企业发展。

（1）实现跨地域、上下游的产业链协同　实时整合企业生产营运数据资源，建立上下贯通、横向融合信息共享平台，实现企业各生产营运环节信息的上传下达、协同管理应用，提高企业生产营运一体化水平。

（2）提升生产运营指挥的智能化水平　各大企业广泛建设生产指挥中心，对生产信息、产品市场变化等内容进行全面分析，并实现数据挖掘和决策支持。

（3）强化生产过程的异常监控　以动态数据为基础，综合监管企业生产营运情况，监控生产运行、物流配送等方面情况，并建立预警、报警的异常监控模式。

生产营运指挥系统围绕"一体化统筹、专业化管理、市场化运作"的经营管理理念，定位在集团级生产营运的全局管控视角，充分利用先进的展示技术、音视频融合技术、多系统在线实时集成技术，打造涵盖上中下游各个业务条线的生产调度指挥管理体系框架，为生产调度管理提供支撑。

### 2.1.2　系统架构

生产营运指挥系统主要包括营运监控、业务协同、预测分析、应急指挥和成果展示五大功能模块，系统架构如图2-2所示。

根据日常监控、应急处置等不同的工作模式、受众及场景构建生产营运指挥系统，分别设计不同的应用内容、数据粒度；基于营运监控、业务协同、预

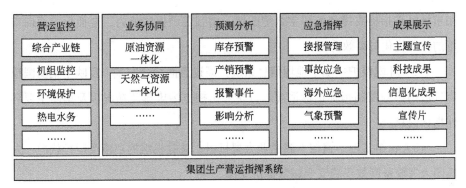

图 2-2　生产营运指挥系统架构图

测分析、应急指挥和成果展示五项功能定位设计主题、子主题、业务场景，满足监控、预警、指挥、协同的需要，满足展示宣传的需要；一般情况下，需要设计大屏幕、PC（个人计算机）工作台、移动客户端三种模式，以适用于不同应用场景。

### 2.1.3　主要模块

集团生产营运指挥系统是集团型企业上中下游生产运行的监控和指挥中枢，用于集团总部日常生产调度综合管理，及对各企业的生产营运监控、业务协同、预测分析、应急指挥和成果展示。为集团总部领导全面洞察业务运营情况，开展一体化优化运行，促进安全生产和提高综合收益提供决策支持。

集团生产营运指挥系统主要包括以下功能。

#### 2.1.3.1　营运监控

从产业链全景监测、专业域重点业务展示两种方式反映集团生产经营管理业绩。

（1）综合产业链　突出企业价值引领和资源统筹战略，坚持一体化运营和协同的主导思想，以油气资源流向作为主线，油气资源生产、采购为起点，石油石化产成品销售为终点，贯穿行业上下游完整的产业链，综合反映集团型公司核心业务"油炼化销运储"的生产经营业绩和运行动态，结合综合营运数据和市场经济指标支撑资源科学合理配置,增强资源保障能力,全面促进面向市场的统筹优化与高效协同。

(2)环境保护　基于地理信息系统,通过点面结合方式,反映全集团国控点环境污染源控制指标达标情况、分企业国控点污染排放情况以及集团主要环保指标信息。

(3)机组监控　监控下属企业大型机组、关键机组的启停及运行状况,为集团大型设备高效平稳安全运营提供支撑。

(4)热电水务　基于地理信息系统,以其电站锅炉和汽轮发电机及其产物蒸汽和电力的业务为主线,综合监控集团公司热电业务运营信息。

(5)管线管理　以管线分布为核心,以相关概况和运行监测为主线,综合监控集团公司原油、成品油、天然气管线运营信息,为应急处置提供支撑。

### 2.1.3.2　业务协同

(1)原油资源一体化　分析原油资源业务协同完成情况,以原油资源计划(原油配置计划、原油运输计划和原油加工计划)为开局,以供产输储销业务为主线展开,即原油计划、采与产、运输(一程和国内)、库存,结合油轮位置跟踪与原油管线月度运输计划完成情况,全局掌控原油资源的保障供应情况。

(2)天然气资源一体化　从全局上对天然气的生产、管输、使用、经营及外部气源协同进行整体监测,以天然气的供产输销的业务链为主线,综合反映全企业天然气资源的生产经营和业务运作,结合深度实时数据和关键绩效指标,支撑天然气精准安全营运,不断提升企业资源保障能力。

### 2.1.3.3　预测分析

预测分析聚焦油气勘探生产、炼油生产、化工生产及销售业务,通过综合监测,对比产销计划,对计划执行情况进行预警。预测分析包括油气业务生产计划完成情况预警、炼油业务生产计划完成情况预警、化工业务生产计划完成情况预警、销售业务和销售计划完成情况预警;根据管输压力、大机组启停情况,对相关设备运行情况进行预警;根据国家气象局、水利部提供的数据,对气象灾害及地质灾害进行预警；以及成品油销量计划预测，炼厂原油期末库存、炼厂成品油期末库存及销售成品油期末库存预测。

#### 2.1.3.4 应急指挥

实现集团级、区域级、企业级的不同应急指挥模式，应对石化工业突发应急事件、气象灾害预警、地质灾害以及一般事故事件。接警后，由日常模式切换至应急模式，以事故发展动态跟踪、现场视频监控、应急会商为主线，突出互联互通、多方联动应急机制，支撑集团对应急支持业务的需求。

#### 2.1.3.5 成果展示

覆盖油气生产、炼油生产、化工产销、油品销售、化工销售、非油品业务、原油业务、天然气业务、环保、工程、管线等业务信息。根据生产调度指挥中心的业务职能，建立首页、调度日志、值班管理、调度快报、生产监测、协同预警、防灾减灾、营运数据维护，整合与油气、炼油、化工、油品销售等相关的生产调度系统，化工销售、炼化企业生产执行系统（MES）、销售企业零售管理以及集团技术经济指标、下属企业调度中心等系统，扩大对企业视频监控与实时监测的范围，建设外部气象、水文数据、油价股价数据的采集体系，搭建沿江沿海、复杂地质条件下成品油及油气管线沿线站场的地质灾害预报模式，向沿江及沿海企业提供降雨、台风、地质灾害等灾害预报信息，建立集团级防灾减灾预警信息体系。

（1）综合展示　实现生产经营情况、生产计划跟踪、数据检查、天气预报、防灾减灾、应用系统、调度快报、例会材料、本周值班及油价股价等业务数据应用功能。

（2）调度日志　主要包括日常值班记录、交接班管理、当日值班记录、历史值班记录管理、值班计划考勤及实际考勤查询、日志统计等功能。

（3）值班管理　实现在线排班、调班、值班通讯录管理、调度通讯录管理、短信通知、短信配置及节假日配置等功能。

（4）调度快报　简讯及快报管理的在线编辑、发布、模板化下载、查询功能。

（5）生产监测　包括生产经营日报、库存情况日报、生产调度日报、生产调度周报、生产调度月报及生产经营周报等功能，为每日的早调会提供数据支持。

生产运行地理信息系统（GIS）功能实现了一程油轮、重点探井、炼油企业及加油站关键坐标，实时掌握生产运行趋势动态，保障企业生产经营运行的平稳、安全和高效。

（6）协同预警　计划及库存跟踪功能完成原油生产、进厂、加工，天然气生产与销售、成品油生产与销售、化工品销售等生产计划完成跟踪展示功能；完成原油、炼化企业成品油及半成品油、销售企业成品油及主要原料产品等库存监管功能。

实现了原油配置、运输计划及加工趋势等原油协同功能；天然气及液化天然气（LNG）产销等天然气协同功能；原油进厂、加工、成品油销售及库存预测等协同运营功能。

（7）防灾减灾　预警信息查询、河道站水情查询、降雨监测、大风监测、管线地质灾害查询、GIS地图预警信息、企业气象信息、水文站气象信息、管线站点气象信息、台风信息及降雨量监控等功能。

（8）视频访问　实现集团级视频全覆盖。

## 2.1.4　应用效果

（1）实现主要业务的运行监测　紧紧围绕"运行监测"这个核心，将业务数据、实时数据、现场视频、全景影像、地理信息、三维模型进行整合，覆盖油炼化销四大营运业务领域；对管线、大机组、环保、热电等运行状况进行监测，监控重点探井钻井动态、主要装置生产动态、加油（气）站进销存动态、大机组启停状态等信息；同时结合企业现场工业视频，提升生产调度指挥中心的管理效率和准确性。

（2）支撑一体化的跨板块统筹管理　立足全产业链业务协同，建立油气生产、原油资源、天然气资源、炼油生产等业务于一体的集中管理，通过"综合产业链"监测上中下游产业链条上的生产经营业务和关联业务,实现全产业链的最优化统筹运行;以原油、天然气两大资源为纽带,实现资源协同,支撑原油、天然气资源的产输销存的一体化统筹管理。

(3)提升生产调度指挥中心的应急支持能力  实现对企业、管线、站场的应急处置及洪水、暴雨、台风和地质灾害预警预报功能,为提升生产调度指挥中心的应急支持和处置能力提供技术保障。以中国石化为例,2018年汛期内累计发出2267条自然灾害预警信息(最多一天达240条),配合指挥中心跟踪2018年第8号台风"玛利亚"对福建石油、浙江石油等企业的影响发挥了应有的作用,期间福建、浙江合计受灾油库5座、油站123座。对比2017年同等登陆风力的台风"天鸽",停业油站减少了188座。

(4)为生产运行预测分析和战略研究创造有利条件  通过集成油价、股价、期货等实时信息,结合对油、炼、化、销等各主要业务板块计划与完成情况的综合对比,以及原油、成品油库存水平的预测预警,为集团型企业整体生产运行形势的预测分析提供参考和依据,为集团整体生产营运能力和水平提升提供支撑。

## 2.2 安全管理系统

### 2.2.1 概述

石化行业是一个高危行业,具有高温高压、有毒有害、连续作业、点多面广的特点,一旦发生重大事故,往往会对社会和环境造成严重危害,影响到公共安全,造成广泛的社会影响。随着石化行业的业务范围不断拓展,生产规模不断扩大,重视经济规模、效益增量、降本减费,努力实现安全发展,创造一个和谐、安全的友好环境,对企业管理也提出了更高要求[2]。

无论是从政府的高标准严要求,还是石化行业发展的内在需求来看,石化企业生产安全管理工作面临严峻的挑战,需要借助于现代信息技术,传递、集成、处理大量的基础信息,有效地实施安全生产监控和事故有效控制,及时地实现紧急状态下的应急指挥响应,对事故现场相关信息进行有效的分析以便为管理决策提供支持，对于提升企业的应急指挥管理水平，保障企业的可持续发展极为重要。

（1）安全管理实现安全工作要求的刚性执行　通过安全管理工作平台，可以随时了解各级安全管理的运行状态，掌握可能的安全问题，做到防患于未然；系统还实现了设备设施、作业区域等风险管理对象的结构化、标准化，帮助企业做到举一反三，将检查的问题、识别的风险、发生的事故关联相似企业、装置、设备和人员，助推安全管理从被动反应到主动发现转变。系统与制度深入结合，帮助企业在教育培训、风险管理、安全检查、承包商管理等方面掌握量化实际运行情况，促进了"谁主管、谁负责""管生产必须管安全""管业务必须管安全"的管理理念的落实。系统建立了模型化的风险管理对象，对所有风险区域、风险点进行模型化，设置油田井场、集输站、生产装置、罐区、加油站等风险区域，每个风险区域明确了安全管理主体单位，杜绝管理盲区。通过系统可检查企业安全管理工作是否符合制度要求、是否按计划执行等；通过监控统计中的图表分析与统计分析中的前置性关键指标，可及时发现苗头性、倾向性隐患问题。

（2）应急管理满足应急指挥业务需要　应急管理系统基于融合通信、场所设施及现场监控三个基础支撑，建立统一协同的应急指挥平台，实现"监测预警、资源共享、联动处置、演练模拟"四个核心业务应用，提高处置突发事件的风险预知、实时感知、快速响应三项关键能力，实现从被动接受到主动响应转变，满足指挥中心、企业和现场应急指挥三个层次的业务需要。

### 2.2.2　系统架构

安全管理系统架构如图2-3所示。

安全管理系统通过信息化手段，实现安全异常实时监管、安全工作公开公示、业务数据统计及分析。一是对于生产类异常、管理类异常，通过信息共享、数据处理实现异常报警；二是对于风险管控、隐患排查治理、领导安全行为等工作，系统自动进行安全公示；三是通过对风险、隐患、作业安全等进行分析，及时反映风险管理、隐患治理的进展，发现存在的问题，促进安全管理

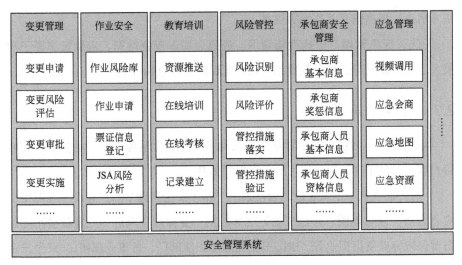

图 2-3　安全管理系统架构图

水平的提升。

### 2.2.3　主要模块

（1）变更管理　实现对变更全过程有计划的管理控制，适用生产工艺变更、设备设施变更、劳动组织和程序变更3种类型，支持紧急变更；包括变更申请、变更风险评估、变更审批、变更实施及变更关闭等子功能。

（2）作业安全　实现用火作业、高处作业等7种直接作业过程管控，包括作业风险库（作业步骤风险库、施工机具风险库和环境风险库）、作业申请、票证信息登记、JSA（工作安全分析）风险分析、入场/厂管理、气体分析、安全措施落实、现场票证签发、作业监护、验收归档、作业监控、移动督查等子功能。

（3）教育培训　实现资源推送、在线培训、在线考核和记录建立4项主要子功能，自动向不同岗位人员推送安全培训考核内容，实现在线培训、在线考试等功能，并自动生成相关记录。

（4）风险管控　包括风险识别、风险评价、管控措施落实、管控措施验证等子功能，实现对风险源的评价及管控。

（5）承包商安全管理　包括承包商基本信息、奖惩信息，以及承包商人员基本信息、资格信息及奖惩等信息。

（6）应急管理　包括视频调用、应急会商、应急地图、应急资源等子功能，支撑应急响应、处置救援和应急资源保障等应急指挥业务。

### 2.2.4　应用效果

以中国石化为例，安全管理系统推动了企业安全管理创新，增强了企业监管力度，形成了"三级一体"的应急指挥体系。

（1）建立统一的安全应急管理系统　基于安全管理平台，建设视频调用、应急会商、应急地图、应急资源等业务应用，支撑应急响应、处置救援和应急资源保障等应急指挥业务。中国石化在总部职能部门、各事业部和106家生产企业实现了全覆盖应用。

（2）实现生产企业应急地图全覆盖　基于一张地图快速检索事故地点周边关键装置、应急资源、环境敏感点、应急预案、应急队伍等信息，为应急指挥提供技术支撑。通过安全预测预警、统一接警、联动处置和事故模拟等应用，提升企业应急管理水平。

（3）增强企业安全监管力度，减少经济损失和人员伤亡　对于生产类异常、管理类异常，通过信息共享、数据处理实现异常报警；对于风险管控、隐患排查治理、领导安全行为等工作实现安全督查；通过对风险、隐患、作业安全等进行分析，及时反映风险管理、隐患治理的进展，发现存在的问题，促进安全管理水平的提升，将经济损失降至最小。

安全管理系统构建形成了集团、企业、现场"三级一体"的安全管理和应急指挥体系，消除信息孤岛，全面提升应急救援能力。采取人工和智能相结合的方式，实现应急指令准确下达、实时接收反馈信息，对应急处置过程进行实时监控与跟踪，实现事故指挥高效联动、信息互联互通；整合优化社会、企业应急力量和资源，建设应急物资、应急专家、应急救援队伍、应急救援装备等重要特种物资的资料数据库，实现全局调拨、资源共享；利用先进事故模拟算法，结合空间地理信息技术，实现危机危害程度、爆发可能性及事故后果分析，为应急决策提供有力的辅助支持。

## 2.3 环保管理系统

### 2.3.1 概述

随着国家和地方政府对企业的环保监管力度逐年加大，新的标准、制度、规范层出不穷，企业对自身环境保护提出了精细化管理要求，加强环保管理是企业生存的唯一选择，也是如今企业所面临的严峻挑战。

环境保护信息系统面向能源行业生产企业，支持企业生产的环保过程管控，以"互联网+环保"理念为抓手，全面提升企业的环保管理，支持企业逐步实现环保管理工作的精细化、规范化。通过信息化手段，支撑企业、单位、车间上下一体化的环保管理核心业务，实现企业建设项目环保管理的过程监控，管理模式由"管结果"向"管过程"转变；支持废水、废气、固废从产生到排放的全过程管理；支撑企业泄漏检测与修复管理，支撑企业挥发性有机物（VOCs）管控；规范环保数据指标，通过核算统计分析促使环保管理目标责任有效落实，实现环保污染防治智能分析和预警预测。

### 2.3.2 系统架构

环保管理系统架构如图2-4所示。

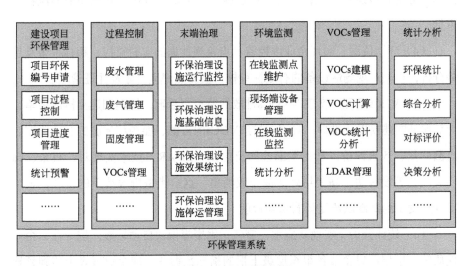

图2-4 环保管理系统架构图

（1）环保全口径监管功能实现全覆盖　综合考虑国家监管新要求和石化行业环保业务管理需求，提升环境保护管控平台，在集团级、工厂级范围内应用，支持环保决策与监控考核，满足企业各管理层级的环保全口径监管要求。

（2）支撑企业环保管理监控及决策　基于云平台和企业分布的灵活部署方式，实现企业级环保核心业务的覆盖，支持企业从排污点、生产装置、治理设施、作业部、公司各个层面的环境监测、排放过程管控及管理决策。

### 2.3.3 主要模块

（1）建设项目环保管理　实现建设项目环保编号申请、审批、可研、基础设计、开工建设、竣工验收和环境影响后评价5个阶段进度跟踪，项目进度月报上报及预警监控的全过程管控。

（2）过程控制　包括废水管理、废气管理、固废管理、异常排污管理等子功能，以装置为起点，建立环保工厂模型，实现对废水、废气、固废的排放、统计管理，并对超标问题进行分析处理的全过程管理。

（3）末端治理　建立治理设施基础信息电子台账，自动采集治理设施运行信息，分析月度运行情况，实现治理设施停运申请、审批、效果评估的流程化审批。

（4）环境监测　实现企业内控监测点监测数据的实时监控、超标报警及趋势分析；实现对现场端设备的有效性审核、监测点停运台账及凭证管理。

（5）VOCs管理　实现对VOCs排放的监控与管理，梳理和建立排放清单、计算模型的建立以及维护，实现对排放VOCs的点源、面源和体源的有效监控、泄漏修复、效果评价。利用泄漏检测及修复（LDAR）技术实现对"机泵、阀门、法兰等设备动、静密封处泄漏排放清单"这一类型排放清单的管理，最终实现从发现到维修以及复测的闭环管理。

（6）统计分析　实现从废水、废气、固废等模块自动取数，按专业、企业性质等，层层汇总企业各组织层级上报的指标数据并生成企业报表上传到领导层面,辅助上层决策。

### 2.3.4 应用效果

① 支撑环保项目全生命周期环境保护管理,包括建设项目阶段的环境保护工作,生产运行阶段的污染防治、源头削减、过程控制及末端治理。

② 支撑环保项目建设及在役运行阶段的环境风险识别、评估与环境安全隐患管理,支持环境应急基础管理工作及环境事件调查处理。

③ 支撑环保规划计划、环保统计、绩效考核各项工作,促使目标责任有效落实。

④ 助力企业减少污染物排放,降低运行成本,提高盈利能力。

VOCs管理支撑炼化企业LDAR现场检测、排放量计算、VOCs核算统计、泄漏维修等业务闭环处理过程,环保统计开展企业全口径指标核算,实现排放点、装置、二级单位和公司的全覆盖。

⑤ 树立石化企业履行社会责任的企业形象。通过推广实施环保管理系统,可大幅减少VOCs的排放,降低大气光化学反应和雾霾生成,有助于改善大气空气,提升企业形象。

## 2.4 生产执行系统

### 2.4.1 概述

生产执行是企业生产营运层的核心,在企业资源计划(ERP)、生产执行系统(MES)、生产控制(PCS)三层体系中起到承上启下的作用,是生产活动与执行活动信息沟通的桥梁。生产执行系统采集从接受订货(订单或计划)到制成最终产品过程中的各种数据和状态信息,关注生产资源和生产能力的协同调度,其目的在于优化生产执行活动[3,4]。

生产执行系统遵循石油化工行业MES标准,基于统一的工厂模型、业务模型、业务规则和算法库,以企业生产物流为主线,关注计划、计量、岗位操作、工艺、质量、统计、调度等业务过程，通过建立面向炼化企业生产营运的集成、协同、共享业务管理平台，跟踪物料，发现问题，实现配置优化和资源有效利用，支撑炼化企业生产运行精细化管理。提供统一的访问控制、信息集成和业务集成服务。

### 2.4.2 系统架构

石油化工行业生产执行管理活动是指通过对生产人员、生产设施、物料和能源的调度协同，将原料（原油）转换为石油制品及石化制品，贯穿原料进厂、原料加工、产品制造到产品出厂的全部生产流程的所有制造执行管理活动，以及从生产计划、生产调度到产品制造完成的整个产品价值链的关键任务所提供的制造执行管理活动。

生产执行系统基于统一工厂模型，建立标准化、细粒度的生产执行体系，实现面向炼化企业原辅料进厂、罐区收拨存、生产装置原辅料投入、产品出厂全流程的计划、调度、质量、工艺、操作、统计等业务管理，包括计划管理、调度管理、物料管理、质量管理、工艺管理、操作管理六大模块，提升精细化管理水平，支撑生产营运。生产执行系统架构如图2-5所示。

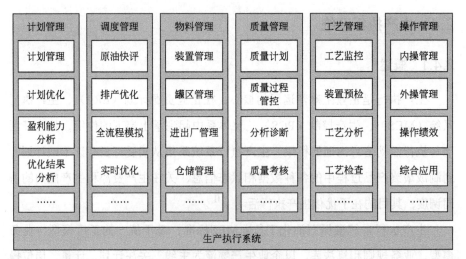

图2-5 生产执行系统架构图

在21世纪初期，石油化工生产执行系统基本上被国外技术垄断，2003年始，石化盈科信息技术有限责任公司在国家"863"高技术研究发展计划的持续支持下，自主研发MES软件，2009年推出国产化MES软件SMES 3.0，自此在全国全面推广，打破了国外在MES领域的技术垄断，其中物料管理、质量管理、工艺管理、操作管理均具有自主知识产权，实现了对国外同类产品的替换，引领了国内能源化工行业生产管理的信息化水平。

### 2.4.3 主要模块

生产执行系统主要包括计划管理、调度管理、物料管理、质量管理、工艺管理、操作管理六大模块。

（1）计划管理　计划管理涵盖计划优化和决策分析两部分功能。计划优化模型是以线性规划、非线性规划、混合整数规划等算法为核心建立的数学模型，以经济效益最大化为目标进行生产计划排产及优化。利用单厂多周期优化模型进行一次和二次装置、油品调和和检修库存等加工方案优化，提高技术经济指标，降低生产成本，提高企业经济效益；利用多厂单周期优化模型进行原油采购、生产加工、成品油配置、化工产销等总量统筹优化，实现集团效益最大化。

（2）调度管理　调度管理包括调度优化及装置优化两部分功能。调度优化考虑原油供应、油品储运、生产安排、产品销售等全过程，为炼化企业调度人员提供作业计划排产的决策支持系统，是调度人员进行确定性调度、指导性调度和预测性调度的工具，是基于交互式的"If-Then"模型的生产安排的预测系统。利用调度优化模型实现企业原油混炼、二次装置加工调度、罐区平衡调度、油品调和配方优化及产品出厂调度，提高整体经济效益；系统考虑已有订单、随机订单、库存成本、切换成本、过渡料时间等因素进行化工品牌号排产优化，减少切换频次，降低库存成本，满足企业生产调度"减少切换、平稳生产、滚动排产"的业务特点。装置优化以反应动力学、热力学为核心建设企业单装置机理模型，考虑换热系统、反应系统、分离系统等不同影响因素进行加工模拟，优化装置操作参数，提高目标产品收率；建立数学模型，利用单装置机理模型模拟不同原料性质变化的产品收率及性质变化,为计划、调度优化模型提供DB数据结构,提高模型预测精度,提高"计划—调度—装置优化"模型的协同效率。

(3) 物料管理　作为生产管理的核心业务,支撑企业生产、物流全过程跟踪及记录,帮助企业建立标准化、细粒度的量值管理体系。主要包括装置管理、罐区管理、进出厂管理、仓储管理、生产平衡和统计平衡等功能模块。装置管理、罐区管理、进出厂管理、仓储管理模块实现对原辅料进厂、罐区收拨存、生产装置原辅料投入产出、仓储移动、产品出厂业务在线实时追踪,促进生产业务规范化、精细化;生产平衡模块支撑生产调度指挥人员精细掌握生产整体情况,加强生产管理;统计平衡模块实现生产管理工厂和公司物料统计实物和账面的"日平衡、旬确认、月结算";与ERP集成联动,实现原料进厂、库存、装置投入产出、产成品出厂等业务集成,支撑ERP统计核算精细化。

(4) 质量管理　以质量体系为核心,按照持续改进的质量管理思路,同时满足集团化管理和企业过程管控的业务要求,构建一体化的质量管理功能,覆盖原料进厂、装置生产、储运仓储、产品出厂等各个环节,主要功能包括质量体系、质量标准、质量保障、质量计划、过程控制、分析诊断、风险管控、质量绩效考核、客户服务、综合应用等。内容包括从质量计划、质量过程控制到质量改进的闭环管理,强化全过程质量监控和预警、质量业务闭环管理、质量问题可追溯等。通过质量管理功能实现稳定炼化生产、防止质量过剩、管理质量卡边、指导油品质量升级、减少质量投诉、防控质量风险,促进提质增效。

(5) 工艺管理　工艺管理是石化企业生产管理的重要基础,是确保企业遵守工艺纪律、平稳安全生产的重要保障。工艺管理系统可以成为工艺人员的日常工作平台,辅助工艺人员规范工艺管理工作,严肃工艺纪律。系统提供工艺监控、工艺知识库以及工艺审批等多个模块,可以帮助工艺人员实时查看工艺卡片指标、工艺报警执行情况,在线进行工艺文档上传及查看,线上完成工艺变更、文档修订等审批工作，规范日常工作，可以提高工艺人员日常工作效率，最终提高企业的工艺管理水平。

（6）操作管理　操作管理面向企业装置操作层，以内、外操操作执行的跟踪、监控为主线，涵盖操作指标运行情况监控分析、班组交接班和周期工作执行；基于物联网技术，实现外操巡检监管，促进现场巡检的"四定"执行；面向班组管理建立班组量化考核体系，实现班组操作绩效自动计算及班组考核评比。包括内操管理、外操管理、操作绩效、综合应用等功能。

### 2.4.4　应用效果

生产管理采集物料、质量、工艺、操作等各类生产运行数据，对生产状况和生产条件做出快速反应，实现对计划管理、调度管理、物料管理、质量管理、工艺管理、操作管理等业务的支撑。通过生产执行系统的建设和应用，更加及时、客观地反映了公司生产情况，助力企业降本增效，支撑企业生产经营决策，支撑调度指挥协同，规范生产业务流程，提升工艺管理水平，提高班组操作水平，促进产品质量稳定性，为提升生产精细化管理水平提供了有力支撑。

（1）优化加工方案，降低生产成本　以生产计划为基础，利用企业计划优化模型进行一次和二次装置、油品调和和检修库存等加工方案优化，提高技术经济指标，降低生产成本。

（2）合理拆分生产计划，动态模拟生产运行，提升整体经济效益　通过调度排产优化系统，以月度生产计划为目标，通过滚动排产实现生产计划的合理拆分；基于线性规划、非线性规划、混合整数规划等算法实现原油混炼配方优化、产品调和配方优化，利用动态规划技术模拟原油接—卸—转—输—加工等过程，模拟二次装置加工过程，模拟罐区的动态平衡，模拟产品出厂，实现装置安全平稳运行，提高整体经济效益。

（3）优化装置参数，降低装置能耗，实现装置平稳生产

a.流程模拟。2001年以来，中国石化先后在31家炼化企业、研究院、工程

公司推广应用流程模拟技术，共建立了500余套炼油、化工、煤化工、天然气等领域主要工艺装置的模型，涉及常减压、催化裂化、重整、加氢、焦化、硫黄等炼油生产装置，芳烃、聚合物、煤气化、乙二醇、苯乙烯等主要化工生产装置，主要用于提高产品的收率、降低装置能耗、提升设备的运行效率、增强装置的操作弹性，同时进行全厂能效评估、挖潜增效。根据总部事业部和企业测算，年均创效在10亿元以上。

b. 实时优化。2013年中国石化进行实时优化试点，以效益最大化为目标，实时优化装置操作参数，真正实现了在线、闭环、快速、平稳的优化生产。项目投用后，各反应炉高附加值产品收率平均提高0.73%，原料配比和投料负荷能在各裂解炉间动态优化，在提高高附加值产品收率的同时裂解深度均向下调整，节约了能耗，吨乙烯效益增加26.34元，装置年效益增加值为3091万元。

c. 先进控制。2000年以来，中国石化先后在21家炼化企业推广应用先进控制（APC）系统，共投用了236套（炼油装置152套，化工装置84套）装置APC，涉及常减压、催化裂化等16类生产装置，主要应用多变量预估控制技术，通过增强装置操作稳定性、提高高附加值产品收率以及节能降耗三个方面获取经济效益，根据事业部和企业测算，年均创效在5亿元以上；同时建立了APC运行监控系统，对APC控制器、操作输出值/当前值（MV/CV）的投用状态等进行监控，保障APC持续发挥作用。

（4）自动核算企业日效益，快速响应市场变化　开发企业级盈利能力分析系统，系统集成企业月度生产计划与完成的统计数据，集成预算价格、结算价格、自定价格等多套价格体系，实现计划效益与实际效益的每日核算，实现效益偏差的及时对比分析，为及时响应市场变化、持续优化提供决策支持。

（5）跟踪生产动态及评价，支撑生产经营决策　生产管理改变了传统的工作模式，管理者进入系统，丰富的生产过程信息尽收眼底，可以准确快捷地做出管理决策，提高了决策水平和工作效率。例如中国石化燕山分公司利用生产执行系统率先实现了数字化调度例会，在调度例会上，"一切用数据说话"成为各部门工作汇报和生产安排的基础，使得经营管理决策更加快速、科学，同时节约了运营成本，提升了沟通效率。

（6）掌控生产过程数据，支撑调度指挥协同　生产执行系统提供了完整的生产过程数据，使得生产调度可以通过系统紧密跟踪生产过程的每个细小环节、每处异常情况，与各部门协同工作，从而准确快速地做出指挥决策。例如中国石化上海石化公司统计部门在MES中进行日平衡时，发现塑料部1号聚丙烯装置、2号聚丙烯装置的"返回丙烯"数据存在较大偏差，生产调度组织相关部门通过生产执行系统进行可视化分析，确定部分返回丙烯窜进了火炬气回收系统，立即指挥当班操作人员进行调整，快速恢复正常生产。

（7）规范生产业务流程，促进业务管理提速　通过对企业生产管理业务梳理，固化并形成了26个标准业务流程，按照标准业务流程，规范了班组、工艺、质量、调度、统计等业务，将日常管理与内控考核紧密结合，促进了生产业务的规范，提升了管理效率。例如中国石化仪征化纤公司提出"宁可失分，不可失规"，把MES操作的规范、准确放到了第一位。通过规范MES操作，全公司罐区班检尺时间由过去的60min缩减到20～30min，罐移动误差由过去的1%减小到目前的0.5%以下；装置报量时间缩减到30min以内，报量偏差小于1.5%；生产平衡时间由3h缩减到1h，平衡偏差率小于1%；统计平衡的偏差率达到0.5%以下。

（8）促抓企业"三基"工作，提升工艺管理水平　工艺管理是石化企业生产管理的重要基础与核心，是企业"三基"工作的基石，更是确保企业遵守工艺纪律、平稳安全生产的重要保障。工艺管理系统通过对装置工艺卡片、工艺报警进行实时监控，辅助工艺人员掌握装置指标执行情况，可以对装置进行多维度监控，降低了超标报警次数，为工艺技术人员和工艺管理人员挖掘报警原因提供了依据。企业的工艺卡片每月合格率可达到95.3%；报警分析工作时间从传统的0.5h减少到10min以内，减轻了工艺人员日常分析工作的工作量；工艺管理系统提供的工艺参数执行台账、物料平衡台账、质量台账等工艺台账可实现自动生成，节省了工艺人员日常线下记录汇总约1h的工作，最终提升了炼化企业整体工艺管理水平。

（9）提升全面质量管理水平，强化过程质量管控能力　质量管理系统为中国石化集团公司总部全面质量管理提供了有力的支撑，系统应用成效显著，大幅提升了一体化的质量管理效率和质量精细化管理水平。质量管理系统进行过程质量跟踪，前移质量管控关口，结合六西格玛质量管理体系，提升质量过程管理能力。例如中国石化九江石化通过S-zorb稳定汽油硫含量趋势，提升汽油产品质量稳定性，汽油产品工序能力指数（CPK）比上年同期提升7.5%。

（10）强化生产班组考核，提升班组操作绩效　操作管理实现了对生产班组的量化考核管理，调动了员工的工作热情，提升了班组操作水平。以中国石化下属炼化企业系统应用实践为例，通过系统建设，取得了良好应用效果。例如，中国石化齐鲁分公司、茂名分公司、石家庄炼化公司等企业基于系统应用，开展了操作平稳率、质量合格率等指标的班组竞赛，营造出良好的比学赶超氛围，让生产指标与效益指标有机结合，使全员成本目标管理得以具体化和量化。中国石化高桥石化公司基于系统应用，实现了公司范围内各专业巡检业务全覆盖，满足了各岗位巡检应用，为企业管理部门带来了极大便捷。

## 2.5　实验室信息管理系统

### 2.5.1　概述

实验室信息管理系统（LIMS）是利用先进的计算机软件、硬件、网络技术和科学管理思想，实现对实验室进行全面管理的系统。在满足ISO 9000和ISO 17025等标准基础上，帮助石化企业的实验室实现业务的自动化和规范化，持续提升、完善实验室的人（人员）、机（仪器）、料（样品、材料）、法（方法、质量）、环（环境、通信）等要素的管理水平，持续提高实验室整体业务的工作效率，降低实验室运行成本，为产品生产提供及时、准确的质量信息。

## 2.5.2 系统架构

实验室信息管理系统架构如图2-6所示。

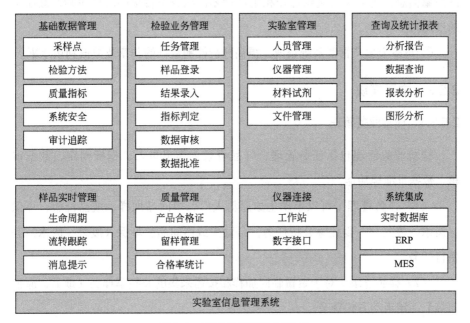

图 2-6　实验室信息管理系统架构图

LIMS架构特点主要有以下几点。

① 形成总部到企业一体化系统、以质量管控为目标、以质检业务为导向的分析检验系统架构。

② 形成石化企业实验室信息标准化管理体系，规范石化企业的分析检验业务流程，提高分析数据的真实性和准确性。

③ 形成分析数据标准化编码体系，对下属石化企业物料、装置、采样点、分析方法、分析项目等主数据进行标准化编码，满足信息系统集成及业务发展需要。

④ 形成分析标准体系模板，规范下属石化企业的基础业务数据编码、分析业务流程、实验室资源管理、合格证管理、报告单管理等功能。

⑤ 形成石化企业物料质量评价标准体系，形成覆盖下属石化企业物料标准大数据和评价模型，为精细化产品质量管控奠定坚实的基础。

⑥ 形成关键分析数据实时监控预警机制，为生产管理人员提供准确、及时的质量信息，可以及时调整操作和生产计划，减少不合格品的产生和产品质量的过剩。

⑦ 与多个生产管理系统集成，提高分析检测数据的共享及数据利用水平。

### 2.5.3 主要模块

#### 2.5.3.1 检验业务管理

检验业务管理包括任务管理、样品登录、结果录入、指标判定、数据审核、数据批准等功能。

（1）任务管理　可以手动生成原料入厂、中间品加样、成品检验、环保（废水、废气）、委托等分析任务，自动生成中间品、环保（废气、废水）等例行任务。

（2）样品登录　对于装置临时加样和按需采集的非频率样品（成品、原辅料等），用手动方式登录。

（3）结果录入　检验结果可以按照样品、检验项目等多种方式进行录入，录入时系统能够自动记录录入时间和录入人，自动实现中间结果的计算和数据的修改，在结果超出质量指标时，能够红色告警。

（4）指标判定　在系统中，无论是仪器自动采集、手动输入或是计算的结果，系统都将自动根据预先组态的范围、报警限值或控制限值进行检查。提供多种检查限值和指标，提高结果判断的灵活性和准确性。

（5）数据审核　能够自定义审核级别（例如三级审核），可以对相同的检测项目的不同方法设置不同的审核级别和环节，在数据审核出现争议后，可针对争议数据单独处理，以及对审核过程进行核对的逆向流程。

（6）数据批准　样品检验完成，检验数据经过审核后，可进行自动或手动发布。自动发布是指数据完成审核后就能被外部用户进行浏览；手动发布是指数据完成审核后，需要经过授权人员的最后发布确认，才能被外部用户进行浏览。

### 2.5.3.2 样品实时管理

对于实验室日常管理最重要的是对样品进行跟踪、检查和提醒报警,包括样品生命周期管理、流转跟踪、消息提示。

(1)样品生命周期管理　对于每一个样品、每一项分析检测、每一个检测项目及结果,都提供了生命周期的管理。通过它们的图标、颜色和液位,反映它们的处理阶段和合格状态,便于不同职务的人员能够一目了然地了解自己所负责的工作内容。

(2)流转跟踪　能够实时地追踪样品的流转情况,使实验室管理人员可以动态了解工作的完成情况;能够报告与样品流转过程相关的具体细节,如所采用的仪器、标液、方法以及所耗费的材料、人工、设备等成本要素,实现样品检测分析整个工作流程的追溯。

(3)消息提示　为授权用户通过LIMS与实验室其他特定用户进行信息沟通和传达提供了一种便利工具。

### 2.5.3.3 查询及统计报表

通过查询及报表工具,用户可以很方便地进行查询及报表开发,并提供强大的数据发布与查询功能。

(1)分析报告　可以采用统一的标准格式,也可以根据不同的客户或产品类型定义不同的格式,能够添加公司的铭牌、商标或公章,为避免篡改可采用PDF文件生成。

(2)数据查询　可灵活组合各种条件查询检验数据,常用的组合条件包括时间范围、装置、采样点、检验类型、样品类别、样品名称、任务编号、样品编号、检验项目、检验人员、检验方法、检验仪器、质量判定和数据范围等;可查找历史检验报告单、检验日报表、周报、年报和不合格产品等。查询结果可导出PDF、RTF、TXT、Excel等格式文件。

(3)报表分析　使用报表工具来生成用户所需要的各种报表模板,如单一样品的数据分析表单,统计形式的质量日报、月报、季报和年报,复杂的原材料进厂质量统计表、关键装置重要指标记录、成品等级品率等统计表。

（4）图形分析　按装置流程图可视化查询，为管理者了解最新的检测数据提供了方便。针对不同生产工序，建立相应的分析数据趋势图，让数据更加直观展示，为指导生产提供有力支撑。提供用于数据综合处理、挖掘的统计控制技术，如质量控制图、趋势相关图、质量分布图、不合格项排列图、等级品率分布图等。

#### 2.5.3.4　仪器连接

自动采集工作站生成的报告上的结果数据，如色谱仪、光谱仪等。采集带有RS232等串行数字接口的直接生成结果的仪器数据，如天平、pH计、滴定仪等。

#### 2.5.3.5　系统集成

LIMS是产品质量数据的源头，可以为各种生产系统提供"数出一门"的质量数据，通常集成的系统包括实时数据库、MES和ERP。

（1）实时数据库　产品质量实时监控需求产生于实时数据库的工艺流程图监控模块，系统通过实时接口技术实时地将质量数据传入实时数据库中，实现全厂装置质量数据的监控，为生产调度工作提供及时的质量信息。

（2）MES　MES都有物料质量查询需求，该模块能集成LIMS中的物料质量信息。定制MES接口，提供装置、罐区、采样点、分析数据，满足MES对质量数据的集成需求。

（3）ERP　物料质量检验需求产生于ERP系统的QM（质量管理）模块，该模块能在LIMS中触发一批检验任务请求。QM发出物料检验任务请求，希望了解物料是否符合已制定的质量标准，LIMS接收检验任务并安排分析人员进行分析，最终向ERP回复分析结果和结论。

#### 2.5.3.6　基础数据管理

（1）采样点　实现对物料（如原料、半成品、产品）进行取样并用于检验的特定位置。

（2）检验方法　建立分析方法时，主要用来建立相关的测试结果和结果类型。在分析方法中定义其测定的分析组分、计算公式、单位、数字修约方法及相关的仪器检出限等参数。

（3）质量指标　通过设定规格指标所对应组分的取值范围，实现结果录入时对录入的相应组分值进行自动判定，若超出取值范围，则系统自动对结果值进行红色提示。

（4）系统安全　实现系统登录安全、操作安全、运行环境安全、冗余配置等。

（5）审计追踪　系统提供的审计追踪功能用于对数据的修改进行跟踪记录。

### 2.5.4　应用效果

（1）人工管控向系统管控的转变　LIMS未投用前，企业的质量管控手段主要靠人力收集、汇总、统计相关分析化验数据，靠人力传递为生产提供决策依据。LIMS投用后，则改变为以LIMS为核心的管控，仪器数据自动传递、收集、汇总、统计，自动发送到相关管控部门，实现了管控自动化。

（2）被动管控向主动管控的转变　LIMS使得质量控制指标在质量管理过程中自动产生作用，对质量数据长期沉淀，通过对大量质量数据的深度挖掘，能够形成对产品质量的预估和预判，对质量事故提前预警发挥作用。

（3）纸质管控向数字管控的转变　传统模式的实验室管理，均采用纸质方式进行各项信息的记录和管理。LIMS投用后，彻底解决了这一问题，使得实验室的人员、仪器设备、备品试剂等资源能够在质量管控过程中全程量化，从而实现了质量管理向数字化管控的转变。

（4）提高工作效率　LIMS的上线使检验人员从烦琐的数据收集处理工作中解脱出来，集中精力做好检验业务优化工作。业务成效体现在：

a. 自动处理数据，避免了人工计算出现的差错。通过采集实验数据，自动计算结果，生成各种原始记录、报告单、台账，避免了人工计算出现的差错，避免了分析数据在转移过程中的差错，省去了抄写核对数据的时间，保证了分析结果的准确性。

b. 自动采集分析数据，减少了分析人员的书写工作量。仪器的数据实现自动传输，省去分析人员人工转移大量分析数据到原始记录中，提高了工作效率。

c. 取消了人工报数据，实现自动发布。各相关部门实现快速查阅分析数据，并自动生成各种统计报表，可随时导出数据，与其他系统集成，扩大了数据应用的范围。

d. 实现了质量管理的可追溯性，提升了实验室的管理水平。快速进行原料、产品质量数据的统计和追溯，整个过程远小于人工处理时间，对化验项目不全及不合格产品绝不开具合格证，更不会放行出厂，为质量管控提供了良好的条件。

e. 投用后，所有计算由系统自动计算或仪器数据采集，相当于节省了大量的人工操作时间，提高工作效率，同时节省了大量的报告单纸张，促进在质量检验环节的节能环保，绿色低碳。

## 2.6 能源管理系统

### 2.6.1 概述

随着我国经济快速增长，国家对节能减排、推进生态文明建设的高度重视，石化行业围绕加快建立安全、清洁、高效、可持续的现代能源体系的任务要求，大力提高能源效率，严格控制能源消费过快增长，以较少的能源消费支撑石化行业平稳健康发展。

因此，利用信息化手段持续改进、提升、完善石化工业能源管理效率和水平，无疑是支撑节能减排工作的有效路径之一。

首先，通过建设能源管理系统，建立起能源供应、转换、输配和消耗的能流体系，实现能流、能耗的动态监控及能源的集中统一管理和优化利用，形成能源管理业务从用能计划、用能监控、用能统计到用能改进的业务完整闭环，做到能源用前有计划、使用过程有跟踪、成效结果有评价。

其次，通过信息技术，将国内外先进、成熟的技术转化为节能减排的生产力。尤其是一些成熟的公用工程模型、实时优化技术、模拟技术，它们与信息系统结合，将大幅度提高能源管理的定量管理水平。

最后，能源管理的信息化也是工业化与信息化两化深度融合的重要标志，是两化融合的具体要求。信息技术是第三次工业革命的重要引擎，国际上先进的能源化工企业无不把信息技术作为能源管理的重要工具[5]。

## 2.6.2 系统架构

能源管理系统架构如图2-7所示。

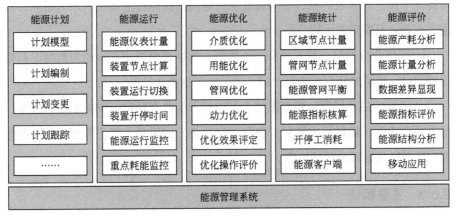

图 2-7　能源管理系统架构图

系统架构主要特点有以下几点。

① 形成以总部、企业上下一体化为主线，优化为目标，业务为导向，覆盖企业能源供应、生产、输送、转换、消耗全过程全业务流程的石化能源管理系统的整体方案。为建立上下一体化的能源管理中心打下良好的基础。

② 涵盖能源管理的计划、运行、统计、评价、分析、绩效的操作评价等业务流程，不仅能降低企业能源消耗，提高能源利用效率，达到节能增效的目标，而且能在整个业务流程上实现标准化的全业务管理。

③ 以节能效益为根本出发点，在系统设计过程中注重优化节能。根据全面

优化的方针目标，整体规划、分步研发，实现水、电、汽、氢气、燃料气等的专项优化，实现"做没做，做多少"的实际操作监管、"优没优、优多少"的评定期望；建立一体化的企业能源管理平台，以标准化为基础，将企业现有的优化技术融合在一起，实现优化业务的操作评价，全方位支持企业能源管理业务需求。

④ 采用信息化手段，针对能源生产和消耗的各种模型，实现智能化的产耗分析，具体包括以下模型。

a. 关联分析模型：建立不同业务的能源产耗执行结果之间的关联模型，便于管理者从一种生产现象追溯到发生的原因。当能源产耗问题发生时，如计划与实际不符，能够及时地分析问题发生的原因，快速提出解决问题的措施，实现多业务之间横向的比较分析。

b. 预测分析模型：建立预测分析模型，能够根据能源产耗的当前情况和集成的信息，预测指定期间内生产的结果，实现智能化预警。

c. 全面的信息模型：建立覆盖全厂的用于能源产耗运行支持的信息模型，涵盖多个角度（如时间、装置、物料、产品等）的信息，便于管理者从这些角度对能源产耗进行分析和检查。

### 2.6.3 主要模块

#### 2.6.3.1 能源计划

通过制定企业用能计划、产能计划，两者结合实现能源计划编制和发布工作，同时对产、用能计划发布后的执行情况进行跟踪，结合企业当期生产数据，及时反映计划完成进度，为计划调整提供数据参考，实现能源计划闭环管理。

（1）计划编制　根据模型，编制用能计划、产能计划。用能计划：以生产计划为基础，根据装置产品加工计划、装置工况主数据、维护装置历史单耗、小时单耗数据等进行用能计划的编制。产能计划：以用能计划为基础，根据公用工程外购、外销、辅助装置公用工程用量、单耗、小时量、介质/物料价格、热电生产考核指标、燃料性质、外围/三产需求等产能因素及约束条件进行产能计划的编制。

（2）计划变更　已编制的计划，当生产情况发生变化时，如果执行单位有相关的调整建议，可以进行上传，在对计划调整建议进行评估后确实可行，允许进行计划调整，调整后的计划统一下发。同时保留由此产生的计划变更版本，进行相应的计划变更管理，实现计划变更的有效监控，便于对计划变更过程的追踪和控制。

#### 2.6.3.2　能源运行

能源运行管理是能源管理系统的最基础应用，负责企业所有供、产、输、转、耗全业务流程范围内能源相关数据的收集、确认，以及对日常能源产耗过程的监控和管理，为能源优化提供数据支撑。

操作人员针对所负责的区域（包括厂、车间或装置）下仪表数据进行采集和校正。能源仪表计量为计量人员提供了一种跨管网、跨区域、多介质计量的手段，可以针对企业不同的管理需要，通过权限组合控制能源仪表计量岗位的数据采集和确认范围。并基于计量及优化，通过重点耗能装置（加热炉、换热器、压缩机）的监控，展示关键位置的介质数据，通过设定阈值可以对主要运行参数进行监控和预警。重点耗能设备监控主要包含3个方面：加热炉效率监控、换热器效率监控、压缩机效率监控。

#### 2.6.3.3　能源统计

能源统计功能是以装置投入产出量值、管网节点计量量值、区域节点计量量值及外部结算的量值为基础，以能源管网为企业能源平衡的核心，在一定的结算周期内，对企业管网的外购、外售、供入、供出、自产、消耗、自用、损失、不平衡量的数据按照权重、系数进行平衡，并按照制定的报表格式生成能源产耗统计报表，实现企业各类能源报表的搭建、配置、计算及展示。同时统计平衡数据给ERP提供数据支撑。并按照选定的核算单元和单因能耗、EII（能量密度指示指数）及万元产值能耗的核算方式，以装置能耗数据、基础指标、指标矫正量为基础，实现企业各区域能耗、单因能耗、EII及万元产值的核算及其展示,并支持总部应用。

#### 2.6.3.4 能源优化

(1) 蒸汽动力优化  以系统操作费用最少为优化目标,综合考虑各种操作约束限制,计算系统最优运行参数,并结合生产实际,综合平衡全厂与局部的利益,设计出切实可行的系统优化方案,并指导实施,协助企业实现节能减排、降本增效的目标。

(2) 蒸汽管网优化  通过建立蒸汽管网数学模型,全面量化蒸汽管网运行工况,同时开发蒸汽管网智能监测模块,实现及时、全面、准确提供蒸汽管网运行参数,辅助管理人员科学调度、优化管网输送方案,减少蒸汽损耗,实现安全生产和节能减排的目标。

#### 2.6.3.5 能源评价

在能源统计数据的基础上,多维度反映企业能源的消耗状况、计量情况、损失状况、指标波动、能源结构,通过企业间、同类装置及自身历史对比,从而明确企业的能源产耗状况,分析找出能源产耗存在的问题和可优化的空间。能源评价是通过建立分析模型(产耗、计量、差异、指标、结构5方面),以能源计量数据、统计数据、指标数据等作为数据基础,以标准库数据(阈值、预警值、达标值、计划值等)作为对标基础,从企业、工厂、装置的空间视角,日、旬、月的时间视角,原始量、确认量、平衡量、平衡确认量、平衡再确认量5个数据版本的数据视角,实现对企业能源日产耗数据、能源计量仪表情况、能源关键指标、主要管网损失情况、能源结构分布情况等进行预警、展示、综合分析,为各级能源管理用户的事前预测、事中分析、事后追踪,提供统一、多视角决策和分析综合视图。

### 2.6.4 应用效果

(1) 全面覆盖企业能源管理业务  实现了企业能源产、存、转、输、耗的全流程管理,支撑了企业能管中心应用;实现了公司、工厂、车间、装置能源产、存、转、输、耗数据说得清，能源计量说得清，能源指标说得清，能源不平衡量说得清等；支持了能源统计、财务结算应用；满足了政府对石化的监管要求；实现了能耗数据的及时传送。

（2）固化能源管理业务流程，能源管理规范化　结合能源管理实际业务对部分业务流程进行了优化，提高了业务流程的可操作性。在能源管理系统建设过程中，共固化了20个能源管理业务流程，涉及装置、车间、工厂和公司4个层面，涵盖装置操作、能源计量、能源统计、能源优化等20多类岗位，企业通过系统将能源管理业务深入到车间班组，并制定了能源管理系统运行管理制度，按照业务流程对各岗位的职责进行明确，使企业的能源管理业务更加规范、顺畅、快捷。

（3）细化生产消耗数据，提升能源精细化管理水平　能源管理系统将管理粒度细化到班组，能源统计支撑"班跟踪、日归并、旬平衡、月结算"的管理粒度，并扩展管理边界到达水务、热电部分装置边界，实现了从公司、工厂、车间、装置能源产、存、转、输、耗数据"说得清、说得细"，提升了精细化管理水平。

（4）提高能源运行监管能力，提升企业能源管理效率　能源管理系统以企业实际能源运行流程图为基础，结合实时数据，构造了能源运行的企业级全局监控和预警流程图，实现了能源运行一个环节有异常、相关环节有响应的联动机制，提高了企业能源运行监管能力，让能源"管得住、管得好"。

系统实现了炼化生产、热电生产和水务运行相关的23类指标的核算，将以前旬、月粒度的考核指标监控粒度细化到了日粒度，使企业能够及时根据指标趋势进行能源产耗评价和分析，为企业能源监管和考核提供了依据，督促企业从指标中找差距、查原因，积极主动地寻找节能降耗点，提升了企业能源管理的效率。

（5）能源管理模型与流程的标准化　实现区域节点与管网节点的计量并深化了能源管理业务的应用，使核算更合理、效率更高，保证了系统正常运行及数据准确，提高了能源统计和计算效率。企业利用能源管理系统将能源管理的触角延伸到了热电厂和水厂的装置边界，延伸到了班组，部分企业利用能源管理系统进行快速能源月结算，结算时间由原来的2天缩短到4～8h。

（6）获得较高的经济效益　助力企业开展能源优化操作，降低运行成本，提高盈利能力。蒸汽动力优化助力企业热电生产优化，提供在线优化工具和依据，实现指标实时化、设备性能可视化、运行成本最小化、优化方案在线化、实操管理闭环化，促进企业通过优化实操，实现降本增效和整体效益最大化。通过核算热电系统各设备操作性能指标，从全系统的角度，计算蒸汽和电力的实际成本，寻找最优的能量流经系统方式，调整锅炉和汽轮机的操作状态，提高系统效率，降低设备能耗。在当前能源价格市场环境下，以系统的实际运行成本最小化作为目标，优化系统的能源结构配置，降低燃料成本，考虑外购电力的经济性，合理调整热电联产方式。

以中国石化为例，2013～2018年共建设14套动力在线优化，累计优化效益为11062万元，平均每家企业年效益为790万元。

蒸汽管网优化助力蒸汽管网档案系统化、运行可量化、调度管理科学化和运行可优化。为企业管网优化改造提供有效的工具，借助模型可提高整体优化测算的准确性、方案决策的科学性，有效降低运行成本。通过管网优化，实现及时、全面、准确提供蒸汽管网运行参数，辅助管理人员科学调度、优化管网输送方案，减少蒸汽损耗，实现安全生产和节能降耗。通过评估优化蒸汽管网运行，提高输送效率，减少蒸汽用量，逐步改善保温、减少损耗，并对蒸汽管网的扩能改造进行合理规划，从而实现蒸汽节能降耗。

以中国石化为例，2013～2018年共建设17套蒸汽管网优化，累计优化效益为7810万元，平均每家企业年效益为558万元。

（7）在社会效益方面起到了良好的示范作用　为建设绿色低碳的世界一流能源化工公司，树立了与社会和环境和谐发展的高度负责任和高度受尊敬、资源节约型和环境友好型企业的良好形象。能源管理系统的建设，为促进能源管理业务标准化、信息标准化建设打下基础，为实现石化工业物流、能流、资金流、信息流"四流合一"奠定坚实基础。企业通过建设能源管理系统实现能源的在线监控、能源结构的合理调整、能源利用率的有效提高等节能减排目标，为国家绿色低碳发展做出重要的贡献。

## 2.7 物流管理系统

在传统石化产业普遍产能过剩、成本持续上升、盈利空间变窄的新常态下，优化供应链管理、降低运营成本，成为当前转型时期石化行业的必然选择。目前国内石化行业供应链运营成本居高不下，以物流成本为例，根据中国石油和化学工业联合会的数据，2013年石化行业物流成本占石化销售额的11%，位居制造业前五名，而同期国外石化行业物流成本普遍仅占销售额的5%～6%，因此石化行业物流业仍有较大优化提升空间。石油石化行业的集团级企业陆续建立了原油物流、成品油物流、化工品物流、润滑油物流、燃料油物流等专业系统，支撑业务高效运行和降本增效，并开展了一体化现代物流资源管理及危化品物流运输监控系统的建设，充分发挥物流资源一体化优化的优势。现以原油、成品油、化工品物流为例进行介绍。

### 2.7.1 原油物流子系统

#### 2.7.1.1 概述

根据能源化工行业原油业务需求，建立了原油物流专业化应用，对原油采购、配置及运输、进厂等业务环节进行整体优化，进一步实现资源优化配置，促进原油库存合理化布局，减少原油物流成本，实现经济效益最大化，物流成本最小化；建立了一套灵活、高效、统一、规范的原油物流管理体系，增强了不同专业间的协作以及信息共享；融合物联网、地理信息等技术，实现原油装、运、卸、储等物流环节的可视化，提高资源保供和应对突发事件的能力。

#### 2.7.1.2 系统架构

原油物流子系统架构如图2-8所示。

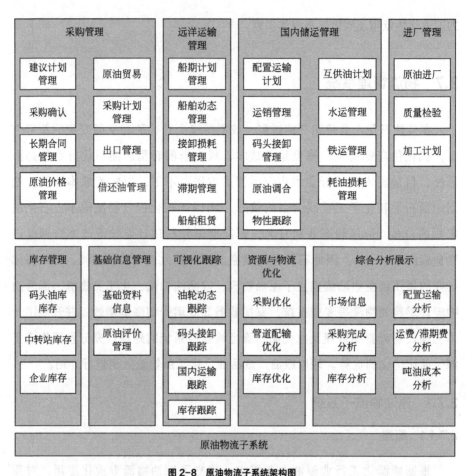

图 2-8 原油物流子系统架构图

系统建设了包含采购管理、远洋运输管理、国内储运管理、进厂管理、库存管理、基础信息管理在内的6大专业化应用,以及资源与物流优化、可视化跟踪及综合分析展示等,以统筹管理原油购、运、储、配等业务,实现各物流间的协同。

原油物流子系统架构有以下特点。

① 利用信息化提升物流端到端管理。利用船舶定位、地理信息等技术,整合船舶信息及业务信息,包括原油装港、在途、到港、靠泊、离港等信息。分

析船舶固定航线的历史轨迹，测算航距，推算预计到港时间（ETA），跟踪码头泊位运行情况，增强码头接卸、管输作业的应对能力，为分析、分摊码头滞期时间提供依据。

② 为物流优化提供数据支撑。依托供应链与物流平台的共享服务，应用统一技术架构，建设原油物流系统应用展示。实现原油物流各业务环节的数据、信息在同一平台的发布、共享，并消除信息壁垒，实现数据交互，为物流优化提供数据支撑。

③ 利用可视化跟踪及综合分析提供决策支持。可视化跟踪原油物流动态，掌握原油运、卸、储、输的实时信息。综合分析展示提供全口径原油采购完成情况统计，为管理层提供决策支持。

### 2.7.1.3 主要模块

原油物流子系统建设了包含原油采购管理、远洋运输管理、国内储运管理、进厂管理、库存管理、基础信息管理在内的6大专业化应用，以及资源与物流优化、可视化跟踪、综合分析展示在内的3大综合应用，以统筹管理原油购、运、储、配等业务，实现各物流环节间的协同。

（1）采购管理　包括建议计划管理、原油贸易、采购计划管理、采购确认、长期合同管理、出口管理、原油价格管理、借还油管理8项功能，对原油采购全流程进行线上管理，实现了各种计划的线上提报、汇总、平衡及下达。

（2）远洋运输管理　包括船期计划管理、船舶动态管理、接卸损耗管理、滞期管理、船舶租赁5项功能，对船期计划进行分港口、分企业、分油种管理；全程跟踪油轮装港、在途、到港等运行情况；实现一程损耗、接卸损耗及滞期费的自动推算及分析。

（3）国内储运管理　包括配置运输计划、互供油计划、运销管理、水运管理、码头接卸管理、铁运管理、原油调合、输油损耗管理、物性跟踪9项功能，实现铁、水、公、管四种原油运输模式分企业、分月度配置、运输计划的建议上报、汇总、下达、查询、执行动态跟踪及完成统计。

（4）进厂管理　包括原油进厂、质量检验、加工计划3项功能，实现原油品种、数量、运输方式、物性等统计分析，为原油调度管理提供依据。

（5）库存管理　包括码头油库库存、中转站库存、企业库存3项功能，实现码头接卸量、库站输送量及各点库存分布的统计，跟踪来油、中转、配比及运行情况，为优化原油采购和加工提供依据。

（6）基础信息管理　包括基础资料信息、原油评价管理2项功能，实现油种、船只、原油罐容、码头、中转站罐容、管网输送能力等静态信息统一管理；实现原油评价计划上报、下达、历史详评、简评次数统计。

（7）可视化跟踪　包括油轮动态跟踪、码头接卸跟踪、国内运输跟踪、库存跟踪4项可视化跟踪；实现对原油运输动态跟踪，跟踪的内容包括：油轮的位置、航线、原油装载情况、主要港口、码头名称等；分代理公司、分船型、分油种、分港口在港接卸情况；管输原油品种、数量、进度等运行信息；码头油库库存品种、数量，中转站库存品种、数量及空容信息，企业库存品种、数量。

（8）资源与物流优化　包括采购优化、管道配输优化、库存优化3项专题优化模型，对原油物流关键业务环节优化，降低物流成本，提高抗风险性。

（9）综合分析展示　包括市场信息、采购完成分析、库存分析、配置运输分析、运费/滞期费分析、吨油成本分析6项统计分析，实现了对原油物流全过程数据统计的可视化展示。

#### 2.7.1.4　应用效果

以中国石化为例，系统自2018年上线以来，支撑了原油物流的精细化管理，保障了生产经营的稳定、高效运行，在承担社会责任的前提下，增加了企业的经济效益。

① 管理更加精细，全面覆盖原油物流各业务环节，实现企业到总部的统一集中管理，增强业务协同及跨部门有效合作，原油管理更加精细和完善。

② 信息准确、决策及时，通过平台实现数据交互，消除信息壁垒，做到数据唯一、信息准确；提供科学的预警和大数据分析，为总部及时决策提供依据。

③ 在业务数据集成、海外油轮监控、业务沟通效率、数据统计分析等方面实现了业务数据集成维度、海外油轮监控力度、业务沟通效率、数据自动统计能力四方面的提升，有效提高了原油业务工作效率，为日常原油业务工作提供了有力支撑。

### 2.7.2 成品油物流子系统

#### 2.7.2.1 概述

基于"梳理物流基本业务环节，强化核心业务管控，适应总部集中调控需要，打造运行统一指挥平台，与其他业务系统有效集成，上下延伸、贯穿全程"的建设目标，建设统一、集中、共享、协同的成品油物流运行系统，覆盖大区、省公司一次和二次物流主要业务环节。一次物流主要包括需求管理、计划管理、调运管理、运费结算管理、承运商管理等功能模块；二次物流主要包括进销存管理、配送计划、配送调度、运费结算管理、承运商管理等功能模块。实现了与ERP、零售管理等系统集成，提高了物流整体运行效率。

#### 2.7.2.2 系统架构

成品油物流子系统架构如图2-9所示。成品油物流子系统架构有以下特点。

销售公司成品油物流子系统根据物流业务点多面广、实时运行、协同共享性高等特点，采用服务器集中部署模式，构建"管理+运行"物流平台，高效支撑各企业应用。应用服务器采用分布式部署设计，实现应用的可扩展，通过冗余提高系统稳定性。数据库服务器采用主从热备模式，软件自动备份数据，提高数据库运行稳定性。

（1）创新的业务交互　系统支持图形化、可视化的工作流程图设计，支持各种复杂流程，处理过程可跟踪、管理，通过工作流与待办事宜的结合，流程性的业务处理可第一时间显示在该处理环节的用户待办事宜中，用户可快速定位相关数据并进行处理。

（2）更佳的用户体验　B/S架构免去了C/S架构下的客户端安装及配置的烦琐过程。为每个页面提供对应的系统帮助，用户在使用过程中可即时找到该界

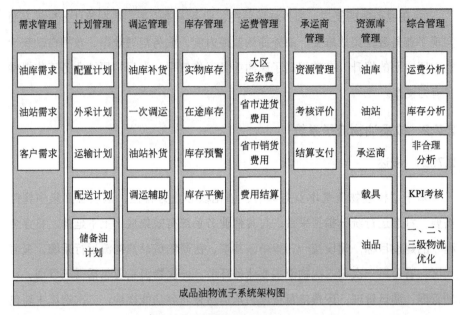

图 2-9 成品油物流子系统架构图

面的帮助信息，有助用户快速掌握系统功能及操作。常用报表图形化，增强数据可读性，辅助用户进行业务分析。

（3）高效稳定的集成模式 通过自研集成平台，顺利支撑数十万级以上数据量集成，支持与外部系统、零售电子账表系统、ERP系统高效稳定的集成，同时减少数据在多套系统中反复进行维护、查询操作。

#### 2.7.2.3 主要模块

系统主要涵盖了需求管理、计划管理、调运管理、库存管理、运费管理、承运商管理、综合管理等功能模块。

（1）需求管理 主要支持省市分公司油站及油库要货需求预测、审批以及提报等，以及销售大区的油库要货需求预测、审批以及提报等；支持大区根据本区域内要货进行平衡工作。

（2）计划管理 主要支持总部统一下达月度配置计划、运输计划、资源计划等，销售大区根据运费优化以及业务保供需求，进行计划调整、审批等工作。销售省市分公司根据油站进销存形成库站配送计划，满足油站补货需求。

（3）调运管理  主要支持大区及省市分公司，根据油库、油站的要货计划，以及炼厂的产能，结合外采计划执行情况，在运费最优的前提下，采用合适的运输方式，完成计划的调运工作，形成调运计划后推送承运商执行。

（4）库存管理  主要支持炼厂库存（含半成品）、大区油库库存、省市油站及油库库存提报，分级审核确认。

（5）运费管理  主要支持总部对于运费的预算上报、预算审核等；支持基于完成的调运计划，结合各分公司的运价标准，区分不同的业务类型，完成费用计算；支持与承运商进行互动确认，对确认后的运费进行结算。

（6）承运商管理  主要支持对于承运商、载具以及人员的准入、资质管理等，实现统一的承运资源库管理，通过统一的考核标准，完成承运资源考核，实现统一的黑名单管理，规避企业内承运风险。

（7）综合管理  主要支撑总部针对全系统物流计划、库存、费用等审批、统计功能，以及基于业务明细汇总的包括计划、库存、费用等主题的综合分析展示，为销售公司对于大区及省市的物流运行管理提供有力抓手。

#### 2.7.2.4　应用效果

以中国石化为例，成品油物流系统已平稳运行多年，覆盖总部、5家大区、29家省市公司一次和二次物流主要业务环节，实现了与ERP、零售管理以及超过5套外部系统集成，实现超过500余家承运商、10000余辆车统一在线管理。截至目前系统各类用户2000余人，月均处理各类计划超过81万条，月均处理运量达2000余万吨，月均处理运费约5亿元。物流系统与外部系统月均集成单据1000余万条，已成为油品销售公司最为重要的业务系统之一。

（1）系统基本实现销售公司所有单位全覆盖，打造物流系统应用"一盘棋"  核心业务流程统一，基础数据标准化，统一操作与管理界面，实现销售企业物流系统应用"一盘棋"。

（2）业务运行全程在线闭环管理，助推物流运行提质增效  物流人员只需应用一套系统完成全部物流工作，业务运行全程在线，信息闭环管理、物流信息共享、业务协同，上下游信息共享，支撑业务有效互动，助推物流运行提质增效。

（3）支持多系统集成，提高集中管控和集成应用水平　物流运行信息口径一致，承运商统一在线管理，总部监管垂直透明，管理数据依托系统产生，为管理提供有力抓手。

（4）业务管理齐全，提升物流运行精细化管理水平　费用管理口径齐全，全程在线管理，非合理费用发生提前预判，原因分析口径一致，精细化管理非合理费用发生。

以中化石油为例，2017年8月，系统建设成果推广到中化石油公司及下属16家分公司，业务覆盖计划、调运、库存、承运管理、运费以及物流优化等多个方面，形成大区、省市两个业务闭环，打造成集中、统一的"管理平台+作业平台"。

中化物流业务，包括大区、省市两大类型，大区侧重采购类，省市既有采购类又有移库及销售类，涉及9大业务环节，13类核心业务流程。系统上线后，功能覆盖所有核心业务流程，为销售公司综合分析决策奠定坚实基础。

中化物流业务，操作现状较为落后，基本为线下操作，较多高素质员工长期疲于应付各种口径的统计报表。物流系统上线后，形成既标准又优化的业务流程，释放出来大量的人力资源，通过进行业务开拓或者加强流程管理，整体工作效率预计提升30%以上。在辽宁公司上线过程中，客户领导表示："供应自有加油站业务在各方的合作下有几乎完美的呈现，减少很大的工作量"。

### 2.7.3　化工品物流子系统

#### 2.7.3.1　概述

国内石化行业集团级的化工品销售采用统一销售模式，统一负责集团企业所生产的石化产品资源统筹、市场营销、产品销售、物流、客户服务，以及所需相关化工原料的采购和供应工作。化工销售基本实现了对运输、仓储、交付等物流环节实施全过程管理，建立了化工物流管理体系和安全标准，为客户量身定制多层次、高效率、低成本的物流整体解决方案，与众多知名物流服务商建立了战略伙伴关系，物流服务的范围可以延伸到全国[6]。

#### 2.7.3.2 系统架构

化工品物流子系统架构如图2-10所示。

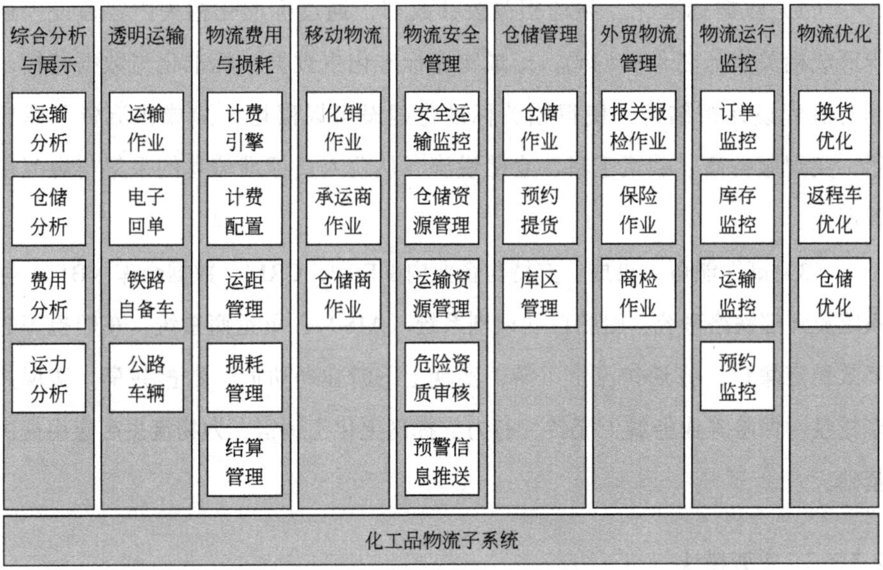

| 综合分析与展示 | 透明运输 | 物流费用与损耗 | 移动物流 | 物流安全管理 | 仓储管理 | 外贸物流管理 | 物流运行监控 | 物流优化 |
|---|---|---|---|---|---|---|---|---|
| 运输分析 | 运输作业 | 计费引擎 | 化销作业 | 安全运输监控 | 仓储作业 | 报关报检作业 | 订单监控 | 换货优化 |
| 仓储分析 | 电子回单 | 计费配置 | 承运商作业 | 仓储资源管理 | 预约提货 | 保险作业 | 库存监控 | 返程车优化 |
| 费用分析 | 铁路自备车 | 运距管理 | 仓储商作业 | 运输资源管理 | 库区管理 | 商检作业 | 运输监控 | 仓储优化 |
| 运力分析 | 公路车辆 | 损耗管理 | | 危险资质审核 | | | 预约监控 | |
| | | 结算管理 | | 预警信息推送 | | | | |

化工品物流子系统

图 2-10 化工品物流子系统架构图

按照"标准统一、数据共享、整合优化、协同增效"的原则，以物流作业、物流管理、决策支持等应用为支撑，搭建化工销售专业物流应用。覆盖计划贸易、电商物流、外贸物流等贸易类型，实现物流优化、透明运输、物流运行监控等功能。

化工品物流子系统架构有以下特点。

系统按照高共享、高集成、高融合的标准，根据物流业务类型多、流程复杂、面向用户广等特点，基于"平台+应用"模式，对服务器集中部署，构建通用业务和技术组件支撑业务应用，抽象和组织八类核心共性物流业务实现数据标准化，通过平台与ERP、CRM等内部系统及交通、气象、承运商等外部系统进行数据交互，实现高性能可靠集成。

（1）计费引擎应用　规则引擎是实现物流计费引擎的关键技术，基于规则服务建立费用模型，利用云计算技术，实现物流费用高效计算，并提供费用结算共享服务，避免了业务规则改变时带来的代码变更问题；支持用户配置。

（2）数据标准化　整理相关公共数据，通过标准化相关内容建设，逐步形成相关规范名称、编码，形成物流标准化主数据；标准化与数据结构、业务流程设计相结合，使得相关标准化建设可以落地，建成物流资源库应用，实现服务商、载运工具、仓储设施、从业人员标准信息的采集与规范化管理。

（3）高性能可靠集成　支持与企业内部ERP、CRM、数据仓库（BW）等系统及外部铁路系统、船舶自动识别系统（AIS）、承运商系统、车船检等的高效稳定集成，打通物流上下游，实现上下游业务协同、数据共享，实现共享托盘、保险等业务线上流转，有力支撑网上化工销售，为物流生态应用提供基础。

### 2.7.3.3　主要模块

系统主要涵盖综合分析与展示、透明运输、物流费用与损耗、移动物流、物流安全管理、仓储管理、外贸物流管理、物流运行监控、物流优化等功能应用。

（1）综合分析与展示　面向总部用户及分公司物流管理人员，提供物流综合展示，应用地理信息技术，汇总业务数据，结合地图信息，图形化展示运输、仓储、物流费用情况，直观掌握物流运作概况。

（2）透明运输　物流承运商根据运输委托单，记录发运信息、卸货信息，回单上传，形成闭环管理。电子回单功能，极大简化回单管理工作，并通过系统留存，为解决纠纷提供依据。铁路自备车系统实现对化工生产企业铁路自备车的线上管理，实时掌握自备车运行动态，提升管理效率。

（3）**物流费用与损耗** 此功能包括物流费用及损耗管理。系统构建了计费引擎服务，面向运输、仓储等各类复杂业务场景，基于规则服务建立费用模型，灵活支持点到点、按单预估、按重量预估、小订单系数、分级模式、吨天/包租等各类常见计费模式，利用云计算技术，实现物流费用高效计算，提供费用结算共享服务。借助规则引擎，建立产品损耗模型，面向运输、仓储损耗，实现损耗记录、损耗分摊、损耗处理功能，并为损耗分析提供基础数据。

（4）**移动物流** 提供移动物流业务功能，包括内部应用、物流服务商应用、客户应用，支持物流作业、信息查询、消息推送、关键信息展示等功能，支持短信、微信、APP三种接入途径。

（5）**物流安全管理** 构建物流资源库，实现对物流服务商准入资质管理，实时掌握服务商车辆、驾押人员及相关基础设施状况，加强对物流商提供服务的安全监管。

（6）**仓储管理** 重点关注仓库的出入库作业及库存管理。提供预约提货功能，依据仓库库存情况与装车能力，结合预约情况，提供分时段实时更新的可预约量列表，接受配送与自提委托的承运商进行提货预约。

（7）**外贸物流管理** 针对外贸物流业务流程长、作业节点多、业务场景变化大的特点，实现商检、保险、报关报检作业关联。构建了外贸业务台账、核销手册、外贸询比价、作业界面等业务场景建设，加强外贸作业点管控节点，实现在线议价、用户业务信息追溯、分析统计等功能。

（8）**物流运行监控** 此功能支持用户自定义物流运行监控指标，自动匹配物流订单、运单、仓储出入库等单据信息功能，实现物流运行异常报警灵活处理。

（9）**物流优化** 此功能包括换货优化和返程车优化等。换货优化结合化工销售业务特点，创新换货优化，在不改变商流的情况下，通过优化物流流向，降低物流成本。返程车优化通过后台模型与规则，系统自动搜索具备回程车运输的线路，大幅度提高载运车辆重驶率，促进绿色、低碳与环保。

#### 2.7.3.4 应用效果

以中国石化为例，系统覆盖了中国石化化工销售公司总部及华北、华东、华中、华南、江苏5家区域公司，46家驻厂办、264家承运商、161家仓储服务商。内外部总用户2500余户，现有活跃用户内部420余户、外部740余户。系统日处理订单约3000单，日发运量约6万吨。系统上线以来运行平稳，有效支撑了中国石化化工销售公司物流业务运作。

（1）建成化工品物流，实现内外贸一体化　打通企业—化销—服务商—客户全链条，实现数据实时共享与业务高效协同，实现化工物流卓越运营。系统衔接了生产企业、销售公司及物流服务商，解决大宗商品物流在发货环节的效率瓶颈，通过实施预约提货功能，平衡了企业发货能力与集中提货需求的矛盾，减少车辆滞留和等待，发货效率提高3倍，为未来限时送达、定时送达创造基础条件。

（2）支撑新型物流服务体系　支持电商物流运作，全面支撑以分级仓储布局、干线运输网络为核心的新型电商物流运作体系，实现"前端运输经济化，后端配送便捷化"。通过应用计费引擎，支持了销售加价体系以及物流结算体系，将物流结算价格转换为物流加价表，为市场营销、产品定价提供参考。

（3）通过物流服务商及资源库管理，保障物流本质安全　实现配送、自提一体化管理，实现人、车、物在途数字化管理，保障化工物流本质安全。

（4）物流作业透明可控，实现物流全过程可视化管理　系统覆盖计划贸易、合同贸易、现货商城全流程、全业务节点，立足运输、仓储、费用3大主线，实现采、产、销一体化分析。

（5）优化产品流向，实现物流降本增效　应用换货、返程车、自动补货方案进行产品流向优化，提高车辆及仓储资源利用率，整体降低物流成本。

## 2.8 工业控制系统

### 2.8.1 集散控制系统

#### 2.8.1.1 概述

集散控制系统（distributed control system，DCS），也称为分散控制系统、分布式控制系统，是计算机、控制、通信和显示（简称4C技术）等技术发展融合形成的以通信网络为纽带的一种综合计算机控制系统[7,8]。1975年Honeywell公司推出了第一套DCS TDC 2000。DCS不仅具有分散的控制功能和集中化的信息管理、操作显示功能，还具有大规模数据采集、处理的功能以及较强的数据通信功能，为实现过程控制和生产管理提供了先进的工具和手段。DCS已成为连续流程工业企业生产过程自动化的主流控制系统，是企业实现数字化、信息化和智能化的基础。

国外主要的自动化仪表制造厂商都有自己的DCS产品，如美国的Honeywell、Foxboro、Emerson、日本的Yokogawa、德国的Siemens、瑞士的ABB等公司。国内DCS在20世纪80年代末开始技术引进、自主研发。经过30多年的努力，水平已达到或接近国际同类产品，制造厂商主要有和利时、浙江中控等。

自20世纪70年代中期至今，在4C技术发展的驱动下，DCS经历了数代的发展。以Honeywell公司的Experion PKS、Emerson公司的PlantWeb、Foxboro公司的A2、Yokogawa公司的CS3000-R3、ABB公司的Industrial IT等系统为代表，DCS进入了第四代[9]。其特点是信息化和集成化进一步提高，实现混合控制系统，包含FCS（现场总线控制系统）的功能并进一步分散化。和利时的HOLLiAS MACS、浙江中控的WebField ECS系统也属于同类产品。

#### 2.8.1.2 系统架构

DCS采用分层的结构，包括直接控制层、操作监控层和生产现场层。直接控制层主要由控制站组成，完成对生产过程的连续、逻辑和顺序等控制功能。

操作监控层包括操作员站和工程师站等，可对来自直接控制层的数据进行集中操作和管理，进行系统的生成和维护。生产现场层实现DCS各设备的连接。DCS架构如图2-11所示。

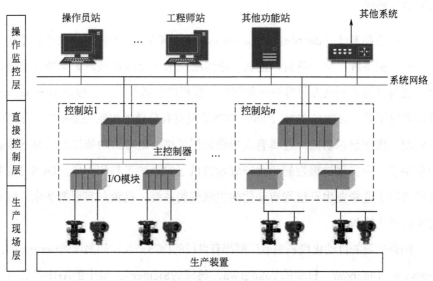

图 2-11　DCS 架构图

上层应用系统可以通过网关与DCS通信，常采用OPC（基于过程控制的对象链接和嵌套技术），读写DCS的数据，完成应用系统功能，如企业实时数据库、先进控制、实时优化、生产调度等系统。信息系统的互联互通需要确保信息安全。

DCS具有以下特点。

（1）分散性和集中性　DCS采用了分散控制和集中管理的设计思想、分而自治和综合协调的设计原则。生产过程的控制采用分散结构，各站独立地完成分配给自己的规定任务，而生产过程的信息则集中于实时数据库，利用通信网络供所有设备共享。DCS的分散是相互协调的分散，各台分散的自主设备在集中管理和协调下构成统一的有机整体。

（2）灵活性和扩展性　DCS采用了开放式、标准化和模块化设计。硬件采用积木式结构，各种工作站和模块可按照需要配置，可灵活配置成小、中、大各类系统。还可以根据企业的财力或生产要求，逐步扩展系统。软件采用模块式结构，提供各类功能模块，可灵活地构成简单、复杂的控制系统，可根据生产工艺和流程改变修改控制方案，而无须改变硬件配置。DCS厂家越来越重视采用公开标准，也使得第三方产品更加易于集成到系统中。

（3）可靠性和适应性　DCS系统采用了一系列冗余技术，如主控制器、I/O（输入/输出）模块、通信网络和电源等均可采用双重化，而且采用热备份工作方式，自动检查故障，一旦出现故障立即自动切换。DCS具有一系列的故障诊断和维护软件，实时检查系统的硬件和软件故障。采用高性能的电子器件、先进的制造工艺和各项抗干扰技术，能够适应恶劣的工作环境。控制站的输入输出信号都要经过隔离，以保证系统的安全运行。

### 2.8.1.3　主要模块

一个最基本的DCS应包括四个大的组成部分：至少一台控制站，至少一台操作员站和一台工程师站，一个系统网络，还可以包括完成某些专门功能的站、扩充生产管理和信息处理功能的信息网络，以及实现现场仪表、执行机构数字化的现场总线网络。

（1）控制站　控制站用于实现各种现场物理信号的输入与处理，实现各种实时控制的运算和输出等功能，是一个可独立运行的计算机控制系统。

控制站主要由电源、主控制器、通信网络和I/O模块等构成。主控制器是控制站的核心，一般采用双机冗余配置，具有硬件构成的冗余切换电路和故障自检电路，是实施各种控制策略的平台。主控制器与I/O模块通过内部总线连接。I/O模块一般包括模拟量输入（AI）、数字量输入（DI）、模拟量输出（AO）和数字量输出（DO）等模块，现代DCS的I/O子系统包括现场总线接口。现场总线是一种双向、串行、多点、数字化传输的数据通信总线，它与智能仪表的出现和应用改变了传统现场仪表与DCS控制站1:1的接线方式，一条现场总线上可连接多台现场总线设备。

控制站具有的控制功能包括连续控制、逻辑控制和顺序控制。最常用的连续控制是PID（比例积分微分）控制算法。运算功能包括代数运算、信号选择、数据选择、数据限制和计算公式等。以PID控制算法和运算算法为基础，可实现串级、比值、前馈、解耦等复杂控制策略和运算。逻辑和顺序控制功能实现各种设备运行状态的监视及联锁保护等功能。

控制站采用实时多任务操作系统。

（2）操作员站　操作员站是工艺操作员的人机界面，主要供操作员完成操作调整、监视、历史数据查阅、输出打印等。它由工业PC机、显示器、键盘、鼠标和打印机等组成。

操作员站具有丰富的画面，帮助操作员进行监视和操作，可提供总貌、流程图、控制分组、细目、实时和历史趋势、报警汇总、系统状态等画面。它具有报警管理功能，报警分为系统报警（诊断报警和硬件故障报警）和过程报警（绝对值报警、偏差报警和变化速度报警）两类。系统对任何报警都可以用音响和突出显示方式通知操作员。操作员站的报表功能可生成即时报表、定期报表、报警汇总报表、操作记录报表和系统维护报表等。

（3）工程师站　工程师站是控制工程师的人机界面，主要功能是系统生成和维护。工程师站提供了各类监控组态软件，用于系统设备组态、控制功能组态和操作画面组态，以构建符合生产工艺要求的应用系统，并可进行在线调试和下装。工程师站兼具操作监控功能，不同身份人员以不同的用户登录实现相应功能。

（4）系统网络　系统网络是连接系统各站的纽带，为控制站、操作员站、工程师站和上位机接口提供可靠的数据传输。系统网络的可靠性、实时性和数据通信能力关系到整个系统的性能。网络采用冗余的配置，故障时可自动切换，并产生诊断报警。网络的实时性可确保在规定的时间限度内完成信息的传送，并确保数据在各站的同步。随着网络技术和信息化技术不断发展，DCS与其他系统的互联互通不断增多，对网络安全提出了更高的要求。

#### 2.8.1.4　应用效果

自20世纪80年代后期和90年代初开始，我国的石油、化工等行业的连续流程生产过程，逐步应用DCS替代过去的表盘装配式电动或气动控制仪表、记录仪表。DCS的普遍应用提高了连续流程工业生产装置的自动控制水平，提高了装置运行平稳性、安全性，降低了操作人员、仪表维护人员的劳动强度，为工艺管理、设备运行管理、报警管理和故障或事故诊断分析等提供了实时和历史信息。

目前，国产DCS已在千万吨炼油、百万吨乙烯等装置中获得成功应用，发展迅猛。

例如，2014年5月，中国石化长岭炼化公司在千万吨炼油改造项目中应用了国产化DCS系统，开启了国产DCS设备在千万吨炼油联合装置使用的先河。项目中DCS控制系统全部采用WebField ECS-700控制系统，其主体大炼油联合装置共有1269个AO、5976个AI、1143个DO、2495个DI、30套异构系统、共计10921个I/O点、25对控制器、146个机柜、101个操作台、77个操作节点［含操作员站、工程师站、OPC服务器、时钟同步服务器、SAMS（设备管理系统软件）服务器及操作站等］。取得如下效果。

① 整个控制系统投资一次性节省近50%。系统的国产化缩短了产品交付时间，同时备品备件供应实现本地化，保障了项目建设进度。

② 满足石油化工装置大规模生产的过程控制、检测、优化与管理的基础需要，同时也满足石油化工企业相关装置易燃易爆、连续生产过程的高安全性和可靠性的需要。

③ 系统总体技术水平处于国内领先，达到国际先进水平。在大规模组网技术、分域数据管理、协同多人组态、在线下载管理、冗余技术等达到国际先进水平。

④ 改写了我国千万吨炼油工程完全依赖引进国外控制系统的历史，对实现大炼油核心设备国产化有重要的示范意义。

## 2.8.2　数据采集与监视控制系统

### 2.8.2.1　概述

数据采集与监视控制（supervisory control and data acquisition, SCADA）系统是一类计算机远程监督控制与数据采集系统[10]。它综合利用了计算机技术、控制技术、通信与网络技术，能够实现对测控点分散的各种过程或设备的实时数据采集、本地或远程的自动控制，以及生产过程的全面实时监控，并为安全生产、调度、管理、优化和故障诊断提供必要的数据及技术手段。SCADA是相关企业信息化和智能化的基础。

SCADA系统早期是遥测遥控系统。它主要应用于地理分布距离远、测控点分散的生产过程或设备，测控现场无人或少人值守，如应用于电力、油气田、长输油气管线、轨道交通和城市公用事业（供水、供气和供热）等系统。

国外众多自动化仪表厂商推出了SCADA产品和解决方案，如Honeywell、Foxboro、ABB、Yokogawa、Siemens、GE、Telvent和Cegelec等公司的产品。从系统的组成来看，与DCS不同，SCADA更侧重自动化产品的集成，其软件平台具有通用性。国内从20世纪80年代引进SCADA系统，并逐步进行自主研发。目前，国产SCADA产品也已逐步成熟，厂商开发了多款SCADA监控软件。由于SCADA应用领域广泛，需求多样，厂商针对行业应用也开发了专用SCADA产品。

随着网络技术、通信技术特别是无线通信技术的发展，SCADA系统在结构上更加分散，通信方式更加多样，系统结构从C/S架构向B/S与C/S混合的方向发展。

### 2.8.2.2 系统架构

SCADA系统架构如图2-12所示。

SCADA包含三个组成部分：下位机系统、上位机系统和通信网络。下位机系统是一个分布式系统，完成数据采集以及设备或过程的直接控制。上位机系统也称为监控中心，进行过程监控与管理。通信网络包括上位机网络、下位机网络，以及将上、下位机系统连接的网络。这三部分有效集成，构成SCADA系统，完成对整个生产过程的监控。

结构复杂的大型SCADA系统，可能包含多个上位机系统，即系统除了有一个总的监控（调度）中心外，还包含多个分监控中心，如在西气东输SCADA系统中，包含多个地区监控中心，它们分别管理一定区域的下位机。这样系统的结构更加合理，任务管理更加分散，提高了可靠性。重要的SCADA系统，为了

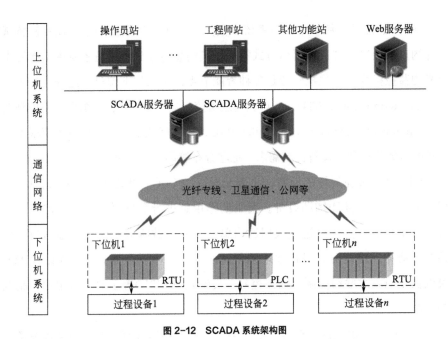

图 2-12 SCADA 系统架构图

应对更为复杂的突发事件,比如地震、洪水、战争、恐怖袭击、网络攻击、病毒等,除设置监控中心外,还在远距离的异地设置备控中心。

SCADA 系统具有以下特点。

(1)分布测控,集中管理　SCADA 系统分布区域广泛,监控终端的工作条件较苛刻。上位机与控制对象距离远,侧重监控与管理。若上位机与下位机的通信中断,现场的测控装置仍能正常工作,确保系统的安全和可靠运行。

(2)通信网络复杂多样　SCADA 系统通信网络复杂多样,尤其上位机与下位机之间。需要合理设计保证通信的可靠性和实时性。随着开放性提高,SCADA 系统以各种方式与 Internet(互联网)等公共网络互联,而且 SCADA 系统上位机具有操作下位机的权限,防外部侵入及防病毒等信息安全问题突出。

#### 2.8.2.3　主要模块

SCADA 系统完成分布式数据采集和远程监控与管理,主要模块有下位机系统、上位机系统和通信网络。

（1）下位机系统　下位机系统主要完成分布式的数据采集，以及设备或过程的直接控制；并通过通信方式将下位机信息传递到上位机系统中，接受上位机的监控指令。下位机一般是各种智能节点，常用的下位机有远程终端单元（remote terminal unit, RTU）、可编程逻辑控制器（PLC）、可编程自动控制器（programmable automation controller, PAC）和智能仪表等。下位机系统根据测量数据点数及类型、设备控制需求、地理分布等因素考虑配置。

RTU是安装在现场的设备，主要配置有CPU（中央处理器）模板、I/O模板、通信接口单元和辅助设备。其主要作用是进行数据采集和本地控制。进行数据采集时作为一个远程数据通信单元，完成或响应本站与中心站或其他站的通信和遥控任务。进行本地控制时作为系统中一个独立的工作站，RTU可以独立地完成联锁控制、前馈控制、反馈控制和PID等工业上常用的控制调节功能。

PLC产品性价比高、可靠性高、编程方便，经常代替RTU作为现场设备。PAC具有PLC的主要功能，扩展了自动控制能力，作为一种开放型的自动化控制设备，在SCADA系统下位机的应用逐步增多。

在一些侧重数据采集、信息集中管理与远程监管的应用中，远程控制功能要求较低，在这类SCADA系统中，大量使用各种智能仪表作为下位机设备，如智能流量计量表、冷量热量表、智能巡检仪等。

（2）上位机系统（监控中心）　上位机系统采集下位机数据，完成过程监控与管理，一般包括SCADA服务器、工程师站、操作员站和Web服务器等，这些设备通常采用以太网联网。

SCADA服务器收集从下位机传送来的数据，并进行汇总，为各种应用提供数据。根据数据点规模可以配置多台服务器。为提高可靠性，服务器可以冗余配置。

操作员站完成各种管理和控制功能。操作员通过组态画面监测现场站点，下发控制命令实现远程监控。同时，操作员站还具有报警显示与查询、历史趋势浏览、报表生成和打印等功能。操作员站具有友好的人机界面，可以以各种图形、图像、动画、声音等方式显示设备的状态和参数信息、报警信息等。

工程师站对系统进行组态和维护，修改控制逻辑等。

SCADA系统中，上位机数据采集具有全面性和完整性，其控制管理也具有全局性，能更好地实现整个系统的合理、优化运行。对许多常年无人值守的现场，远程监控是安全生产的重要保证。

（3）通信网络　通信网络实现SCADA系统的数据通信，是SCADA系统的重要组成部分。由于SCADA系统监控的过程大多具有地理分散的特点，相比较一般的过程监控，通信网络在SCADA系统中扮演的作用更为重要。在一个大型的SCADA系统中，包含多种层次的网络，如下位机系统有设备层总线、现场总线，上位机有以太网，而连接上、下位机的通信方式更为多样，可选择自建光纤、租用公网、卫星通信、GPRS、3G、4G等有线和无线通信方式。应用较广的通信协议有Modbus、Ethernet、IEC104、OPC等。

#### 2.8.2.4　应用效果

SCADA系统广泛应用于电力、油气田、长输油气管线、轨道交通、城市热网、环保监控、污水处理等工业控制领域。SCADA系统的应用，提高了生产系统和设备的运行平稳性和安全性；减少了操作人员、仪表维护人员面临恶劣环境的时间和频次，保护人员安全；生产管理、设备运行管理、报警管理和故障或事故诊断分析实现了信息化。操作监控和生产管理的集约化，既降低了企业的人力成本，又为企业整体信息化智能化提供了更加便利的基础条件。

在中国石油西气东输工程中建设了大型的SCADA系统，以二线为例[11-13]。西气东输二线输气管道西起新疆霍尔果斯口岸，线路总长超过8650km，输气量为$300×10^8m^3/a$，是一条重要的能源通道。西气东输二线管道包含1条干线、8条支干线，干线于2011年6月30日正式投产试运。

西气东输二线SCADA系统由北京调控中心或廊坊备用调控中心对全线进行监视和控制。沿线各场站控制系统（SCS）完成站场内工艺过程的数据采集和监控任务，同时，将工艺及设备运行状况和各种参数，通过通信系统传送至北京主调控中心和廊坊备用调控中心，并接受调控中心下达的命令。监控阀室和清管站等设RTU。在各地区公司设置数据维护服务器和监视工作站，监视所管辖输气管道的运行状况。作为管道生产和调度管理的核心工具，SCADA系统的正常投运为管道的运行提供了可靠的工具，效果有以下几点。

（1）实现了管道的全线远程监控　调控中心利用SCADA系统远程监控全线，各站通过站控系统监控本站。

（2）提高了管道运行的平稳性和安全性　提供了多种管道运行报警手段、各类保护系统和自动控制系统，如高低压保护、管道压降速率保护、紧急停车（ESD）系统、火气消防系统、压力控制系统等。

（3）提高了管理水平　操作人员在调度控制中心可完成对管道的监控和运行管理，全线各站场实现无人操作、有人值守，清管站、线路截断阀室实现无人值守、无人操作，降低安全隐患。

### 2.8.3　先进控制系统

#### 2.8.3.1　概述

目前，炼油行业的DCS一般只提供基于经典控制理论的常规控制和复杂控制。随着生产规模扩大，生产要求越来越高，装置控制难度越来越大，基于经典理论的常规控制不能满足要求，需要在DCS常规控制的基础上充分发挥计算机功能，进一步提高控制水平。

先进过程控制（advanced process control, APC）系统指不同于常规PID控制、并具有更好控制效果的控制策略的统称[14]。先进控制的特点是：适应生产过程特性的控制方案和方法，一般基于数学模型；采用过程控制计算机，具有足够的计算能力；具有明显的经济效益。先进控制技术的内容是开放性的，从控制策略上说，有预测控制、推理控制、自适应控制、模糊控制、智能控制等；近三十以来，广泛应用的先进控制策略主要是预测控制。

实现先进控制策略的计算机软件，称为先进控制软件。国外许多著名的软件公司都推出了基于预测控制的先进控制软件包，自20世纪70年代至今其技术发展可分为4代，如图2-13所示。

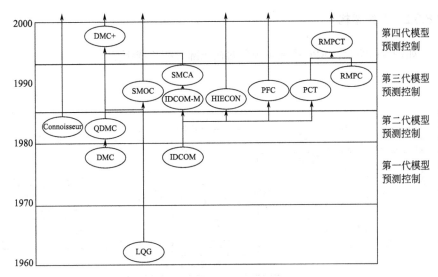

图 2-13 先进控制软件发展历程

目前，先进控制软件产品主要以国外的产品为主，如表2-1所示。国外的先进控制软件提供商主要为AspenTech和Honeywell。AspenTech的DMC+和Honeywell的Profit Controller先进控制软件是目前最为广泛应用的先进控制软件。国内有石化盈科的PROCET-APC软件、浙江中控的APC-Suite软件等。

表 2-1 先进控制软件产品

| 公司名称 | 软件名称 |
| --- | --- |
| AspenTech（美） | DMC+ |
| Honeywell（美） | Profit Controller |
| Shell（Yokogawa 代理） | SMOC |
| Invensys（美） | Connoisseur |
| 石化盈科 | PROCET-APC |
| 浙江中控 | APC-Suite |

APC技术在炼油、石化行业已经具有广泛的应用，在电力、冶金、造纸、制药、无机化工等行业，也有大量的成功应用案例。

#### 2.8.3.2 系统架构

如图2-14所示，APC系统架构分为在线部分和离线部分。

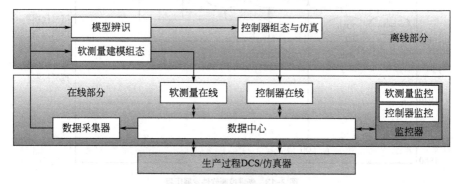

图 2-14　APC 系统架构图

APC系统离线部分，由模型辨识、控制器组态与仿真、软测量建模组态等组件组成，主要负责模型建立、组态、仿真等，其作用是为在线部分生成计算组态；APC系统在线部分，由控制器在线、软测量在线、监控器、数据中心、数据采集器等组件组成，负责与现场生产装置实时通信并执行计算组态，在线控制器通过基础控制系统来直接作用到生产装置。

#### 2.8.3.3 主要模块

APC系统离线部分包括组件如下。

（1）模型辨识　模型辨识需要以阶跃测试得到的数据为前提，阶跃测试需要考察装置运行情况，设计测试信号，以期达到充分激励。利用测试过程的输入输出数据，对其进行预处理与甄别筛选，剔除坏数据，选取能有效表达工况的数据段，设置模型长度、模型阶次等参数，选取合适的算法（最小二乘类算法、子空间类算法等辨识方法），建立过程对象的输入输出数学关系。模型一般用阶跃响应序列或者传递函数来表达，对于一个多输入多输出对象，需要根据工艺机理与其输入输出变量列表进行模型装配，最终模型用于建立控制器组态。对于特定工艺专用控制器，需要进行机理分析，建立其非线性微分方程组模型，并通过分片线性化的方式来实现预测控制。

（2）控制器组态与仿真　在上述辨识得到的模型或者转化得到的第三方模型基础之上，指定被控变量、操作变量、干扰变量，确立控制器本身及各变量各组态参数（控制器全局优化选项、求解器选项、看门狗类型；被控变量控制上下限、特性比、优化目标、优化权重；操作变量控制上下限、优化目标、优化权重；线性与非线性优化选项等）以及与生产设备的数据位号连接关系，检查模型、组态信息的正确性与完整性。离线仿真通过控制一个具有指定数学模型并有一定不确定性的虚拟对象，验证控制器组态与参数的合理性，并通过仿真来模拟一些特殊工况，以验证极端情况下控制器的性能，优化控制器组态；能够实现开环仿真或闭环仿真，包括单步仿真、多步仿真、过程快照管理、对象或模型失配情况下的仿真。离线仿真可根据需要生成快照文件，全面记录控制器与仿真器在当前一段时间内的运行信息，便于事后分析。

（3）软测量建模组态　软测量建模分为基于过程数据与化验数据的建模与自定义机理建模两大类。基于数据的建模是通过分析过程数据与化验数据，根据工艺机理建立若干计算变量，选择合适的中间变量与模型结构，筛选适合建模的数据段，通过模型训练的方法建立线性或者非线性过程数学模型；可以通过模型校验来验证一个已存在模型对当前工况数据的适用性。自定义机理模型建模允许APC工程师根据已有的成熟工艺计算数学模型，通过编写脚本程序与写公式的方式来建立数学模型。软测量组态针对一个质量指标选择合适的数学模型，生成计算组态，确立输入输出变量与控制系统中位号的连接关系，建立化验校正（指定校正数据位号、新值状态位号、校正比率、校正上下限等），最终得到用于在线计算的软测量组态。

在线部分包括控制器在线、软测量在线以及辅助模块，辅助模块又包括数据平台、数据采集器、监控器。

（1）控制器在线　先进控制器是对传统基础控制器的扩展与延伸，其核心机制是模型预测、反馈校正与滚动优化[15,16]。模型预测是用模型预测未来时刻被控对象的运动和误差，以其作为确定当前控制作用的依据，使控制策略适应被控对象的存储性、因果性和滞后性，可得到较好的控制效果。反馈校正是利用可测信息，在每个采样时刻对预测值进行修正，抑制模型失配和干扰带来的误差。用修正后的预测值作为计算最优控制的依据，使控制系统的鲁棒性得到明显提高。滚动优化：预测控制是一种最优控制策略，其目标是使某项性能指标最小，控制作用序列采用预测偏差计算，但只有当前的控制作用是实际执行的，而在每一个采样时刻都要根据当前的预测偏差重新计算控制作用序列，故称为滚动优化。预测控制的三个基本特征，是控制论中模型、控制、反馈概念的具体体现。它继承了最优的思想，提高了鲁棒性，可处理多种目标及约束，符合工业过程的实际要求，在理论和应用中发展迅速。控制器可实现与RTO系统的集成策略，进一步为在线优化提供可靠的保障，以使优化目标能尽快平稳实现。与常规控制回路具有双向平稳无扰动切换功能，先进控制器的投运/切除不会造成现场阀位的跳变。软件watchdog（看门狗）处理通信故障下与DCS常规控制切换。在线运行可根据需要生成快照文件，全面记录控制器在当前一段时间内的运行信息，便于事后分析。

（2）软测量在线　软测量在线包含常用的线性、非线性模型计算方法，分为静态软测量与动态软测量两个基本方向。动态软测量可实现过程动态特性的补偿；具有完善的数据预处理功能与基于代数计算的机理变换功能，可建立机理公式模型。通过化验校正，实现对计算结果的及时纠偏；对于分析仪信号，因为其设备固有的滞后特性，难以直接用于在线控制，软测量计算通过建模计算，实现对其滞后的超前补偿，并通过分析仪校正实现计算结果的高频纠偏，兼顾了分析仪信号的高频次与软测量计算的灵活性。

（3）辅助模块

a.数据平台。是通信代理服务器，实现各个在线应用客户端的通信功能统一管理，调度与底层控制系统的通信负荷，做到负载均衡，并具备丰富的历史数据归档、实时数据保存功能；通过网络通信接口，建立APC控制器、软仪表等与DCS的数据通信，可执行缓存、简单计算、存储等处理功能，支持OPC协议通信。

b. 数据采集器。用于收集实时数据，按照设定的采样间隔存储过程数据为指定数据格式，为控制器、软仪表建模采集必要的过程历时数据，在控制器和软仪表建模、配置、下装、整定完成、上线运行后，数据采集器通常也保持数据的持续采集和归档，用于过程运行的评估分析或软仪表模型的定期完善。

c.监控器。是APC系统的人机界面，显示控制器、软仪表参数以及一些模型参数，并可在线整定；实现曲线显示组态功能，便于将有关联的变量曲线放在一个画面上查看分析；可通过趋势曲线对控制器、软仪表进行监控，进而监控生产过程的运行。

#### 2.8.3.4 应用效果

APC直接对生产装置实施优化控制，把效益目标直接落实到阀门，是装置进一步挖潜增效的有效手段；APC能够解决常规PID控制无法解决的延迟、耦合等问题，通过预测控制可以消除系统原料变化和干扰造成的扰动，使装置操作平稳，减少波动，节能降耗；APC的应用不仅提高了装置的控制能力和管理水平，提升了企业的竞争能力，推动了工厂的科技进步，而且还为企业创造了可观的经济效益。

在国外石油化工领域，利用先进控制技术提高装置加工能力和高附加值产品收率已成为诸如美孚、BP、壳牌、雪佛龙等众多企业普遍采用的技术手段，多家公司开发成功的诸多先进控制软件在常减压、延迟焦化、催化裂化、重整等炼油装置以及聚丙烯、聚乙烯等化工装置上成功应用后，取得了显著经济效益。从20世纪90年代开始，我国石化工业通过购买国外公司先进控制软件与自行组织开发相结合，已在催化裂化、常减压、重整、焦化、聚丙烯、聚乙烯等两百多套装置上应用，取得了较好的效果，经济效益显著。

APC应用效果主要表现在以下几个方面。

（1）提高了装置平稳率，减轻了操作人员的劳动强度　APC的应用使装置的运行参数保持平稳，减小了操作波动，提高了装置平稳率。炼油装置主要被控工艺参数的平均方差降低了20%以上，化工装置主要被控工艺参数的平均方差降低了15%以上；APC根据设定目标值实时自动调节多个相关参数，改变了以前人工单回路调节的装置操作模式，减轻了操作人员的劳动强度，统一了操作方法，减少了人工调节所带来的干扰。

（2）实现了卡边控制，提高了产品收率　APC实时进行卡边控制，提高了目标产品收率。常减压、催化裂化、延迟焦化、催化裂解、加氢裂化等装置主要产品的收率提高了0.25%以上。

（3）降低了单位增加值能耗，节能降耗效果明显　APC综合考虑加热炉的各种工艺约束和设备限制，平衡加热炉各支路流量和温度等，从而降低燃气消耗和排烟温度，提高能源使用效率。APC投用后，装置能耗降低0.25%以上；加氢精制、硫黄回收、酸性水处理、制氢等环保（辅助）装置能耗降低0.5%以上。

通过对2006年以来中国石化下属炼化企业所验收的100套装置（75套炼油装置、25套化工装置）APC项目效益数据进行统计分析，每套炼油装置平均年创经济效益为549.3万元，每套化工装置平均年创经济效益为296.6万元。

## 2.9　工程项目管理系统

### 2.9.1　概述

工程项目管理从成本、进度、质量、安全、合同、信息、沟通协调、工程资料等工程业务处理细节，实现项目工程全周期、全方位管理，满足项目参与各方信息交流、协同工作，并对项目的多阶段进行集成管理。

工程项目的管理通常是由两个过程来实现的，其一是项目的实现过程，其二是项目的管理过程。现代项目管理要求在项目实施中分阶段、按过程做好一个项目的管理，确保项目目标的实现。在项目管理中，通常相同性质的项目工作会划分在同一个项目阶段中，而不同性质的项目工作会划分在不同的项目阶段中，整个项目的全部过程就是由一系列项目阶段构成的一个完整的项目生命周期。

### 2.9.2　系统架构

工程项目管理系统通过各种技术以及应用功能，为企业搭建一个围绕工程建设全生命周期管理的企业级管理系统以及整体信息化平台，实现工程项目从投资分析、工程立项到竣工交付全过程项目管理，形成一个统一的项目信息门户平台。典型的工程项目管理系统架构如图2-15所示。

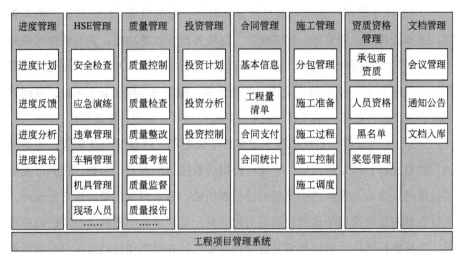

图 2-15 工程项目管理系统架构图

工程项目管理系统包括项目管理各业务模块功能，并通过与ERP、OA（办公自动化）等系统进行业务和数据集成，内容包括项目前期管理、设计管理、采购管理、施工管理、生产准备、竣工管理等，实现项目全过程作业的精细化管理、高效协同及信息无缝流转。

### 2.9.3 主要模块

工程项目管理系统主要功能通常包括进度管理、HSE（健康、安全和环境）管理、质量管理、投资管理、合同管理、施工管理、资质资格管理、文档管理等主要模块。

（1）进度管理  系统的进度计划管理可以满足进度计划任务的下达、跟踪、控制、统计、分析等功能。可以实现一级、二级控制进度计划的编制和三级详细进度计划编制功能，可分别反映设计、采购、施工的进度计划；实现各级计划调整功能。实现针对三级计划中设计、采购、施工的进度反馈功能，包括设计进度反馈、采购进度反馈、施工进度反馈。实现单项目的进度计划分析功能，包括设计进度曲线、采购进度曲线、施工进度曲线。实现包括进度周报、进度月报、项目简报等的进度报告文件的记录和查询功能。

（2）HSE管理　系统一般包括安全检查、应急演练、HSE培训、机具管理、违章管理、车辆管理、HSE报告、现场人员管理等功能。安全检查可采用移动设备辅助现场HSE检查，并对存在问题进行实时记录与上传；通过HSE培训，达到施工人员100%持证上岗的管理要求，降低现场施工安全风险；系统对记录的事件进行汇总，出具统计结果，并进行查看、导出、修改操作。

（3）质量管理　系统功能主要包括质量控制、质量检查及整改、质量考核、质量监督、质量报告等。系统可提供质量控制的划分、报验、提醒以及控制报验结果录入，系统自动出具统计报表功能。系统提供质量检查记录查询，支持质量问题整改通知单的在线发出和回复，实现质量问题整改过程的跟踪管理，项目执行过程中进行质量监督检查与整改，并根据项目质量情况编制质量监督报告。

（4）投资管理　系统中建立以统一的项目WBS（工作分解结构）为投资计划管控对象、以基础设计概算为依据、以合同为主线的工程费控体系，各业务环节实时集成合同、采购订单、合同支付、实际成本等信息，消除业务部门之间的壁垒，层层分解费用控制目标，实现投资过程化监控，规范投资完成统计，实现从工程建设至财务入账全过程反映项目进展及投资完成情况。

（5）合同管理　系统在功能上建立合同管理系统、ERP、工程建设系统之间的合同信息关联，对合同重要信息进行结构化处理，增强合同信息的可视化，全面展示合同基本信息、合同完成、合同支付、合同状态等信息，对合同全过程进行跟踪；实施合同工程量清单，承包商实时反馈现场实际工作量，业主实时掌握现场工程完成情况，工程量经过监理、业主审批，为合同支付及投资计划完成分析提供准确依据，主要包括基本信息、工程量清单、合同支付、合同分析等主要系统功能。

（6）施工管理　提供施工分包管理功能，承包商提报分包方案，通过建设单位审核并备案。提供施工报告、施工组织设计与施工方案的创建提交功能，实现包括开工报告、复工报告、施工组织设计、施工方案等内容的施工准备的跟踪和管理。提供工程量的填报审批、月度工程计划的填报审批、月度工程实施计划的说明和控制点，并自动出具统计报表。提供现场施工作业的申请、许可证的上报审批，实现现场施工许可的及时申报。

（7）资质资格管理　针对工程项目建设过程中，承包单位、设计单位、监理单位等参建单位，以及项目人员进行信息化管理。针对承包商资质信息管理，主要对提供工程项目管理服务的承包商持有的相应等级的工程监理、工程设计或施工总承包资质进行管理。以方便管理者审查在建服务商是否合格，是否是资源库里的正式资格成员。针对人员资格信息管理，主要是对承包商负责人、监理单位责任人个人的从业资质证书进行管理。

（8）文档管理　从工程过程管理的角度，保存和反映各个管理决策过程的记录，对工程全生命周期在各部门之间的工作界面交接过程，实现各阶段前后衔接协同作用，提高工程建设管理过程的风险可控性，全面细致地掌握各个工作内容任务的完成情况，记录各项工作决策会议的执行内容及情况。在项目结项阶段为项目总结和项目归档提供完整的项目过程文档。

### 2.9.4　应用效果

工程项目管理信息系统对工程项目信息进行数字化及网络存储，有利于参与建设各方（包括运行方）对项目信息的查询，加强参建各方的沟通与协调，实现项目管理目标；对工程信息的程序化处理提高了项目信息的准确性，提高了数据处理的效率，有利于建设项目文档管理，能提高执行过程中和最终交付文档的质量；随着信息的电子化及传输的网络化，对项目全生命周期管理理念的加强，也有利于运行方的管理，提高工程项目建设的真正全生命周期的经济价值。

石化类工程项目投资较大，动辄上千万，甚至数十亿元，因此资金管理尤为重要。工程量清单的建立有助于业主合同支付计划的确定，有利于项目投资的精细化管理，由此将节约大量的项目投资财务成本。以中国石化为例，石化行业工程项目管理的主要成效有以下几点。

（1）有利于工程进度款拨付和工程最终结算　采用工程量清单计价模式

后，有利于工程进度款的拨付和工程最终结算。系统根据施工企业完成的工程量，自动计算出进度款的拨付额。竣工后，根据设计变更、工程量的增减等，业主很容易地确定最终造价，能减少业主与施工单位之间的纠纷。

（2）有利于业主对投资的控制　采用施工图预算形式，业主对因设计变更、工程量增减所引起的造价变化不敏感，而采用工程量清单计价方式则对投资变化一目了然。在设计变更前，能实时知道对造价的影响，业主就能根据情况来决定是否变更或进行方案比较，决定最好的处理方法。

（3）有利于资质资格的统一管理　建立集团承包商资质资格信息库以后，承包商在集团内的工程业绩只要在资质资格数据库中一搜索便能知晓。同时，对承包商及人员的考核记录信息共享也有利于建立统一的考核机制，加强建设单位对承包商及人员的管理。

（4）有助于加强工程项目的标准化管理　基于企业及总部管理需求，建立一个统一的工程项目管理信息平台。将建立一套工程项目共享数据标准，在保证各企业个性化需求的同时，也满足了总部的管理需要，该标准的建立，有助于加强工程项目管理的标准化建设。

## 2.10　实时数据库系统

### 2.10.1　概述

在石化企业发展过程中，采用来自不同厂商的控制系统。每个系统只能采集或管理相应装置或设备在运行过程中产生的部分实时数据。就企业整体而言，缺乏统一的、完整的、企业级实时数据管理平台，以支持多装置多设备协调优化控制和生产管理实时决策优化。加上生产过程产生的数据有效期短、数据量大，传统的集散式控制系统和关系数据库技术并不能完全解决问题。因此，将实时数据处理技术与数据库技术结合，开发出了实时数据库系统，为企业信息化提供统一而完整的企业级实时数据库服务平台。进入21世纪，实时数据库系统越来越突显其重要性，已经成为企业信息化建设必不可少的一个重要基础平台。

通过实时数据库系统，企业经营管理决策层能够对生产过程进行实时动态监控与分析，随时掌握企业运行状况，及时发现问题并进行处理，从而降低生产成本，提高产品质量，对企业生产运行、成本核算、物料跟踪、质量管理等业务的持续改进具有重要意义。

### 2.10.2 系统架构

实时数据库系统架构如图2-16所示。

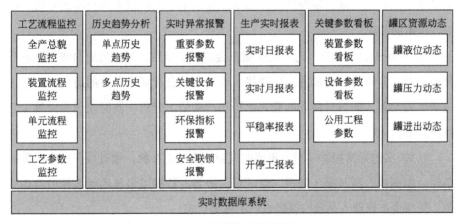

图 2-16　实时数据库系统架构图

系统架构主要特点如下。

（1）数据采集层　实时数据库通过提供与各类感知层系统的即时可用接口，通过与大多数控制系统（DCS、PLC、SCADA等）提供的工业标准OPC接口进行通信，以获取控制层的温度、压力、流量等生产过程数据。

（2）数据存储层　实时数据库通过一定的压缩处理算法对实时采集进入数据库中的过程数据进行长周期在线存储，可以支持数据存储多年，可根据查询的需求（频度、时间范围）调整存档文件的大小和数量，用户可以在线查询多年以前的所有历史数据，并可通过曲线分析工具进行调用查看。

（3）数据应用层　实时数据库系统提供流程图监控、历史趋势曲线分析、数据异常报警、实时报表等主要的上层数据应用，用户根据实时生产数据，对生产过程中出现的异常情况进行快速准确的分析、及时的响应、快速的决策。

### 2.10.3　主要模块

（1）工艺流程监控　以图形的方式实时展示企业现场工艺流程状态，涵盖流量、温度、压力、液位等重要工艺参数信息。通过工艺流程图导航、报警点展示及历史数据分析、工艺点历史信息分析、重要工艺参数汇总等功能，既满足了用户对生产现场情况的监控需求，又满足了用户对生产数据的分析、研究、决策的需求。

（2）历史趋势分析　对一些关键重要的工艺参数，通过历史曲线工具进行分析，可以分析单个参数的历史曲线，也可同时分析多个参数的历史曲线，可根据需要设置，通过对参数的变化趋势和波动情况分析，及时发现并排查工艺状况异常。

（3）实时异常报警　对于重要的关键生产工艺参数，通过设置异常报警的条件，如高报、高高报、低报、低低报，报警时数据或设备的状态标识自动变色，使得生产管理人员及时获知当前的报警状态。

（4）生产实时报表　实时数据库系统能够长周期存储DCS、PLC等控制系统的过程实时数据，并能有效管理实时数据和历史数据，基于Excel的实时数据分析工具，可以方便地读取实时或者指定时间段参数的历史数据，按特定的样式生成各类运行报表，也可生成各类分析图，同时也可根据需要进行定制化报表开发。

（5）关键参数看板　对装置或设备上的关键参数以表格看板方式集中展示，可以一目了然监控装置、设备的各种关键参数如温度、压力、流量、液位、开关等的实时数值及状态。

（6）罐区资源动态　实时监控储罐的液位、温度、压力、流量、开关等的实时动态，同时也展示储罐的罐高、安全罐容、设计罐容、设计制造时间等静态数据信息，掌握罐区动态情况。

## 2.10.4 应用效果

实时数据库系统，可以有效地解决生产数据存在的独立问题。利用实时数据库系统，向下能够对各个独立的工控系统进行数据收集，并且对上述数据进行长时间的存储，从而使其成为企业内长时间留存的历史数据库；向上能够为各种管理信息系统进行基础数据的传输，从而实现生产数据与管理数据的整合，从而深化规范化与精细化的深度，对企业实现安全、环保生产进行数据支撑，而且也为企业实现节能降耗提供信息支撑，进而为企业安全平稳生产提供基础保障。

## 参考文献

[1] 李德芳.全力推进"智能制造"与"互联网+"融合发展[N].中国石化报，2016-03-08(001).

[2] 蒋白桦，刘海龙.应急预案建模方法及其在石油化工行业的应用研究[J].中国安全生产科学技术，2012,8(05):69-75.

[3] 索寒生，蒋白桦.石化智能工厂探索与实践[J].信息技术与标准化，2018(11):20-26.

[4] 李德芳，蒋白桦，王宏安.石油化工行业生产执行系统应用研究[J].天津大学学报，2007(03):335-341.

[5] 李德芳，蒋白桦，索寒生，刘暄.石化企业能源优化系统设计与应用[J].化工学报，2016,67(01):285-293.

[6] 蒋白桦，索寒生.化工物流铁路运输节能策略研究[J].控制工程，2014,21(06):1018-1022.

[7] 黄德先，王京春，金以慧.过程控制系统[M].北京：清华大学出版社，2014.

[8] 李占英主编.分散控制系统（DCS）和现场总线控制系统（FCS）及其工程设计[M].北京：电子工业出版社，2015.

[9] 王常力，罗安.分布式控制系统（DCS）设计与应用实例[M].第3版.北京：电子工业出版社，2016.

[10] 王华忠，陈东青.工业控制系统及应用[M].北京：电子工业出版社，2017.

[11] 赵廉斌，梁建青，韩建强等. 西气东输二线东段管道SCADA系统运行［J］. 石油规划设计，2012,23（04）:47-49.

[12] 曹永乐. 基于西气东输管道SCADA系统的应用分析［J］. 自动化应用，2017（08）:64-66.

[13] 徐志强，迟彩云. 西气东输管道自动化系统设计［J］. 石油规划设计，2006（03）:13-16+51.

[14] S J Qin, Badgwell T A. A survey of Industrial Model Predictive Control Technology［J］. Control Eng Pract, 2003,11（7）:733-764.

[15] 黄德先，叶心宇，竺建敏等. 化工过程先进控制［M］. 北京：化学工业出版社，2006.

[16] 席裕庚. 预测控制［M］. 第2版. 北京：国防工业出版社，2013.

# 3 客户服务信息化

随着市场经济的不断发展,石化工业上下游市场的竞争与面临的挑战日益严峻。从客户需求出发,充分利用信息技术和先进理念,打造一流的客户服务能力是信息化工作的重中之重。通过信息化手段,将客户的生产方式、思维方式、经营模式等内容进行有效整合,提升客户服务能力迫在眉睫。

在面向客户方面,各行业在采购和销售环节从20世纪90年代末开始信息化建设。石化工业也同步开展了相关信息化工作,经过多年耕耘,信息化应用覆盖了采购电子商务、成品油销售、非油品销售、网上销售等主要业务,客户服务信息化为物资采购、加油站经营管理、非油品销售、化工产品销售等业务发展提供了有力支撑。典型的客户服务信息化业务框架如图3-1所示。

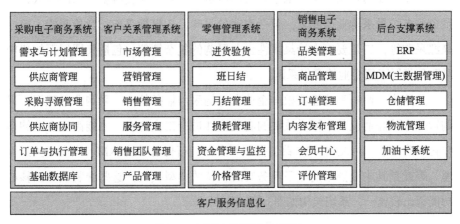

图3-1 客户服务信息化业务框架图

## 3.1 采购电子商务系统

### 3.1.1 概述

电子商务是20世纪信息化、网络化的产物，它是以现代信息技术手段进行商务活动的过程。与传统商务相比，电子商务实现了网络化交易、网络化经营、自动化商务，具有高效率、低成本、实时化、网络化等优势。电子商务经过多年的发展，可按照交易对象将电子商务划分为企业与消费者之间的电子商务（B2C）、企业与企业之间的电子商务（B2B）、消费者与消费者之间的电子商务（C2C）、企业与政府机构之间的电子商务（B2G）等主流电商模式，其中企业与企业间的采购电子商务化首先得到了广泛的应用。采购电子商务的应用打破了传统采购范围的束缚，使石化工业各企业的物资采购能够面向全球范围内的供应商直接询价，大幅降低物资价格，减少采购过程的人员费用开支，提高石化工业的物资采购效益[1]。并且将采购的全过程透明化、公开化，让企业与供应商客户更加紧密合作，实现双赢效果[2]。

### 3.1.2 系统架构

采购电子商务是通过信息化手段对企业的供应商、采购过程、采购结果进行全生命周期的管理。采购电子商务的特点：一是要能支持多种采购方式，满足企业多场景采购业务要求，包括询比价采购、招投标采购、竞价采购、单一来源采购等；二是要能支持集团性企业采购的复杂管理，包括集团层面的集中采购和集团下属企业的多级采购。

采购电子商务系统需要根据企业自身的采购业务特点、采购业务流程、采购管控方式等情况基于相对成熟的套装软件进行二次开发，才能满足企业的多样化采购要求。用友的NC（数值控制）套件、石化盈科的SRM（供应商关系管理）等就是其中成熟采购电子商务套装软件的典型代表，这些套装软件的核心功能都比较统一，系统架构如图3-2所示。

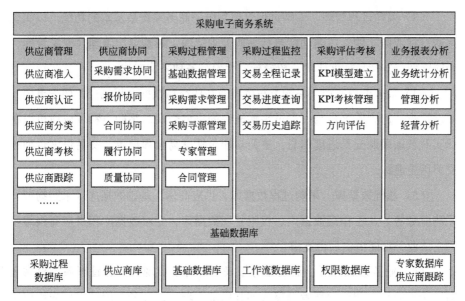

图 3-2　采购电子商务系统架构图

## 3.1.3　主要模块

采购电子商务系统的主要功能：一是供应商的全生命周期管理，包括供应商准入、供应商认证、供应商考核、供应商协同等内容；二是对采购的过程进行管理和监控，包括采购计划提报、采购方案制定、采购方案执行等内容。

（1）供应商管理　供应商管理是以供应商信息管理为核心，从供应商的基本信息、组织架构信息、联系信息、法律信息、财务信息和资质信息等多方面考察供应商的实力。主要包括供应商准入、供应商认证（供应商考察）、供应商分类、供应商考核、供应商退出、供应商关系管理、供应商跟踪等。通过以上管理功能以实现采购方对供应商的日常管理功能。

（2）供应商协同　供应商协同，实现供应商与采购企业的高度协同，提高企业与供应商的作业效率。通过供应商与企业建立伙伴关系，针对生产和市场的变化，敏捷应对、随需而动，构建企业具有竞争力的供应链体系。主要包括采购需求协同、报价协同、合同协同、履行协同、质量协同等。通过以上功能架起采购方与供应商之间的桥梁，以实现在线协同。

（3）采购过程管理　采购过程管理是电子商务系统最基本的功能，以实现采购日常业务功能。主要功能包括采购需求管理、采购寻源管理、专家管理、合同管理，支持包括询比价、招投标、竞价等多种采购方式。

（4）采购过程监控　采购方与供应商在线交易数据全程记录，便于事中、事后检查，起到监督作用。通过采购流程的进度查询，采购员和供应商可以在线实时获取采购交易进度信息，主要功能包括交易全程记录、交易进度查询和交易历史追踪。

（5）基础数据库　采购过程数据库、供应商库、基础数据库（采购物资、采购参数等）、工作流数据库、权限管理数据库、专家数据库和供应商跟踪等为上述业务功能提供后台支撑。

（6）业务报表分析　通过业务报表分析可以实现供应链管理系统日常业务的统计分析，便于管理者调整及加强内部管理。统计分析的结果可为用户制定发展计划、管理模式、经营决策等提供重要依据。主要功能包括业务统计分析、管理分析和经营分析等。

### 3.1.4　应用效果

（1）支撑采购管理变革　采购电子商务通过规范采购行为、采购市场，建立良好的经济环境和社会环境，大大减少采购过程的随意性，满足企业即时化生产和柔性化制造的需要，缩短采购周期，使生产企业由"为库存而采购"转变为"为订单而采购"。为了满足不断变化的市场需求，企业必须具有针对市场变化的快速反应能力，通过采购电子商务系统可以快速收集用户订单信息，合理安排生产计划，根据生产需求进行透明的物资采购或补发，及时响应用户需求，降低库存，有效提高库存周转率。1995年以来，中国石化大力推进集中统一的物资采购管理体制机制建设。2000年采购电子商务系统投用以后，物资采购管理改革步伐显著加快。物资采购管理信息化建设，有效地规范了各直属企业的采购组织架构和业务操作流程。

（2）提高采购工作效率　通过物资采购电子商务平台，企业的采购部门可以跨地区、跨企业、跨项目最大限度地集合物资需求，形成批量采购，与供应商达成一揽子框架协议,减少简单重复的询价比价,把采购人员从烦琐的业务中解放出来,转向市场研究、成本分析等策略型工作。利用平台规范化的采购流程,将供需资源全部线上公布,通过质比多家、价比多家、服务比多家形式,快速选择优质供应商,达成交易意向,同时全程线上交易实现了无纸化办公,大大提高了企业采购效率。

(3)降低运营成本　1999年以来,跨国公司陆续把发展物资采购电子商务工作列入了企业战略发展目标。英美联合石油、埃克森美孚等14家国际石油公司联合组建了一个全球性的电子商务采购平台,以消除物资采购的供应链管理方面的低效率影响。国内石油化工行业的中国石油、中国石化、中国海油都实施了网上采购,并取得了明显的经济效益。目前,通过电子商务建立全球采购系统,联结国内外资源市场,已成为标准化的商业行为。以中国石化为例,"十二五"期间,通过采购电子商务累计采购物资1.1万亿元,节约采购资金超过500亿元,"十二五"末中国石化物资库存规模、积压物资金额分别降低了31%和68%,库存结构得到持续优化。

(4)实现采购成果共享　中国石化以物资采购电子商务平台为抓手,将其成熟的物资采购管理体系、管理优势和电子商务建设运营经验转化为市场价值,营造出以中国石化为核心,社会采购商、供应商、物流商、第三方服务商、金融机构以及个人消费者共同参与的采购电子商务生态圈,实现了采购成果的社会共享。

## 3.2　客户关系管理系统

### 3.2.1　概述

客户关系管理(customer relationship management, CRM)系统是企业为提高核心竞争力,利用相应的信息技术以及互联网技术协调企业与客户在销售、营销和服务上的交互,向客户提供创新式的个性化客户交互和服务的过程[3]。其最终目标在于吸引新客户、保留老客户以及将已有客户转为忠实客户,从而扩大市场销售规模。经过多年的快速发展和丰富，CRM成为先进客户管理理念的代名词，产生了一些具有代表性的客户关系管理系统，服务于企业经营管理。通过加强业务流程的管理，企业可以提升销售业绩、缩短销售周期、降低销售成本；通过提供更快速和周到的优质服务，企业可以吸引和保持更多的客户，典型的CRM厂商包括微软、SAP、用友、金蝶等。

CRM系统作为一种先进管理理念的体现，关注客户关系维系和效率提升，能够极大地改善企业在市场营销、产品销售、客户服务与技术支持等业务领域与客户之间的关系和互动。随着移动应用、人工智能等先进技术的兴起与成熟以及在CRM系统中的成功应用，使企业在市场开拓、销售业务管理、客户维系与服务等方面更加有效和便捷。CRM系统在企业的应用，并不是孤立存在的，需要与ERP系统、供应链物流系统、合同管理系统等紧密集成，实现数据集成共享，从而大幅提升业务处理能力及沟通效率。

### 3.2.2 系统架构

一般认为，CRM系统是企业销售业务向市场延伸的触手，用户将CRM系统作为企业销售前端业务处理的管理系统，将ERP系统作为后端支撑系统，并与企业其他专业化系统紧密集成，共同服务于企业经营管理。在云计算、大数据等技术兴起之前，成熟的CRM系统主要以套装软件为主，面向不同行业提供不同的解决方案。CRM系统架构如图3-3所示。

CRM系统是以客户为中心经营理念的重要支撑，成熟而有效的CRM系统应具有如下特点。

（1）面向客户的应用　将销售行为和服务通过信息技术手段延伸到客户，建立起与客户间的良性互动，帮助客户解决重要而紧急的诉求，同时抓取市场信息，促进市场信息向企业的快速传递。

（2）面向不同岗位的应用　针对企业内部来自不同部门的不同岗位，能够快速地建立起面向不同岗位人员的应用，满足业务处理要求，并且能够体现其业务特点，为业务管理、数据流转等提供有效支撑。

（3）可操作性、易用性、可扩展性　能够为操作者提供方便快捷、简洁明

图 3-3　CRM 系统架构图

了的操作界面和体验，提升业务处理效率。CRM提供标准规范、快速响应企业常规业务处理的调整，并具备二次开发和接口开放能力。

### 3.2.3　主要模块

CRM系统贯穿企业销售业务售前、售中及售后管理的各个环节，主要包括基础数据管理、市场管理、营销管理、销售管理、服务管理、销售团队管理、统计与分析等功能模块。

（1）基础数据管理　涵盖客户、产品、员工等基础数据的管理，其中客户管理是核心重点，通过建立标准化客户模型，实现客户全生命周期管理，为每个客户建立具有其特点的画像，满足客户精细化管理的要求。

（2）市场管理　加强市场信息获取渠道的管理，关注市场变化及竞争对手和产品的最新动态。主要包括市场信息收集、市场调查、竞争管理、线索管理等功能。

（3）营销管理　管理和分析目标客户群体，帮助市场营销人员进行精确的市场投放，跟踪和分析每一次营销活动，形成对所有营销活动的管理和分析。主要包括预算管理、营销项目管理、费用申请管理、执行项目管理、费用分摊管理等功能。

（4）销售管理　主要是销售过程的管理，提供便捷的业务处理功能，支撑计划销售、竞价销售等多种销售模式，与ERP等系统紧密集成，实现从客户采购需求的提出到企业内部销售业务处理的全过程管理和监控，帮助企业缩短销售周期，提高成单率，提升盈利能力。主要包括商机管理、采购需求管理、销售计划管理、销售合同管理、销售订单管理、订单跟踪管理等功能。

（5）服务管理　提供多样性的沟通渠道，及时获取客户的问题及历史问题记录，快速响应客户，并提供针对性的解决方案，提高客户满意度及忠诚度，提升企业形象。主要包括工单管理、客户回访、客户投诉、知识库管理、外呼管理、座席管理等功能。

（6）销售团队管理　利用信息化手段，提升销售团队业务能力，注重事务的处理效率。主要包括工作计划、行销日志、行销活动等功能。

（7）统计与分析　根据不同业务对象和管理要求进行多维度多角度的分析，发现和挖掘客户价值，优化和完善业务处理过程，促进企业经营管理效率的提升。主要包括客户分析、需求分析、销售统计、营销分析、市场分析、服务分析等功能。

### 3.2.4　应用效果

面对愈来愈激烈的市场竞争、复杂的市场环境，CRM系统帮助企业加强客户管理、提高市场响应速度、提升业务处理能力和客户服务水平，从而缩短销售周期、降低销售成本、提升销售收入、提高客户满意度和忠诚度，全面提升企业竞争力。主要体现在以下几个方面。

（1）规范客户管理，最大化客户价值　集中收集客户各类信息，规避客户信息管理分散、利用率不高的问题，加强客户资源公有化管理，综合利用客户相关信息，服务企业经营管理，发挥整体优势。同时，加强客户全生命周期的管理，综合评估客户价值，加强价值客户的开发和维系。

（2）提高运行效率和客户满意度　客户完成网上采购只需几个简单步骤，借助互联网可以随时随地采购。在收款、订单下达、客户准入、产品发运等环节进行管理创新，提高业务运行效率，改善客户体验。以中国石化化工销售为例，通过实施CRM管理，订单下达效率提高近40倍。

（3）强化过程管理，提高销售水平　系统化、规范化地管理销售经理的行销日志、行销活动，在加快信息传递的同时，便于区域经理查找自己已经完成的工作。另外，便于业务管理人员及时了解企业及市场变化、区域经理与客户的沟通情况后给予监督、指导和管理。工作日历采用可视化的方式，显示区域经理的工作安排，便于区域经理清楚地了解自己现在和未来的工作安排。同时，也便于管理者可以直观地了解下属的工作安排，提升管理精细化。

（4）降低营销成本，提升营销水平　加强对营销的统一管理，提高营销政策的灵活性和营销活动的针对性，加强营销活动评估和考核，提升整体营销水平。以中国石化润滑油公司为例，润滑油CRM系统的应用，实现年节约营销费用约5%。

（5）多渠道提升客户服务能力　拓展客户服务渠道，充分利用网络、电话、短信等多种现代化便捷工具，提升客户服务水平，提高客户满意度。

## 3.3　加油卡系统

### 3.3.1　概述

成品油销售是整个石化工业链条中的最后一环，也是最重要的一环，是实现整个行业价值链条的关键所在。为满足客户需求、提高员工工作效率，成品油销售企业从2001年开始建设自有加油卡系统，系统以加油IC（集成电路）卡为介质，将油站管理与客户服务融为一体，成为销售企业的重要业务支撑系统。加油卡系统在石化工业的应用主要集中在中国石化、中国石油、中国海油等大型油品销售企业。加油卡系统的设计需要综合考虑行业的特征，并且要考虑企业利益、客户需求，通过技术创新驱动业务发展，支撑油品零售业务朝着稳定、规范化运行[4]。

### 3.3.2 系统架构

目前行业内主流的加油IC卡系统，一般都建设较早，限于当时的网络环境差和设备技术条件低，系统普遍采用分区域运行模式，以区域公司为中心部署服务器，采用C/S软件结构，在集团总部建设全国加油卡管理总中心，负责加油卡异地交易数据的交换和资金结算。加油IC卡系统架构如图3-4所示。

图3-4 加油IC卡系统架构图

加油IC卡系统的核心特点是跨平台、跨地区，既有联机交易，又有脱机交易，是基于网络和大型关系数据库的实时分布式系统[5]。

（1）采用服务器分散部署模式　由于加油站分布在全国各地，网络条件差异较大，为了保障系统的稳定运行，加油卡系统通过分区域署的模式提高了系统运行的可靠性，遍布全国的加油站在每日上午几乎同时进行下载黑名单和灰名单以及上传油站销售日报、交易明细等数据，未影响发卡、充值、圈存等业务开展。

（2）系统运行可靠性高　在加油卡系统建设之初，系统的设计普遍以满足5年的业务增长为前提，截至2019年，三大石油销售企业的加油IC卡系统都已平稳运行了10年以上。加油卡消费采用脱机交易，使用卡机联动加油机或卡机连接加油机；发卡、充值采用联机交易、黑名单和灰名单设计机制；油站班日结时生成班日报和交易明细打包上传机制等有效保证了交易数据安全，保护了客户利益，满足企业的管理要求。

### 3.3.3　主要模块

加油IC卡系统分为加油卡管理中心、密钥管理系统、加油站管控系统、发卡充值系统、自助业务系统、客户服务系统等子系统。

（1）加油卡管理中心　负责加油卡的发卡、充值、数据存储、交易清算和账务结算等后台管理业务，是加油IC卡系统的核心。加油卡管理中心包括分中心交易系统和中心账务管理系统。中心交易系统支持大量的并发交易，保证交易数据的完整性和一致性，交易中间件通过两阶段所提交的技术管理对数据库的访问，在加油站与分级数据中心、地级前置系统与分级数据中心之间通过交易中间件进行联机事务处理；中心账务管理系统负责对收到油站上传的加油交易信息进行校验和分拣、清算处理，生成各级分公司的加油卡加油统计信息和其他管理中心所发加油卡的异地交易信息，并将异地交易信息上传到总中心进行异地清分。各分公司根据接总中心清分后的本管理中心异地交易信息，对管理中心用户的加油卡账户进行扣款处理，进行账务处理和结算。对于本中心产生的黑、灰名单，将定时上送至全国管理总中心。

（2）密钥管理系统　密钥管理业务采用两级密钥管理体制，即全国密钥管理总中心和各密钥管理分中心，由全国密钥管理总中心产生加油消费密钥，通过安全通道直接传递给各密钥管理分中心，使得加油消费密钥安全共享，实现加油卡的跨省异地交易功能；密钥管理分中心产生该分中心的专有密钥，如圈存密钥。

（3）加油站管控系统　该子系统主要完成主数据下载、与加油卡管理中心和油机的数据通信等功能。包括油机监控、价格管理、班日结管理、员工管理、油品调节、加油站设备及配置管理等。

（4）发卡充值系统　发卡充值系统完成面向客户的柜台服务，包括开户发卡、收款充值、客户服务、账务处理、卡片物流、权限管理等模块。完成诸如开户发卡、预收款、圈存、挂失补卡、清户、信息维护等客户服务功能，实现从白卡入库、移库到卡片发售的全流程管理，网点班日结及报表查询、统计分析等内部管理功能。

（5）自助业务系统　在油站自助收银系统（POS）和自助柜机两种设备上部署常用加油卡功能，支持发卡、充值、发票业务等客户一站式服务，支持多元化主流支付方式，如微信、银行卡、充值卡等。

（6）客户服务系统　客户服务系统通过与加油IC卡系统的有机结合，通过加油IC卡的额度预分配、查询余额和挂失服务，来满足客户不同层次、个性化与多样化的业务需求，发展客户、维持客户、使潜在客户成为现实客户。

### 3.3.4　应用效果

油品销售企业通过推出加油IC卡取代了现金、油票等传统的结算方式，实现了电子支付和交易储值的自动化。中国石化加油IC卡系统自2002年正式上线，已经平稳运行18年，是国内首家大规模商业应用IC卡交易模式的预付费卡。推广17年以来，在营发卡充值网点达到2.4万个，在营联网站达到3万座，构成了一张覆盖全国各地的加油卡服务网络。目前是全国运行时间最长、发卡量最多、服务客户最多的行业卡系统。加油IC卡的出现，是油品零售行业的一次重大变革，在更好地为用户提供服务的同时，也提升了油品销售企业的经济、管理效益。

（1）系统为客户提供了高质量的服务　加油IC卡可在IC卡联网加油站使

用，插卡加油即显示用户名和余额、电脑加油、挂枪即停、自动扣款弹卡、避免接触现金及找零的麻烦，方便快捷，用户可免费得到详细的加油交易记录。车辆较多的客户还可以通过主副卡对车辆进行管理，分配加油额度、查询每张卡的交易信息、添加多种限制信息等，协助客户管理车辆用油情况、单车百公里油耗等，帮客户节约了用油费用。

（2）提升了企业的经济效益　通过销售和引导客户使用加油卡，既稳定了油品销量，又节约了财务费用。油品销售企业还通过加油卡油非互动、加油送会员积分兑换礼品等营销活动，增加了非油品销售收入。

（3）提升了企业的油品零售管理水平　以IC卡取代传统的油票、预收账款等结算方式，实现了加油款的电子支付、交易数据的自动采集和油品价格的自动下发，方便了管理人员的查询与统计，为领导决策提供了准确的数据支撑。管理人员还可以通过交易数据分析客户的用油量和消费习惯等，对客户采取有针对性的营销措施。以中国石化为例，客户充值或消费后统一开发票，持卡加油完毕可以立即离场，减少了因去营业室开发票而车辆占用加油车位的时间（每车平均减少1.5min以上），提高了加油员的工作效率，减少了现金收取频率，同时也减少了找零和假钞问题。同时，部分加油站开展自助加油优惠活动，鼓励持卡客户自己动手加油，单站可减少1~3名加油员，每年可节约劳务费5万元以上。

## 3.4　零售管理系统

### 3.4.1　概述

零售管理系统用来管理油站的进货、交接班和日结报表，为财务和零售部门提供准确销售数据、库存数据和资金数据。同时，零售管理系统纳入油品价格管理、安全管理、设备管理、数据质量管理等内容，成为油品销售企业的全面业务支撑系统和数据源头。

在没有信息化系统时，员工都是手工制作报表，容易出现数据错误和泵码交接作弊问题。在油品发货、运输和进站时，都会对加油站零售体积造成一定的损耗，有些是客观的影响因素，有些则是人为造成，导致出现管理风险[6]。零售管理信息系统在石油化工行业主要以成品油零售管理业务的信息化为主线，以提升零售业务精细化管理水平为目的，服务于销售企业各级分子公司的专业级零售业务管理，通过与加油卡、物流、ERP等系统紧密集成，实现数据共享，同时实现资金、数量与质量、员工、设备、安全、服务、油站改造、管理台账等基础管理功能，覆盖零售管理业务各个环节，全面支撑销售企业零售经营管理业务、基础管理业务及统计分析决策。

对于经营范围覆盖全国的大型销售企业，零售管理系统在经营管理层面还要包括部门的内部办公、计划控制、业务监管、统计分析等管理功能，通过打通各管理层级的垂直管理，实现集团总部和下属单位的上下联动管理及快速决策响应。

### 3.4.2 系统架构

石油化工行业的零售管理业务系统，通常支撑全国范围的大型集团型企业，为了适应大型集团的经营管理要求，大体可分为集团总部、省市（地市、片区）、站级三层架构来管理。零售管理系统架构如图3-5所示。

零售管理系统是与加油站经营密切相关的系统，不同的石化企业对油品零

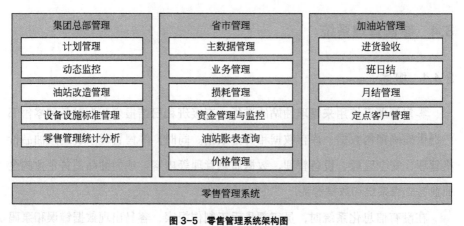

图 3-5　零售管理系统架构图

售的管理方式不一，因此，不同企业的零售管理系统具备各自的业务特点。油品零管系统架构最重要的任务是支撑站级经营数据的采集，其次是将已采集的经营数据进行整理、汇总，逐层上送，方便上级公司灵活掌握下级分子公司以及单站的经营情况。零售管理系统都有一个共同的特点，以经营数据处理、传输作为系统设计的重点，通过加油站、省市（地市、片区）到总部多级分层管理和审核，保证经营数据的准确性和及时性。

### 3.4.3 主要模块

零售管理系统可以分为集团总部管理、省市管理和加油站管理三级管理功能。

（1）集团总部管理功能 集团总部管理功能包括计划管理、动态监控、油站改造管理、设备设施标准管理和零售管理统计分析5大功能。集团总部可为各下级部门制定年度、月度的汽油、柴油销售计划。各省市的安全隐患、异常事件、培训及演练、原发及接卸等业务数据定期被集团总部系统抽取并以图表的方式展现，供集团总部管理人员进行对比及分析。集团总部可对加油站的改造、设备维护进行统一管理，并通过报表分析，实现对进销量、价格、加油站定点客户及网点情况进行深入分析，加强对加油站零售经营业务的跟踪，为经营决策提供依据。

（2）省市管理功能 省市管理功能包括主数据管理、业务管理、损耗管理、资金管理与监控、油站账表查询、价格管理等主要功能。加油站数据每日上报，省市相关部门要对加油站数据上报情况进行检查、监控、统计；加强加油站损耗情况分析，包括损耗量分析、损耗比重分析、超耗情况分析、损耗情况排名，并对油站损耗数据进行核销审核处理；实现对加油站现金收入、营业款上缴、到账情况的查询与统计，并对油站上缴资金情况进行确认与审核操作，通过资金上缴检查功能，对油站上缴资金情况进行综合检查；根据国家政策与市场行情，对不同区域的加油站实现不同的价格调整与控制，同时要支持特殊时期、特殊区域的价格区分。

（3）加油站管理功能 加油站管理功能包括进货验收，班日结、月结管理、定点客户管理等主要功能。针对加油站配送进货、代存代付进货、小额配送进货、站间移库进货、站间移库出库等进货进行验收；处理加油站每班经营数据汇总，产生班报表；从班交接中汇总加油站每日经营数据，产生日报并记账；计算加油站当月库存的进货、销售、上期罐存、本期结存、核销损耗、实际库存数量，计算当月损耗及损耗率，生成加油站商品月盘点表。

### 3.4.4 应用效果

（1）规范油品零售的整体业务流程　油品销售企业全面推广零售管理系统后，规范了零售业务管理的标准及流程，改变了手工报数汇总的业务模式，实现对零售整体业务的全面支撑，实现零售业务从事后管理向事前事中控制的转化，提升了零售业务整体管理与分析水平，搭建了跨加油站、省市企业、集团总部多级层次上下一体的信息化高效管理平台，提高了安全隐患、异常事件、未遂事故的响应及处置；强化了油站改造进度及费用使用情况动态监督；提升了加油站上缴资金与维修费用及时监管、油站超耗情况自动预警监管水平；保障了督查工作线上有据可查，进而使油品销售企业加油站管理水平迈上新的台阶。

（2）提高劳动效率，节约人工成本　零售管理信息系统的应用，使企业各级管理者的管理理念和职能发生了转变，取消了专职记账员岗位，员工效率低、劳动强度大等问题得到了明显缓解。以中国石化加油站记账岗位为例，劳动强度大幅降低，劳动工时明显缩短，平均单站单日记账节约工时1.6h，按3万座加油站计算，一年可节约工时1752万小时，按照加班工时费用15元/h计算，全销售企业预计每年可相对节约2.6亿元人工成本；实现加油站账表电子化后，减少了手工账表的填制，加油站手工台账从64种减少到13种，重复统计工作降低80%[7]。

（3）实现数据的自动采集和汇总　通过信息多部门共享，不再多头重复采集，既保证了数据的准确性，又提高了管理部门的工作效率。如物流部门每日根据各站销售数据和实际库存，自动生成各油站配送计划，准确及时，保障了加油站油料的稳定供给。

## 3.5 非油品销售管理系统

### 3.5.1 概述

随着成品油经营日趋同质化和薄利化，发展非油品业务已成为国内外石油公司转变经营模式、创造新的效益增长点、实现可持续发展的必由之路[8]。欧美国家加油站几乎都有便利店，很多加油站的非油品业务甚至超过油品零售业务[9]。近年来，随着我国汽车保有量的快速增长，加油站非油品服务需求日趋旺盛，销售企业不断增加产品和服务，非油品营业收入实现较快增长。发展非油品业务不仅符合加油站发展趋势，为加油站带来新的利润和效益，提升企业品牌和市场竞争力，而且对于方便消费、扩大内需、增加就业、提升土地和设施综合利用率都具有十分重要的意义。

随着非油品业务的迅猛发展，油品销售企业的便利店网络已基本形成，便利店管理逐步精细化，对非油品管理系统的要求逐步提高。2008年至今，根据非油品业务发展需要，油品销售企业先后完成了便利店连锁经营管理系统、非油品业务经营管理系统、经营分析等系统的建设，逐步实现对便利店经营的进、销、存、价、退、配等经营管理业务的全面覆盖，对非油品的经营管理和经营分析决策起到支撑作用。经过近几年的不断发展，中国石化、中国石油两大石油企业油品零售业务衍生和带动的经济活动层出不穷，已逐渐形成"加油站经济"现象[10]。

### 3.5.2 系统架构

油品零售和非油品销售共同组成相互促进的企业销售管理业务，两类业务具有相似的系统架构，部分基础功能可以共用，部分业务功能存在管理差异。非油品销售管理系统架构如图3-6所示。

从系统架构来看，为了适应大型集团的经营管理要求，一般分为集团总部、省市（地市、片区）企业、站级三层架构来管理，服务器部署在省市企业，采用C/S软件架构，经营数据汇总到集团总部服务器。

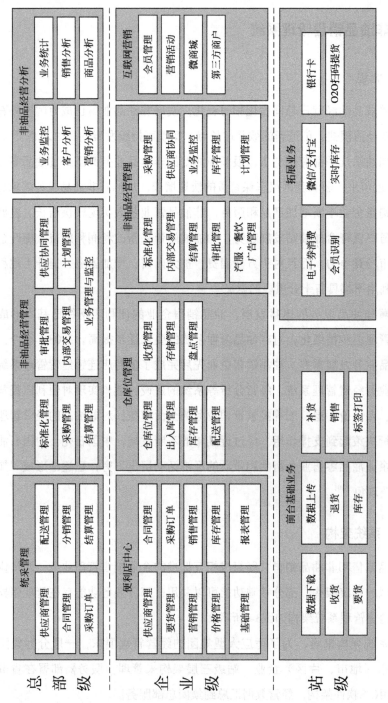

图 3-6 非油品销售管理系统架构图

从业务运营层面来看，与油品销售区分，需要建立不同的业务子系统支撑多种类型的业务，实现专业经营，更好地促进非油品销售业务开展。其中会员服务、基础管理、综合查询、历史数据管理等与油品零售有共同特点，可以共用一套管理系统；其余具有业务管理差异的部分需建立相应的子系统给予支撑。

### 3.5.3 主要模块

非油品业务从管理角度讲，重点以企业采购管理和供应商管理为主，从经营角度讲，重点是经销管理与商品管理，基础管理贯穿整个系统建设，包括主数据管理、组织机构管理、网点管理、审批管理等。

从集团总部管理层面来看，非油品业务经营管理系统的建设功能包括采购管理、供应商协同、商品管理、经销管理、业务管理与监控、库存管理、定价与营销、会员管理以及基础信息管理等。

（1）采购管理　非油品商品采购权限自上而下分为集团总部、省（市）公司两级，地市纳入省级公司采购管理，不再单独作为采购层级管理。集团总部管理可控制各省级公司采购业务，不允许便利店自行引进供应商。列入上级单位采购目录的商品，下级单位未经批准不得自行采购。通过建立采购管理模块，将便利店采购、省级采购、集团公司内部企业采购业务进行统一管理，实现采购业务流程与业务单据统一规范和操作。采购业务流程及数据要符合集团内审要求，具备重要业务的内部流程审核机制。通过完整的采购体系，促进非油商品采购业务开展。

（2）供应商协同　对供应商进行统一管理，建立供应商档案信息，增加供应商的引入、信息变更、供应商废除业务操作管理及审批。通过供应商协同模块改变企业与供应商传统的交流与沟通模式，供应商可以在线维护商品基础信息，企业可以查看供应商发布的基础信息。实现供应商对采购业务单据的查询与确认，供应商反馈信息及时回传企业，便于企业进行业务操作。实现供应商对配送商品的库存、销售等数据的查询。

（3）商品管理　实现对商品的引入、信息变更、商品下架业务操作管理，实现业务流程在线审批，增加内控点，实现与便利店系统数据集成。

（4）经销管理　经销管理主要负责非油品的营销业务，包括销售合同、订单管理、退换货、预收款管理、发票管理、要货管理、付款处理等功能。

（5）业务管理与监控　实现集团总部非油品管理人员在采购管理模块中对某一商品价格范围的限定，对制定的商品采购价格范围进行查询，对设置采购价格范围的商品进行监控，如有价格异常，及时预警，此类采购订单审核不予通过。

（6）重点商品管理　在商品管理、采购管理以及经销管理有效协同的基础上，对重点商品进行特殊管理，包括重点商品定价、重点商品政策、重点商品促销任务闭环处理等功能，是对经销管理的有效补充。

### 3.5.4　应用效果

在油品销售的核心业务基础上，通过对非油品业务经营管理系统的建设，逐步建立非油品管理体系，提高非油品经营管理水平，推进非油品业务健康、高效发展，在油品销售企业取得了显著的成果。

（1）规范业务流程，规避管理风险　通过非油品销售系统加强采购业务流程与操作规范，增强对下级企业的采购过程管理，促进采购信息透明，确保商品质量，提升安全防范，规避管理风险。

（2）提高员工工作效率　减轻了员工的工作强度，提高了数据准确度。企业管理人员可以随时在系统中查找所需数据和报表，简便高效；油站便利店人员通过系统开展日常业务，节约了工作时间，提高了工作效率，也有效地规避了人为错误。

（3）降低运营成本　通过非油品销售系统加强了便利店、中央仓和供应商的信息沟通与互动，进一步改善供需关系，确保采购业务顺利开展，为建立长期稳定的合作伙伴关系打下基础。通过企业和供应商之间的工作协同，解决企业和供应商之间在采购订货、送货、对账和结算之间的相互协同，优化业务流程，从而降低企业运营成本。

（4）提高企业经营效益　随着非油品经营全面开展，经营力度不断加大，服务营销手段进一步加强，提升用户体验的同时，非油品销售营业额大幅度提升，为销售企业创造了经营利润。以中国石化为例，非油品业务从2007年起步，交易额约10亿元左右，到2020年，非油品交易额达809亿元，实现利润37.5亿元。

## 3.6 网上销售服务系统

### 3.6.1 概述

网上销售服务系统以网络为载体将商品介绍、规格包装、运输要求等信息清晰地呈现给客户[11]，使交易行为突破时间和空间的束缚，为客户提供高质量、便捷的购买体验和服务。在石油化工行业，中国石化、中国石油销售公司通过建设网上销售服务系统，帮助企业降低库存和销售成本，同时也开拓新的商品销售模式。

石油化工企业通过实施各种网上销售手段，扩大化工企业网站知名度和影响力，以实现企业形象宣传、产品展示、企业品牌传播等目的。基于石油化工行业生产能力和产量基数较大、市场潜力大等特点，通过打造精细化网上销售服务，拓宽销售渠道，进一步提升产品销量，提高企业利润。

### 3.6.2 系统架构

网上销售作为一种新的销售模式，正以其成本低、信息量大、传播范围广、速度快、无时间地域限制、形象生动、可双向交流、反馈迅速等特点显示出传统销售无法比拟的优越性。网上销售作为传统工业经济向数字经济转变的必然产物，已经开始影响企业的经营发展。网上销售服务系统架构如图3-7所示。

### 3.6.3 主要模块

（1）会员管理　会员管理模块按照统一网络销售服务系统的准则进行管理客户，满足销售业务需求。会员准入管理的建设内容主要包括会员注册、信息审核、信息修改、身份认证等功能。

（2）商品管理　实现商品目录、商品详情、商品主数据及商品上下架管理；基于销售策略，运营中心对首页的商品目录统筹布局；卖家中心管理各自

| 供应商 | | | 会员用户 | | | 运营管理员 | | |
|---|---|---|---|---|---|---|---|---|
| 会员管理 | 商品管理 | 商品展示 | 订单管理 | 评价管理 | 服务中心 | 内容管理 | 运营管理 | |
| 会员注册 | 分类管理 | 目录出样 | 购物车 | 供应商评价 | 咨询处理 | 栏目管理 | 网站运营 | |
| 资料变更 | 商品管理 | 商品展示 | 价格计算 | 商品评价 | 投诉处理 | 模版管理 | 产品运营 | |
| 积分查询 | 上架管理 | 商品介绍 | 支付处理 | 订单评价 | 缺货登记 | 资源管理 | 运营指标 | |
| 积分兑换 | 商品资料 | 商品比较 | 商品促销 | 服务评价 | 物流跟踪 | 内容管理 | 运营组织 | |
| 服务订阅 | 商品归档 | 商品评论 | 商品组合 | 评价标准 | 纠纷处理 | 内容发布管理 | 运营人员 | |
| 咨询服务 | 商品分析 | 商品搜索 | 套购优惠 | 评价分析 | 意见建议 | 日志管理 | 运营分析 | |
| 基础数据管理 | 用户管理 | | 权限管理 | 目录管理 | 库存管理 | 产品管理 | 岗位管理 | …… |

图 3-7 网上销售服务系统架构图

卖场的商品目录、商品主数据、商品图片、产品简介、商品上下架维护、上架审批等功能。

（3）订单管理　主要包括客户购买商品时，将商品加入购物车，之后进行支付结算，完成后可查看订单，如有信息变更时，可对订单进行变更、确认等；运营管理人员同时也可对异常订单进行处理。

（4）评价管理　主要针对供应商、商品、订单进行评价，运营管理人员可对服务评价、做报表分析。

（5）服务中心　对客户的咨询、投诉的问题进行处理，平台商品缺货登记，对已发货的商品利用全球定位系统（GPS）进行物流跟踪定位，解决买家卖家间的纠纷问题等。

（6）内容管理　提供配置化的工具，动态调整网站首页布局、内容等，包括模板管理、栏目管理、资源管理、内容管理、内容发布权限管理、内容审核流程管理、内容日志管理等。

（7）运营管理　主要为平台管理人员提供网站运营的实际情况、产品运营的实际情况等，并通过各项运营分析数据指标，对平台进行持续改进及优化。

### 3.6.4 应用效果

通过构建符合企业自身业务特点的网上销售系统，增加了客户的参与度，缩短了交易环节，提升了业务处理效率，同时也提高了企业的管理效率。

（1）实现了销售模式创新　通过网上销售服务系统实现了石油化工行业销售模式的创新，在原来的销售计划、销售模式外，增加了现货的网上销售模式，从原来的客户经理开单转换为由客户自主开单，通过开单自主化，提升了销售效率，降低了销售成本。以中国石化化工销售有限公司为例，客户自主开单占比达80%以上，极大地减轻了客户经理开单工作量。

（2）降低了客户准入门槛　简化了客户的准入流程，降低了客户的准入门槛，由审批制改为注册制，扩大销售规模，吸引更多的客户通过网上销售服务系统加入购买阵营中来。

（3）提高了工作效率　客户完成网上购买只需几个简单步骤，借助互联网可以随时随地购买。在收款、订单下达、客户准入、产品发运等环节进行了管理创新，提高了运行效率和客户满意度，改善了客户体验。

## 参考文献

［1］顾云杰.电子商务在石油企业物资采购中的应用［J］.经济管理（全文版），2017（3）:1-2.
［2］渠沛然.石油化工电子商务发展风生水起［N］.中国能源报，2017-2-20.
［3］刘谦,朱锁,周柚.基于CRM的主动服务和精准营销［J］.信息通信，2016,10:255-256.
［4］张宁,宋亮.论信息化集成技术在加油卡领域中的应用［J］.石化技术，2018,8:33-36.
［5］郝昌泽.加油卡系统软件项目的质量管理［C］//电工理论与新技术2004年学术研讨会论文集.北京：中国电工技术学会，2004:191-192.
［6］杨正斌,杨毅.降低加油站零售体积损耗方法浅析［J］.中外企业家期刊，2018,03:66-69.
［7］王祖晖.中国石油加油站零售管理系统运营研究［J］.哈尔滨工程大学期刊，2018:63-73.
［8］余皎.中国非油品业务发展阶段及环境研究［J］.当代石油石化，2016,06:32-33.
［9］陈昌伟.加油站非油品业务的现状分析与对策［J］.上海商业，2011,05:44-46.
［10］李月清.非油业务实现跨越式发展［J］.中国石油企业，2016,12:59-60.
［11］李晶晶.网络营销的应用问题研究［J］.科技与企业，2013,10:120.

# 4 信息化基础设施

信息化基础设施是应用发展和业务创新的支撑平台,是广泛应用大数据、云计算、人工智能等新技术的基础。基础设施信息化建设主要包括:数据中心、网络、云平台、运维管理平台和网络安全等。数据中心建设就是要建设计算、存储等资源,提升基础设施服务能力;网络建设是为了提升网络性能,保障数据传输网络的稳定运行;构建统一的云平台,建立"平台+数据+应用"的新模式,利用软件定义技术实现计算、存储、网络和安全的完全资源池化;搭建统一的IT运维平台,实现对应用系统和信息化基础设施的集中监控、故障预警和统一运维服务;强化网络安全管理,建立信息安全管理体系,提高网络安全防护水平等。典型的信息化基础设施业务框架如图4-1所示。

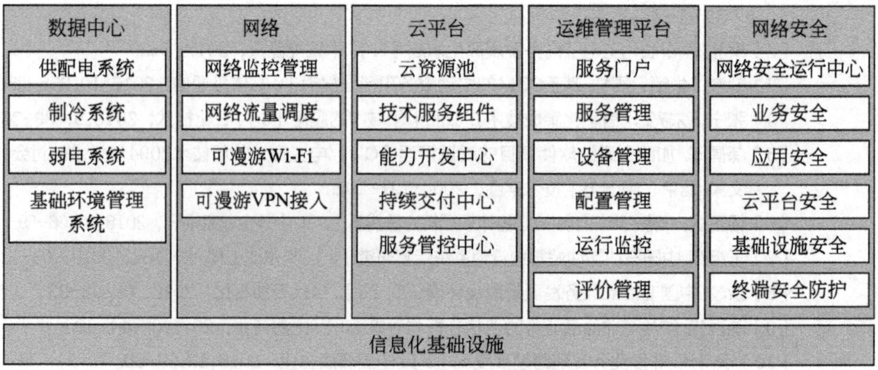

| 数据中心 | 网络 | 云平台 | 运维管理平台 | 网络安全 |
|---|---|---|---|---|
| 供配电系统 | 网络监控管理 | 云资源池 | 服务门户 | 网络安全运行中心 |
| 制冷系统 | 网络流量调度 | 技术服务组件 | 服务管理 | 业务安全 |
| 弱电系统 | 可漫游Wi-Fi | 能力开发中心 | 设备管理 | 应用安全 |
| 基础环境管理系统 | 可漫游VPN接入 | 持续交付中心 | 配置管理 | 云平台安全 |
| | | 服务管控中心 | 运行监控 | 基础设施安全 |
| | | | 评价管理 | 终端安全防护 |
| 信息化基础设施 | | | | |

图4-1 信息化基础设施业务框架图

## 4.1 数据中心

20世纪末至21世纪初，互联网技术快速发展，对计算资源需求不断提高；各大型企业信息系统的应用，使大中型数据中心明显增加。在这个阶段，数据中心已经全面采用恒温恒湿专用空调，供配电系统、防雷接地系统、综合布线系统、机房装修等各方面逐渐完善，设计更加合理，要求更加严格，实现了IT设备小型化，系统可用性极大提高。石油化工企业在这个阶段完成了企业中小型数据中心的建设。

2010年以后，我国软件与信息技术发展迅猛，云计算、大数据、物联网、工业互联网、人工智能等技术融合发展。在国家政策的大力支持下，能源、制造、交通等行业开始不断新建和升级数据中心，以提升数据中心对应用系统的承载能力，提高业务运营效率。

石化工业数字化智能化转型阶段，信息系统呈现"厚平台、薄应用"的趋势，有实力的大型企业相继建设企业数据中心，信息系统实现"大集中"，这对数据中心可用性提出了更高的要求[1]，需要更加先进的基础环境系统提供保障。

### 4.1.1 系统架构

数据中心基础环境系统主要包括供配电系统、制冷系统、弱电系统等，各类子系统可以通过基础环境管理系统进行集中管理。数据中心组成示意如图4-2所示。

数据中心系统架构特点主要有以下几点。

（1）安全可靠　数据中心基础环境是承载IT系统运行的基础，需确保7×24h不间断供电和连续制冷，承重、建筑防火等级、物理隔离需满足相应规范要求，设备区设置洁净气体灭火、消防报警和极早期报警确保消防安全。

（2）绿色环保　数据中心每年用电量可占到全社会用电量的1.8%左右，能源消耗巨大。最大允许电能利用效率（PUE）不得超过1.5，采用间接蒸发冷却、热泵双冷源等更为节能的制冷技术，采用热回收技术，提高能源利用率。

（3）自动控制　随着云计算、大数据、人工智能、互联网等技术的快速

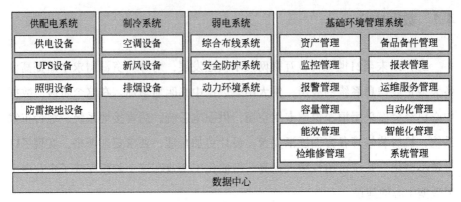

图 4-2 数据中心组成示意图

发展，数据中心规模也在快速增长，数据中心涉及专业较多，供电、制冷、消防、安防等等。并且各种新技术也在数据中心快速推广，精细化管理要求也越来越高，导致数据中心管理难度越来越大，随着数据中心规模的扩大，传统依靠人工管理基础设施已经无法及时有效地满足数据中心的管理要求。通过单路市电失电时双电源自动投切、双路市电失电时自动启动柴油发电机组供电、冷水机组停止供冷时自动切换至蓄冷罐供冷、监测漏水时自动断开相应管路供水等自动化手段能够有效地减少事故处理时间、控制事故范围、减少损失。

（4）智能提升　数据中心基础环境管理（DCIM）和云驱动的人工智能为数据中心的智能提升提供可能。将大数据智能分析运用于数据中心制冷优化、低利用率服务器、智能供电等领域，可以有效提高数据中心能效、降低劳动力成本。通过大数据分析数据中心能耗的构成、各种环境因素对能耗的影响，根据实际外界环境条件，智能分析经济运行策略，并控制基础设施进行相应调整，提高数据中心能效。

### 4.1.2　主要模块

#### 4.1.2.1　供配电系统

供配电系统是数据中心的生命线，一旦发生供电故障，就可能造成数据丢失、生产系统中断等问题。尤其是在企业建设自有数据中心后，多数信息系统进行大集中部署，供电中断影响范围更大，后果更加严重。

A级数据中心常用的两种供电架构如图4-3、图4-4所示，10kV发电机的2N供电系统适用于大型、多台变压器的数据中心。0.4kV发电机的2N供电系统适用于中小型数据中心。双路市电电源为数据中心常用电源，2N配置的不间断电源系统（uninterruptible power system, UPS）为数据中心提供15～30min的应急电源，在UPS应急供电期间，通过自动启动后备电源（柴油发电机组）和相应的自动切换操作完成后备电源带数据中心负荷运行。

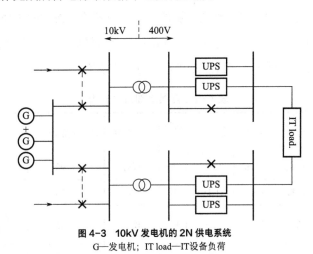

图 4-3　10kV 发电机的 2N 供电系统

G—发电机；IT load—IT设备负荷

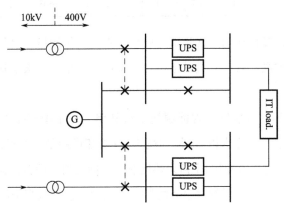

图 4-4　0.4kV 发电机的 2N 供电系统

数据中心供配电系统，要解决单路市电、双路市电停电情况下后备电源问题，还得考虑设备或线路故障、检修工况下切换过程中不得对数据中心的不间断运行造成影响，配置10kV双路电源备自投、柴油发电机组自动控制、设备末端双电源切换等自动切换装置才能及时有效保障数据中心可靠供电，同时实现自动代替手动，减少对人的依赖。

近年"高压直流输电（HVDC）+市电直供"技术逐渐成熟，在石油化工数据中心也得到了试点应用，更高的能效有利于未来规模化推广应用。

#### 4.1.2.2 制冷系统

制冷系统方案的选择，涉及冷源的选择、自然冷却方式的选择和末端空调的选择等方面，与数据中心选址、可利用的自然资源等多种因素也有关。表4-1以北京地区为例，对比不同自然冷却方式的节能效果。

表 4-1 自然冷却方式分析

| 技术类型 | 自然冷源方式 | PUE（送回风 25℃/32℃） | 节能效果 | 年运行时间 /h | 适用性分析 |
|---|---|---|---|---|---|
| 风侧自然冷 | 直接蒸发冷却 | 1.08～1.25 | 很好 | 7298 | 对空气质量要求高 |
| | 间接蒸发冷却 | 1.15～1.3 | 好 | 4773 | 推荐采用 |
| 水侧自然冷 | 乙二醇干冷器 | 1.2～1.3 | 较好 | 3663 | 适用于中小型数据中心 |
| | 板式换热器 | 1.25～1.4 | 一般 | 3663 | 效率相对较差 |

间接蒸发冷却已在国内逐步试点应用，中国石化2017年已开展该技术的应用研究，其能效高，对空气质量依赖小，是适合数据中心未来制冷方式的最佳选择之一。

数据中心热回收能够实现能源的二次利用，以中国石化沙河数据中心为例，采用热回收水冷冷水机组+板式换热器+冷却塔的制冷方式，预计1年内可以实现1～2个月自然冷却和4个月余热回收，热回收为中国石化科技园区提供生活热水和冬季采暖，实现数据中心能源二次利用。沙河数据中心空调系统根据外在自然环境的变化，在以下4种工作模式下切换工作。

（1）夏季模式 靠冷水机组实现数据中心制冷。

（2）春秋季节预冷模式（部分自然冷却） 冷冻水首先经过板式换热器，

进行初步冷却,然后再经过冷水机组进一步冷却。

(3)冬季模式(完全自然冷却)　冷水机组停运,冷冻水通过板式换热器与冷却水进行换热,实现数据中心制冷。

(4)供暖季模式　每年11月25日至次年3月15日为北京供暖季,冷水机组工作,热回收为周边办公和住宅采暖提供热源。

### 4.1.2.3　弱电系统

弱电系统业务范围较广,其主要组成部分是综合布线系统、安全防护系统和动力环境系统。

数据中心的综合布线要求高速率、智能化、可管理,并且要考虑数据中心将来业务发展的需求。中国石化沙河数据中心基于技术需求、经济成本等多方面考虑,传输介质选用多模预端接光缆,主干网络采用100G传输,支持升级扩展为400G;水平网络采用10G/40G传输,支持升级扩展为40G/100G,实现了网络传输低延迟、高可靠的要求。综合布线系统采用三网分离架构,实现生产网、办公网、安防网的安全互联,确保跨业务、跨区域的流量可靠传输。

数据中心的安全防护系统一般包括视频监控系统、门禁系统、访客系统、周界入侵防范系统、电子巡更系统,通过人防和技防相结合的方式,实现监控无死角,为提高数据中心安全级别提供保障。随着机器学习技术的发展与应用,安全防护系统向着智能化方向发展,比如特征识别、异常侦测、离开区域侦测、停车侦测等技术,可为数据中心高效管理提供有效手段。

动力环境系统是数据中心运维工作中非常重要的工具之一。动力环境设备的管理由手工抄表、现场检查等人工处理模式逐步向数据自动查询、报警自动提醒等自动化管理模式转变,为数据中心高效管理提供有效支撑。

### 4.1.2.4　基础环境管理系统

数据中心基础环境设备种类多、布置分散,运维人员需要应对信息数据量大、数据更新速度快、知识领域跨度大的现状,单独依靠人员手动管理无法满足工作要求。数据中心基础环境管理系统,用来对数据中心的基础设施设备实现精细化管理，提高数据中心的科学管理水平。

通过基础环境管理系统的建设，可以对数据中心内所有与基础环境相关的子系统实现集中的监控和管理，包括电力监控系统、制冷系统、动力环境系统、安全防护系统等。

基础环境管理系统具有数据集中的优势，可以实现跨专业的自动协作，更高效地处理数据中心的异常情况。例如，可以实现各监控系统的联动，比如火灾报警或入侵报警时，联动视频监控系统展现报警点视频信息；空调负载过高时，自动开启备用空调或调低空调设定值，快速降温；根据故障报警信息自动创建并下发工单，及时处理故障隐患。

基础环境管理系统还可基于故障记录和机器学习技术，实现故障辅助诊断，缩短故障处置时间；还可通过海量运行监测数据的挖掘与分析，探索节能降耗的可行途径。

## 4.2 网络

随着移动设备及内容的爆炸式增长，以及服务器虚拟化、云服务等技术的大量涌现，未来网络在传统网络的基础上做出几方面的改进：一是通过多协议标签交换（MPLS）、虚拟扩展局域网（VXLAN）、虚拟化等多种技术，虚拟出多套网络和端到端连接，按需提供服务质量和转发路径，形成网络智能化的基础；二是将网络系统的控制层面，逐步升级为具备强大计算能力的控制中心，将传统网络提升为可弹性扩展的服务平台，快速响应用户不断变化的需求和场景；三是搭建智能感知环境和物联网服务平台，拓展和丰富数据采集范围和采集手段，实现数据的智能化处理。

### 4.2.1 系统架构

整体网络架构可分为数据中心、主干网、区域中心、企业网络四个部分。数据中心：以"两地多中心"为目标规划建设数据中心网络，通过主干网络将同城和异地灾备中心连通，为灾备系统建设提供网络基础；主干网：将数据中心、区域中心和企业网络连接贯通为整体，地理范围覆盖行业内企业以及海外分公司；区域中心：根据本行业特点划分多层级的分布式区域中心，成为数据中心和企业的连接汇聚中心，汇聚企业到总部的网络链路，为企业提供网络汇聚和互联网统一出口；企业网络：为企业建设园区网络，满足企业有线和无线办公需求，并融合有线网络和5G等多种通信手段，建设工业物联网（IIOT）。

数据中心中间采用高速的网络互联，支持灾备业务；在数据中心内部，划分多个安全域，部分安全域采用传统安全技术，部分安全域通过虚拟专用网技术进行子网划分，实现应用间的隔离保护。

主干网（含区域中心）采用数据核心网、汇聚网、接入网三层架构，在以ISIS（中间系统到中间系统）协议为基础的构架中，通过MPLS VPN（虚拟专用网）的部署，对重点的业务如视频业务、ERP等采用标签（TE）进行分级保障。主干网实现业务隔离、业务加速、流量优化、流量保障等功能，并采用广域网加速技术，对总部和企业间的数据流量压缩加速。在MPLS VPN和广域网流量加速等技术的支持下，主干网具备承载多种业务、多种协议的能力，并提供端到端的安全性。

在企业网络建设"物理共享、逻辑独立"的MPLS云状网络，所有的VPN共享一个物理网络平台，不同的VPN具有自己逻辑上独立的网络；借助逻辑网络的划分，实现企业层面的办公网、生产网、视频监控和IPv6（第6版互联网协议）等专业网络的搭建，各专网之间具备底层安全防护隔离能力，在网络边界部署安全设备进行受控访问；在企业物联网建设方面，利用RFID、传感器、二维码等随时随地获取物体的信息，通过各种电信网络与互联网将数据传输至物联网服务平台层，提供智能化识别、定位、跟踪、监控和管理等技术服务。网络平台架构如图4-5所示。

通过整体网络搭建以及功能模块的补充，实现从数据中心、广域网到园区网的一体化承载网络。

（1）资源虚拟化　通过主干网的虚拟链路的划分，允许高弹性地分配网络资源，提供更好的服务利用率、低能耗、带宽优化率，并通过高扩展性流量实时监控和动态复用，大幅地提升网络利用率，有效降低网络线路成本；在数据中心网络，通过网络虚拟化技术，使得网络系统与虚拟机和存储系统紧密集

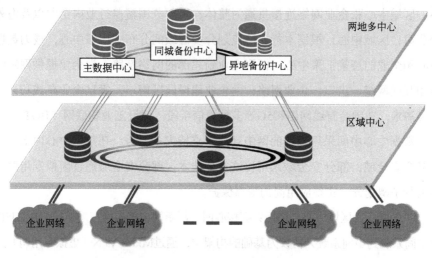

图 4-5 网络平台架构图

成、按需分配,更好地实现网络资源的高可用性、低能耗和高扩展性。

(2)需求定制化　通过集中的网络控制,将网络状态信息提供给上层应用,可以更好地适应动态的用户需求。此外,在会话、用户、设备、应用级别等方面,更精细的策略部署成为可能,云运营机构可为共享基础物理设施的客户提供多租户服务,同时维持各租户的流量独立、安全、弹性资源管理。

(3)部署自动化　通过自动化控制减少复杂度,提供一个灵活的自动化管理框架,可以开发应用工具来自动地完成之前的手动任务。这些自动化工具可以减少操作开销,降低因为操作不当导致的网络的不稳定性,支持IT即服务自助服务配置模型。此外,还可以使用智能插件、原生配置系统来管理基于云的应用,这更进一步减少了操作开销,同时也增加了业务的灵活性。

(4)提高可靠性　智能网络可以让IT部门定义高级别的配置和策略描述,然后统一下发到网络基础设施。在分支机构、区域中心、数据中心的有线与无线网络基础设施上,改进了逐个配置网络设备的传统部署方式,极大地降低了由于配置或策略不一致导致的网络故障率。通过统一部署接入控制、流量工程、服务质量、安全及其他策略,获得更加动态的配置能力、更少的错误、更一致的配置与策略执行。

### 4.2.2 主要模块

从网络使用角度可分为网络监控管理、网络流量调度管理、可漫游Wi-Fi管理和可漫游VPN接入管理等功能。

（1）网络监控管理　实现网络的带宽登记管理、网络的通断监控、网络的带宽使用情况的分析，为全面掌控网络运行状态和全网的带宽升级管理打下基础。网络管理包含拓扑发现、拓扑整理、网络展现等多个子模块：拓扑发现，负责收集上来的网络拓扑，进行优化整理，展示出真实的状态拓扑；拓扑整理，负责将杂乱的拓扑拖拽到指定位置，保存单位名称并将拓扑固定，下次进入即可展示上次保存的坐标位置；网络展现，用来展示网络拓扑的实时状态、网络拓扑上应用流的实时信息以及物理链路的使用情况，同时根据链路上的应用流查询流量历史趋势。

（2）网络流量调度管理　实现网络流量的协议分析，优先传送视频等对时延敏感的应用，优先调度保障ERP等重要应用的业务数据流，为故障定位提供基础，便于应用故障的快速分析解决。具体运行时，后台系统会定期到设备上收集各设备实时的通道流量信息，并将收集到的流量数据进行解析后保存到数据库中；将企业网络应用根据优先级别、带宽敏感性等指标划分多个级别，通过算法计算所需通道带宽；通过网络协议与目标设备进行交互，创建或变更目标通道，实现流量按需调度，大幅提升网络带宽利用率。

（3）可漫游Wi-Fi管理　实现企业内Wi-Fi接入，并与统一身份、准入控制结合，在两个Wi-Fi隔离情况下，实现内部Wi-Fi的漫游，可简化用户网络准入接入，实现企业员工的内部漫游，方便企业用户的网络接入。具体实现方式可采用MAC（介质访问控制）认证结合Portal（门户）认证的混合认证方式进行用户认证和授权，充分利用MAC认证漫游无感知特性以及Portal良好的用户界面化和无客户端的认证方式，在灵活性和安全性方面达到了很好的平衡。

（4）可漫游VPN接入管理　实现互联网上VPN接入，并与统一身份、双因素认证结合，在企业外出期间实现互联网上的本地高速互联，就近接入附近的区域中心VPN。用户接入内部VPN后，按照分配的权限，接入到本企业的资源，实现VPN漫游。通过VPN漫游，可以使用户通过专线/VPN等连接方式与企业自己的数据中心，组成一个按需定制的、高扩展性、高安全性的私有网络环境。

## 4.3 云平台

根据美国国家标准与技术研究院（NIST）定义，云计算是一种按使用量付费的模式。这种模式提供可用的、便捷的、按需的网络访问，使用可配置的资源共享池（资源包括网络、服务器、存储、应用软件、服务等），这些资源能够被快速提供，只需投入很少的管理工作，或与服务供应商进行很少的交互。"云"实质上就是一个网络，从狭义上讲，云计算就是一种提供资源的网络，使用者可以随时获取"云"上的资源，按需求量使用，并且可以随时扩展，只要按使用量付费就可以，"云"就像自来水厂一样，可以随时接水，按照自己家的用水量，付费给自来水厂就可以；从广义上说，云计算是与信息技术、软件、互联网相关的一种服务，这种计算资源共享池叫作"云"，云计算把许多计算资源集合起来，通过软件实现自动化管理，只需要很少人的参与，就能让资源被快速提供。

当前，石化企业信息系统的架构和使用模式正在从传统模式走向云计算服务模式，云涵盖了虚拟化、容器、数据库、中间件、大数据、微服务、DevOps等各类技术，需要打造安全、可靠、弹性、敏捷的云平台，提供基础设施即服务（IaaS）、平台即服务（PaaS）和软件即服务（SaaS）。

### 4.3.1 系统架构

云平台由基础云平台和业务云组成。基础云平台包括基础设施资源（IaaS）、以云服务各类组件和服务为一体（PaaS），将IaaS与PaaS以及多种云技术路线融合贯通，为业务应用系统提供统一的覆盖开发、测试、生产的云环境和云服务。业务云（SaaS）基于不同类型的业务领域进行划分，例可以将业务云分为管理类业务云、制造类业务云和服务类业务云，其中管理类业务云面向经营管理领域，强化精益管理，构建协同高效一体化的经营管理新模式；

制造类业务云面向油田、炼化、科研、工程等领域，发展智能制造，构建石化工业互联网生态；服务类业务云面向销售、客户服务等业务，培育新业态，构建智慧化综合服务生态。同时云平台由服务管控中心、持续交付及能力开放中心进行统一管理。云平台系统架构如图4-6所示。

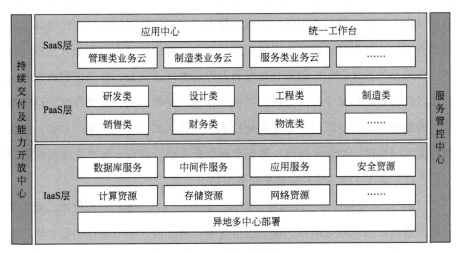

图 4-6 云平台系统架构图

系统架构特点主要有以下几点。

（1）资源共享、弹性灵活 云平台采用了虚拟化、容器等多种云计算技术，将各类物理资源集中共享，充分利用物理资源，有助于提升资源整体利用率；同时各类资源能够灵活调度，根据业务需求可随时弹性伸缩。

（2）组件丰富、支撑业务 云平台为应用系统上云提供了IaaS、PaaS等各类云组件服务，应用系统上云可根据实际业务需要选择适合的云服务，避免重复建设和消除信息孤岛，有助于服务组件沉淀复用，提高应用建设质量和效率。

（3）按需自助、服务管控 云平台根据业务和用户的需求，按照自助化模式提供各类云服务，并根据使用情况进行计量计费；同时各类云服务纳入统一管理和控制，有助于云平台的集中管控，提高云服务水平，提升用户体验。

### 4.3.2 主要模块

云平台主要包括云资源池、技术服务组件、能力开放中心、持续交付中心、服务管控中心等各项功能。

（1）云资源池　云资源池以计算、存储、网络等基础设施为主体，需要融合多技术路线，建设打造统一的云资源服务能力。资源池一般采用异地多中心的形式进行部署，满足容灾备份要求，建设统一的计算资源池、存储资源池、网络资源池。其中计算资源池主要应用虚拟化、容器等技术，提供虚拟机、容器、图形处理器（GPU）以及物理服务器等各类计算资源；存储资源池主要以分布式存储为主和集中存储为辅，提供块存储、文件存储、对象存储等存储资源；网络资源池广泛应用网络虚拟化技术，为应用提供虚拟网络（VPC）、负载均衡、弹性IP（互联网协议）等各类网络资源池。云资源池改变了传统资源提供方式，实现了资源集中共享和按需供给。

（2）技术服务组件　技术服务组件一般采用成熟技术和开源技术，建立多种类的基础云技术服务组件，统一服务业务应用。技术服务组件主要包括数据库类、中间件类、大数据类、集成类、应用服务类等多种技术服务。其中数据库类组件主要包括关系型数据库、NoSql类数据库、分布式数据库等组件；中间件类组件主要包括消息类、应用发布、微服务管控等组件；大数据类组件主要包括离线型大数据分析、实时大数据分析、流式大数据分析等组件；集成类组件主要包括应用集成、数据集成、任务调度等组件；应用服务类组件主要包括工作流、搜索、日志、地理信息等组件。技术服务组件的建设，避免组件重复开发，组件的复用也减轻了应用建设难度，降低了企业应用系统建设的总体投资，同时搭建垂直化服务平台，更好地服务于前台规模化创新。

（3）能力开放中心　能力开放中心致力于构建统一的API（应用程序接口）资产，同时逐步形成开放共享机制。能力开放中心通过统一的API展示、API全生命周期管理、API运营监控以及API服务治理，助力企业内部各业务应用简单、快速、低成本地通过标准API对外开放功能和数据，并纳入企业统一管控，实现云内外的能力整合和汇聚，支撑系统集成和数据共享的规范化、标准化，促进OpenAPI（开放应用程序接口）形式服务的沉淀和复用，解决企业内部复杂IT环境下的系统集成和数据访问等问题。企业内外部以API的形式进行服务、能力和数据的交互，实现与行业伙伴的深度合作，共同打造促进API生态圈发展。

（4）持续交付中心　持续交付中心提供一站式DevOps平台服务，打造完整的端到端研发运维工具链，实现应用开发过程的可视化、集中一致的代码管理。持续交付中心提供自动化的测试、部署和运维能力，打通研发工具链，实现持续交付流水线和持续构建交付能力，促进分享和协作。持续交付中心包括过程管理、知识管理、代码仓库、持续测试和持续部署等五大核心系统，需要具备多级管理能力，支持Java、.net、nodeJS、Python等多种开发语言、扩展异构平台集成，实现灰度发布、滚动升级、日志汇聚、代码访问控制等功能，全面实现应用开发运维线上的闭环管理。

（5）服务管控中心　服务管控中心统一管理云平台中各类资源和组件，服务于管理人员、使用人员、运营运维等各类人员，主要功能包括云服务门户和管控台。云服务门户主要为各类用户提供统一的云服务目录、一站式服务、数据服务和各类专项服务。其中云服务目录提供云组件的描述、特性、使用场景、使用方式和计费等；一站式服务提供云组件统一申请、审批和工单交付的闭环管理；数据服务为用户提供计量计费、健康、使用率、服务质量等各维度报表；专项服务主要将持续交付中心、能力开放中心纳入统一管理，统一展现给用户，并提供各类云解决方案。管控台主要对组件资源进行统一的管控，主要功能包括操控模块、监控模块和配置模块，其中操控模块主要提供组件创建、变更、释放和运维等功能，监控模块主要提供组件的监控和告警功能，配置模块主要提供组件的详细的各配置项目功能。

## 4.4　运维管理平台

随着大数据、云计算、人工智能等新技术的广泛应用，两化融合程度越来越高，企业生产经营业务对信息化的依赖度越来越高，对信息系统的运维保障的要求也越来越高[2]，迫切需要建立起一套稳定、安全、高效的IT运维保障体系，确保企业信息化发展战略的顺利实施。石化行业企业需要建设IT运维平台，落实运维服务体系和运维服务标准规范，向运维自动化和智能化方向发展，保障信息系统安全稳定运行，支撑主营业务顺利开展，从而保证企业战略目标的实现。

### 4.4.1 系统架构

运维管理平台是一个集用户服务、服务管理、资产管理和信息系统监控于一体的综合管理平台。面向信息系统，实现7×24h实时监控，提升系统可用性，保障业务正常开展，支撑企业战略实现；面向用户，提供一站式IT服务，提升IT服务形象和用户满意度；优化服务流程，持续改进，加强服务水平管理和考核，不断提升运维业务管理水平；集中管控企业信息系统基础信息，实时掌控IT资产。

运维管理平台包括服务门户、服务管理、设备管理、配置管理和运行监控五个部分。建立服务门户，提供统一的服务目录，面向用户实现一站式服务；建立服务管理系统，优化服务流程并在系统中落地，实现服务协同、服务水平管控和运维风险管控；建立配置管理数据库（CMDB），集中管控运维对象及组件，实时全面掌控公司IT资产与资源；建立运行监控系统，实时监控信息系统运行状况，及时处理告警，提升系统可用性，支撑企业生产经营管理业务。运维管理平台系统架构如图4-7所示。

运维管理平台作为一个一体化的运维业务支撑及管控平台，为用户提供IT服务，并通过流程提升服务质量，监控应用系统和IT基础设施运行状况，实时告警并进行性能分析，集中管控信息系统基本信息。按照"厚平台、薄应用"云架构思路，搭建大运维平台架构，统一管控总部统建的基础设施和应用系统运维。平台架构具有功能一体化、运维标准化、实践模型化和基础层云化四大特点。

（1）功能一体化 平台功能集服务门户、服务管理、设备管理、CMDB（配置管理）、运行监控于一体，实现用户端到端的一站式服务，提升服务效

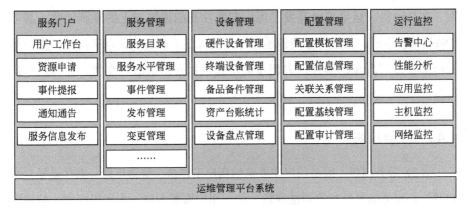

图 4-7 运维管理平台系统架构图

率;实现事件管理全流程跟踪,提升服务质量,实现生产环境系统变更风险管控,降低信息系统运维人为重大风险;实现监控告警和事件处理的闭环管理;实现服务管理、CMDB 和运行监控之间的相互关联。

(2)运维标准化 按照国际 ISO/IEC 20000(国际信息技术服务管理标准)、ITIL(IT 基础设施库)和 ITSS(国家 IT 服务标准),提供事件管理、变更管理、问题管理、发布管理运维流程,形成流程模板,并在平台中落地;按照数据标准化要求,对所存储的信息项的数据类型、数据格式、编码方式等进行标准化;IT 运维平台为其他系统提供数据消费、工单流转、告警通知等标准化接口,方便实现系统间集成。所有接口采用标准的 Web Service(Web 服务)方式发布。

(3)实践模型化 平台具备最佳实践,并形成和实现事件分级、风险评估等模型。从服务整体水平、故障处理效率、服务处理效率三个方面设计了服务水平指标模型,并落实了服务水平指标集。按照信息系统重要程度,对可用性、性能指标、满意度、服务支持时间做了具体约定;按照 VVIP(超级贵宾)、VIP(贵宾)、一般用户的维度对响应事件、解决时间做了具体要求;按照事件的四个级别对故障处理时间做了具体的要求,对服务质量进行 SLA(服务水平协议)达标考核。

(4)基础层云化 运维平台应用云计算技术主要是在 IaaS 和 PaaS 两个层

面。在IaaS层，运维平台开发了可以部署在基础设施云上的系统软件。基于X86基础设施云，在服务器资源池和存储资源池上部署和构建了应用，提升系统所依靠底层资源的弹性，方便按需增长，提升系统的可靠性，并具备高扩展性。

### 4.4.2 主要模块

（1）服务门户　服务门户主要包括用户工作台、资源申请、事件提报、通知通告、服务信息发布等功能模块。统一用户服务入口，为用户提供一站式服务，每单均可进行满意度评价，对服务过程进行闭环管理，节省了用户时间，提高了服务效率。

（2）服务管理　服务管理主要包括服务目录、服务水平管理、事件管理、问题管理、变更管理、发布管理、作业计划、知识管理等功能模块。实现服务流程的优化和固化，对事件分级、变更风险评估进行数字化模型管理，对服务水平指标进行实时跟踪，提升服务管理水平。

（3）运行监控　运行监控主要包括告警中心、性能分析、应用监控、主机监控、网络监控等功能；实现网络、服务器、数据库、中间件和应用系统页面拨测等监控。系统告警通告短信和邮件实时发送给运维人员并派单，及时对告警进行处理，实现了告警处理闭环管理。

（4）设备管理　设备管理主要包括数据中心硬件设备管理、终端设备管理、备品备件管理、资产台账统计和设备盘点管理。具有设备到货验收、出入库、进出机房、资产办理、设备维修、设备维保、设备报废等功能。实现了设备全生命周期管理，实时掌控IT资产。

（5）配置管理　配置管理主要包括配置模板管理、配置信息管理、关联关系管理、配置基线管理、配置审计管理等功能模块。实现了面向应用的关联组件模型管理，集中管控应用系统、中间件、数据库、主机系统、设备等的基本信息和关联关系，为日常运维和网络安全工作提供基础数据服务，有效保障系统安全稳定运行。

## 4.5 网络安全

当前，全球已进入数字化转型时期，数据将以"生产要素"的形式直接参与企业生产过程并创造收益。在此过程中，现实世界与网络空间的边界消弭，网络空间的安全问题会直接投射在现实世界中，网络安全威胁将直接危害企业生产安全与运行安全，甚至人身安全。石油化工行业作为国家的支柱产业，长期以来一直是网络攻击的重要目标，主要的安全挑战有：一是业务应用复杂，包括上中下游、科研、工程、贸易、金融、电商等，相应的业务信息系统复杂度极高；二是网络覆盖面大、数据中心众多、终端众多，企业业务向社会面延伸，数据从原来的隔离内网开放到外网、互联网，暴露面增大；三是新业态新技术的不断涌现及深化应用，云计算使得业务系统更加集中，对攻击者的吸引力更大；物联网设备广泛应用导致攻击面增多，攻击会从外网、互联网延伸到内网。

### 4.5.1 系统架构

企业网络安全体系以保障业务的稳定运行和安全可信为核心，包括数据中心安全、网络接入安全、泛终端安全和网络安全运行中心4部分内容。其中，数据中心要实现传统计算环境和云计算环境的安全，对应用、数据、主机和网络进行安全防护，建设安全基础设施并提供企业安全公共服务；网络接入安全包括各类接入类型的安全防护，石油化工企业通常包括互联网、主干网、工控网和第三方等不同网络的接入或互联；泛终端安全包括传统终端、移动终端、智能终端和物联网终端的安全防护；网络安全运行中心为防护系统和管理活动提供统一的运行平台。网络安全系统架构如图4-8所示。

网络安全系统架构特点主要有以下几点。

（1）体系化　通过体系化来应对网络安全防护碎片特性，网络安全体系全面识别保护对象、提供多维多层的安全防护，实现信息系统的整体防控和纵深防御。

（2）实战化　网络安全防护技术的发展趋势是面向实战，将对抗实战作为

图 4-8　网络安全系统架构图

建设目标、设计准则和测评指标,一切为了实战,一切以实战效果为准,防护系统要能精准阻断、监控系统要能及时发现、响应系统要能快速处置。

(3) 常态化　网络攻击可以随时发起,没有时间表,可能没有7×24h的业务,但是必须具备全天候的防御能力,针对安全威胁采取主动安全技术,利用漏洞探测、攻击诱捕等措施提升主动防御能力,在以技术为核心的基础上,形成包括策略、组织、流程的安全运营机制。

(4) 智能化　利用大数据、机器学习、人工智能多种技术,完善网络安全的态势感知、风险识别和追踪溯源功能,提高网络安全态势的预测预警能力,提升安全事件的分析取证水平,提供专家诊断建议。

(5) 服务化　加大安全基础设施的服务能力,提供安全服务目录,通过自服务和标准集成方式,提高安全防护的一致性和标准化水平,加大集中管控力度,降低安全部署成本。

(6) 能力化　安全技术体系已经从组件构筑发展到能力对抗,因此构筑安全能力是技术体系的目标和关键指标。在国际标准和最佳实践的基础上,企业安全最核心的能力包括:识别感知能力、安全防护能力、响应恢复能力,这三个能力即数字化安全能力的核心内容,也是等级保护2.0的基本要求的能力体现。

### 4.5.2　主要模块

(1) 网络安全运行中心　网络安全运行中心是企业网络安全的监控中心、分析中心、调度中心和控制中心,其定位为企业网络安全的大脑和策略中枢,利用大数据、人工智能（AI）等智能分析技术，汇总平台内各种安全数据，进行综合分析，结合威胁情报、安全监测数据，勾绘出整体安全态势，综合利用各种展现技术，可以准确定位风险级别、威胁来源、设备漏洞，按照安全事件应急预案要求，快速处理安全攻击，恢复应用，同时开展追踪溯源，对攻击者进行安全画像，实行反制打击。借助各种安全机制，通过网络安全运行中心实现信息安全风险管控的目的。

（2）业务安全　保障数字化业务的高效安全运行是网络安全防护体系的核心目标，石化行业的关键业务应用如：经营管理、生产管理、客户管理，以及金融资本、电子商务等衍生业务需均实现开发、上线和运行三级基线防护。开发阶段加强模块安全功能设计，应用和服务实现接入、身份、权限管控，安全交易具备日志功能，开发代码应通过代码安全审计，应用上线应通过安全仿实战检测，运行阶段通过应用防火墙提供在线防护。关键业务数据应具备防篡改和泄密能力，数据访问实现基于属性、角色的访问控制，对于SQL（结构查询语言）注入、XSS（跨站点脚本）等数据攻击行为识别、防护和审计，对租户数据提供深度清除服务，避免用户数据泄露。

（3）应用安全　通用安全功能按照服务形式提供给应用系统，通用安全服务包括统一账户、统一认证、统一授权、集中审计、密钥管理、加解密服务、集中备份等，通过标准化接口，实现身份、权限、加密、审计等关键安全功能的规范化集中管控。

（4）云平台安全　针对云平台资源进行安全防护，利用原生安全功能，完善虚拟机逃逸防御机制，并实现从硬件到应用的多层多级多租户隔离策略。提供云主机入侵防御，防御恶意程序，保障镜像文件完整性，保障云平台资源安全。

（5）基础设施安全　根据业务功能实现平台网络安全分区分域，平台主机采用国产可信安全系统并安全加固，部署抗DDoS（分布式拒绝服务）、入侵检测系统，对于攻击行为实现实时监控和阻断，保障云网络基础安全，通过堡垒主机审计运维行为，实现运维集中权限管理和操作行为集中审计，保障平台基础设施安全运维。

（6）泛终端安全防护　泛终端安全通过统一终端管理，设备准入，终端的内容安全、系统安全、数据安全及插件安全，实现对各类终端的信息安全风险的感知、防护和快速响应，确保各业务终端的安全运行。

## 参考文献

[1] 杨梦培,刘潇建,张旸旸.工业互联网平台标准体系研究[J].信息技术与标准化,2019:18.

[2] 李德芳.石化行业两化融合推进大会专题报告Ⅳ——推进两化深度融合打造世界一流企业[J].中国石油和化工经济分析,2015:15.

# 第 2 篇

# 理论篇

一 石化工业数字化智能化转型 一

# 5 石化智能化转型核心——PCPS

本章在简要介绍信息物理系统（cyber-physics systems, CPS）历史背景、基本概念、基本层次与特征的基础上，结合石油化工过程的本质特征，阐述石化信息物理系统（PCPS）的内涵和特征，重点分析PCPS的使能技术。

## 5.1 CPS 的基本概念、层次与特征

### 5.1.1 CPS 的基本概念

CPS最早由美国国家航空航天局于1992年提出，但是直到2006年美国国家自然基金委员会（National Scientific Foundation, NSF）的研讨会上才详细描述CPS的概念。随着工业化和信息化的深度融合发展，在云计算、新型传感、通信、智能控制等新一代信息技术的迅速发展与推动下，CPS得到迅猛发展。德国《工业4.0实施建议》将CPS作为"工业4.0"的核心技术，突出CPS在制造业和嵌入式领域的应用，提出建设"全新的基于服务和实时保障的CPS平台"，并在标准制定、技术研发、验证测试平台建设等方面做出了一系列战略部署。中国《信息物理系统白皮书（2017）》将CPS定义为：CPS通过集成先进的感知、计算、通信、控制等信息技术和自动控制技术，构建了物理空间与信息空间中人、机、物、环境、信息等要素相互映射、适时交互、高效协同的复杂系统，实现系统内资源配置和运行的按需响应、快速迭代、动态优化。

CPS构建起一个能够将物理实体和环境精准映射到信息空间并进行实时反

馈的工程系统,作用于生产制造全过程、全产业链、产品全生命周期,重构制造业范式。作为实现个性化定制、极少量生产、服务型制造和云制造等新生产模式的关键技术之一,在大量实际应用需求的拉动下,CPS为实现制造业转型升级提供了一种有效的途径。

### 5.1.2 CPS 的层次

CPS具有层次性和系统性,一个工厂可能包括多个生产装置,一个生产装置也会由多个操作单元组成。因此,CPS通常可以分为单元级、系统级、系统之系统(system of systems, SoS)级三个层次。单元级CPS具有不可分割性,其内部一般不能分割出更小CPS单元,单元级CPS能够通过物理硬件、自身嵌入式软件系统及通信模块,通过构成"感知—分析—决策—执行"的基本闭环,实现在设备工作能力范围内的资源优化配置;在单元级CPS的基础上,通过网络的引入,多个单元级CPS及非CPS单元设备的集成构成系统级CPS。多个系统级CPS构成SoS级CPS,实现系统级CPS之间的协同优化,实现产品生命周期全流程及企业全系统的整合。

### 5.1.3 CPS 的特征

CPS在运行过程中,通过数据自动流动对物理空间中的物理实体逐渐"赋能",实现对特定目标资源的优化,表现出如下基本特征[1]。

(1)数据驱动 CPS将数据源源不断地从物理空间中的隐性形态转化为信息空间中的显性形态,并不断迭代优化形成知识库;数据是CPS的灵魂所在,数据在自动生成、自动传输、自动分析、自动执行以及迭代优化中不断累积,螺旋上升,不断产生更为优化的数据,能够通过质变引起聚变,实现资源优化配置。

(2)软件定义 CPS通过应用到研发设计、生产制造、管理服务等方方面面,通过对人、机、物、环全面的感知和控制,实现各类资源的优化配置。这一过程需要依靠对工业技术模块化、代码化、数字化以及软件化的广泛利用。CPS可以把产品和装备运行的状态实时展现出来,通过分析、优化,作用到产品、装备的运行,甚至是设计环节,实现迭代优化。

（3）泛在连接　网络通信是CPS的基础保障，能够实现CPS内部单元之间以及与其他CPS之间的互联互通。构成CPS的各器件、模块、单元、企业等实体都要具备泛在连接能力，并实现跨网络、跨行业、异构多技术的融合与协同，以保障数据在系统内的自由流动。泛在连接通过对物理世界状态的实时采集、传输，以及信息世界控制指令的实时反馈下达，提供无处不在的优化决策。

（4）虚实映射　CPS构筑信息空间与物理空间数据交互的闭环通道，能够实现信息虚体与物理实体之间的交互联动。以物理实体建模产生的静态模型为基础，通过实时数据采集、数据集成和监控，动态跟踪物理实体的工作状态和工作进展（如采集测量结果、追溯信息等），将物理空间中的物理实体在信息空间进行全要素重建，形成具有感知、分析、决策、执行能力的数字孪生（亦称为数字化映射、数字镜像、数字双胞胎）。同时借助信息空间对数据综合分析处理的能力，形成对外部复杂环境变化的有效决策，并通过以虚控实的方式作用到物理实体。

（5）异构集成　CPS通过集成CISC CPU（复杂指令集计算机中央处理器）、RISC CPU（精简指令集计算机中央处理器）、FPGA（现场可编程门阵列）等异构硬件，PLM（产品生命周期管理）软件、MES软件、PDM（产品数据管理）软件、SCM软件等异构软件，模拟量、数字量、开关量、音频、视频、特定格式文件等异构数据，以及现场总线、工业以太网等异构网络，实现数据在信息空间与物理空间不同环节的自动流动，实现信息技术与工业技术的深度融合。因此，CPS必定是一个对多方异构环节集成的综合体。

（6）系统自治　CPS能够根据感知到的环境变化信息，在信息空间进行处理分析，自适应地对外部变化做出有效响应。同时在更高层级的（即系统级、SoS级）多个CPS之间通过网络平台互联实现CPS之间的自组织。多个单元级CPS统一调度，编组协作；多个系统级CPS通过统一的智能平台连接在一起，在企业级层面实现生产运营调配、企业经营高效管理、供应链变化响应等更大范围的系统自治。在自优化自配置的过程中，大量现场运行数据及控制参数被固化在系统中，形成知识库、模型库、资源库，使得系统能够不断自我演进与学习提升，提高应对复杂环境变化的能力。

## 5.2 石油化工价值链特征

石油化工价值链包括原油开采、储运、预处理、馏分加工、产品调和、产品运输、产品销售等环节,具有如下特征。

(1) 原料和产品组成异常复杂  原油是一种异常复杂的混合物,含有的分子结构数目以千万计,迄今无论是离线还是在线检测技术都无法准确标定其组成。原油大致包括直链烃、异构烃、环烷烃、单环芳香烃、稠环芳烃、胶质、沥青质、杂环化合物等,此外还包括硫、氮、氧等化合物及少量金属有机化合物。石油化工的产品结构和组成也异常复杂,例如成品汽油是由多种工艺过程生产的汽油组成调和而成的,例如催化汽油、重整汽油、烷基化油、直馏汽油、加氢汽油等;而不同牌号、不同性能的聚烯烃具有不同的结构特性和组成,至今仅能估计其粗略的分子量分布。

(2) 流程长、加工方案多、时空跨度大  根据原油的性质和市场的需求,有多种加工方案,整体而言可以分为燃料型、燃料-润滑油型、燃料-化工型、燃料-润滑油-化工型等。采用任何一种加工方案的石油化工企业占地面积都很大,都包含多个生产工序。中国石化目前最大的炼化一体化企业镇海炼化占地 $422hm^2$,配备了常减压、轻烃回收、汽油加氢精制、石脑油催化重整、煤油加氢精制、柴油加氢裂化、重油催化裂化、渣油加氢处理、成品油调和、乙烯裂解、烯烃聚合等30多套主要装置,每一个工序又包括一个或者多个关联耦合复杂的工业装置,例如重油催化裂化包括反应-再生、分馏塔、汽提塔、吸收塔等13个装置。

(3) 精准物料和设备信息实时感知难  既有的检测技术难以精确实时感知某些原料和产品的重要性质和生产过程的重要参数,例如原料产品组成、催化剂活性、设备腐蚀情况等。当前从原料供应到石化产品生产运营销售的全生命周期资源属性和部分关键参量还未实现实时获取与快速集成。例如常规的原油评价方法通常需要1周时间,而先进的红外光谱、核磁共振波谱检测手段也需要2h左右的时间。

(4) 供销市场波动大  石油化工主要产品有车用汽油、车用柴油、飞机燃料(航空煤油)、聚烯烃、芳烃、液化气等。石油化工受原油市场波动的影响非常明显。政治因素、局部战争、突发性自然灾害、公共安全事件等都会直接导致原油价格的频繁大幅度波动。20多年来国际原油价格频繁波动,2008年6月原油每桶价格高达165美元,而2020年4月低至19美元。炼油化工企业如何应对瞬息万变的市场,提升企业的竞争力,需要借助于信息化、数字化的手段,实现采购—生产—销售供应链的整体优化。

(5)石化生产安全、环境风险辨识与实时感知困难 石化工厂生产规模大(年处理量以千万吨计),生产设备数量多(数以万计),装置间耦合度高,生产条件苛刻(高温、高压、低温、低压、强腐蚀性),生产过程中直接或间接使用大量有毒、易燃易爆的危险化学品。加工原油的劣质化(例如水含量、硫含量、盐含量、重金属含量、酸值等在不断提高)直接影响了装置设备的运行状态、健康水平、污染物排放。迄今还没有一种公认的科学手段来准确、快速辨识和实时感知石化生产复杂系统整体的安全和环境动态风险。

## 5.3 PCPS 的内涵、功能与特征

以信息技术为核心的新一轮科技革命正在加快推进石油化工制造智能化进程。石油化工企业智能化的根本目标之一就是通过网络化的构建和程序数字化安排,协同优化运营管控,并与外界环境相结合,在一定的规则指引下,构成一个包括原油采购、单元/过程设计、炼化生产、运营管理、储运销售、售后服务在内的智能化动态运行系统。

基于石油化工物质流、能量流、信息流的关联和协同集成,将新一代信息通信(ICT)技术(物联网、大数据、云计算等)与石化生产过程的资源、工艺、设备和环境以及人的制造活动进行深度融合,构建一个以泛在感知和泛在智能服务为特征的新一代石化生产环境,将无处不在的传感器、智能硬件、控制系统、计算设施、信息终端通过CPS连接成一个智能网络,使企业、人、设备、服务之间能够互联互通,最大限度地开发、整合和利用各类信息资源、知识、智慧,从而实现深度感知、预测预警、协同优化、科学决策、精准执行的目标。本书作者在阐

述石化智能工厂的定义和构架时[2,3]，也阐明了石化智能工厂应以CPS为核心。

## 5.3.1　PCPS的内涵

结合CPS基本理论及石油化工智能工厂的特点，PCPS必须坚持以人为中心，紧扣数据和模型两个核心。

（1）以人为中心　PCPS的核心是以人为本，这也和工业4.0[4]对未来工业发展的理念是一致的："将工人从执行任务中解放出来，使他们能够专注于创新、增值的活动。鉴于即将发生的技术工人短缺问题，这将允许年长的工人延长其工龄，保持更长的生产力。灵活组织将工人的工作和私人生活相结合，并且继续进行更加高效专业发展"。

a.以人为本的安全管理理念。运用各种智能设备和技术手段，使人可以远离危险环境。石化行业是高危险行业，对于具有高安全风险的工作岗位、场所和危险作业活动进行全过程、全方位、无死角、无盲区的在线实时监测，利用机器人、自动化设备进行高危环境作业，避免安全事故，员工可以利用手持设备等进行远程操控，使安全得到保障[5]。

b.知识型员工的教育与培训。打破原有以专业技术为主的团队组织模式，形成工程、计算机、自动化、生产工艺、经营管理多专业领域人才融合的团队，通过员工之间知识共享、转移，实现员工知识集成和实时更新，使得企业员工更具有创造性；为员工提供更高效的培训手段，通过虚拟现实技术与仿真平台、三维交互与展示技术等手段提升学习能力，适应不断变化的工作环境要求[5,6]；对员工的考核评估不再局限于单一专业领域，而是需要整体把握生产过程中各方的相互配合，以及量化评估员工提供的知识。

c.企业组织管理模式变革。构建基于PCPS的动态组织和价值网络，企业组织形态不断向着扁平化、流程化、柔性化、网络化和分权化的方向发展[7]。考虑石化行业风险高、生产流程长、管理模式亟待创新等特点，发挥互联网聚集、整合、优化各类要素资源的优势，以用户需求为中心，通过建立跨企业业务流程体系，赋予员工充分权利，并优化绩效制度，构建以激发人的创造性为导向的自组织的管理模式，可以强化企业内部、企业之间以及企业与用户之间的资源整合和业务协同水平,提高可持续发展能力。

(2)数据和模型　数据和模型是PCPS的两个核心。

a.数据。石化企业数据来源主要有三个方面,一是从采购、制造、销售到配送的企业供应链全流程数据；二是从设计到运营的工厂全生命周期数据；三是从经营管理、生产管理到自动化控制的企业管控一体化数据。不同于离散制造业,石化大数据具有数据体量大、类型多、数据处理时效性强、误差大等特点,数据中包含了丰富的能够反映运营规律和运营状态的重要信息,因此数据是石化企业的灵魂所在。PCPS要在不同组件、系统之间进行准确、实时的数据交换,采集、传输、存储、处理这些数据,并通过决策算法、机器学习发现数据信息的价值,真正形成智能决策。这种智能决策表现在通过分析、挖掘数据实现设备更加智能,自主应对异常工况；员工更加智能,能够设计、掌控和维护越来越多的智能装备；企业更加智能,人机共事,扩大、延伸和部分取代人类专家在智能制造中的脑力劳动等。

b.模型。PCPS具有的模型库可以保存生产过程、决策、优化操作以及控制等环节的机理模型和数据驱动模型。通过优化模型及特殊生产工况出现时的参数,将成熟的生产管理流程、专家经验、成熟的制造技术固化在制造管理系统中,支撑产品制造管理,使制造活动具有更高的技术水平等。PCPS将数据驱动和模型驱动相结合,信息流无缝接入,利用数据支撑建模工具和决策支持系统,保证数据的解读符合客观的物理规律,并从机理上反映对象的状态变化,确保参数维持在控制范围内。

### 5.3.2　PCPS的功能与特征

(1)PCPS的基本功能　PCPS已经得到石化行业的普遍重视,并已在生产活动全周期中的多个环节得到应用和体现。

a.信息物理实时监控与自动控制。借助传感器网络和通信网络实时获得全面而详细的物理系统和信息系统信息,通过处于分布式控制下的闭环运行系统,自动感知所有关键参数,确保所有参数都在可控的范围之内,将石化企业的资源、设备、工艺等作为一个整体,准确刻画这个整体系统的特征。

b.信息集成、共享和协同。实现海量数据流的传输、集成和存储是PCPS重要功能之一。需要解决石化企业信息孤岛,促进信息网络与工控网络的深度融合,实现装置、工厂、企业等所有层次,以及研发、生产、管理、服务等关键环节的信息无缝衔接。具体包括:集成分布于石化各业务子系统中的关键信息,集成全厂工程和设备等图像文档,集成视频、移动终端以及过程数据等,并保证不同地域、不同系统、不同业务环节中的信息设备和物理设备能及时获得需要的信息以及远程协同分析。

c.综合仿真和全局优化。由于石油化工生产系统过程复杂、参数多、耦合性强、灵活性差等,系统运行效率得不到保证,很难实现系统范围内的最优控制。和传统的实时监控相比,PCPS不仅监控物理世界,而且将物理系统和信息系统作为一个整体进行综合分析和仿真,通过对基于物理设备中嵌入的计算部件采集的信息进行分析,实现对综合生产指标—全流程的运行指标—过程运行控制指标—控制系统设定值过程的自适应的分解与调整,不断调整整个控制系统以实现系统的全局优化。

(2) PCPS的特征　如图5-1所示,石油化工在时空上表现为多尺度特性[8],相应的PCPS具有多尺度全面态势感知、多尺度虚实共变、数学模型

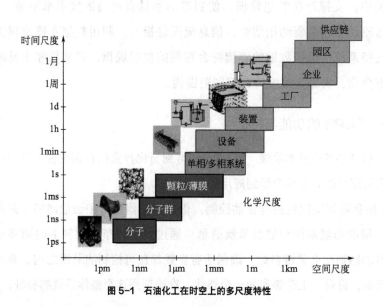

图5-1　石油化工在时空上的多尺度特性

规模大、数学模型非线性强、自适应要求高等特征。

a.多尺度全面态势感知。实现石化过程的优化决策、优化操作、安全监控，获取由生产数据、文本信息和图像、声音等组成的多元异质大数据应用（近、远）红外光谱、核磁共振波谱、气相色谱等先进检测技术，低功耗传感技术及无线通信网络技术，多尺度全面态势感知。基于数据挖掘分析、机器学习、优化模型、交换共享等分析技术，全面实时感知原料和产品组成及相应的化学分子结构和特性、生产设备运行信息、市场供销信息。将上述信息高度集中和融合，为操作和决策人员提供一个直观的工厂真实场景，确保迅速准确地掌握所有信息和快速地决策。

b.多尺度虚实共变。基于分子模拟技术、计算流体力学、流程模拟、数学规划、自然语音处理、图像识别等计算平台和技术构建从原料/产品分子到产品产销的多尺度复杂数学模型，搭建虚拟工厂以准确、实时演算未来的运营状态，并结合实际工厂的全面态势感知信息，实现物理制造空间与信息空间的无缝对接，为精细化和智能化管控提供坚实基础。

c.数学模型规模大。形成由面向原料、产品供应链优化的大规划混合整数非线性规划模型（0-1单变量超过千个，连续变量超过十万个，约束方程超过千万个），面向生产计划和调度的混合整数线性规划模型（0-1单变量超过万个，连续变量超过千万个，约束方程超过百万个），面向实时优化的过程稳态机理模型，面向过程控制的装置动态机理模型等组成的模型库。

d.数学模型非线性强。石油化工装置运行通常涉及各种高温、高压等生产条件，加工物料性质变化频繁、装置耦合复杂、物质转化和能量传递机理复杂，特别是二次加工过程大多为复杂的吸热和放热化学反应过程，通常利用复杂的非线性微分-代数方程表示，从运行特点上表现为具有多稳态不同稳定特性的运行操作点。

e.自适应要求高。将石化工厂的行为和特征的知识固化成各类工艺、业务模型和规则，根据实际需求自动提取相应模型来适应各种生产运营管理的场景，实现与现有石化生产过程的工艺过程和管理业务流程高度集成，实现石化生产各个管理环节和各工序间紧密衔接与集成；根据全面态势感知信息，自动修正模型库，实现知识驱动的全流程优化控制与经营决策一体化，促进信息融合以及计算进程与物理进程的交互。

## 5.4 PCPS 的体系架构

### 5.4.1 PCPS 的体系架构设计

石化产业规模不断扩大，已形成规模庞大、结构复杂的现代工业体系。从系统工程的角度出发，任何一个复杂系统都是由多个紧密联系并相互作用的单元所组成，它们具有不同层次结构和功能结构，并与外部环境有物质、能量及信息交换，且不断发展演化。石化产业是一个集原油供应、炼化生产、物流仓储、销售服务等为一体的产业链，依托现有CPS基础理论，构建石化产业CPS体系结构显得尤为重要。PCPS可以理解为从单一部件、单一设备、单一环节、单一场景的局部小系统不断向大系统、巨系统演进的过程，是从石化生产单元级到石化企业级，再到石化行业产业链级，乃至石化产业生态级演进的过程，是数据流闭环体系不断延伸和扩展的过程，并逐步形成相互作用的复杂系统网络，突破地域、组织的界限，实现对人才、技术、资金、数据等资源和要素的高效整合，最终带动产品、模式和业态创新。

石化产业的核心是生产环节，采购、生产服务、物流、销售的基础是产品的供应。石化行业中不仅数据体量大、通信标准各异，并且容易受到外界因素的影响，比如政策法规、国际市场、金融投资等等。石化产业以不同地理位置分布的工业园区的经营为业务中心，生产的物理基础是多个位于不同区域的大型的生产群，单个生产群内的装置生产一种或几种中间产物，构成一个生产节点。多个节点形成一条完整的生产链，多条生产链形成一个生产基地，即石化工厂。然而，各个石化工厂的技术实力、生产能力、管理水平参差不齐，并且受到不同区域的本地市场环境、国际市场环境和政策的影响，因此石化产业的区域发展差异较为明显。以中国华东地区石化生产现状为例，中国石化在华东地区有上海石化、高桥石化、扬子石化、镇海炼化等石化生产基地，每个生产基地均由数量众多的装置组成，不同的生产装置生产不同种类的产品。

石化工厂现场生产广泛应用成熟的自动控制系统,生产链汇集生产环节上的控制节点信息,完成协调管理。同时,石化工厂使用计划、调度等工业软件,用于进行生产排产、调度安排等。另外,工厂投用了设备、能源、安全、环保等专业系统,用于满足各条线的专业管理。

PCPS的体系结构分为单元级、工厂级、企业级。单元级PCPS位于底层;多个单元级PCPS构成工厂级PCPS,定义为中间层级;按照地理位置的归属和市场区域划分,多个工厂级PCPS构成同一个区域内的企业级PCPS;不同区域的企业级PCPS之间是平级关系,不再设定上级系统,多个企业级PCPS形成的网络构成了整体的PCPS。PCPS的体系构架如图5-2所示。

各级PCPS的对应物理实体也不相同。单元级PCPS的物理实体主要是操作单元,完成由反应动力学和热力学驱动的特定物理变化或化学变化任务。例如催化裂化反应的再生单元和稳定吸收单元,均可认为是单元级PCPS的物理实体。工厂级PCPS的物理实体主要是指由各操作单元组成的生产流程以及各操作单元之间实现物质流、能量流、信息流互通的连接设施,多个工厂级PCPS构成企业级PCPS。例如上海石化、九江石化、镇海炼化等石化生产企业各自下属的生产车间构成各自的工厂级PCPS,自主负责各自工厂内部生产、协调等业务,企业级PCPS负责协调控制各工厂级PCPS的运转。

根据上述分析,PCPS三级结构的定义和功能如下:

(1) 单元级PCPS  单元级PCPS面向工艺生产装置单元、调度节点或者物流节点,能够完成单元内各物理硬件信息收集、协调、控制,并配合其他PCPS完成复杂的生产操作。不同于CPS中传统的单元级的定义,石化装置级CPS包含更广泛的内容,在石化生产中,生产装置是一套完整的产品生产或处理的工艺回路的物理系统,每一套装置即是生产链中一个节点,对应一个单元级PCPS。单元级PCPS已具备装置内所有设备的感知和执行的能力,具备统一通信标准,解决各独立系统间的信息存储、共享的问题,具备建立在装置内网之上的计算、预测与控制,并能够根据实时数据不断更新装置的数据库和模型库。

(2) 工厂级PCPS  工厂级PCPS面向石化工厂,通过网络的引入,协同调配单元级PCPS,完成工厂内部的生产流程。工厂级PCPS除包含单元级PCPS技

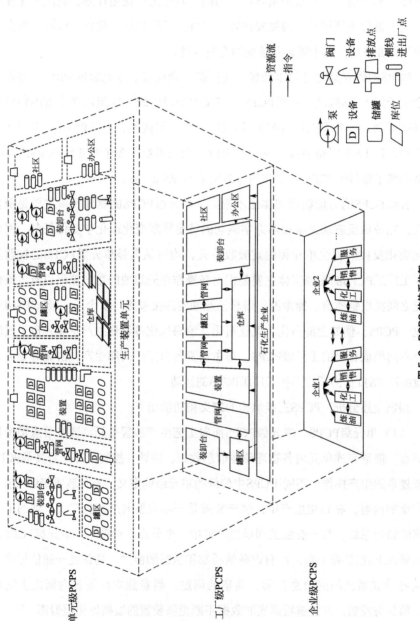

图 5-2 PCPS 的体系构架

术需求外，还需关注单元级PCPS之间的互联互通能力、管理能力和协同控制能力。工厂级PCPS是石化企业智能化的基础，具备一体化的生产、调度、优化、控制和执行能力，能有效集成市场、政策等业务信息，服务于石化工厂全生命周期。工厂级PCPS是单元级PCPS模块的有机集成，各单元级PCPS通过工业网络的连接将信息汇集至工厂级PCPS，形成分布式系统。

（3）企业级PCPS　构建企业级PCPS是一个宏大的工程，企业级PCPS需要解决的问题更加复杂。企业级PCPS面向石化全价值链，完成行业石化工厂间的协作，实现产品生命周期全流程及全价值链协同优化。单元级PCPS、工厂级PCPS为企业级PCPS提供模块化的功能和构件基础。不同区域的生产企业所处的市场环境和经济发展水平不同，各厂的技术水平、生产能力和管理能力有差异，需在不同的区域内设计与之实际匹配的策略。

### 5.4.2　PCPS的单元结构和计算架构

信息物理系统的本质就是构建一套数据流动、管理和利用的运行体系，即将正确的数据（承载信息、知识、模型参数等）在正确的时间传递给正确的人和机器，以信息流带动物资流、技术流、资金流和人才流，进而不断优化制造资源的配置效率。构建能够合理配置信息流，准确、自动和高效运转的机制是PCPS的核心目标。应当围绕上述目标来设计PCPS的单元结构和计算架构，实现信息平台与现实生产的深度融合和映射互动。

#### 5.4.2.1　PCPS的单元结构

PCPS通过三级结构间的协作，调控物理实体的操作状态、生产运行状态和经营策略，实现单元、工厂和企业的各级PCPS间的互联互通、全局优化和整体协调。PCPS采用面向对象的模式，通过互联协作，将不同的模块、组件有机连接在一起。每级PCPS均具备独立的感知、通信、计算、决策及执行等功能。因而，可以提出适应于石化行业的通用的单元模式PCPS结构。每个PCPS模块负责一个具体任务，更有针对性地建立起PCPS知识库，获得更高的运行效率。

在PCPS体系中，各个PCPS通过信息交互学习来提高自身的性能，提高对环境变化的感知和需求更新的自适应能力，面向对象的模块化结构使整个PCPS非常灵活。PCPS的单元模式结构可以分为两个模块，一个是协作控制模块，另一个是领域处理模块。见图5-3，在PCPS单元结构中，协作控制模块提供物理信息感知、通信管理、信息调用等功能，完成目标规划、目标分解和策略控制等任务，用来连接不同的领域处理模块；领域处理模块用来解决协作控制模块下发的专业领域问题，由计算（信息获取、仿真、决策、应用执行）、数据库、模型库、规则库和知识库等单元组成，提供不同类型的功能和服务。

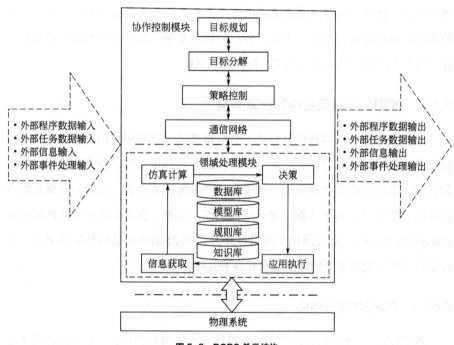

图 5-3　PCPS 单元结构

在PCPS单元模式结构中，每个PCPS通过信息的交互和互相学习来提高自身的性能，并由此提高整个PCPS系统求解问题的能力。由于PCPS间的耦合关系是松散的，因此整个系统结构更加灵活，对环境的变化具有更好的实时响应性。

（1）PCPS通用层级结构　协作控制模块主要负责虚拟计算与物理现实间的连接，提供感知通信、物理执行等功能，因而该模块可包含物理层、感知层和通信网络层三部分。领域处理模块的核心是计算处理和人机接口服务，可以分为计算策略层和应用接口层。石化行业里各类信息多且复杂，比如，单元级中仪控系统和电控系统由不同厂商提供，有不同的数据格式；企业级中同一工厂里会同时存在多种厂商的仪控系统，其他功能的软件供应商更广泛。因此，在连接两个模块时，对数据进行格式统一和传输管理是非常有必要的，传统的通信网络层无法满足需求。PCPS系统中引入信息管理层，该层对从物理系统中感知到的信息进行格式的统一和处理，信息管理层向上级PCPS提供通信和控制接口，提供各级PCPS间的控制策略分配通道。此外，信息管理层起到信息的监督和过滤作用，保证信息通信的实时、有效，同时筛查和确认信息的格式，避免错误或无效的信息。信息管理层也是整个PCPS的安全保护层，及时发现、隔离和清除病毒或伪装信息，有效预防网络威胁和安全攻击。

综上，如图5-4所示，PCPS的通用层级结构可分为六层：

a. 物理系统层。包含各类石化装置内和装置之间的物理现实设备。

b. 感知层。由各类感知设备构成，通过智能仪表、物联设备、新型传感器和工业网络，感知物理系统的数据和信息。

c. 通信网络层。通过无线网络和有线网络等传感网络传输形式，为同级PCPS模块之间、各级PCPS之间提供有服务质量保障的通信路径。

d. 信息管理层。提供数据格式统一、数据分配中转、控制策略转达、信息监督和安全管理等功能。

e. 计算策略层。提供规划集成、智能分析、可视化、实时计算、虚拟仿真等计算能力，对由信息管理层分配的特定数据进行加工处理，将得到的结果转化为知识，并将知识提供给策略分析模块，策略分析模块制定相应策略，包括能源优化策略、装置操作优化策略、企业协同优化策略、风险预警策略等，随之将所得策略反馈给应用层和信息管理层，由信息管理层完成策略下达来控制物理层。

f. 应用层。提供面向智能工厂、智能物流、智能服务等的能源优化、装置操作优化、企业协同优化、风险预警应用，满足企业不同的人机交互的生产运营需求。

PCPS的通用模式结构强调了各单元模块的自主性，构成了PCPS分布式体系结构的基础，使石化行业的整体功能具备充分的开放性、柔性和可靠性，为

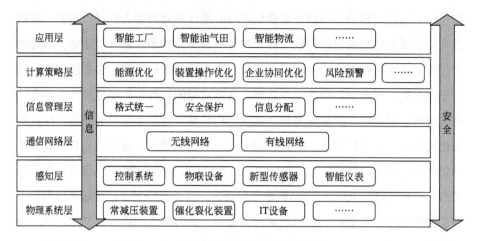

图 5-4 PCPS 通用层级结构

有效解决局部自治和全局优化间的矛盾提供了可能。

（2）PCPS网络架构　基于石化行业的特征分析和层级功能的划分，PCPS对开放互联和灵活性的要求非常高，各层的功能性要求不尽相同，采用的网络技术标准也各有差异。PCPS需要兼顾各层级间信息沟通的兼容性、流畅性和完整性，并适应柔性制造、定制化的需求。因而，PCPS的三级结构不能是简单的传统金字塔模式，网络组合必须是柔性的，PCPS必须是灵活组合的，即插即用的。传统的石化企业管理架构与PCPS架构比较见图5-5。

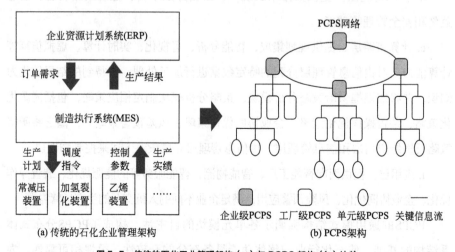

图 5-5　传统的石化工业管理架构（a）与 PCPS 架构（b）比较

每一级PCPS都是一个完整的控制系统,各级具有自主性,可实现局部自治。PCPS的整体功能通过上下级间的协作来完成。PCPS计算框架由单元级PCPS的边缘计算、工厂级和企业级PCPS的雾计算、云计算的三级计算结构组成。由于下级的整体即是上级结构中的物理层,而信息管理层的存在,使各级计算中心的任务处理只需为本级的物理目标服务,而无须对下级的物理目标负责。因此,物理区域内形成自下而上的三级网络结构,整个行业又形成以产业链级云端中心为核心的多区域PCPS网络。高层次的PCPS由低层次的PCPS互联集成、分布组网而成,具备高度开放互联和灵活性,实现系统的灵活拓展与泛在感知。每一个级中,都可以部署嵌入式智能和响应式控制设备,以及分布式测控系统和分布式计算系统。

### 5.4.2.2　PCPS的计算架构

如图5-6所示,PCPS计算架构中有数量众多的分布式计算单元,是一种多层次的计算模式,实现信息空间和物理空间的融合。各级结构中的计算中心在其对应的网络分层中发挥相应的作用,实现大规模多元实时数据的智能分析处

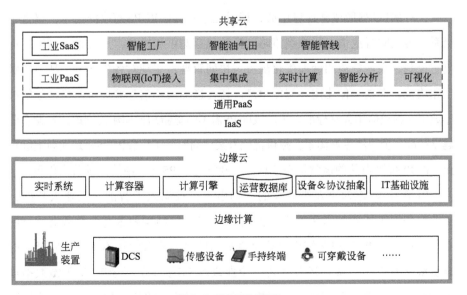

图5-6　PCPS 计算架构

理，为各自的单元随时随地提供高效的计算服务和指令控制。

为提高企业现场应用的响应速度和减少网络带宽用量，单元级PCPS具备处理装置内部问题的边缘计算中心，在边缘计算中心处理实时性要求高的计算服务。边缘计算指在靠近物或数据源头的网络边缘侧，融合网络、计算、存储、应用核心能力，就近提供边缘智能服务。单元级PCPS的边缘计算中心实现模块化和即插即用，对内结合外部信息，能够闭环独立解决装置内各种问题；对外接受上级控制信息，能通过信息管理层提供数据通信接口和控制接口，上传重要信息。单元级PCPS的感知层监控和收集来自物理现场的数据，通过工业现场网络进入各自的系统，如仪控系统、电力监控系统、紧急停车系统等。不同的系统服务器通过通信层向信息管理层上传PCPS需求的重要信息，信息管理层完成转发进入边缘计算中心。边缘计算中心使用基于物理特性的分析方法，根据装置工艺模型或机理模型调整过程状态；边缘计算中心还将历史信息存储在数据库和模型库中，随着数据的积累和分析创造出新的模式，为其他类似装置提供运营模型数据，有效改善同类装置的性能。构建单元级PCPS需解决的核心问题是信息共享网络的搭建和仪控系统、电力监控系统、紧急停车系统间的调节控制。

工厂级PCPS形成雾计算中心，通过处理单元级PCPS的数据信息，整合上级系统传达的行业信息和控制策略，应用已有知识和模型，通过设备网络进行自主控制，实现资源的合理优化配置与协同管理，实现对各生产链、环节的管理和决策，形成一体化闭环智能生产。搭建通信层和信息管理层网络在于能够形成统一的通信和存储标准。工厂级PCPS需不断更新知识库和规则库，帮助企业建立精准、全面的生产图景，提供优化方案；同时，工厂级PCPS要定期向上级企业级PCPS传输当前的运营状态信息，起到行业PCPS网络中的关键节点作用。

PCPS云端作为企业级计算的驱动引擎，推动人工智能、工业大数据、工业物联网等技术的纵深应用；企业级PCPS系统结构要求有多个云端计算中心。企业级PCPS解决区域内企业全生命周期中的复杂性和不确定性问题，提高资源配置效率，实现运营优化。企业级PCPS接收工厂级PCPS关键数据信息并存储，结合国际市场和区域内行业相关市场、政策等信息，对企业经营策略和资源配置进行监控；再结合企业大数据、企业级分析模型和规则，预测企业经营状态、用户需求变化和市场趋势，提供经营调整建议和生产计划辅助决策知识，智能优化配置资源，及时处理用户需求。企业级PCPS的知识库，一方面，在海量数据分析和挖掘基础上，为工厂级PCPS的生产活动提供实时快速的决策支持；另一方面，以模型化的方式进行知识交互，在工业大数据认知中心与智能信息服务平台的支持下，基于群体认知学习能力提供更深层的智能决策支持。

## 5.5 PCPS的关键使能技术

石油化工智能工厂是将前沿信息通信技术与石化先进工艺和装备相融合的绿色、高效、安全和可持续的新型现代化工厂。PCPS的成功实施是其关键使能技术综合发挥作用的结果。如图5-7所示，PCPS关键使能技术可以分为支撑技术和专用技术。其中PCPS支撑技术主要包括：石化生产新一代智能控制技术、基于云的石化海量信息实时处理和知识库技术、石化生产过程人机协同的决策与可视化技术。从专用技术而言，PCPS必须包含石化生产和管控、石化供应链协同、石化设计运营的数字化和智能化。从支撑技术和专用技术的共性出发，本节将阐述PCPS的具有代表性的专用技术：石化生产装置智能建模技术、面向石化本质安全的过程柔性优化设计技术、石化生产过程优化技术、智能控制技术、故障智能检测与诊断技术、石化安全智能视频监控技术。

### 5.5.1 石化生产装置智能建模技术

对石化生产过程建立一个多层次、多结构的过程模型是实现后续先进控制和优化运行的基础条件[9]。石化过程建模的方法通常包括如下三类：过程机理模型、数据驱动模型、过程机理模型与数据驱动模型的混杂模型。

#### 5.5.1.1 过程机理建模方法

过程机理建模，主要利用化学反应动力学及动力学常数、相平衡及相平衡

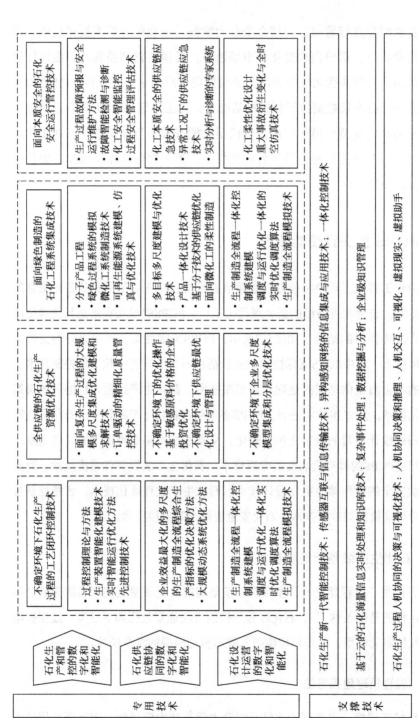

图 5-7 PCPS 关键使能技术

常数和传质、传热速率方程及传递系数等模型化"三传一反"的原理。机理模型能够有效地反映工艺过程的特点及规律。为了保证机理建模的精确性，需要科研人员掌握足够和可靠的化学工程和生产工艺方面的知识，以及详细的过程设备参数和生产运营数据等。机理建模包括质量守恒、能量守恒、动量守恒等基本方程，通常用代数和（偏）微分方程来描述。除此之外，热量、质量和动量的传递速率方程，以及化学平衡、相平衡、化学反应速率、物质状态等辅助方程也是机理模型的组成部分。鉴于石油化工装置的复杂性，在进行机理建模之前，通常进行合理的假设，并对反应器进行合理的分块。下面以石油化工流程核心装置催化裂化的机理建模为例来阐述机理建模的概况。

早期对催化裂化过程建模的研究主要是针对裂化反应动力学。由于催化裂化的原料为常压、减压馏分油（部分装置掺炼减压渣油），其化学组成复杂，所含分子数目繁多，无法知道其结构式，通常利用集总的概念写出裂化反应速率表达式。目前所开发的催化裂化反应数学模型通常有两种典型的方法：一是关联模型法，二是集总模型法。

Blanding认为裂化反应为一级反应，但随着反应的进行，在催化剂活性中心附近，低分子反应物的稀释作用逐渐加大，原料的可裂化性随反应深度的增加而降低，故可将裂化反应视为二级反应。在此基础上推导出转化率的表达式[10]：

$$\frac{C}{100.0-C} = \frac{kP}{WHSV} \quad (5\text{-}1)$$

式中，$C$是体积转化率；$P$是油气分压；$WHSV$（weight-hourly space velocity）是重时空速=进料速率/反应器催化剂藏量；$k$是裂化综合速率常数。20世纪70年代，Amoco公司开发了如下形式的模型[11,12]：

$$\frac{C}{100.0-C} = f(z_1, z_2, \cdots, z_m)(C/O)^n(WHSV)^{n-1}\exp\left(\frac{\Delta E}{RT_r}\right) \quad (5\text{-}2)$$

式中，$C/O$为剂油比；$\Delta E$为反应活化能；$R$为理想气体常数；$T_r$为反应温度。该模型的特点是把Blanding方程中的综合速率常数，逐步分解成影响转化率的若干因素，然后把转化率表示为这若干个因素相乘的形式。

集总模型（lumping model）的主要原理是将反应原料和产品划分为若干虚

拟组分体系，每个虚拟组分为一个集总，考察各集总间的反应动力学网络，建立集总反应动力学模型[13,14]。一般来说，催化裂化集总建模的方法可分为以下三大类：按馏程划分集总组分、按馏程-烃族-结构族划分集总组分、按馏程-结构族划分集总组分。

针对实际工业化生产的特点，以反应-再生系统内物料衡算、能量衡算以及反应动力学等为基础建立了不同的反应-再生系统的稳态模型和动态模型。Ali和Rohani[15]给出了由常微分方程描述的催化裂化动态模型，并且在拟稳态的假设下得出了模型方程的解析解。Secchi等[16]针对UOP型催化裂化装置提出了一套模型。提升管模型为动态模型，气固两相活塞流向上流动，但此模型没有进行质量衡算，也没有考虑气体与催化剂颗粒之间的滑落。针对再生器，文中提出了两种模型，一种是均匀搅拌槽模型（CSTR），另一种是气-固两相理论模型。对这两种模型比较后，作者给出了CSTR模型不能够准确预测$CO/CO_2$的结论。In-Su Han等[17-19]针对催化裂化装置建立了一套相当全面的模型，模型包括了提升管模型、汽提/分离反应器模型、再生器模型、催化剂传输管路模型。Fernandes等[20]针对R2R型催化裂化工艺（主要部分由一个提升管反应器、一个汽提分离器、一个稀相管和两个再生器组成）建立了装置模型。1986年，华东石油学院的郑远扬等[21]为采用再生器两段再生技术的同轴式提升管催化裂化装置建立了一个动态模型。随后，罗雄麟、袁璞、林世雄[22,23]针对前置烧焦罐式再生器催化裂化装置，建立了前置烧焦罐式高效再生器催化裂化装置反应-再生部分的动态机理模型。

图5-8为用于描述某催化裂解提升管所发生反应的十一集总反应动力学网络。裂解原料和产物包括重油（回炼油）、柴油、汽油、液化气、干气、焦炭等。由于焦炭、干气和液化气的产率预测对于整个系统能耗及装置设备的影响分析非常重要，因此在相应的反应动力学模型中有必要将焦炭、干气和液化气分开集总。由于TMP（三羟甲基丙烷）主要是多产丙烯，兼顾汽油、柴油的生产，为预测汽油的主要性质以及低碳烯烃的产率，同时考虑采用最少的集总数目达到最好的预测效果，将汽油细分为芳烃、烯烃、饱和烃，而液化气划分为丁烯、丙烯、丙烷+丁烷。另外，干气也相应划分为乙烯和剩余轻组分两个集总。综上所

述,整个反应体系就划分为:重油(回炼油)(A);柴油(B);汽油中的:烯烃(C)、芳烃(D)、饱和烃(E);丙烷+丁烷(F);丁烯(G);丙烯(H);乙烯(I);乙烷+甲烷+氢气(J)和焦炭(K)十一个集总[24]。

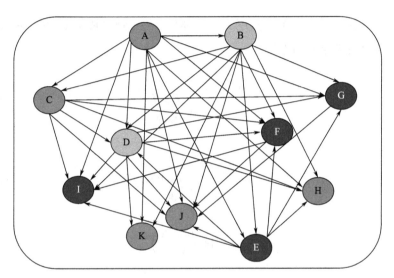

图5-8 催化裂解十一集总反应动力学网络

为简化机理模型复杂度,还需对裂解反应体系做出下述假定[25]:①重油、柴油的裂解反应为二级,其余集总的反应均为一级;②催化剂颗粒空隙率接近为1,滑落系数为1,忽略气固间的滑动;③提升管内的压力均一,油气密度均匀恒定;④提升管内的气固两相均成活塞流向上流动,无轴向返混和径向分散;⑤忽略提升管的热损失,反应为绝热过程;⑥提升管中的催化剂藏量和气体容量无变化,气固两相质量流量在提升管内是均一的,忽略生焦对气固两相质量流量的影响;⑦催化剂积炭失活采用COC模型,由生焦引起的催化剂失活是非选择性的。基于上述假设条件和反应动力学网络,$i$集总至$j$集总的反应速率$r_{i \to j}$定义为:

$$r_{i \to j} = \Phi_d k_{0,i \to j} \exp\left(-\frac{E_{i \to j}}{RT_{\text{ris}}}\right) y_i^{n_{i \to j}} \quad (i,j=A,B,\cdots,K) \quad (5\text{-}3)$$

式中，$y_i$ 为 $i$ 集总质量分数；$n_{i \to j}$ 为由 $i$ 集总至 $j$ 集总的反应阶次；$k_{0,i \to j}$ 和 $E_{i \to j}$ 分别为反应速率指前因子和活化能；$T_{ris}$ 为裂解反应温度；$\varPhi_d$ 定义为催化剂失活函数：

$$\varPhi_d = f(Mf_{ni}) f(Mf_{ha}) f(y_K) \tag{5-4}$$

式中，$f(Mf_{ni})$，$f(Mf_{ha})$ 和 $f(y_K)$ 分别用于体现原料中碱性氮含量、重芳烃吸附和催化炭对催化剂活性的影响：

$$f(Mf_{ni}) = \frac{1}{1 + \dfrac{\beta_{ni} Mf_{ni}}{100 R_{C/O}}} \tag{5-5}$$

$$f(Mf_{ha}) = \frac{1}{1 + \dfrac{\beta_{ha} Mf_{ha}}{100 R_{C/O}}} \tag{5-6}$$

$$f(y_K) = \left(1 + \frac{\alpha_{coke} y_K}{R_{C/O}}\right)^{-\beta_{coke}} \tag{5-7}$$

式中，$\beta_{ni}$ 为氮的吸附系数；$\beta_{ha}$ 为重芳烃的吸附系数；$\alpha_{coke}$ 和 $\beta_{coke}$ 为失活系数；$R_{C/O}$ 为剂油比；$Mf_{ha}$ 为原料中重芳烃的质量分数；$Mf_{ni}$ 为原料中碱性氮的质量分数。由于提升管的长度较短，且在底部配备高效进料喷嘴，油气在提升管内的停留时间很短，一般低于1.5s。为降低模型复杂度，建模时可以忽略提升管的动态特性，将提升管反应器部分作为稳态处理。根据质量守恒，集总 $i$ 所占质量分数 $y_i$ 沿提升管高度 $Z$ 无量纲分布模型分别为：

$$\frac{dy_{i,1}}{dZ} = \frac{A_{ris,1} L_{ris,1} \rho_{v,1} \varepsilon_{ris,1}}{F_{oil}} \left( \sum_j r_{j \to i,1} - \sum_j r_{i \to j,1} \right) \quad (i,j = A, B, \cdots, K) \tag{5-8}$$

边界条件（$Z=0$）：

$$y_{A,1}(0) = 1 - y_{K,1}(0) \tag{5-9}$$

$$y_{K,1}(0) = C_{rg2} \frac{G_{reg,1}}{F_{oil}} \tag{5-10}$$

$$y_{i,1}(0)=0, i \neq A, K \tag{5-11}$$

式中，$A_{\mathrm{ris},1}$ 为提升管的面积；$L_{\mathrm{ris},1}$ 为提升管的长度；$\rho_{\mathrm{v},1}$ 为气相密度；$\varepsilon_{\mathrm{ris},1}$ 为平均间隙密度；$F_{\mathrm{oil}}$ 为新鲜原料油流量；$C_{\mathrm{rg2}}$ 为密相床碳含量；$G_{\mathrm{reg},1}$ 为再生催化剂流量。

基于能量守恒，反应温度沿提升管高度无量纲分布模型为：

$$\frac{\mathrm{d}T_{\mathrm{ris},1}}{\mathrm{d}Z} = \frac{A_{\mathrm{ris},1}L_{\mathrm{ris},1}\rho_{\mathrm{v},1}\varepsilon_{\mathrm{ris},1}}{\left(F_{\mathrm{oil}}C_{p_{\mathrm{v},1}} + G_{\mathrm{reg},1}C_{p_{\mathrm{cat}}}\right)}\left(\sum_j r_{j \to i,1}\Delta Hr_{j \to i} - \sum_j r_{i \to j,1}\Delta Hr_{i \to j}\right) \tag{5-12}$$

式中，$C_{p_{\mathrm{v},1}}$ 为提升管内气相比热容；$C_{p_{\mathrm{cat}}}$ 为催化剂比热容；$\Delta Hr_{j \to i}$，$\Delta Hr_{i \to j}$ 为反应热。假定高效进料喷嘴系统使得原料油在提升管底部与再生催化剂接触后能够瞬间完全气化，因此可以根据下述热平衡方程确定提升管入口处温度：

$$T_{\mathrm{ris},1}(0) = \frac{1}{G_{\mathrm{reg},1}C_{p_{\mathrm{cat}}} + F_{\mathrm{oil}}C_{p_{\mathrm{v},1}} + F_{\mathrm{steam},1}C_{p_{\mathrm{w}}}} \left\{ \begin{array}{l} G_{\mathrm{reg},1}C_{p_{\mathrm{cat}}}T_{\mathrm{rg2}} + F_{\mathrm{steam},1}C_{p_{\mathrm{w}}}T_{\mathrm{steam}} \\ -F_{\mathrm{oil}}\left(\begin{array}{l}C_{p_{\mathrm{oil}}}(T_{\mathrm{Bo,oil}} - T_{\mathrm{oil,in}}) \\ +\Delta H_{\mathrm{vap,oil}} - C_{p_{\mathrm{v},1}}T_{\mathrm{Bo,oil}}\end{array}\right) \end{array} \right\} \tag{5-13}$$

式中，$F_{\mathrm{steam},1}$ 为进入提升管的蒸汽流量；$C_{p_{\mathrm{w}}}$ 为蒸汽的比热容；$C_{p_{\mathrm{oil}}}$ 为原油比热容；$T_{\mathrm{rg2}}$ 为密相床出口温度；$T_{\mathrm{steam}}$ 为蒸汽温度；$T_{\mathrm{Bo,oil}}$ 为进料原油沸点；$T_{\mathrm{oil,in}}$ 为原油进料温度；$\Delta H_{\mathrm{vap,oil}}$ 为原油汽化热。

汽提段负责快速分离油气产物和催化剂以避免不必要的二次反应，对于汽提段模型化采用下述假设：①汽提段蒸汽流量相对很小，可以忽略其对整个汽提部分热平衡的影响；②一般地，待生催化剂在汽提段的停留时间超过几分钟，假定汽提段为理想混合搅拌器；③汽提段内不发生化学反应；④CCR焦炭不影响催化剂短期失活。基于上述假设，由质量和能量守恒知，催化剂藏量、焦炭含量以及汽提段温度可以用下述方程描述：

$$\frac{\mathrm{d}W_{\mathrm{st}}}{\mathrm{d}t} = G_{\mathrm{sp},1} + G_{\mathrm{sp},2} - G_{\mathrm{sp}} \tag{5-14}$$

$$W_{\mathrm{st}}\frac{\mathrm{d}C_{\mathrm{sp}}}{\mathrm{d}t} = G_{\mathrm{sp},1}(C_{\mathrm{ris},1} - C_{\mathrm{sp}}) + G_{\mathrm{sp},2}(C_{\mathrm{ris},2} - C_{\mathrm{sp}}) \tag{5-15}$$

$$W_{\mathrm{st}}\frac{\mathrm{d}T_{\mathrm{sp}}}{\mathrm{d}t}=G_{\mathrm{sp},1}(T_{\mathrm{ris},1}|_{z=1}-T_{\mathrm{sp}})+G_{\mathrm{sp},2}(T_{\mathrm{ris},2}|_{z=1}-T_{\mathrm{sp}}) \qquad (5\text{-}16)$$

式中，$G_{\mathrm{sp}}$，$C_{\mathrm{sp}}$ 和 $T_{\mathrm{sp}}$ 分别代表催化剂循环量、待生催化剂碳含量以及汽提段出口温度；$C_{\mathrm{ris},1}$ 代表附加来源于提升管的碳含量：

$$C_{\mathrm{ris},1}=y_{K,1}|_{Z=1}+\frac{\lambda_1}{G_{\mathrm{sp},1}}\left[F_{\mathrm{oil}}CCR_{\mathrm{oil}}\right]+\gamma_1 \qquad (5\text{-}17)$$

式中，$CCR_{\mathrm{oil}}$ 为循环重油回流量；$\lambda_1$，$\gamma_1$ 为系统常数。过程机理模型具有理论基础性强、可解释性优、外推性良好等优点，但石化过程复杂，建立一套准确的数学机理模型难度相当大。概括性地描述，过程机理模型具有如下几个缺陷：专用性强导致了可移植性差；复杂的微分/代数方程组的求解计算量大、收敛速度慢；部分假设前提条件导致了模型与实际之间的偏差。

#### 5.5.1.2 数据驱动建模方法

数据驱动建模的本质就是依靠一系列统计的自变量与因变量的样本数据，回归生成可以反映自变量与因变量间数据关系的模型，进而可以通过该模型计算欲知点处自变量对应的因变量，而不必通过机理模型迭代计算，即是基于数据驱动模型的预测；当使用该模型作为过程系统中部分机理模型的替代，并在过程系统的优化计算过程中重复使用该模型进行计算，即是基于代理模型的优化计算。迄今为止，科研人员开发的数据驱动建模方法可以分为如下几类。

（1）基于回归分析的建模法　回归分析建模方法主要包括主成分分析法（principal component analysis, PCA）以及偏最小二乘法（partial least squares, PLS）两种经典方法。PCA通过线性变换将原始数据变换为一组各维度线性无关的表示，可用于提取数据的主要特征分量，常用于高维数据的降维。PLS最小化误差的平方和找到一组数据的最佳函数匹配。用最简的方法求得一些绝对不可知的真值，而令误差平方之和为最小。此类方法的优势在于降低样本维数，对于变量维数较高的情况可以有效提高建模效率，避免病态问题的出现。

（2）人工神经网络建模法　人工神经网络方法是现阶段比较热门的方法之一，也是许多人工智能的基础。这种网络通过大量人工神经元相互连接成复杂的网络系统,每一神经元仅起简单的输入输出变换$y=\sigma(x)$的作用,可用电子、光学等元件或计算机模拟。每一神经元可以有许多输入、输出,相互之间以连接键相连,它决定神经元间相互作用的强弱和正负。这样构成的神经网络通过网络中参数的改变,可获得训练和学习、过程自组织等能力。目前主要的人工神经网络算法包括BP(误差逆传播算法)神经网络、卷积神经网络、RBF(径向基函数)神经网络等。当隐藏层变多,多到一定程度时即是深度学习。随着神经网络研究的不停进展,其计算特点和传统的生物神经元的连接模型渐渐脱钩,但是它保留的精髓仍然是非线性的分布式的具有自适应、自组织性的并行计算。神经网络方法用途非常广泛,在智能控制、辨识系统、模式识别等领域都得到应用。神经网络的优点是可以无限逼近任何复杂程度的非线性关系,鲁棒性好,有很强的学习、记忆、容错和适应能力;主要缺点是其高度复杂的网络结构使得其性能指标难以得到精确分析,也无法获得直接的函数表达式,另外常用的如BP算法经常停止于局部最优解,在训练算法时时间过长会出现过度拟合,把噪声当作有效信号。

(3)基于统计学习理论的建模法　支持向量机(support vector machine, SVM)在解决小样本、非线性及高维模式识别中具有其特有的优势,而且能够推广应用到函数拟合等其他机器学习领域。支持向量机方法是建立在统计学习理论的VC(虚信道)维理论和结构风险最小原理基础上的,根据有限的样本信息在模型的复杂性(即对特定训练样本的学习精度)和学习能力(即无错误地识别任意样本的能力)之间寻求最佳折中,以期获得最好的推广能力(泛化能力)。支持向量机具有更严格的理论和数学基础,由于采用结构风险最小化方法,其解不存在局部最小问题,适合小样本学习,且具有很强的泛化能力,不过分依赖样本的数量和质量等优点。但当训练样本比较大时,其训练过程的计算量将成倍增长。

(4)克里金建模法　相较于三角剖分法、最小二乘法等传统的插值方法,克里金法的优势主要是在数据网格化的过程中考虑了描述对象的空间相关性质,使插值结果更科学、更接近于实际情况,并且能给出插值的误差(克里金方差),使插值的可靠程度一目了然。其局限性主要表现为是一种基于统计已知数据对未知数据的估计,单一样本适用,没有学习能力,也无法获得样本点间的直接函数关系[26]。

（5）响应平面法　响应平面法综合了数学、统计两方面的方法，最早由数学家Box和Wilson于1951年提出，用于找寻多个变量对应一个响应的情况下响应与多变量间的数学关系（响应面）。其基本思想是构造一个近似的多项式来表达未知的函数关系，方法常常是使用多元线性回归方法，通过有限次实验来回归拟合这样一个多项式函数关系，来替代真实的响应面[27]。响应平面法在生物、化学和工程学等领域中都有重要的应用。未来算法的优化、实验设计方法的优化以及信息技术的发展都将使得响应平面法更加完善、有更广阔的应用空间。

（6）符号回归法[28]　符号回归，或者称函数辨识，其目标是通过一定样本数据的训练自主确定回归函数的形式并确定其中的参数，并且能够满足一定的精度要求。符号回归是基于表达式树的，表达式树递归地使用叶节点上的操作数和所有其他节点上的运算符来表达函数关系。表达式树不是必须为二元的，但是二元表达式树是最直观且方便的，故二元表达式树应用得最多。值得注意的是，表达式树可以表示任何一个表达式。不同表达式可以由树状结构的不同层数、节点数、节点符号类型来描述。符号回归的难点在于如何将变量组成满足精度的函数表达式。传统的符号回归在确定函数表达式时主要采取探索的方法，主要为遗传算法和随机生成候选因子集的逐步回归算法，通过不断探索以及评价随机探索过程中得到的函数形式与样本间的适应度，来找到满足精度要求的函数形式。清华大学课题组利用混合整数规划方法来描述符号回归树并提出了相应的求解算法，实现了符号回归树的精准描述[28]。如图5-9所示，针对表达式$z=x^2-x+1$，给定10组训练数据，所提出的符号回归方法可以成功地获得原始的表达式。

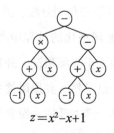

图5-9　表达树表示

### 5.5.1.3 混合建模方法

虽然机理模型具有较高的精确度和较广的适用范围,但是石化装置间耦合严重,采用分析逐个装置过程机理建立模型这种方式,不可避免地导致误差逐级放大,模型收敛性和稳定性得不到保证。此外,由于石化过程变量多、非线性强、工况波动范围大等特征,采用数据驱动模型也很难得到满意的效果。近年来,由于综合了过程的机理和流程信息,模型复杂度能够有效简化,混合建模方法得到了越来越广泛的关注。

混合建模方法首先根据过程机理特点,选择恰当的建模方法建立整体模型中的子模型;然后在已知的机理知识的基础上,利用某些数据驱动建模方法估计机理方法无法确定的内部参数,最终建立适合石化过程的模型。混合模型能够充分利用已有的先验知识,挖掘数据中的有效信息,提高建模的效率与精度。根据子模型的不同,主要可以分为数据驱动融合建模和半参数建模方法[29]。从结构而言,混合模型可以分为:串联、并联和混联。

(1) 串联 串联指输入变量首先进入机理模型进行运算,其输出再作为非机理模型的输入,非机理模型(主要指数据驱动模型)的输出作为最后的输出,其示意图如图5-10所示。此模型适用于石油化工过程中部分工艺机理已知的情况下,可以充分利用现有的机器学习的方法以提高建模精度。

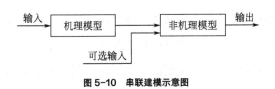

图 5-10 串联建模示意图

(2) 并联 并联指过程机理模型和非机理模型(主要指数据驱动模型)对输入数据是并行运算的,如图5-11所示。机理模型和数据驱动模型联合形成集成模型,其输入是总的输入变量,内部的机理模型和数据驱动模型的输入变量可以不同。根据实际需要,也可由两个过程机理模型或两个过程数据驱动模型甚至多个模型并联在一起组成并联模型。在单独使用机理模型所得输出数据误差较大的情况下,可利用合适的非机理模型进行误差学习,总输出为机理模型

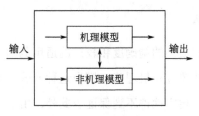

图 5-11　并联建模示意图

和非机理模型的结果之和，这样所得的输出误差就会大为减小。

（3）混联　混联建模的优点是自由度大，可同时将几个机理模型和几个非机理模型集成在一起。比较适用于非常复杂的化工过程建模，建模过程的模型结构多样。混合建模方法综合了机理建模方法和各类机器学习方法的优势，有效地改善了模型性能、降低了模型复杂性。但是，目前混合建模法仍存在建模精度波动、鲁棒性不稳定等问题[29]。采用深度融合机理建模和数据驱动建模的混合建模方法是对复杂石化生产过程进行精准、实时建模的热点研究之一。

## 5.5.2　面向石化本质安全的过程柔性优化设计技术

当前的化工设计过程主要以经济效益为导向，所设计出的化工过程在操作参数变化等不确定性因素影响下难以稳定运行。本质安全的核心思想是在过程设计阶段从工艺、设备及控制等方面考虑如何消除或减少发生运行不稳定的根源。因此，在设计阶段综合考虑系统的经济性、柔性、稳定性和可控性，是实现化工过程安全"源头治本"的基础性工作之一，也是化工过程能、质高效转化的重要前提和基本保障。20世纪80年代以来，国内外学者围绕从数学上如何刻画和揭示化工过程的稳定性、柔性和可控性做了大量的工作[30-32]。本节将重点对化工生产过程的柔性、稳态解多重性及其稳定性等相关数学模型研究进展进行论述。

石化过程在投入运行后，进料组成、进料量、产品质量要求、外界环境温度、反应速率常数、传热系数、传质系数以及设备的物理性质将会发生变化，这些变化要求化工过程不仅能适应于特定的正常操作状态，还要具备对不确定性参数在一定范围内波动的承受能力。因此通过柔性分析和设计，可以确保化工过程安全平稳运行的策略既适用于过程设计阶段，也适用于过程运行阶段。在柔性分析中，石化过程的变量可以分为：设备尺寸变量$d$；过程的状态变量$x$；控制变量$z$；不确定因素变量$\theta$。上述四类变量所表征的化工过程约束条件如式（5-18）所示。

$$\begin{aligned} h(d,z,x,\theta) &= 0 \\ g(d,z,x,\theta) &\leqslant 0 \end{aligned} \quad (5\text{-}18)$$

将式（5-18）中的等式求解代入不等式约束，则式（5-18）可以描述为：

$$g(d,z,x,\theta) = g(d,z,h(d,z,\theta),\theta) = f(d,z,\theta) \leqslant 0 \quad (5\text{-}19)$$

不确定因素$\theta$的变化范围是以标称值$\theta^N$为中心，正负偏差分别为$\Delta\theta^+$和$\Delta\theta^-$的超矩形，如式（5-20）所示：

$$T(\delta) = \{\theta|\theta^N - \delta\Delta\theta^- \leqslant \theta \leqslant \theta^N + \delta\Delta\theta^+\} \quad (5\text{-}20)$$

其中$\delta$决定不确定参数$\theta$的变化范围，Grossmann等[33]将式（5-20）的最优值描述为：

$$\max_{\theta \in T} \min_z \max_{j \in J} f_j(d,z,\theta) \leqslant 0 \quad (5\text{-}21)$$

根据式（5-21），Grossmann等[34]又将其转化为式（5-22）所示的柔性指数形式：

$$\begin{aligned} & F = \max \delta \\ \text{s.t.} \quad & \forall \theta \in T(\delta)\{\exists z| f(d,z,\theta) \leqslant 0\} \\ & T(\delta) = \{\theta|\theta^L - \delta\Delta\theta^- \leqslant \theta \leqslant \theta^L + \delta\Delta\theta^+\} \end{aligned} \quad (5\text{-}22)$$

通过求解式（5-22）所示的数学模型可以解析石化过程对不确定性因素变化的承受能力，从源头上评判事故发生的可能性。例如徐强等[35]提出了石脑油裂解炉全周期操作中各拟稳态的柔性指数计算模型和求解方法，研究结果展示了化工系统柔性分析对于维持生产稳定的重要作用。相关研究表明，化工过程的动态柔性分析[36-39]是过程安全稳定运行的重要前提。

化工过程中存在的各种不确定因素将给过程带来不同程度的扰动，如果这些扰动不及时抑制，将给化工过程埋下安全隐患。化工过程的稳定性在安全生产中发挥着基础性作用，统计表明许多重大事故都是由于系统的运行不稳定，人为误操作进一步加剧了事故发生概率，最终造成人员伤亡和财产损失[40]。研究系统在不同操作条件下的稳定性和可控性对系统的安全平稳运行具有重要的指导意义。

化工过程是一个涉及复杂能/质转化的物理化学过程，在一定的操作条件范围内，过程表现为输入输出多重性，具有很强的非线性。化工过程的稳定性主要描述的是化工过程对于外界扰动的承受能力。可控性是化工过程的内在特征之一，它体现了化工过程在有界干扰和不确定因素影响下保持在设定操作区域内运行的能力[41]。

清华大学综合零动态响应系统求解算法、相位行为特性快速分析策略、操作子区域构建方法，提出了图5-12所示的一种面向石化过程本质安全设计的稳定性与可控性综合分析理论框架[42]。通过运行该框架，可有效揭示流程中单个装置的操作/设计参数变化对整个流程的稳定性和相位行为特性的影响。通过分析装置单元的操作变化对整个流程的整体稳定性及可控性的影响，可以给出平稳安全操作范围，并为全厂级过程控制系统的设计奠定坚实的基础。

### 5.5.3 石化生产过程优化技术——（实时）智能优化运行技术

石化过程优化可分为过程系统结构优化和过程操作优化两个不同层次[43]。前者是指寻找最佳工艺流程的过程综合问题，它涉及不同工艺路线、不同生产加工方案的选择与组合，用于过程设计、综合、改造时，满足特定原料条件下的产品要求。过程操作优化是指在确定的工艺流程中，选择流程内部各环节、各单元处于的操作状态，使整个流程总体性能达到最优。通常提到的石化装置优化问题，多指石化装置的操作优化。

过程优化包括四个要素：一是目标函数即优化过程所追求的目标，例如利润最大化、成本最小化；二是决策变量；三是约束条件；四是优化模型求解算法。目标函数又称性能函数、评价函数等，是评价是否满足"最优化"要求的指标，既可以包含单个优化目标，也可以包含多个优化目标。决策变量是描述过程系统的参数中被选来进行调节以改进系统性能的变量。描述过程系统的

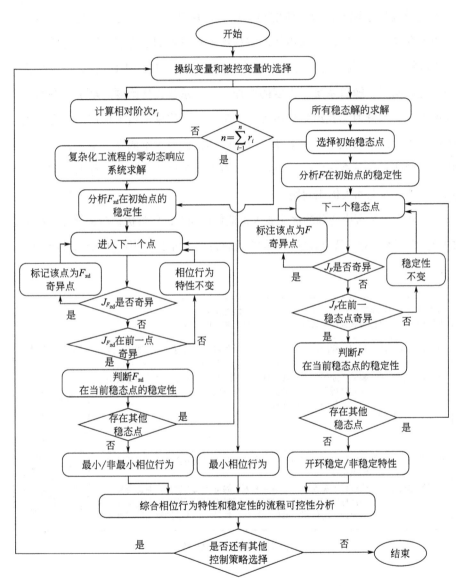

图 5-12 复杂石油化工过程稳定性和可控性综合分析理论框架

数学模型是一组状态方程，称为状态方程组。系统状态变量数与状态方程数目相等，而决策变量数目等于系统变量总数与状态变量数之差。在过程优化中，决策变量数又被称为过程系统的自由度。自由度为0表示无决策变量，表明该系统不存在最优化问题，利用状态方程组求解得到的状态变量数值是唯一的；自由度等于1的优化问题被称为一维优化问题；自由度大于1的优化问题被称为多维优化问题。随着系统自由度的增加，求解系统优化问题的难度也在增加。约束条件又可分为等式约束和不等式约束。等式约束相当于增加的状态方程，因此，等式约束数应小于决策变量数，否则优化问题不成立。不等式约束是把优化问题的解限制在一定的区域内。含有约束条件的优化问题称为约束优化问题，否则称为无约束优化问题。

针对石化装置中遇到的优化要求构造优化模型，就将优化对象转化为数学上的最优化问题，对于搜寻最优方案的最优化方法，可以按照图5-13所示进行分类。

```
线性规划：目标函数与约束条件的函数性质均为线性函数
非线性规划：目标函数或约束条件中至少有一个为非线性函数
-----------------------------------------------
直接最优化方法：利用目标函数在某些点上的性质和目标函数值，通过搜索、改进，逐步逼近最优解
    （黄金分割法、单纯形法、遗传算法、模拟退火法、粒子群优化算法、免疫算法等）
间接最优化方法：需要借助函数的导数、梯度、一阶偏导数矩阵、二阶偏导数矩阵的性质等，寻求最优化的必要条件，修正决策变量，搜索极值点，从而求得最优解
    [无约束问题：最速下降法、共轭梯度法、牛顿法、变尺度法等]
    [有约束问题：Lagrange（拉格朗日）乘子法、罚函数法、序贯二次规划（SQP）法等]
-----------------------------------------------
可行路径法：求解有约束最优化问题时，每次迭代产生的决策变量修正值都必须满足约束条件
不可行路径法：迭代过程不需要在约束条件所划定的可行域内进行，而是变量逐步向使目标函数最优的方向移动，同时考察偏离约束条件的程度，作为变量修正的依据，最后当目标达到最优时才能同时满足约束条件
```

可行路径法

不可行路径法

图 5-13　最优化方法分类

目前石化过程普遍采用的综合自动化系统的结构如图5-14所示[44]。石化生产的优化与控制通常包括：①厂级计划与调度；②装置的实时优化；③装置的先进控制。厂级计划与调度是指在一定时间范围内综合考虑市场情况（原

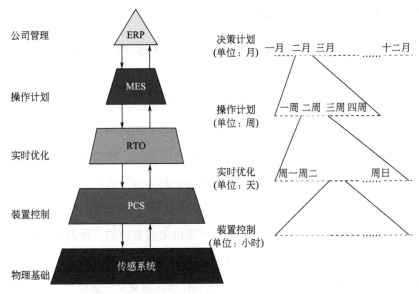

图 5-14 企业综合自动化系统典型的递阶结构

材料价格波动、产品订货合同等）和公司内部生产情况（各装置的生产能力等），合理安排生产计划，以使全厂获得最大的经济效益[45]。它负责向各生产装置下达生产的目标和方案，包括原油品种与数量、产品配置与产量、装置加工负荷和配套公用工程安排等。厂级计划与调度的执行周期一般为几星期至月。生产装置的实时优化是在一定约束条件下，通过优化操作变量，使某种生产指标达到最大或最小。装置的实时优化的目标通常是从整个装置出发的，如产率最高、能耗最小、经济效益最佳等，通过下传操作变量的设定值对先进控制进行指导。实时优化的执行周期一般为几小时至天。装置的先进控制（advanced process control, APC）是处于常规控制之上的，与常规的PID等控制方案有明显区别的控制策略。其除了保障生产的平稳之外，还要使参数尽快达到装置优化下传的设定值上。先进控制在生产中的特点表现为：更加适应过程复杂的动态特性，更加符合工艺机理，有更合理的控制目标，在有时间滞后、多变量、不可测变量、变量受约束以及操作条件变化等情况下，仍有较好的控制性能。先进控制的执行周期通常为几分钟。

### 5.5.3.1 石化生产企业排产策略

石化企业计划排产是指企业生产经营过程的资源配置与优化，在计划排产的过程中一般采用能够自动寻优的计划优化软件，如美国AspenTech公司的PIMS（个人信息管理系统）、清华大学的GIOPIMS（石化企业图形化生产计划优化系统），在综合考虑原油的复杂性对采购计划的影响、市场供需关系变化对产品配置计划的影响、生产装置运行状况（开停工、检修等）对生产调度计划的影响、装置运行负荷对公用工程消耗的影响等特定约束条件的情况下，最终形成一个可操作的最优化生产方案，并下达至基层生产单位执行。

在市场经济环境下，产品的价格由市场供求关系决定。作为企业的经营管理者需要仔细研究市场变化规律，通过预测市场变化趋势，借助智能化的计划优化过程灵活安排企业的生产方案，及时抓住市场需求变化的机会，从而提高企业竞争力，实现企业经济效益最大化的目标。在石化化工行业，排产模型主要内容包括原油油种选择优化、加工负荷、产品结构优化及原料油保本点计算等。原油优化选择测算是生产计划排产应用最多且取得效果最明显的案例[29]。不论选择原油、原料，都是以效益最大化为前提，不同原油加工效益排序并不一定是采购数量的顺序，以资源可行、工厂可加工、效益最好的最佳组合原油结构为选择。

在以经济效益最大化为目标的排产方案求解过程中，答案并不是唯一的。随着原料和产品价格波动、产品配置计划的调整、市场需要的变化等，需要不断修订计划和调度排产方案，以实现全局经济效益最大化的目标。

### 5.5.3.2 （动态）实时优化

装置的实时优化和先进控制是密不可分的[45]。装置的实时优化是以先进控制为基础的，只有通过先进控制，才能准确及时地保持装置运行在最优操作条件下。如果在先进控制的基础上实现过程实时优化，先进控制的目标将更加明确，其在生产过程中的作用更突出。

实时优化是流程工业中实现计划、调度、操作、控制一体化优化的关键环节,在整个优化体系中起承上启下的枢纽作用。基于实时优化,可以将生产计划、调度排产、操作优化、操作控制整体贯通,真正做到优化目标从上到下、从全局到局部的层层分解和闭环控制。基于实时优化技术,在不增加重大设备投资的情况下,可以充分发挥现有生产装置的运行潜力,使主要技术经济指标达到或超过同类装置的国际先进水平,有效实现增产、节能、降耗的目标,为企业有效提升经济效益。实时优化技术根据所使用的模型性质可以分为两类:一类是稳态实时优化,采用稳态机理模型,大多利用基于方程的求解技术;另一类是动态实时优化,这是实时优化的新发展,采用动态模型。无论稳态实时优化还是动态实时优化,都将对以下3个关注点进行分析[46]:

(1) 状态估计 是指能够判断系统当前的状态。由于各种干扰的影响,工业生产装置总是处于动态变化中。对于干扰的动态响应也是有快有慢,甚至还有逆响应或者纯滞后。这意味着在某一时刻得到的"快照"数据并不能够完全反映装置全部情况,有时甚至可能会让人们得出错误的结论。完整地评估装置当前状态还需要历史数据。

(2) 最优状态(确定最佳操作点) 是指求解最佳稳态操作点。稳态实时优化通常用一组代数方程组来描述实际装置的稳态模型,然后利用线性代数和最优化理论求解最佳操作点。动态实时优化多用常微分方程组或代数-微分方程组描述实际装置的动态模型,然后利用动态优化的理论求解最佳操作点。

(3) 动态路径[47] 是指从当前操作点移动至最佳操作点路径。通常存在许多路径,由于变量间的动态耦合,直线路径未必就是最佳路径,有时甚至是不可行路径。

若能够用一个统一的动态模型来精确描述真实过程的所有过程变量、所有经济信息和所有影响因素,并在此基础上实现优化,自然是最理想不过的。但从目前的技术水平看,要做到这一点几乎是不现实的。连续工业过程具有比较好的基础自动化条件,底层的控制系统基本上已能保证平稳生产[48]。另外,连续过程通常有80%以上的运行时间是处于稳定操作工况的。这是在在线优化中采用稳态模型的原因。但也应该看到,在线优化基于稳态操作这一基本假设只能适用于连续过程,对半连续或间歇过程,其优化应该以动态模型为基础[49]。

过程的动态模型描述了系统的动态过程（诸如质量、能量的动态平衡），通常可以由一组微分方程组（ODE）或者微分-代数方程组（DAE）表示，由于DAE方程组在一定条件下可以转化为ODE方程组，所以下面的讨论只考虑ODE方程组的形式。则基于非线性动态模型的动态实时优化在过程控制中的典型应用是在操作状态变换时找到一个最佳的操作策略，可以用一个带约束的动态优化问题表示：

$$\min J = \Phi(t_f, x_f) + \int_{t_0}^{t_f} L[x(t), u(t), t] \mathrm{d}t \quad (5\text{-}23)$$

$$\text{s.t. } \dot{x}(t) = f(x(t), u(t)), \ t \in [t_0, t_f] \quad (5\text{-}24)$$

$$H(x(t), u(t)) \leqslant 0 \quad (5\text{-}25)$$

$$x_0 = x(t_0) \quad (5\text{-}26)$$

式中，$x \in R^{N_x}$为状态变量；$u \in R^{N_u}$为控制变量；$f(\cdot)$描述过程的动态模型，$H(\cdot)$描述状态变量和控制变量的约束条件，且$f(\cdot)$与$H(\cdot)$均为相应维数的连续可微非线性函数。式（5-24）定义了系统模型，式（5-25）定义了状态变量和控制变量的路径约束，式（5-26）定义了状态初值条件。

与非线性模型预测控制不同的是：动态实时优化的性能指标通常是过程的经济指标，而非线性模型预测控制是过程动态性能指标。目前动态优化求解方法有直接法、间接法、动态规划法等，见图5-15。直接法是用于求解过程动态实时优化最常见的方法[43]，它通过离散化把连续动态优化问题转化为一个离散的非线性规划（NLP）问题，然后利用比较成熟的求解非线性规划的优化方法进行求解，如SQP（序列二次规划）等。下面将主要介绍直接法的三种方法。

（1）单点打靶法（single-shooting approach） 单点打靶法又叫控制向量参数化方法（control vector parameterization, CVP）。这类方法只把连续控制轨迹$u(t)$离散化（参数化），如可以用分段线性函数在第$k$离散时刻内将控制量固定$u^k(t) = u^k$，然后根据该离散控制量在$[0, t_f]$对系统模型积分，这样就将优化问

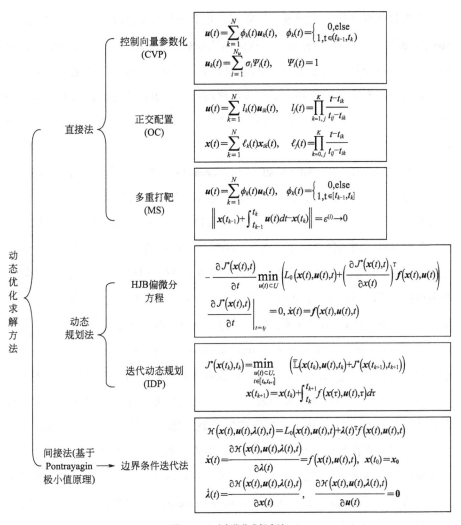

图 5-15 动态优化求解方法

题中模型约束完全消去,再采用NLP优化算法如SQP进行求解。如果使用精确牛顿方法求解NLP问题,那么需要目标函数和约束条件关于控制量的一阶和二阶梯度信息,一阶梯度信息可以通过敏感度方程或伴随方程形式得到,但要获得二阶梯度信息,计算量一般很大。Canto等[50]给出了一种海森矩阵-向量乘积(Hessian matrix-vector product)的形式,他们证明了利用这种形式计算二阶梯度信息具有和计算一阶敏感度信息同样的计算复杂度,并建议利用截断牛顿法求解所得到的优化问题。近年来，也有一些针对CVP方法的改进形式，Marquardt等[51,52]提出一种自适应控制向量参数化方法（adaptive control vector parameterization），该方法利用小波分析前一时刻CVP得到的优化解，利用多尺度的思想不断细化或者粗化下一步优化问题的数值积分时间，进而降低了整个优化计算量。这种方法在间歇过程动态实时优化[53]和非线性预测控制中得到了应用[54]。

（2）多点打靶法（multiple-shooting approach）　多点打靶法在每个离散时刻$k$内除了参数化控制量$u_k$外，还需要给定状态量$z_k$的初始条件，然后在$[t_k, t_{k+1}]$对过程模型进行数值积分得到$x_k(t_{k+1})$，进而得到目标函数值。数值积分和梯度信息可以在各个离散间隔内独立完成，因此这种方法可以解决开环不稳定系统[55]。近年来，也有一些多点打靶法的改进形式，其主要思想就是将各种改进的SQP算法与多点打靶算法相结合。如Andreas等[56]提出在打靶算法中使用扩展偏简约SQP算法，与商业软件MUSCOD-Ⅱ比较，这种方法更适合实时优化的需要。

（3）联立完全离散化方法（simultaneous full-discretization approach）联立算法把整个动态系统完全离散，离散点上的控制和状态变量都被纳入优化问题中，因此它可以处理路径约束问题。它把模型方程包含在优化问题中，仅在最优点处求解一次，避免了多次求解，联立算法在处理不稳定模型时也有优势。但联立算法把所有变量都当作寻优变量，将产生一个非常大的NLP，难以保证算法的收敛性和收敛速度。现在最为常见的联立算法是基于有限单元的正交配置算法（orthogonal collocation on finite elements, OCFE）[57]。为解决将控制量和状态量完全离散化而导致的大规模NLP问题，近年来出现了许多改进的联立算法。其基本思想就是利用NLP问题的分散结构，然后利用内点算法（interior-point）求解SQP问题，也出现许多商业化软件[58,59]。

由于实际生产过程本质都是动态变化的，因此，与稳态实时优化相比，动态实时优化对实际生产的优化操作具有更好的指导作用。但是要获得满足动态实时优化精度要求的非线性动态机理模型实际上是非常困难的，尤其是对于大规模装置通常建立包含数千个代数-微分方程、甚至是偏微分方程的模型，这也是动态实时优化在实际生产中难以应用的最主要的原因。另外，对大规模动态优化问题的在线求解也是一个非常困难的问题。因此，目前动态实时优化尚处在理论研究阶段，在实际生产装置上应用的还很少。

### 5.5.4 先进控制技术

先进控制技术的应用是信息化在石化生产的应用体现。它使石化生产过程控制实现革命性的突破，由原来的常规控制过渡到多变量模型预测控制（图5-16），工艺生产控制更加合理、优化。先进控制技术采用科学、先进的控制理论和控制方法，以工艺过程分析和动态优化为核心，以工控网络和管理网络为信息载体，最大化发挥DCS和常规控制系统的潜力，保障生产装置始终运转在最佳状态，通过多变量协调和约束控制降低装置能耗，卡边操作，以获取最大的经济效益。

先进控制技术的核心是多变量鲁棒预测控制器，采用模型预测控制算法。预测控制算法具有三大本质特征：预测模型、滚动优化和反馈校正。

（1）预测模型　基于明确的动态数学模型，预测控制器根据系统的历史信息和选定的未来输入预测其未来的响应，并依此确定未来的控制作用，这比仅依靠当前输出偏差确定控制作用的常规PID控制器有更好的控制效果[60]。尽管

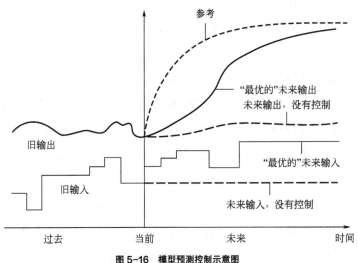

图 5-16　模型预测控制示意图

工业过程都会呈现出不同程度的非线性，但在实际应用中，绝大多数预测控制器都采用阶跃响应等线性模型形式。这主要是因为，线性模型在离线辨识、经验和机理建模中很容易获得。同时，许多工业过程在正常操作时，各操作变量都被尽量控制在某个特定工作点附近，使用在工作点附近线性化的模型能够满足控制精度的要求[61,62]。最后，基于线性动态模型和二次型目标函数，预测控制在线优化问题归结为一个二次规划（quadratic programming, QP）问题，可以用数学上许多成熟的优化工具求解[63,64]，可以保证在线优化的实时性。

（2）滚动优化　预测控制中的优化有别于传统意义下的离线最优控制算法[59,60]。在每个采样时刻内，预测控制通过对包含被控过程未来行为的性能指标的最优化来确定未来的控制作用，并且在下一时刻只实施当前时刻的控制作用，即优化计算并不是一次离线完成，而是在线反复进行并滚动实施的。采用有限时域优化每次得到的虽然是一个次优解，但优化的滚动实施却能顾及由于模型失配、时变和干扰等引起的不确定性，及时补偿这些因素对闭环控制性能造成的不利影响[65]。因此，建立在有限时段上的滚动优化策略更加符合过程控制的特点。此外，滚动优化还能灵活有效地解决实际中存在的各种约束条件。

（3）反馈校正　由于在实际生产过程存在着各种非线性、时变、不可测干扰等因素，预测模型通常只能粗略地描述被控对象的动态特性，会在不同程度上存在模型失配的情况。因此，有必要利用过程的实际测量值对模型预测输出进行反馈校正。同时，滚动优化策略只有建立在反馈校正的基础上才能体现出它的优越性。具体来说，预测控制器通过优化确定了一系列未来的控制作用后，为了克服由于模型失配引起对理想状态的偏离，并不是把计算得到的控制序列逐一全部实施，而只是实施当前时刻的控制作用。到下一个采样时刻，根据被控过程的实际输出，并通过各种反馈策略，校正模型的预测输出，然后再进行新的优化。由此，可以有效地克服过程中的不确定因素，提高系统的闭环控制性能和鲁棒性[60,65]。

非线性模型预测控制算法的基本原理与线性预测控制相同，都是由预测模型、滚动优化和反馈校正三个基本要素组成，不同之处在于它使用非线性动态模型进行预测。不失一般性，设非线性动态模型描述为：

$$\begin{cases} x(k+1) = f(x(k), u(k)) \\ y(k) = h(x(k)) \end{cases} \tag{5-27}$$

式中，$x(k) \in \mathbf{R}^{n_x}$ 为系统 $k$ 时刻的状态变量，$u(k) \in \mathbf{R}^{n_u}$ 为系统控制变量；$y(k) \in \mathbf{R}^{n_y}$ 为系统输出变量，非线性函数 $f(\cdot)$：$\mathbf{R}^{n_x} \times \mathbf{R}^{n_u} \to \mathbf{R}^{n_x}$ 和 $h(\cdot)$：$\mathbf{R}^{n_x} \to \mathbf{R}^{n_y}$。状态变量和控制变量约束：$u(k) \in \Omega_u$，$x(k) \in \Omega_x$，其中 $\Omega_u$ 为控制变量的可行解集合，$\Omega_x$ 为状态变量的可行解集合。

基于式（5-27），在 $k$ 时刻，如果系统初始状态 $x(k)$ 已知，可以递推得到系统在未来 $(k+i)$ 时刻的预测输出 $\tilde{y}_m$ 与未来控制输入的关系：

$$\begin{cases} \tilde{x}(k+i|k) = f(\tilde{x}(k+i-1|k), u(k+i-1|k)) \\ \tilde{y}_m(k+i|k) = h(\tilde{x}(k+i|k)), i = 1, 2, \cdots \\ x(k|k) = x(k) \end{cases} \tag{5-28}$$

由于实际系统中常包含一些不确定的因素，式（5-28）并不能完全准确地描述被控对象的动态行为，需要利用系统实际测量输出进行反馈校正。设 $k$ 时刻被控对象实际测量输出为 $y(k)$，则可以由 $e(k) = y(k) - \tilde{y}_m(k|k-1)$ 构成 $k$ 时刻的预测误差，然后可以根据历史误差信息 $e(k), e(k-1), \cdots, e(k-l)$ 校正模型 [式（5-27）] 的预测输出，得到对系统输出的闭环预测：

$$\tilde{y}_p(k+i|k) = \tilde{y}_m(k+i|k) + E_i(e(k), e(k-1), \cdots, e(k-l)) \tag{5-29}$$

式中，$E_i(\cdot)$ 某一线性或非线性映射函数，具体表达形式取决于所使用的反馈校正策略；$l$ 是采用的历史误差信息长度。

在 $k$ 时刻，控制器需要根据闭环预测输出式（5-29）计算出系统未来时刻的控制输入序列 $U = [u(k), u(k+1), \cdots, u(k+M-1)]^T$，其中 $M$ 为控制步长，并设控制变量在 $(k+M-1)$ 时刻后保持不变，使得某一特定的性能指标在约束条件下达到最优：

$$\min_{U} J(k) = F(Y_p(k), Y_r(k)) \tag{5-30}$$

式中：

$$Y_p(k) = \left[ \tilde{y}_p(k+1|k),\ \tilde{y}_p(k+2|k),\cdots,\ \tilde{y}_p(k+P|k) \right]^T$$

$$Y_r(k) = \left[ y_r(k+1),\ y_r(k+2),\cdots,\ y_r(k+P) \right]^T$$

式中，$y_r(k+i)$为系统在（$k+i$）时刻的期望输出；$P$为预测步长。

滚动优化就是在各种约束条件下，寻找一组控制输入序列使性能指标极小的优化问题。由此求得$U^* = \left[ u^*(k),\ u^*(k+1),\cdots,\ u^*(k+M-1) \right]$，但在$k$时刻只实施控制作用$u^*(k)$，到下一采样时刻，基于系统实际测量输出，重复进行模型预测［式（5-28）］、误差校正［式（5-29）］和优化求解［式（5-30）］。

综上所述，预测控制由于具有对模型形式没有严格要求、算法简单容易实现、在优化过程中能够不断利用测量信息进行反馈校正等优点[61]，已经在炼油、化工、电力、冶金等复杂工业过程中得到了广泛的应用，是目前工业过程控制领域中最具代表性的先进控制策略[60,62,65]。

### 5.5.5 故障智能检测与诊断技术

深度学习（deep learning, DL）是利用深层神经网络（deep neural network, DNN）和一系列独特的学习训练方法，处理复杂的识别、分类和推断问题。DL在自然语言法中，不需要工程师技术人员参与训练调整过程，翻译、计算机视觉方参数微调（fine-tuning）引入DNN的训练，与使用PCA进行数据降维方法相比，由受限玻尔兹曼机（restricted boltzmann machine, RBM）[66]组成的多层网络结构能够在降低维度的同时保留更多的价值信息。由多个RBM和分类器组成的深度置信网络（deep belief network, DBN）在处理手写数字识别问题上表现出比KNN（邻近算法）和SVM更好的性能[67]。无监督的预训练过程能够从数据中提取出相当高级的抽象特征，并且多层结构符合人类视觉认知过程中的多层次抽象过程，所以DBN在图像识别上有非常好的表现[68]。

化工过程故障检测与诊断作为过程安全的重要技术手段，对实现异常工况早期预警，指导操作人员做出及时有效响应具有重要意义。由于化工数据具有多变量、非线性、时变性、多模态等特点，传统机器学习方法不能很好地处理化工过程数据。深度神经网络拥有强大的数据映射表征能力，在最近几年的模式识别领域取得了巨大的成功。近年来清华大学化工系过程系统工程研究所利用深度学习在石化过程故障诊断与化工安全方面进行了卓有成效的研究。本书将以DBN和CNN（卷积神经网络）在故障诊断中的应用为例展示深度学习与化工安全的有机融合的效果。

### 5.5.5.1 基于DBN的过程故障诊断技术

（1）DBN结构　DBN是基于概率的多层ANN（人工神经网络），由多个RBM堆叠组成特征提取部分，由分类器进行分类任务。受益于RBM对于数据的处理提取表达能力，DBN表现出优异的性能。DNN的训练数据集往往比较大，所以会采用随机梯度下降（stochastic gradient descent, SGD）方法，将数据集随机分成几个批次，每个批次数据训练时都会更新一次网络的参数，所有批次数据都通过训练称为完成一次训练。因为在一次训练过程中，同样计算量下更新了多次参数，所以网络训练会加快，同时不同批次数据之间的差异会使训练过程有一定波动性，能够帮助网络跳出局部最优状态，得到更好的训练结果。因为DBN的多层结构，采用BP算法不能达到令人满意的性能。采用预训练方法逐层训练DBN的中间隐含层，再经过参数微调，使得DBN能够准确学习到特征提取能力。预训练和参数微调是DBN训练中的无监督学习步骤，基于提取到的特征表达和标签数据进行分类训练是有监督的训练步骤。DBN和一般ANN一样，由多层神经元构成，层间神经元全连接，层内无连接。因为传递函数和训练方式的不同，DBN分为特征提取模型和分类器模型，如图5-17所示[69]。特征提取模型包括输入层和多个特征表达层，传递函数为线性函数，在图5-17中就是输入层L-0和隐含层L-1到L-3。训练特征提取模型的过程是无监督学习过程，将相邻两层作为RBM，进行逐层训练，通过不断的特征提取和数据重构来学习对数据的特征表达。输入层的神经元个数由输入数据（input data）的维数确定。为了促使中间的特征表达层提取出不同级别的特征，中间特征表达层的神经元数量会逐层按一定比例减少，使得对输入数据的特征表达越来越抽象。所以特征提取模型能够对输入数据进行降维和抽象表达。分类器是从最高特征表达层到输出层，在图5-17中就是由L-3和L-4构成。分类器采用BP网络，传递函数

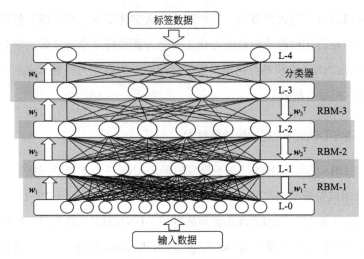

图 5-17 DBN 结构示意图

为 sigmoid（S型）函数，一般为2~3层，可根据分类性能优化调整。标签数据（label data）是多分类问题中对于数据类别的标签，取值为0或者1，表示不属于或者属于某个类别。标签数据作为网络的目标值，将和输出层的结果进行对比，计算误差信号。

（2）预训练和参数微调　由于采用BP算法训练多层神经网络会出现梯度扩散，影响初始层对数据的处理提取，所以采用预训练方法先逐层训练出对数据的准确表达，得到合适的权重参数和偏置参数。首先将输入层L-0作为可视层，特征表达层L-1作为隐含层，构成RBM-1。训练RBM-1得到合适的参数，并从输入数据中提取到了特征数据，L-1层的状态就已知了。随后将L-1作为可视层，L-2作为隐含层，构成RBM-2并训练。依次将所有特征表达层逐层地训练完。此时的特征提取模型能够从输入数据逐层提取得到抽象的特征，这是识别过程；也可以从特征还原出输入数据，这是重构过程。但是由于每一层都存在误差，最终累积表现在重构数据中，所以还需要进行微调。参数微调过程中，将特征提取模型的识别过程和重构过程独立开，建立出对称的网络结构，识别过程是从输入层到最高特征层，称为编码器（encoder），重构过程是从最高特征层到输入层，称为解码器（decoder）。编码器的权重参数和偏置参数是预训练得到的,是对应层的权重参数和隐含层偏置参数,解码器的权重参数和偏置参数是对应层权重参数的转置和可视层偏置参数。参数微调过程将输入数据作为目标值,采用BP算法训练整个编码器和解码器结构,误差信号为输入数据与重构数据的均方差,即重构误差。最终需要的是更好的编码器,但是在BP算法的误差逆传播过程中编码器处于后续部分,误差信号衰减较大。所以Wake-Sleep(醒-睡)算法被引入来做参数微调[70]。Wake-Sleep算法分为两种状态,Wake状态认为输入数据是明确的,只训练解码器。在一次训练过程中先进行一次Wake状态训练,然后是一次Sleep状态训练。两者不断交替进行,有效改善了编码器和解码器的性能,编码器从数据中学习到的特征得到一定程度的优化,更加准确地映射了输入数据的信息。

(3)分类训练　DBN进行分类运用,需要用特征提取模型输出的特征数据和类别标签数据训练分类器。分类器由最高级别特征表达层和输出层构成,如果需要还可以在中间加入隐含层。分类训练同样采用BP算法,并且为了获得更好的分类性能,分类器和特征提取模型都要进行监督训练。由于标签数据是0-1二值型的,分类器的传递函数是sigmoid函数,输出范围在0到1之间,所以误差信号采用交叉熵(cross entropy)来计算。

(4)基于DBN的过程故障诊断　基于DBN的故障诊断模型使用DBN来对过程数据进行特征提取和故障识别,并用全局分类器对所有故障和正常类型子网络的输出进行综合判断。所设计的故障诊断如图5-18所示[70]。

图5-18中(a)部分是离线构建部分。首先从过程历史数据中收集整理出故障和正常的数据样本,并为它们打上标签。标签数据类型为一维0-1二值型向量,向量长度和类别的数量相同。样本数据是采样得到的过程数据,为连续型数值的矩阵,一维表示不同位点,一维表示时间窗口长度。(c)部分是进行子网络的构建和选择,对于所有故障和正常类型都要重复进行(c)部分过程,得到所有故障和正常类型的优化子网络。(c)部分包括按MI(修正指数)值给位点排序,位点数和时间窗口长度的选择确定。(d)部分是DBN的训练,分为无监督学习、有监督训练和分类测试,对所有不同的变量选择和时间窗口都要重复进行,通过考察最终的分类性能来选择最优的变量和时间窗口组合,该

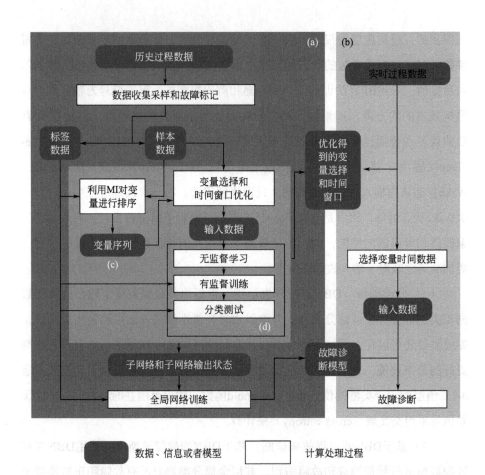

图 5-18 基于 DBN 的故障诊断技术框架

训练好的DBN也被选择作为故障诊断模型的子网络。得到各个子网络和其输出后，训练2层或3层结构的全局网络，最终故障诊断模型由各个故障类别和正常类别的子网络以及全局网络构成。(b) 部分是在线运行部分，根据优化确定的变量选择和时间窗口对实时过程数据进行采样，随后进行故障诊断。

在TE（田纳西-伊斯曼）过程模型上测试了基于DBN的故障诊断模型。基于模拟得到的TE过程数据，用MI值对变量进行排序，根据故障诊断性能对变量和时间进行优化确定，对20种故障的平均诊断率为82.1%，对比其他几类方法具有更好的故障诊断性能，尤其在公认难以诊断的故障IDV（智能桌面虚拟化）-3上实现了95%。

#### 5.5.5.2 基于CNN的过程故障诊断技术

图5-19为一种基于卷积神经网络的故障检测与诊断系统。该方法分为离线建模和在线部分。通过历史数据对正常和故障数据进行标记，获得数据样本和对应的数据标签，其中正常数据的标签为0，其他不同故障类型的数据分别为1,2,3,…, $n$。然后对数据进行预处理，利用正常数据的均值和方差对所有数据进行归一化，并将每个数据样本整理成一段时间连续多变量数据的矩阵，使每个时间点的数据包含多变量空间和时间空间的信息。然后根据数据维度的大小设计一个CNN多分类网络，将正常数据和带有故障类型标签的故障数据进行多分类训练。在线应用时，采样当前时刻的多变量数据并结合一段时间的历史信息，同样进行归一化处理，并整理成时间窗口多变量数据的矩阵形式，输入离线训练的CNN，预测该时间点的数据对应的分类结果，若网络输出为0，则化工系统为正常状态，若网络输出不为0，则根据输出的类别信息分别对应其故障类型，将故障原因提供给操作员，辅助其进行决策将系统恢复正常状态。操作员可以结合专家知识与模型预测结果进行对比，如果发生错误则可能是出现了

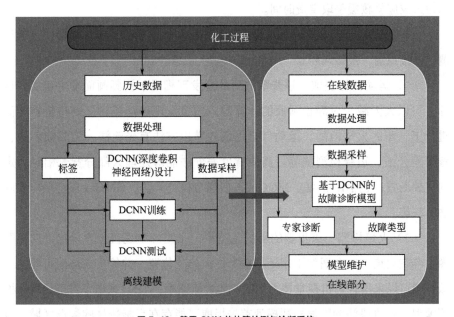

图5-19 基于CNN的故障检测与诊断系统

新故障，就需要重新进行离线建模过程。为了验证该系统的有效性，利用TE模型的仿真数据对方法进行了测试。该方法对于TE模型17种故障类型的平均诊断率为97.0%，误报率低于0.4%。

### 5.5.6 石化安全智能监控技术——基于视频监控系统的智能火灾识别

火灾在石化行业中时有发生，导致大量的财产损失、人员伤亡和环境破坏。自1988年起的20大工业事故中，有一半是火灾引起的。早期火灾识别能有效防止火焰扩散，最小化火灾造成的损失。在实际工业场景中，传统烟雾和火焰检测器不适用于室外场景，通常都是由操作员通过视频监控系统监控现场是否有火灾发生。然而，工厂内通常有大量摄像头，需要在监控屏幕上循环播放。大部分摄像头播放间隔可能是几十分钟甚至几个小时，这些间隔内一旦发生火灾，监控员并不能及时发现并采取措施。

为避免传统的工业视频人工巡检工作的疏漏和延迟应急等问题，需要基于视频监控系统开发能够自动发现火灾的智能识别系统。通过实时采集视频数据，利用计算机视觉技术，第一时间自动识别出火情，定位起火点并报警，从而为火灾应急救援争取宝贵时间。

一种可行的智能火灾识别系统如图5-20所示，包括运动目标提取、火焰检测、误报识别、报警判断。

（1）运动目标提取　该步骤的目的是发现相对于视频画面发生运动的目标，可以大大减少对静止画面的计算量。如果发现移动目标，则将整帧画面进行下一步的火焰检测。运动目标提取的常用方法有光流法、相邻帧差法、背景差分法、边缘检测法等。其中背景差分法能够处理大部分背景相对固定的室外场景，包括KNN法、MOG（高斯混合模型）法、GMG（灰度平均梯度法）法等。

（2）火焰检测　该步骤的目的是检测一张图片中是否包含火焰，如果图像中存在火焰，则在图像中用矩形框标注火焰的位置，并给出火焰的可能性。该步骤可以采用计算机视觉技术中的物体检测模型，表5-1列出了常用的物体检测模型。两阶段法的物体检测模型首先提取可能存在目标物体的候选区域，再

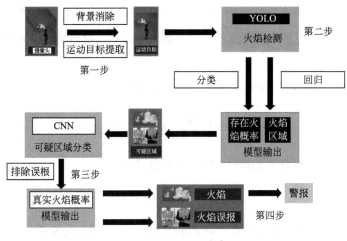

图 5-20 智能火灾识别系统 [71]

判断候选区域的类别和位置修正,具有较高的检测准确性。一阶段法的物体检测模型采用一个模型直接输出目标物体的位置区域,具有较快的检测速度。考虑到火焰检测视频计算的实时性,可以采用计算速度较快的YOLO模型。在该步骤中,可能会产生误报,如灯光、衣物、安全帽、标志牌、栏杆、车辆、日光、雨伞等等物体,需要进行下一步误报识别。

表 5-1 常用的物体检测模型

| 类型 | 时间 | 模型 |
| --- | --- | --- |
| 两阶段法 | 2014 年<br>2015 年<br>2017 年 | R-CNN, SPPNet<br>Fast R-CNN, Faster R-CNN<br>Pyramid Networks |
| 一阶段法 | 2016 年<br>2017 年<br>2018 年<br>2020 年 | YOLO, SSD<br>Retina-Net, YOLO V2<br>YOLO V3<br>YOLO V4 |

(3)误报识别 该步骤的目的是区分检测到的火焰区域是真实火焰还是误报物体。误报识别模型可以基于CNN构建二分类器,将火焰可疑区域输入分类器进行识别,若判断是误报物体,则说明当前画面中没有火焰;若判断是真实火焰,则说明当前画面中发现明火。表5-2列出了常用的CNN模型,主要由卷积

层和池化层两种基本结构组成（见图5-21和图5-22）。CNN模型通过卷积层和池化层提取图像特征后，再通过二分类器进行判断，给出输入区域的类别是火焰还是误报。

对于第$l$层的卷积层的神经元输出计算公式如下：

$$x_j^l = f\left(\sum_{i=1,\cdots,M} x_i^{l-1} * w_{ij}^l + b_j^l\right) \tag{5-31}$$

对于第$l$层的池化层的神经元输出计算公式如下：

$$x_j^l = f\left[\beta_j^l \text{down}(x_j^{l-1}) + b_j^l\right] \tag{5-32}$$

式中，$f(\cdot)$表示激活函数；$w$，$\beta$表示卷积层和池化层的权重参数；$b$表示其偏置参数；$\text{down}(\cdot)$表示下采样函数，通常用最大下采样或平均下采样。

表 5-2 常用的 CNN 模型

| 类型 | 模型 |
| --- | --- |
| Spatial Exploitation based CNNs | LeNet, AlexNet, ZFNet, VGG, GoogleNet |
| Depth based CNNs | Highway networks, ResNet, Inception V3/V4, Inception-ResNet, ResNext |
| Multi-Path based CNNs | Highway, ResNet, DenseNet |
| Width based Multi-Connection CNNs | WideResNet, Pyramidal Net, Xception, Inception Family |
| Feature Map Exploitation based CNNs | Squeeze and Excitation, Competitive Squeeze and Excitation |
| Attention based CNNs | Residual Attention, Convolutional Block Attention, Concurrent Squeeze and Excitation |

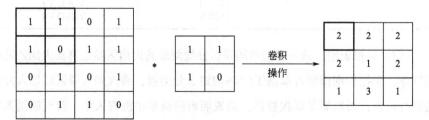

图 5-21 卷积层图示

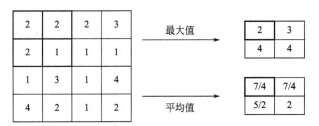

图 5-22 池化层图示

（4）报警判断　该步骤的目的是结合之前的检测和识别结果，判断是否达到火灾报警的频次阈值。由于火焰检测和误报识别算法是针对单帧图片进行的，算法不可避免存在漏报和误报，因此需要设计合理的报警逻辑。例如，可以设置历史检测次数为40次，报警阈值为20次。如果当前保存的最新40次检测结果中有超过20次检测到火焰，则可以发出火灾警报。

## 参考文献

[1] 中国信息物理系统发展论坛. 信息物理系统白皮书（2017）[R/OL]，2017-3-1[2020-12-01].https://max.book118.com/html/2019/0810/7121001134002045.shtm.

[2] Li D. Perspective for Smart Factory in Petrochemical Industry [J]. Computers & Chemical Engineering, 2016（91）:136-148.

[3] Yuan Z, Qin W, Zhao J. Smart Manufacturing for the Oil Refining and Petrochemical Industry [J]. Engineering, 2017, 3（2）:179-182.

[4] Liao Y, et al. Past, Present and Future of Industry 4.0—A Systematic Literature Review and Research Agenda Proposal [J]. International Journal of Production Research, 2017, 55（12）:3609-3629.

[5] Zuehlke D. Smart Factory—Towards a Factory-of-Things [J]. Annual Reviews in Control, 2010（34）:129-138.

[6] Khajenasiri I, Estebsari A, Verhelst M, Gielen G. A Review on Internet of Things Solutions for Intelligent Energy Control in Buildings for Smart City Applications [J]. Energy Procedia, 2017（111）:770-779.

[7] 李君，邱君降，窦克勤，等. 新工业革命背景下制造业管理模式研究与创新 [J]. 制造业

自动化，2017: 130-133.

[8] Grossmann I E, Westerberg AW. Research Challenges in Process Systems Engineering [J]. AIChE Journal, 2000, 46: 1700-1717.

[9] 钱锋，杜文莉，钟伟民，等. 石油和化工行业智能优化制造若干问题及挑战 [J]. 自动化学报，2017, 43（06）: 893-901.

[10] Blanding F H. Reaction Rates in Catalytic Cracking of Petroleum [J]. Industrial and Engineering Chemistry, 1953, 45（6）:1186-1197.

[11] Wollasion E G, Haflin W J, Ford W G. What Influences Catalytic Cracking [J]. Hydrocarbon Process, 1975, 54（9）: 93-100.

[12] Wollasion E G, Haflin W J, Ford W G. FCC Model Valuable Operating Tool [J]. Oil & Gas Journal, 1975, 73（38）: 87-94.

[13] Wei J, et al. A Lumping Analysis in Monomolecular Reaction Systems- Analysis of the Exactly Lunpable System [J]. Industrial and Engineering Chemistry, 1969, 8（1）:114-123.

[14] Wei J, et al. A Lumping Analysis in Monomolecular Reaction Systems- Analysis of Approximately Lunpable System [J]. Industrial and Engineering Chemistry, 1969, 8（1）:124-133.

[15] Ali H, Rohani S. Dynamic Modeling and Simulation of a Riser-Type Fluid Catalytic Cracking Unit [J]. Chemical Engineering Technology, 1997, 20（2）: 118-130.

[16] Secchi A R, Santos M G, Neumann G A, Trierweiler JO. A dynamic Model for a FCC UOP Stacked Converter Unit [J]. Computers Chemical Engineering, 2001, 25（4-6）:851-858.

[17] Han I S, Chung C B. Dynamic Modeling and Simulation of a Fluidized Catalytic Cracking Process Part I: Process Modeling [J]. Chemical Engineering Science, 2001, 56（5）: 1951-1972.

[18] Han I S, Chung C B. Dynamic Modeling and Simulation of a Fluidized Catalytic Cracking Process Part II: Property Estimation and Simulation [J]. Chemical Engineering Science, 2001, 56（5）: 1973-1990.

[19] Han I S, Riggs J B, Chung C B. Modeling and Optimization of a Fluidized Catalytic Cracking Process Under Full and Partial Combustion Modes [J]. Chemical Engineering and Processing, 2004, 43（8）: 1063-1084.

[20] Fernandes J L, Verstraete J J, Pinheiro CIC, Oliveira NMC, Ribeiro FR. Dynamic Modeling of an Industrial R2R FCC Unit [J]. Chemical Engineering Science, 2007, 62（4）: 1184-1198.

[21] 郑远扬，高少立. 催化裂化装置的动态模型II: 提升管反应器的集中参数模型 [J]. 石油炼制，1986, 4: 67-71.

[22] 罗雄麟，袁璞，林世雄. 催化裂化装置动态机理模型I、反应器部分 [J]. 石油学报，

1998, 14(1):34-40.

[23] 罗雄麟, 袁璞, 林世雄. 催化裂化装置动态机理模型Ⅱ、再生器部分[J]. 石油学报, 1998, 14(2):61-65.

[24] 郭菊花. 重油两段催化裂解多产丙烯集总动力学模型的初步研究[D]. 青岛:中国石油大学(华东), 2008.

[25] 王平. 两段提升管催化裂解多产丙烯过程动态建模、多稳态特性分析以及优化控制方法[D]. 青岛:中国石油大学(华东), 博士后出站工作报告.

[26] 牛文杰, 朱大培, 陈其明. 泛克里金插值法的研究[J]. 计算机工程与应用, 2001(13):73-75.

[27] 王永菲, 王成国. 响应面法的理论与应用[J]. 中央民族大学学报(自然科学版), 2005(3):236-240.

[28] Wei J., Yuan Z. A Generalized Benders Decomposition-Based Global Optimization Approach to Symbolic Regression for Explicit Surrogate Modeling From Limited Data Information [J]. Computers & Chemical Engineering, 2020, 142, 107051.

[29] 覃伟中, 谢道雄, 赵劲松, 等. 石油化工智能制造[M]. 北京:化学工业出版社, 2018:80-84.

[30] Andrew L, Grossmann I E, et al. A Flexible Framework and Model Library for Process Simulation, Optimization and Control [J]. In Computer Aided Chemical Engineering, 2018, 44: 937-942.

[31] Yuan Z, Chen B, Zhao J. An Overview on Controllability Analysis of Chemical Processes [J], AIChE Journal, 2011, 57(5): 1185-1201.

[32] Yuan Z, Chen B, Zhao J. Effect of Manipulated Variables Selection on the Controllability of Chemical Processes [J]. Industrial & Engineering Chemistry Research, 2011, 50(12):7403-7413.

[33] Halemane K, Grossmann I E. Optimal Process Design Under Uncertainty [J]. AIChE Journal, 1983, 29(3):425-433.

[34] Swaney E, Grossmann I E. An Index for Operational Flexibility in Chemical Process Design Part Ⅰ: Formulation and Theory [J]. AIChE Journal, 1985, 31(4):620-630.

[35] 徐强, 陈丙珍, 何小荣. 化工过程系统的柔性分析方法[J]. 清华大学学报(自然科学版), 2001, 41(6):44-47.

[36] Mohideen J, Perkins D, Pistikopoulos N. Optimal Design of Dynamic Systems Under Uncertainty [J]. AIChE Journal, 1996, 42(8): 2251-2272.

[37] Malcolm A, Polan J, Ogunnaike A. Integrating Systems Design and Control Using Dynamic Flexibility Analysis [J]. AIChE Journal, 2007, 53(8): 2048-2061.

[38] Zhou H, Li XX, Qian Y. Optimizing the Initial Conditions to Improve the Dynamic Flexibility of Batch Processes [J]. Industrial and Engineering Chemistry Research, 2009, 48(13):6321-6326.

[39] Huang W Q, Li X, Qian Y. Dynamic Flexibility Analysis of Chemical Reaction Systems with Time Delay: Using a Modified Finite Element Collocation Method [J]. Chemical Engineering Research and Design, 2011,89（10）:1938-1946.

[40] Venkatasubramanian V, Rengaswamy R. A Review of Process Fault Detection and Diagnosis Part Ⅰ: Quantitative Model-Based Methods [J]. Computers & Chemical Engineering, 2003, 27（3）:293-311.

[41] Russell L W, Perkins J D. Towards a method for Diagnosis of Controllability and Operability Problems in Chemical Plants [J]. Chemical Engineering Research and Design, 1987, 65: 453-461.

[42] 袁志宏. 面向本质安全化设计的化工过程可控性分析 [D]. 北京：清华大学，2011.

[43] Biegler L T, Grossmann I E, Retrospective on Optimization [J]. Computers & Chemical Engineering, 2004,28（8）:1169-1192.

[44] Shokri S, Hayati R, Marvast M A, Ayazi M, Ganji H. Real Time Optimization as a Tool for Increasing Petroleum Refineries Profits [J]. Petroleum & Coal, 2009, 51（2）: 110-114.

[45] Marchetti A, Chachuat B, Bonvin D. Real-Time Operations Optimization of Continuous Processes [J]. In: Proceedings of the 5th International Conference on Chemical Process Control. Lake Tahoe, USA: American Institute of Chemical Engineering, 1996, 156-164.

[46] Miletic I P, Marlin T E. Results Diagnosis for Real-Time Process Operations Optimization [J]. Computer and Chemical Engineering, 1998, 22（sup）:475-482.

[47] Bosgra B O, Marquardt W. Integration of Model Predictive Control and Optimization of Processes [J]. IFAC Symposium on Advanced Control of Chemical Processes, Pisa, Italy, 2000.

[48] Engell S. Feedback Control for Optimal Process Operation [J].Journal of Process Control, 2007, 17（3）: 203-219.

[49] Kameswaran S, Biegler T. Simultaneous Dynamic Optimization Strategies: Recent Advances and Challenges [J]. Computers and Chemical Engineering, 2006, 30（10-12）: 1560-1575.

[50] Canto E B, Banga J R, Alonso A A, Vassiliadis V S. Restricted Second Order Information for the Solution of Optimal Control Problems Using Control Vector Parameterization [J]. Journal of Process Control, 2002, 12（2）: 243-255.

[51] Binder T, Cruse A, Marquardt W. Dynamic Optimization Using a Wavelet Based Adaptive Control Vector Parameterization Strategy [J]. Computers and Chemical Engineering, 2000, 24（2-7）: 1201-1207.

[52] Schlegel M, Stockman K, Binder T, Marquardt W. Dynamic Optimization Using Adaptive Control Vector Parameterization [J]. Computers and Chemical

Engineering, 2005, 29（8）: 1731-1751.

[53] Schlegel M, Marquardt W. Detection and Exploitation of the Control Switching Structure in the Solution of Dynamic Optimization Problems [J]. Journal of Process Control, 2006, 16（3）: 275-290.

[54] Hartwich A, Schlegel M, Marquardt W. Adaptive Control Vector Parameterization for Nonlinear Model-Predictive Control [J]. Robust Nonlinear Control, 2008, 18（8）: 845-861.

[55] Diehl M. Real-Time Optimization for Large Scale Nonlinear Processes [M]. Heidelberg: University of Heidelberg, 2001.

[56] Andreas S, Peter K, Moritz D, Johannes S, Hans G B. Fast Reduced Multiple Shooting Methods for Nonlinear Model Predictive Control [J]. Chemical Engineering and Processing, 2007, 46（11）:1200-1214.

[57] Biegler L T. An Overview of Simultaneous Strategies for Dynamic Optimization [J]. Chemical Engineering and Processing, 2007, 46 （11）: 1043-1053.

[58] Lang Y D, Biegler L T. A Software Environment for Simultaneous Cynamic Optimization [J]. Computer and Chemical Engineering, 2007, 31（8）: 931-942.

[59] Biegler L T, Zavala V M. Large-Scale Nonlinear Programming Using IPOPT: An Integrating Framework for Enterprise-Wide Dynamic Optimization [J]. Computer and Chemical Engineering, 2008, 33（3）: 575-582.

[60] Qin S J, Badgwell T A. A Survey of Industrial Model Predictive Control Technology [J]. Control Engineering Practice, 2003, 11（7）:733-764.

[61] Froisy J B. Model Predictive Control—Building a Bridge Between Theory and Practice [J]. Computers & Chemical Engineering, 2006, 30（10-12）: 1426-1435.

[62] Henson M A. Nonlinear Model Predictive Control: Current Status and Future Directions [J]. Computers & Chemical Engineering, 1998, 23（2）:187-202.

[63] Mayne D Q, Rawling J B, Rao C V, Scokaert POM. Constrained Model Predictive Control: Stability and Optimality [J]. Automatica, 2000, 36（6）: 789-814.

[64] 席裕庚，李德伟. 预测控制定性综合理论的基本思路和研究现状 [J]. 自动化学报，2008, 34（10）: 1225-1234.

[65] Morari M, Lee J H. Model Predictive Control: Past, Present and Future [J]. Computers & Chemical Engineering, 1999, 23（4-5）:667-682.

[66] Smolensky P, Rumelhart D E, McClelland J L. Information Processing in Dynamical Systems: Foundations of Harmony Theory [J]. Parallel Distributed Processing, 1986, 1:194-281.

[67] Hinton G E, Osindero S, Teh Y. A Fast Learning Algorithm for Deep Belief Nets [J]. Neural Computation, 2006, 18（7）:1527-1554.

[68] Bengio Y, Lamnlin P, Popovici D, Larochelle H. Greedy Layer-Wise Training of Deep Networks [C]. Advances in Neural Information Processing Systems, 2007:153-160.

[69] Hinton GE, Dayan P, Frey B J, Neal R. The Wake-Sleep Algorithm for Self-organizing Neural Networks [J]. Science, 1995, 268:1158-1161.

[70] Zhang Z, Zhao J. A Deep Belief Network Based Fault Diagnosis Model for Complex Chemical Processes [J]. Computers & Chemical Engineering, 2017, 46: 395-407.

[71] Wu H., Wu D., Zhao, J. An Intelligent Fire Detection Approach through Cameras Based on Computer Vision Methods [J]. Process Safety and Environmental Protection, 2019, 127: 245-256.

# 6 石化工业互联网

工业互联网作为新一代信息技术与制造业深度融合的产物，通过实现人、机、物的全面互联，构建起连接全要素、全产业链、全价值链的新型工业生产制造和服务体系，成为支撑智能制造的基础设施[1,2]。

石化行业的独有特征以及生产运行、安全环保等业务需求，需要利用工业互联网实现提质升级。石化行业是具有物质流、能量流、信息流输入与输出的开放物理系统。工艺流程复杂，存在复杂物理化学过程；生产过程动态非线性耦合，建立模型难度大；我国石化工业原料来源受制于国内外市场供给，原料复杂，生产工况波动大。同时，能耗物耗高、安全环保压力大、产业链长且布局分散，在工业知识沉淀复用和重构、高效化和绿色化、产业链上下游协同等方面面临巨大挑战[3,4]。需要利用工业互联网加快新一代信息通信技术与实体经济深度融合，支撑行业提质增效与转型升级，推动我国石油和化工行业综合实力迈向高端。

工业互联网能够培育新动能、创造新价值空间。基于工业互联网，汇聚各类产业链资源，形成新的服务业态，培育新增长动能；打通产业链和价值链，实现产品、生产和服务创新，创造新的价值空间；通过数据挖掘隐性知识和规律，带动技术、产品和服务创新，拓展能力边界等。因此，加快发展工业互联网不仅是抢占产业未来制高点的战略选择，也是推动制造业质量变革、效率变革和动力变革，实现高质量发展的客观要求[5,6]。

目前，以工业互联网为技术支撑的石化行业智能工厂建设成为行业数字化智能化转型发展的重要途径，石化工业互联网也是PCPS的工程化实践。中国石化、中国石油、中化集团等龙头石化企业涌现了一批工业互联网典型场景和应用案例，形成行业数字化转型的示范引领[7-10]。

本章结合中国石化实践，对石化工业互联网体系展开分析和论述。第一节介绍石化工业互联网业务视图，从石化工业产业、企业、工厂等阐述不同层面业务目标和应用重点方向；第二节介绍石化工业互联网体系架构的网络功能视图，剖析石化工业网络通信的现状、特征和发展趋势；第三节介绍石化工业互联网体系架构的平台功能视图，通过四大引擎从不同侧面阐述平台的核心能力，提出石化工业软件的全景图以及平台的部署实施模式；第四节介绍石化工业互联网体系架构的安全功能视图，阐述从信息安全、功能安全、物理安全三个视角构建的石化工业互联网安全框架，以及安全防护系统核心能力及未来重点发展领域；第五节介绍石化行业的智能制造标准体系和智能制造成熟度评估模型等。

本章内容是一套可供石化企业开展基于PCPS的石化工业互联网工程化方法论。一是构建了一套由业务需求、功能定义、实施部署构成的方法论体系，使石化企业能够结合自身特点，明确所需的互联网核心功能，并进而指导相应软硬件系统的设计、开发与部署。二是从战略层面为石化企业开展工业互联网实践指明方向。重点是明确企业通过工业互联网实现数字化转型的核心方向与路径，结合企业基础确立商业战略与细分目标，充分发挥工业互联网实践价值，构建企业转型升级优势。三是结合石化行业应用需求对平台功能架构进行持续升级和完善。重点是从石化企业工程化应用视角，参考集团型石化企业领先实践经验与最新技术发展，对平台核心能力进行明确与完善，形成一套具有实操性的网络、平台安全功能体系。四是提出适合于大型、中小型石化企业应用部署的实施框架。重点是强化与现有制造系统的结合，明确油气田、工厂、管线、物流等全产业链石化工业互联网部署策略以及所对应的具体功能、系统和部署方式，以便对企业实践提供更强的参考作用。

## 6.1 石化工业互联网业务视图

从业务视图的角度，石化工业互联网体系框架如图6-1所示，分为产业层面、集团层面、企业层面、能力层面四个视角。

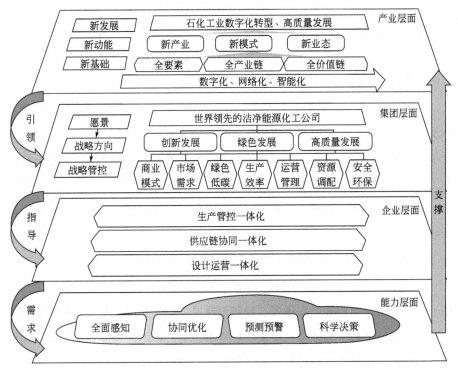

图 6-1　石化工业互联网业务视图

（1）产业层面　一是通过工业互联网构建全要素、全产业链、全价值链的全面连接的新基础，通过供应链的横向集成，实现企业内部供应链优化协同向全产业供应链优化协同发展，形成可视、可控、可追溯的供应链运营体系，促进降本增效、供需匹配和产业升级。二是构建石化数字化工业生态和数字化服务生态两大生态体系，支撑石化产业链向一体化、大型化、规模化以及能源与资源多元化综合产业链发展，促进全产业链制造资源和服务能力的协同优化，不断孕育新的服务模式与新兴业态，创造新的增长动能，最终实现石化行业全要素生产率的全面提升，推动整个行业数字化智能化转型与高质量发展。

（2）集团层面　主要面向集团总部/CEO（首席执行官）等企业高层决策者，用以明确在企业战略层面，如何通过工业互联网构建数字化转型竞争力的愿景理念、战略方向和具体目标。为实现集团发展愿景，从创新发展、绿色发展和高质量发展战略出发，可进一步分解和细化为若干战术目标，如商业模式、市场需求、绿色低碳、生产效率、运营管理、资源调配和安全环保等，这是工业互联网赋能于企业的具体途径。企业可通过工业互联网建设，实现油气和新能源、炼油和销售、化工和材料、资本金融等的板块内紧密联动、板块间横向协同，向专业化、一体化运营发展。

（3）企业层面　以建设石化智能工厂为抓手，实现工厂的卓越运营，具体反映在资源优化配置、资产效用最大化、全局劳动生产率最优、生产运行安全平稳、生产过程清洁化，以及员工综合技能改善等各要素环节。通过石化智能工厂建设，推动研发、设计、生产、管理、服务等关键业务环节的数字化转型，形成以数字技术为核心要素、以开放平台为基础支撑、以数据驱动为典型特征的新型企业形态。

在企业层的应用重点聚焦于石化工厂三条业务主线[7]。

① 面向石化工厂的生产管控一体化。指从生产管理到自动化控制的生产管控一体化。通过企业客户服务层、经营管理层、生产执行层和过程控制层四个关键分层的信息共享和集成，实现市场需求、生产计划、调度作业、现场操作和自动控制的双向信息联动和实时绩效反馈，并在安全、环保、能源、设备、工艺、质量等约束条件下，实现全厂的纵向一体化管控，推动企业生产管理由传统的以专业划分的分段式管理模式转变为集约化、一体化管控模式，从而达到全厂数据、人员、资源的信息高度共享和全过程一体化管控。

② 面向石化价值链的供应链协同一体化。从采购、制造、销售到配送的企业供应链全流程横向集成，通过协同一体化优化实现效益最大化。石化供应链协同一体化属于复杂的多时空、多尺度优化范畴。由于石化行业特点及智能工厂的复杂性，优化的边界条件多而复杂，存在强耦合性。首先，在空间尺度上，从单元、装置、工厂到企业，以生产计划管理、调度管理、装置操作、计划生产跟踪水平等为约束条件进行优化，实现相关业务链的实时闭环管理，实

现由局部到全局,由日、旬到月度优化的协调统一。其次,在时间尺度上,以企业年、季、月生产经营条件为基础,对不同周期,根据需要形成计划优化;在月度生产计划、库存及原油进厂计划的基础上,通过事件预安排后,应用炼油调度优化模型或化工调度优化模型,形成日调度优化;根据装置模型,通过定义重要监控点及限值,进行影响因素分析,形成装置级分钟级实时优化,以及对单元控制回路的秒级先进过程控制等。

③ 面向石化工厂全生命周期的设计运营一体化。实现从工厂的项目筹建、工程设计、建造交付,到工厂运行与设备维护、资产报废退出的资产生命周期全过程数字化管理。以提高资产利用率、保证企业风险可容忍为目标,实现石化企业总体设计、基础设计、详细设计、施工、中交和试车等设计建设期全过程,以及运行生产、检维修、改扩建、报废等运营期全过程的统一管理,实现石化企业资产的全生命周期的管理。通过对工厂设计全过程的工程管理以及数字化交付,建立与实物装置信息高度一致的数字工厂。在数字工厂信息集成共享的基础上,通过对各类设备资产信息的全面感知,并利用建立的设备特征及故障诊断分析知识库,实现对设备信息自动采集、状态监控、异常预警报警、故障诊断[11,12]、检维修以及实绩分析的统一闭环管理,进一步提高设备资产的可靠性,把事后处理的故障处理,向预防性和预知维修转变。通过建立资产模型,集成和融合工艺、质量、环保等各专业的工厂运营监控数据,实现数字工厂与实体工厂的虚实共变、管理和控制的联动,提升工厂本质安全的水平,减少非计划停工,保障生产连续、平稳和安全,实现资产利用的最大化。

(4) 能力层面  为支撑上述三条主线应用,石化企业需要构建全面感知、协同优化、预测预警、科学决策四项核心能力。全面感知方面,石化企业需要采集研发设计(工艺参数、模型、过程和工程数据)、生产(人、机器、物料、工艺、质量、环境)、运营(实时及历史状态、配置数据、维护记录)以及商业(供应商、客户、市场信息等)等数据;协同优化方面,在三条业务主线上实现协同优化,通过数据跨系统间的自由流动,实现跨价值链协同;预测预警方面,对工艺过程或未知环境进行自学习并利用积累的经验进一步改善性能自适应特征[11,12],包括故障自修复、环境自适应等;科学决策方面,基于机理模型和数据科学的分析应用将被广泛使用于从原油物性分析、油品调和、工艺优化、生产管理、装置运行到企业经营、安全管控在内的各种业务场景。

## 6.2 石化工业通信网络

工业通信网络由网络互联、数据互通和标识解析三部分组成[1]，如图6-2所示。网络互联实现要素之间的数据传输，数据互通实现要素之间传输信息的相互理解，标识解析实现要素的标记、解析和定位。

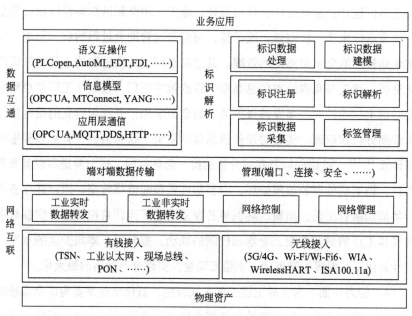

图6-2 工业通信网络功能视图

### 6.2.1 石化工业通信网络现状

#### 6.2.1.1 网络互联

在石油、化工、电力、冶金等流程工业的生产过程中广泛采用过程控制系统，自动化水平相对比较高。常用的过程控制系统有数据采集与监控

（SCADA）系统、分布式控制系统（DCS）、可编程逻辑控制器（PLC）、紧急停车系统（SIS）等。在石化工厂内，网络呈现典型的"两层三级"结构，如图6-3所示。

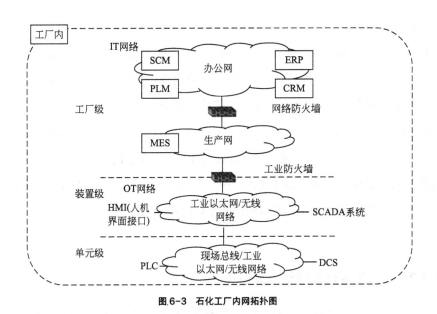

图 6-3 石化工厂内网拓扑图

工业数据采集常用的工业通信网络技术主要有现场总线、工业以太网、工业光纤网络（PON）、时间敏感网络（TSN）、窄带物联网（NB-IoT）、工业4G、工业5G等，总体上可分为有线和无线通信网络技术。有线通信网络技术主要包括现场总线、工业以太网、工业光纤网络等，现阶段工业现场设备数据采集主要采用有线通信网络技术，以保证信息实时采集和上传、对生产过程实时监控的需求。无线通信网络技术正逐步向工业数据采集领域渗透，已成为有线网络的重要补充。主要包括短距离通信技术RFID、ZigBee（蜂舞协议）、Wi-Fi等，用于工厂内的传感数据读取、物品及资产管理、AGV（自动导引运输车）等无线设备的网络连接；专用工业无线通信技术WIA-PA/FA、WirelessHART、ISA100.11a等；以及蜂窝无线通信技术4G和5G、NB-IoT等，用于工厂外大型远距离移动设备、手持终端等的网络连接。

据2019年的统计[13,14]，现场总线应用的份额约占工业通信的35%，工业以太网占59%，工业无线通信占6%左右。

#### 6.2.1.2 数据互通

目前业界使用的工业实时以太网技术超过6种，使用的工业通信协议超过40种，包括Modbus、HART、OPC、MQTT等主流工业协议。工业现场中多种工业协议并存且相互不能转换、通信，为解决这个问题行业通常做法是把各种工业协议转换成OPC协议，再通过该协议把数据上传到OPC服务器。通过OPC标准接口将数据提供给用户。由于OPC基于Windows的Dcom技术且依赖于Windows系统，对于不同版本的Windows配置方式不同。此外，各种品牌OPC服务器加入的私有配置方式形成技术壁垒。为解决此问题，OPC UA通信协议为企业提供了跨厂商、跨系统的易操作的通信协议，以实现高效、实时、全面的数据互通和互操作。

### 6.2.2 石化工业通信网络发展趋势

近年来工业以太网技术的进展令人瞩目。OPC UA、TSN以及5G等的发展将推动工控网络变革，真正实现IT与OT（操作技术）的融合：在网络互联方面，网络架构将逐步融合，网络更加开放，网络控制和网络管理将更为灵活友好；在数据互通方面，标准化、上通下达成为数据互通技术发展的趋势，从而达成从传感器到云端采集以太网一网到顶的夙愿。

#### 6.2.2.1 OPC UA和TSN

以OPC UA和TSN为代表的新型网络技术将打破传统工业网络众多制式间的技术壁垒，实现网络各层协议间的低耦合，推动工业互联网网络技术的开放。油气开采与炼化工业现场复杂多样，存在高温、高压、高含硫等极端环境，防尘、防爆、防有毒有害气体等要求高。网络设备的安全可靠与现场人员安全、生产安全及环境安全直接相关，干系重大，需要具有较高的安全防护等级，且在稳定可靠方面满足相关要求。

（1）OPC UA（OPC统一框架）　OPC UA属于标准与规范范畴，具体指IEC 62541，位于ISO/OSI模型的第七层应用层，主要解决跨平台语义互操作问题。OPC UA通过支持各种传输协议、信息建模、面向服务架构、安全来实现信息交互的目的。OPC UA实现三个方面集成：水平集成，在各个机器上不同控制器之间的数据交互；垂直集成，从底层传感器到云端的集成；端到端集成，就是制造单元与供应链、设计单元之间的集成。OPC UA在这三集成中都是对原有的技术提供了统一的规范和接口，构建了一个实现异构网络设备中数据互操作方案。OPC UA带来的首要变化在于降低工程成本，其次，OPC UA赋予了未来更为灵活的控制系统、计算系统架构，使得真正实现IT与OT融合。但是OPC UA欠缺一定的实时性，这也是发展TSN的原因，即OPC UA over TSN，OPC UA解决语义互操作问题，而TSN解决实时性问题。目前市场上欧美的主流控制器、SCADA、DCS、ERP都有了对OPC UA的支持。国内华为、和利时等均已在其产品和系统集成了OPC UA。

（2）TSN（时间敏感型网络）　TSN是指由IEEE（电气电子工程师学会）802.1 TSN工作组开发的一系列标准[15]。TSN位于ISO/OSI模型的第二层链路层。由于IT与OT网络对周期性与非周期性数据的传输差异、实时的差异，以及总线复杂性，使得过去IT与OT的融合一直面临困境。TSN解决了上述障碍：单一网络解决了复杂性问题，与OPC UA融合实现了整体的IT与OT融合；周期性数据与非周期性数据在同一网络中得到传输；平衡了实时性与数据容量大负载传输需求。目前存在两条TSN产业推进路径，如图6-4所示。路径一，自动化企业主导渐进整合，例如三菱发布CC-Link IE TSN，以此为核心构建自动化网络体系，PROFINET发布基于TSN的2.4版等；路径二，IT企业和协会全面整合，例如华为联合施耐德等发布OPC UA over TSN测试床，OPC基金会设立FLC现场通信计划，推动OPC UA+TSN落地等。已经有商品化TSN产品的供应商包括贝加莱、西门子、三菱、力士乐等，华为、思科、赫斯曼、MOXA等已经开发了TSN交换机，TTTech也提供交换机，并提供TSN开发方案。

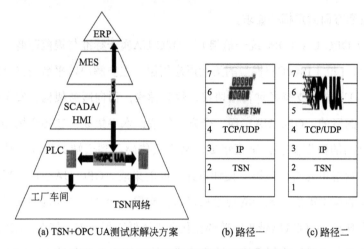

图 6-4　TSN 与 OPC UA 在 ISO/OSI 模型中的位置

### 6.2.2.2　5G

近些年 Wi-Fi、ZigBee 和 WirelessHART 等无线通信网络技术已经在工业领域应用，但这些无线技术存在局限性，不能满足智能制造对于数据采集的灵活、可移动、高带宽、低时延和高可靠等通信要求。

5G 技术是无线网络连接技术的典型代表，推动无线连接向多元化、宽带化、综合化、智能化的方向发展。其低延时、高通量、高可靠、网络切片等技术特性弥补了通用网络技术难以完全满足工业性能和可靠性要求的技术短板，并通过灵活部署方式，改变现有网络落地困难的问题。

2020 年是 5G 商用元年。随着智能制造的推进，工厂内的智能设备和传感器将越来越多，5G 在帮助企业部署大容量物联网和高可靠低时延应用中将扮演重要的角色，可以满足工业环境下设备互联和远程交互应用需求。5G 具有高速度、低时延和海量连接三大特点，也创造了 5G 的三大应用场景：增强移动互联网（eMBB）、海量物联网连接（mMTC）和高可靠低时延通信（uRLLC）。这三大应用共同构建了 5G 的整体应用体系，支持工厂内工业控制、信息采集、先进人机交互的应用需求。5G 应用并非单一技术的实现，而是一系列技术组合的应用，通过与工业控制、物联网、人工智能、大数据、边缘计算、云计算以及AR（增强现实）、VR（虚拟现实）等技术的结合，5G预计将率先进入以下工业场景、变革生产和服务体系[16]。

（1）工业AR、VR　工业AR将成为5G的重要应用，两者结合后可以应用于：数字设计协同、人机协作、生产流程监控、新员工岗前培训、质量检测、远程辅助操作、远程运维支持等。

（2）机器视觉　机器视觉在制造企业已经越来越普及，机器视觉在检测方面对网络带宽提出了很高的要求，而5G将可以很好地满足这一需求。例如中国石化利用无人机识别油气管道泄露，利用5G的大带宽把4K视频回传给平台端进行人工智能分析，对油气管道进行安全监测，做到及时检测问题，及时处理问题。

（3）自动化控制　自动化控制是制造工厂中的基础应用，核心是闭环控制系统。自动化控制需要网络高可靠低时延。在该系统的控制周期内对每个传感器进行连续测量，测量数据传输给控制器以设定执行器。5G的出现将可以满足自动化控制领域的无线应用，无线控制设备也将在智能工厂中越来越普及。

（4）运营优化　工厂中不断增加的智能设备和传感器将产生比以往更多的信息。快速收集和处理这些信息可以帮助企业优化操作，从而提高生产力。5G网络的低时延和高带宽功能可以支持不断增大的数据流。

（5）预测性维护　5G连接的传感器可以提供有关设备性能的实时信息，包括振动、温度和噪声等数据。结合机器学习，这些数据可以帮助企业预测设备何时即将发生故障，从而避免设备停机和事故。

（6）机器人　利用高可靠性网络的连续覆盖，5G使得机器人在移动过程中活动区域不受限，按需到达各个地点，在各种场景中进行不间断工作以及工作内容的平滑切换。此外，5G可构建连接工厂内外的以人和机器为中心的全方位信息生态系统，使得系统实时监控，设备实时维稳。

（7）物料跟踪　在5G的帮助下，未来工厂中每个物体都是一个有唯一

"身份"的终端，使生产环节的原材料都具有"信息"属性能够溯源。

（8）设备监测　利用5G的大并发、大带宽特性，辅助监测需要高密度、高精度采集数据的设备。如在机组机泵振动监测中，对监测机组转轴的转动、振动、电流、电压数据周期都需要达到毫秒级。同时需要十万级乃至百万级数据检测点上传。

未来，5G的单一模式创新与多应用模式组合创新并行发展，新场景、新模式不断涌现，并延伸至生产制造核心，发挥更大的赋能作用。

## 6.3　石化工业互联网平台

### 6.3.1　平台功能

#### 6.3.1.1　石化工业互联网平台功能视图

石化工业互联网平台由边缘层、IaaS层、PaaS层、SaaS层及标准和安全体系，以及行业解决方案等组成，如图6-5所示。工业互联网平台是工业互联网的核心，本质是实现工业能力与IT能力的集成、融合和创新，实现制造资源互联互通互操作，推动制造能力软件化、模块化和平台化（包括边缘层、平台层、应用层等），并面向石化行业形成智能油气田类、智能工厂类、智能管线类、智能物流类、智能加油站服务类等解决方案。

边缘层包含物联网感知设备接入和异构网络融合等模块。边缘层是数据采集的基础，实现对物料、产品、设备、环境、人员等全要素信息的异构数据的采集、协议转换、边缘计算，建立统一的数据环境。具体来看，一是通过各类通信手段接入不同设备、系统和产品，采集海量数据；二是依托协议转换技术实现多源异构数据的归一化和边缘集成；三是利用边缘计算设备实现底层数据的汇聚、分析与处理，并实现数据向云端平台的集成。

IaaS层针对石化企业实际需求构建云基础设施，包括计算资源、存储资源、网络资源等。在IaaS层，石化行业工业互联网平台提供跨云资源管理与调度，可以实现从集团总部到下属企业工厂的资源、应用统一管理和发放。面

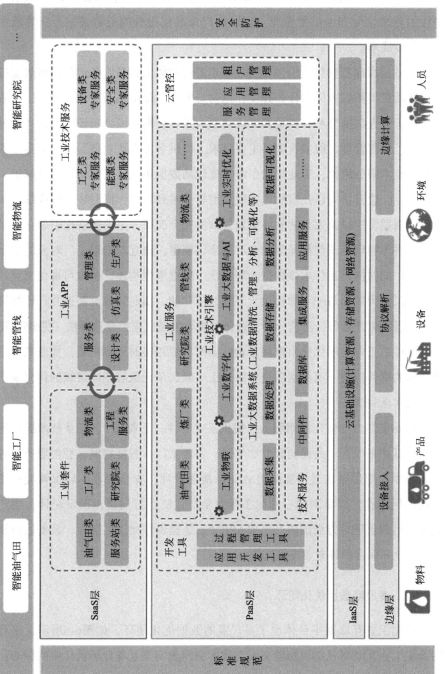

图 6-5 石化工业互联网平台功能视图

向大中型企业，可以部署个性化需求为主的私有云平台，满足客户对数据私密性的要求；面向中小型企业，可以推广标准化服务的公有云平台，降低企业IT建设成本。

PaaS层面向石化行业一体化实践需求进行功能完善与服务定制，有效支撑上层智能应用和服务的设计、开发、运营与维护。该层基于工业物联、工业数字化、工业大数据与AI、工业实时优化四大工业引擎，围绕资源管理、开发过程管理、运营管理、服务管理等主要需求，提供各类专用业务服务、通用业务服务和技术服务组件。工业物联引擎完成现场数据接入、工业协议适配解析、边缘计算、边云协同以及自组态物联应用等一系列功能，同时还提供终端设备全生命周期管控以及完整的从终端到云端的安全保障。工业数字化引擎在数字空间提供与物理空间保持同步的资产数字化模型，建立与物理工厂对应的数字化工厂，同时提供工厂本体数据治理、统一数据模型构建、多维可视化交互等工具。工业大数据与AI引擎提供大规模数据存储、实时计算、高速并行计算等功能，围绕生产运行、工艺分析、设备健康等领域，提供专业算法（见5.5）和业务组件。工业实时优化引擎建立企业实时总线和实时计算框架，捕获来自生产现场的事件信息，沉淀覆盖企业级、工厂级、单元级等不同层级的优化模型与算法（见5.5）。

SaaS层结合一体化应用服务，提供工业套件、工业APP、工业技术服务等功能。具体来说，一是面向智能油气田、智能工厂、智能物流、智能服务站等各大领域，提供融入最佳实践的MES、能源管理、安全管理、环保管理等工业级应用套件；二是围绕石油化工行业全产业链，打造覆盖研发设计、生产优化、运营管理等方面的核心工业APP；三是提供炼化工艺指导、设备远程诊断、安全环保咨询等专业技术服务。

### 6.3.1.2 多尺度数据优化闭环

石化工业互联网平台体现了多尺度的数据优化闭环，如图6-6所示。平台明确了工业互联网在实现物理空间与数字空间虚实交互与分析优化中的核心作用，定义了其功能层级与关键要素，以此指导企业在单元级、工厂级、企业级和产业级等不同层级、不同领域构建精准决策与智能优化能力，推动石化工业数字化智能化转型发展。

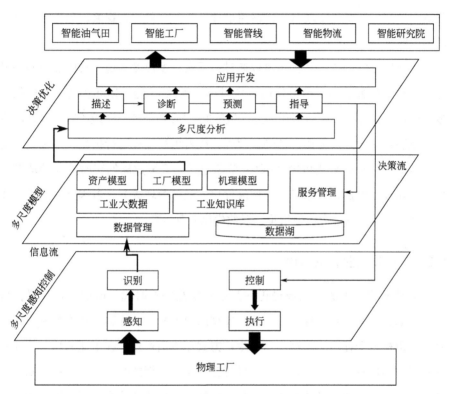

图 6-6　石化工业互联网平台的多尺度数据优化闭环

在多尺度感知控制层，充分基于现有DCS等自动化系统以及ERP、MES、LIMS等信息系统，实现各类生产和经营数据的采集，同时利用5G等新型网络技术以及智能终端，进一步拓展数据采集范围和深度，实现对物料、产品、设备、环境、人员等全要素多尺度信息的数据采集、协议转换、边缘计算、传输、存储，建立统一的数字化基础。

在多尺度模型层，建立单元级、工厂级、企业级等不同尺度的数字孪生，对石化工厂进行全方位多尺度数字化模型描述，构建多层级PCPS。对采集的各类历史和实时数据进行有效管理，并根据业务需要建立模型之间、模型与数据之间的多尺度关联。

在决策优化层，结合不同业务场景的需求，从描述、诊断、预测、指导等不同层次开展工业数据多尺度智能分析，并开发形成面向油气田、炼化厂、研究院、加油服务站等不同对象，涵盖设计、生产、管理、物流、服务等不同领域的创新应用。

上述数据驱动的闭环优化可以通过多层次、多尺度实现。其中控制回路通过以毫秒级到秒级为单位的实时响应对单元级PCPS运行闭环优化，以较低的成本进行平稳运行、卡边操作；工厂级PCPS以分钟级到小时级不等的实时响应对一组装置（比如常减压、乙烯裂解等）或者生产过程进行优化，实现高效运行、实时优化；企业级PCPS的业务循环通过数天至数周的实时响应获取跨领域（例如设备维护、计划优化、调度优化、能源管理等）、多因素（成本、质量、生产率等）的最大价值增量，以此优化业务运营。

### 6.3.2 石化工业物联引擎

信息通信技术的持续演进正在开启万物互联新时代。所谓万物互联，就是人、物、时间、空间连接在一起，实现所有人和人、人和物及物和物之间的互联，重构整个社会的生产工具、生产方式和生活场景。在工业领域，工业物联就是要实现对人、机、料、法、环等工业生产环境的全连接和泛在感知。为此，工业物联需要具备的核心能力包括：软硬一体化的分布式可扩展架构、高算力的边缘智能硬件、高低频混合数据采集、批量的多种工业设备接入管理、端边灵活的算法部署、灵活的数据处理和异常诊断等。

#### 6.3.2.1 引擎概述

石化工业物联引擎提供现场数据接入、工业协议解析、边缘计算、边云协同以及自组态物联应用等一系列功能，同时还提供终端设备全生命周期管控以及完整的从终端到云端的安全保障。

具体来看，一是通过各类通信手段接入不同设备、系统，采集海量数据；二是依托协议转换技术实现多源异构数据的归一化和边缘集成；三是将深度学习集成进边缘计算，实现网络边缘的自适应管理，将大量的模型计算从云上推到边缘端，实现低延迟、高可靠的智能业务。同时，还提供终端设备全生命周期管控以及完整的从终端到云端安全保障。石化工业物联引擎功能视图如图6-7所示。

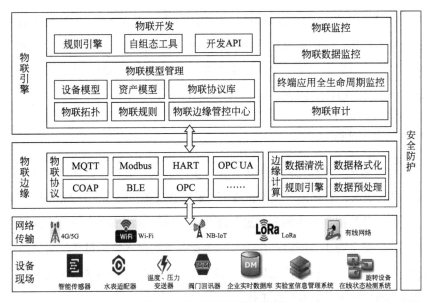

图 6-7　石化工业物联引擎功能视图

工业物联引擎具有物联模型、物联协议、物联安全及物联开发四个核心功能特性。

（1）物联模型　提供工业物联建模工具，为物联协议解析、物联开发提供模型支持。支持摄像头温度计、压力计、液位仪、流量计、质量分析仪、水表、电表等仪器仪表接入。同时物联模型记录物联设备的本体模型、感知模型及事件模型，为描述、分析、预测物联设备提供模型支持。

（2）物联协议　支持MQTT、Modbus、OPC、OPC UA、HART等百余种物联协议和千余种工业智能设备，以及工业实时数据库、实验室信息管理系统、动静设备在线状态检测系统等工业系统。通过适配多种协议，使工业数据汇聚到物联引擎中，使用统一接口规范为工业应用或者其他业务系统提供数据，消除信息孤岛，解决数据格式不统一、模型不统一的问题。

（3）物联安全　基于国家信息安全标准，保证物联网云边端的安全。使用云到端的双向数据加密，并且支持多种加密协议，保证物联网的数据安全、可信。同时使用边缘网关、断点续传技术保证数据传输的稳定，保障7×24h的海量数据汇入。

（4）物联开发　提供规则引擎、自组态工具、开发API，形成便捷易用的物联开发工具集。规则引擎提供物联场景规则编排，以低代码的方式为用户提供开发工具。自组态工具提供可视化工具，描绘物联设备的关联关系以及物联设备在各个时间切片下的状态。

### 6.3.2.2　边缘计算

针对石化生产过程危险源种类繁多、覆盖面广、潜在危险性大，以及作业环境特殊等情况，石化生产现场安装了大量物联仪表和终端，7×24h不断产生海量数据。如果数据都上传到云端进行处理，会对云端造成巨大压力，同时也存在数据传输安全隐患。同时，由于石化企业涉及的很多终端设备、传感器处于环境极端、地理位置偏远的地区，大部分都没有经济可靠的网络传输条件，无法满足原始数据的大批量传输工作。

而边缘计算节点的加入，可以通过温度、湿度、压力传感器芯片以及具备联网功能的摄像头等设备，实现对油气开采、炼油化工关键环节关键设备的实时自动化数据收集和安全监控，将实时采集的原始数据首先汇集至边缘计算节点中进行初步计算分析，对特定设备的健康状况进行监测并进行相关的控制。此时需要与云端交互的数据仅为经过加工分析后的高价值数据，一方面极大地节省了网络带宽资源，另一方面也保护数据隐私，为云端后续进一步大数据分析、数据挖掘提供了数据预加工服务，为云端规避了多种采集设备带来的多源异构数据问题，降低数据处理和传输时延，提高实时性，进而提高控制系统的控制精度。

边缘计算是在靠近设备或数据源头的网络边缘侧，融合网络、计算、存储、应用核心能力的分布式开放平台，就近提供边缘智能服务，满足企业在敏捷连接、实时业务数据优化应用、智能安全与隐私保护等方面的关键需求。边缘计算与云计算各有所长，云计算擅长全局性、非实时、长周期的大数据处理与分析，能够在长周期维护、业务决策支持等领域发挥优势；边缘计算更适用局部性、实时、短周期数据的处理与分析，能更好地支撑本地业务的实时智能化决策与执行。因此边缘计算与云计算之间不是替代关系，而是互补协同关系，边云协同将扩大边缘计算与云计算的应用价值：边缘计算既靠近执行单元，更是云端所需高价值数据的采集和初步处理单元，可以更好地支撑云端应用；云计算通过大数据分析优化输出的业务规则或模型可以下发到边缘侧，边缘计算基于新的业务规则或模型运行。

边缘计算功能架构整体分为云、边缘和现场三层[17]，如图6-8所示。边缘计算位于云计算和现场之间，边缘层向下支持各种现场设备的接入，向上可以与云端对接。

边缘层包括边缘节点和边缘管理器两个部分。边缘节点是硬件实体，是承

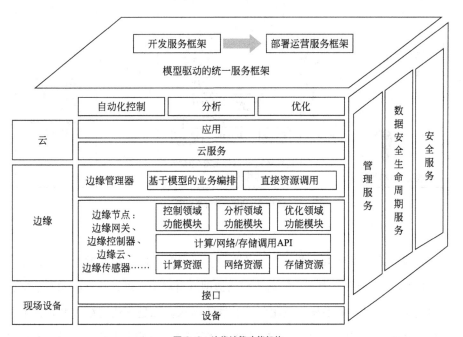

图6-8 边缘计算功能架构

载边缘计算业务的核心，边缘计算节点根据业务侧重点和硬件特点的不同，包括以网络协议处理和转换为重点的边缘网关、以支持实时闭环控制业务为重点的边缘控制器、以大规模数据处理为重点的边缘云、以低功耗信息采集和处理为重点的边缘传感器等。边缘管理器的呈现是软件，主要功能是对边缘节点进行统一的管理。

边缘计算三层架构模式包括现场层、边缘层和云计算层，如图6-9所示。现场层是接近网络连接传感器、设备、控制系统和资产等现场节点。边缘层是边缘计算三层架构的核心，它接收、处理和转发来自现场层的数据流，提供智能感知、安全隐私保护、数据分析、智能计算、过程优化和实时控制等时间敏感服务。云计算层提供决策支持系统，以及全局调度等应用服务。

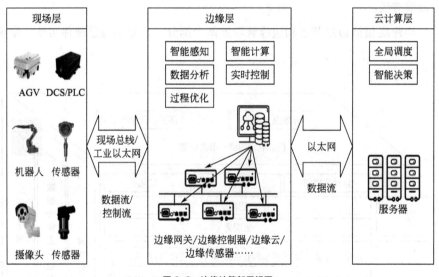

图6-9 边缘计算部署视图

边缘计算与网络融合部署有两条路径。一是有线网络边网融合部署路径：以"TSN+边缘计算"为代表的有线网络边网融合应用实现计算资源和网络资源协同调度，满足业务多样性及服务动态性的需求。二是无线网络边网融合部署路径：在5G网络中，核心网下移，边缘计算节点进一步分布化，形成"5G+边缘计算"的无线网边网融合应用。

(1) 工业物联网关　网关的功能是解决协议转换问题，主要包括物联应用网关、边缘计算网关和智能无线网关等。通过智能网关软件与智能网关硬件设备配合使用，可以打通云端和边缘侧终端设备之间的通信链路，实现协议的解析、边缘协同的数据传输、缓存续传、简单和复杂计算等。

(2) 工业智能终端　包括面向石油化工的新效应传感器，新材料传感器，智能化温度、压力、流量、物位、热量等工业在线分析仪表、手持终端以及精密监测仪器等。作为工业物联网重要载体的新型传感器、智能仪表和在线分析仪器，是未来制造环境中实现人与人、人与机器、机器与机器之间信息交互的主要手段。面向石化生产的新型传感器、智能仪表和在线分析仪器能够增强员工对工厂的感知能力，借助于嵌入应用环境的系统来对多种模式信息（光、电、热、化学信息等）进行捕获、分析和传递，极大地拓展员工对石化企业的各类装置、设备的了解和监测，促进生产活动的合理化和精细化控制。

石化生产过程的危险源具有种类繁多、覆盖面广、潜在危险性大、触发因素多变等特点，同时有限空间（石油化工企业的有限空间特指塔、釜、罐、槽车以及管道、下水道、沟、坑、井、池、涵洞等封闭、半封闭设备及场所）内的作业由于环境特殊，容易出现各种危险。在OT和IT深度融合的条件下，未来的发展方向是通过微机电技术、嵌入式技术和传感器等技术，研发石化现场微型化、智能化、低功耗传感器和更具智能化的仪器仪表，这些智能仪表设备是一个具有适当计算资源和存储资源的嵌入式系统，工作于严酷的工业现场环境，传输出各种必要的数据和信息，为制造系统的运行维护和优化提供基础。

#### 6.3.2.3　应用场景举例

(1) 炼化生产工艺监控与分析　自组态的生产工艺流程图，可以实时感知生产状态并能对超限指标进行报警提示；生产历史数据按需查看，并支持用户自定义的多指标对比分析；支持工艺模型实时计算结果与生产状态同屏实时展示。

(2) 生产过程监控　自组态的生产过程监控驾驶舱，可以实时感知企业生产现场生产状态；用户自定义报警上下限以及报警形式，支持元素闪烁、通知、邮件等推送形式；支持多人协同组态流程图，并可根据需要进行分享。

（3）安全感知　人员轨迹、健康状况及周边环境实时在线监测与提醒；厂内车辆物流跟踪及报警，支持车辆历史轨迹回放及车间距报警；自定义地理围栏，支持对进入或离开指定区域的行为进行报警。

（4）设备监控　设备运行状态数据实时自动采集，并提供标准接口供业务系统集成；支持压缩机、机泵、阀门以及仪表。

（5）环境状态监测　通过生产企业周界边缘仪表智能化改造，低成本搭建企业内部数采私网；实现周界仪表实时数据自动采集，并提供标准接口供业务系统集成。可应用于企业水电表度量、阀门开度感应、有害有毒气体监测以及消防栓压力监测等场景。

（6）智能巡检　基于智能手持仪巡检，数据通过专网实时上传；智能巡检搭载人员定位，可实现人员在场区的实时位置及巡检内容的显示；对厂区（库区）工作人员、施工人员、参观人员等活动情况进行跟踪定位。

（7）融合通信　实现融合概览、通信处理（音视频调度、纯视频调度、GIS调度）；提供追呼预案与通信大数据（通话记录查询、录音查询与回放、短信发送查询）；实现软视频语音会议，调度、内/外操、班组长可快速完成决策并执行。

### 6.3.3　石化工业数字化引擎

工业数字化引擎在虚拟空间提供与物理空间保持同步的数字模型。通过建模对石化工厂中的"人、机、料、法、环"等要素及其关系进行数字化，构建单元级、工厂级、企业级等不同层级的模型，并基于模型提供多种服务，支持上层应用和相关服务的快速开发，如图6-10所示。

#### 6.3.3.1　面向石化工厂的模型化描述

以石化工厂为对象，将石化工厂的设备、生产过程、工艺流程、业务流程数字化和模型化，在信息空间建立资产模型、工厂模型、机理模型、大数据分析模型、业务模型，在信息空间构建石化工厂的虚拟映射。通过"状态感知—

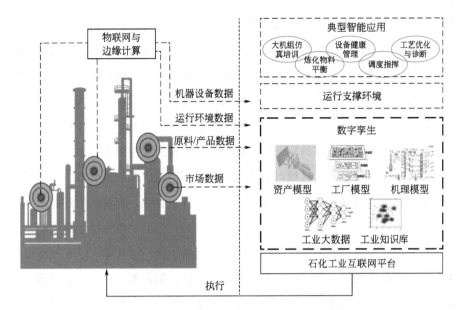

图 6-10 通过模型在信息空间构建石化工厂的虚拟映射

实时分析—优化决策—精确执行"的闭环实现对物理工厂的精确管理和协同优化,形成虚实共变、相互迭代的闭环系统[18]。

(1) 资产模型 对于新建工厂,可以考虑通过"正向工程"构建智能工厂数字化资产模型,可以与设计院、工程建筑公司等单位合作,打通工厂数字化设计、施工、数字化交付到运营维护的信息集成模型体系。对于已经投产的工厂,考虑到成本及技术可行性,可考虑通过"逆向工程"构建智能工厂的数字化资产模型,即通过红外成像加3D绘制的模式,建立重点设备、关键工艺装置三维工程级模型,然后再通过热点关联技术,实现工厂建造信息、设备信息及工厂运维信息的集成,逐步建立丰富企业的数字化资产模型。上述两种方式构建的资产模型可为工厂运营管控系统的应用提供模型和数据支持,建立基于上述模型的设备资产管理、防腐管理、应急指挥、工艺监控、施工作业管控等应用,改变传统管控模式。

(2) 工厂模型 石化工厂模型对石化智能工厂中生产活动涉及的要素进行模型抽象,统一石化生产企业内的数据描述模型和对象关系模型,解决生产、能源、工艺、设备等各方面在指标粒度、空间属性、时间属性、数据层次均存在的不一致的问题，推动石化行业智能工厂业务应用标准化，支持各类应用对物理工厂的访问方法及内容基本一致，可支持厂内集成和厂间协同。石化工厂模型包括炼化工厂中的生产相关装置（设备）、组织模式、人员、相关工作流程，主要描述区域、节点、物料、操作指标、质量指标、度量指标、测量仪表。区域是由场所确定的物理的、地理的或逻辑的成组组合，如炼化企业中的工厂、装置、罐区等，区域对象覆盖整个工厂范围，既不重叠，也不遗漏。节点是区域内具有特定特征的物理对象，如设备、管线。物料是生产的基本资源，企业生产过程中涉及的原料、半成品、成品、三剂（催化剂、添加剂、溶剂）和能源介质。操作指标是与操作相关的度量指标，如计量、工艺及设备状态参数。质量指标是与产品质量相关的度量指标，如密度、黏度、组成等。度量指标是节点状态的度量属性。测量仪表测量生产工艺状态参数，如温度、压力、流量、液位等。

（3）机理模型　基于石化工业生产过程"三传一反"（质量传递、热量传递、动量传递和化学反应）的特性，建立装置机理模型，对生产过程的物料平衡、能量平衡、相平衡与化学平衡进行模拟计算，支撑科研与工程设计、生产过程工艺诊断与优化。石化工业机理模型包括工艺机理模型、腐蚀机理模型、结焦机理模型、物性模型等。工艺机理模型包含常减压分馏塔、加氢裂化装置、芳烃抽提装置等装置级模型，分馏塔、反应器、泵、阀门等设备级模型，常减压换热网络、催化裂化换热网络、催化重整预加氢等单元级模型。物性模型包含主要原油的API、抗爆指数、十六烷指数、闪点、黏度、物性数据计算模型。

（4）大数据分析模型[19]　利用石化生产现场多源、异构的海量数据资源，运用机器学习、传递熵、聚类分析、支持向量机、神经网络算法等多种技术，面向石化生产过程管控分别建立预警模型、反应器结焦计算模型、目标产品收率预测模型、动设备故障诊断模型等大数据分析模型，开展关键工艺点报警根原因分析、装置参数优化、动设备故障诊断等大数据分析应用，提升产品收率，平稳生产过程。

（5）业务模型　围绕炼化生产核心业务，沉淀设备、物料、能源、工艺、操作、质量、安全、环保、应急等业务域的行业知识、业务规则和典型案例，形成石化工业知识库。以调度指挥为例，涵盖运行监控、生产报警、生产预警、预测分析、智能处置及调度指令等业务规则。上述业务规则是理解具体企业业务、对业务流程进行分析和优化的必要方法。

### 6.3.3.2　工业数字化引擎服务

工业数字化引擎基于石化工厂的模型化描述，提供生产指标、生产方案、资产监测、生产监测、预报警等类别的服务，如图6-11所示。

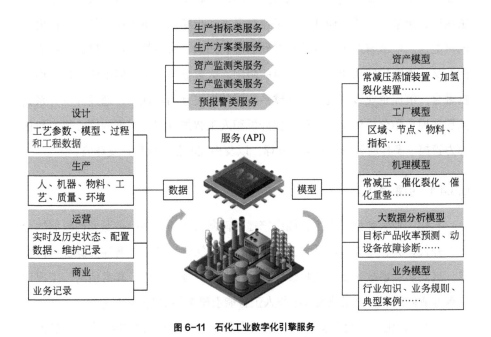

图6-11　石化工业数字化引擎服务

（1）生产指标类服务　以指标数据为基础，结合指标计算规则，自动计算指标结果。

（2）生产方案类服务　对加工方案、工艺方案、装置开停工、班次日历等生产方案相关内容进行管理，为企业应用提供统一的生产方案信息。

(3) 资产监测类服务　以企业资产模型为核心,结合生产现场数据,实现企业资产相关信息的监测管理。

(4) 生产监测类服务　以生产现场数据及相关计算结果提供生产监测能力。

(5) 预报警类服务　自动捕捉各专业的预警和报警,并进行预报警的闭环管理。

### 6.3.4　石化工业大数据与人工智能引擎

工业互联网的核心是数据驱动的智能分析与决策优化。工业大数据与人工智能引擎基于计算与算法,将以人为主的决策和反馈转变为基于机器或系统自主建模、决策、反馈的模式,为工业互联网实现精准决策和动态优化提供更大的可能性。引擎有助于实现从数据到信息、知识、决策的转化,挖掘数据潜藏的意义,摆脱传统认知和知识边界的限制。大数据与人工智能引擎通过异构数据融合,沉淀企业数据资产,支撑系统间数据交互和可视化,通过提供一系列的算法模型和分析计算,实现数据分析和人工智能应用。引擎的核心能力包括算力管控、多样的算法和框架的支撑,以及相应的智能应用开发环境。

#### 6.3.4.1　引擎概述

石化工业大数据与人工智能引擎提供面向行业的大规模多源异构数据的分布式并行计算、专业算法开发工具集、云及边缘侧AI能力部署等关键技术,支撑厂区安防、事故预测、故障诊断、设备画像、根因分析、异常侦测、工况识别等专业应用。石化工业大数据与人工智能引擎架构如图6-12所示。

(1) 石化工业大数据分析　工业大数据分析是利用统计学分析、机器学习、信号处理等技术手段,结合业务知识对工业过程中产生的数据进行处理、计算、分析并提取其中有价值的信息、规律的过程[20]。

石化工业的数据反映石化工业逻辑,具有多模态、强关联、高通量等特征,在应用方面,具有跨尺度、协同性、多因素、因果性、强机理等特征。因此石化工业大数据的来源主要有三类:第一类是生产经营相关业务数据,主

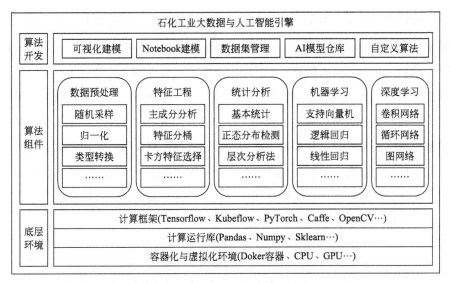

图 6-12 石化工业大数据与人工智能引擎架构图

要来自传统企业信息化范围，被收集存储在企业信息系统内部，一般储存于实验室信息管理系统（LIMS）、企业资源计划（ERP）系统、生产执行系统（MES）、能源管理系统、环保管理系统等。这些企业信息系统已累积了大量的生产计划数据、生产运行数据、经营分析数据、能源环保数据等。第二类是设备物联数据，主要指工业生产设备和目标产品在物联网运行模式下，实时产生的，涵盖操作和运行情况、工况状态、质量信息等体现设备和产品质量状态的数据，这些数据一般存储于企业的实时数据库系统、设备动态监测系统、腐蚀监测系统、在线分析仪监控系统中。第三类是外部数据，指与工业企业生产活动和产品相关的企业外部互联网来源数据，例如评价企业环境绩效的环境法规、预测产品市场的宏观社会经济数据等。

工业大数据分析融合了大数据存储、大数据计算以及搜索引擎技术等。通过采用分布式并行计算、多副本机制、对等节点机制，支持结构化、半结构化、非结构化数据的统一管理、分析和搜索。支持PB级的海量数据管理，以及海量用户的高并发访问。

工业大数据分析的数据采集功能是从数据源获得数据，然后通过数据预处理组件进行清洗、加工、预汇总等处理，将数据保存在海量数据存储区。数据处理执行数据抽取、转换、清洗、加载等功能。从缓冲区或数据源读取数据，根据元数据定义的数据规范、映射规则、验证规则、数据质量规则等处理数据。将数据加载到数据存储层中，以便后续分析处理。数据预处理组件根据定义的规则也可以对数据进行预加工，如对数据做分类合并统计等处理。数据挖掘对数据进行处理，从数据中找到隐含的规律，指导生产活动。数据挖掘有回归、预测、分类、聚类、关联分析、神经网络等多种方法。针对工业场景要求，工业大数据分析产品提供离线计算、实时计算及流式计算等能力。工业大数据分析功能视图见图6-13。

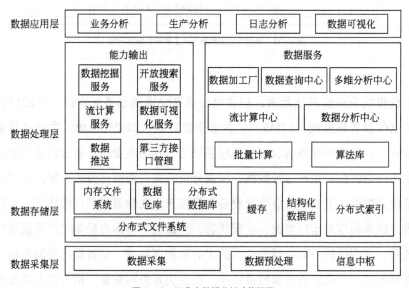

图6-13 工业大数据分析功能视图

工业大数据分析的核心是建模分析和数据服务及应用。其中，建模分析在功能上主要是在虚拟化的实体之上构建仿真测试、流程分析、运营分析等分析模型，为用户提供数据探索与分析能力，为各类决策的产生提供支持。从技术上，主要提供数据报表、可视化、知识库、机器学习、统计分析和规则引擎等，对数据资产进行探索、挖掘与分析，对数据价值进行多维度的提炼，支撑生产监测中心、资产监测中心、生产指挥中心、生产方案中心、物流中心等业务服务。数据服务和应用是基于数据分析结果，生成描述、诊断、预测、决策、控制等不同应用，形成优化决策建议或产生直接控制指令。聚焦生产过程的工艺数据、设备在线状态，沉淀根原因分析、异常侦测、工况识别等业务模型。为装置运行分析、装置工艺优化、设备运行分析、质量预测及分析等提供支撑。

（2）工业智能分析　工业智能分析是人工智能技术与工业融合发展形成的，贯穿于设计、生产、管理、服务等工业领域各环节，实现模仿或超越人类感知、分析、决策等能力的技术、方法、产品及应用系统[21]。工业智能分析是实现工业互联网数据优化闭环的关键。在全面感知、泛在连接、深度集成和高效处理的基础上，为决策支持和协同优化提供可量化依据，最大化发挥利用工业数据隐含价值，成为工业互联网发挥使能作用的重要支撑。通过利用开源开放的人工智能基础算法组件库所包含的各类人工智能基础算法和支持工具，如深度神经网络、强化学习、聚类分析、支持向量机、决策树、数据预处理、群智能优化等，实现灵活组态、自由调用，降低人工智能开发门槛。利用通用共享的语音识别、图像识别、自然语言处理、文本识别、知识图谱、增强/虚拟现实等功能，为石化行业各业务域的人工智能应用开发提供通用功能调用支持，有效提高个性化人工智能应用的开发效率。

工业智能分析具有人工智能全生命周期应用开发能力，提供模型的构建、评估、部署、发布等全方位的人工智能技术服务，见图6-14。数据层面支持数据采集、数据存储、数据标注、标注管理和行业数据集；模型层面包含模型算

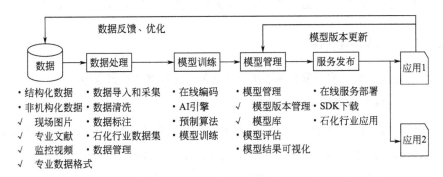

图6-14　工业智能分析应用流程图

法、模型开发、模型训练、模型评估、模型管理；模型应用层面包含服务部署、API服务、模型应用管理。

工业智能分析提供主流开发框架的调用，构建与Tensorflow、PyTorch、Keras、MXNet等主流深度学习框架的适配。支持调用主流的通用算法，包含常用图像识别算法、自然语言处理算法、预测算法、回归算法等算法库。工业智能分析功能视图见图6-15。

石化行业近年来尝试模式识别、认知服务等人工智能技术应用，积累了一定的技术经验。部署了语音识别、图像识别、自然语言处理等通用共享型人工智能应用服务，取得了初步应用效果。随着技术的发展，工业智能分析形成了两条发展路径。一是以专家系统、知识图谱为代表的知识工程路径，其梳理工业知识和规则为用户提供原理性指导。二是以神经网络、机器学习为代表的统计计算路径，其基于数据分析绕过机理和原理，直接求解出事件概率进而影响决策。

由于深度学习算法在处理非线性复杂数据方面表现出的卓越能力，在计算能力大发展的支撑下，人工智能在石化行业的应用进程不断加快，行业发展前景被广泛看好。随着智能感知、模式识别、智能控制、行为分析与事件识别等智能技术在智能装备领域的应用，提高石化工业智能机器人、智能传感与控制、智能检测与装配等智能装备的实用性、安全性成为石化行业智能应用发展的重点方向。通过应用大数据、深度学习等技术，提升智能制造在研发设计、生产运营、远程运维服务、供应链管理等方面的水平，形成动态优化的管理流程。推动人工智能在石化工业的规模化应用，实现生产设备网络化、生产数据可视化、生产过程透明化、生产现场无人化，提升工厂运营管理智能化水平。

#### 6.3.4.2 引擎功能特性

工业大数据与AI引擎具备多项核心功能，并在多个场景应用。

（1）核心功能特性

a.多源数据接入与一站式数据处理。支持多种数据接入方式，可采集关系型数据库、消息队列、服务器日志等数据，支持大数据与人工智能分析的全流程，包括数据采集、存储、预处理、标注、分析、挖掘、展示等。

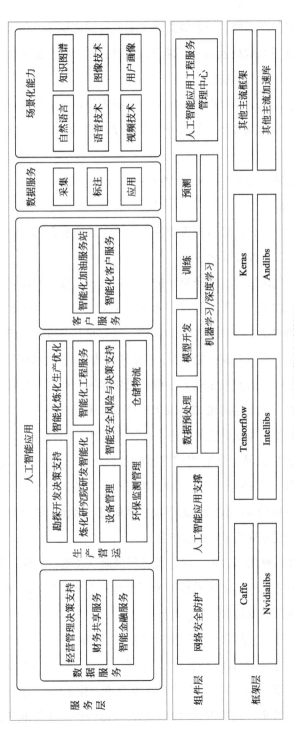

图 6-15 工业智能分析功能视图

b.可视化数据开发工具。提供数据开发全流程的可视化工作台，及多租户项目资源隔离；通过大数据及人工智能开发工具，实现项目多人协作开发，降低技术门槛，提高项目实施效率。

c.专业算法库。经过多年提炼与沉淀，在经营管理、生产运营、客户服务等领域积累大量专业算法应用，形成专业算法库，助力企业大数据及AI应用快速落地。

d.支持面向云端及边缘端的人工智能模型开发和部署。

（2）应用场景举例

a.生产工艺分析。包括装置报警根原因分析、装置提升汽油收率分析、装置报警预警分析、工艺参数优化等。

b.优化提升油气采收率。基于单井的生产数据（产液、产油、含水等）、运行参数数据（油压、套压、回压、电流、功率、温度、掺稀、油嘴大小等），结合同类单井历史库和专家经验案例，建立单井参数优化模型，评估某周期内的预期产量，模拟调参优化结果，智能推荐当前最佳参数配置。

c.改善油气生产。抽油机是陆上油田普遍使用的一种举升方式，由于油气藏复杂的生产条件，非常容易造成抽油机的低效运转甚至失效。对抽油机失效的预警能够给生产工程师提供技术支持，改善油气生产条件。

d.管线异常识别。基于现有管道数据的数据提炼，识别出管道金属腐蚀性、管道能耗异常、管道制造缺陷、管道输送率、管道风险评价五个主要影响因素；依照现有数据的实际值与管道各项标准值进行对比，综合得出管道健康状态指数分析，为判断管线异常提供依据。

e.设备预知性维修预测分析。对设备运行风险状态进行跟踪，并依据运行数据、状态跟踪数据和单点故障数据，预测设备未来某个时段的健康度，以便于检维修计划的制定和设备故障的提前预防。

f.大数据智能营销。面向石油石化销售公司、零售行业等客户，满足客户精准营销的业务需求，融合用户的消费、位置、加油、购物、人口属性等海量数据源，以用户标签的形式输出对用户的多维洞察，构建360度用户画像，从而精准识别目标群体特征、精准推送营销信息、精准分析挽留老用户、精准挖掘发现新客户，为企业智能化营销提供有力支撑。

g.工业智能图像识别。根据图像中的目标特征，识别图像中的目标。例如，采用传统图像识别技术结合卷积神经网络实现火焰、安全帽[22]、工服、原油泄漏等识别。

### 6.3.5 石化工业实时优化引擎

#### 6.3.5.1 实时计算框架

传统的监控告警大都是基于固定阈值的策略，但是随着业务系统及运营环境的复杂度不断提高，单一固定阈值的策略已经不再适合智能制造发展需求。同时，随着业务量的不断增长，生产环境的数据量也呈指数型增加，对监控实时性的要求更加强烈。对于这类在线监测、预警预测等系统，其数据具有实时性、随机性、无序性、无限性等特征，需要采用实时流计算技术来处理。

工业实时优化引擎提供企业实时总线和实时计算框架，如图6-16所示。

（1）计算框架　依托流式计算框架，提供统一的开发规范和计算框架，实现框架代码和业务代码的剥离。各计算应用只需关注业务逻辑实现，屏蔽底层处理逻辑的大量重复开发工作。基于实时计算能力，实现工厂数据的自流动和工业服务的自动化调度，实现从点数据到对象数据的转化。

（2）自助部署　提供界面化的自服务功能，实现各计算应用部署、启停等操作，结合配置中心实现各计算应用的配置变更和版本升级，降低部署风险，提高部署效率。

（3）资源管控　对计算资源进行统一管理和调度，方便各应用按需分配资源、按需动态扩容，最大化提高整体资源的利用效率。

（4）模型库及规则库　包括用于计划优化、调度优化以及全流程优化等业务场景的优化模型；面向生产管控、供应链管理、设备管理、能源管理、安全和环保管理等业务域的规则库，以及设备故障诊断、加工方案等案例库等。

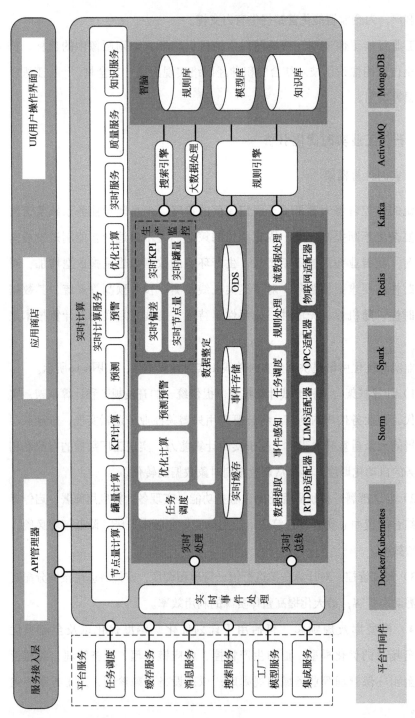

图 6-16 实时计算框架视图

工业实时优化引擎具有以下功能特性：

① 实现工业数据实时处理，捕获来自生产现场的事件信息。

② 沉淀覆盖集团、板块、工厂、装置各个层级的优化模型与测算案例。

③ 支持基于模型、规则、知识进行智能点的配置，支持业务组件服务、规则的升级与扩充。

#### 6.3.5.2 一体化优化

石化工业数据驱动的闭环优化具有多时间尺度、多空间尺度等特征。在时间尺度上，从过程控制回路通过以毫秒或秒为单位的实时响应对单台设备运行闭环优化，到操作回路以几秒到几小时不等的实时响应对一组设备（比如装置、生产过程）进行优化，再到调度优化、计划优化等数小时乃至数周、数月的优化周期。在空间尺度上，从分子级的反应动力学模拟优化，到单控制回路的PID自整定、多回路的先进过程控制、装置级的实时优化、全流程模拟和一体化优化，以及跨企业的供应链优化等[23,24]。

在建模方法上，集成生产过程中的不确定因素和多目标任务进行混合建模与优化，降低模型的计算复杂度，提升模型的鲁棒性[25]。采用人工智能学习与智能控制技术，建立全流程智能协同优化控制系统，使过程生产不依靠人的干预实现生产制造的自主运行。

在优化维度上，包含两个维度。在横向价值链维度上，通过降低原料采购成本、统筹资源配置、物料高效利用，实现供应链全过程的价值增值；在纵向优化深度上，通过计划、调度、控制三个层面上由局部到全局的优化、由日常到月度优化的协调统一和无缝衔接，实现生产全过程效益最大化。

实时优化引擎中，沉淀三个不同层面的优化模型，如图6-17所示。

（1）集团层面　利用整体优化模型进行原油或天然气资源、炼油生产、成品油销售、化工产销等总量统筹优化，形成油田、炼油、化工、销售等不同板块生产计划优化模型的有机结合方式，实现集团层面生产经营一体化优化模型应用的产业链全覆盖，实现整体效益最大化。

（2）板块层面　根据总量平衡计划，利用板块整体优化模型进行原油

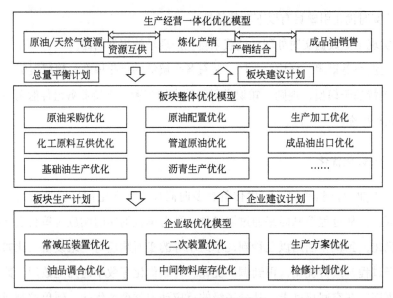

图 6-17　不同层面的优化模型视图

采购、生产加工、成品油配置、化工原料互供等资源配置优化，实现板块效益最大化。如炼油板块整体优化模型可整体优化炼油板块原油采购、原油配置、生产加工、化工原料互供，支撑管道原油、成品油、基础油、沥青等专项优化，使炼油板块生产计划优化由企业单厂优化、区域优化实现向板块整体优化的跨越。

（3）企业层面　以板块生产计划为基础，利用企业优化模型进行一次和二次装置、油品调和和检修库存等加工方案优化，提高技术经济指标，降低生产成本。每个企业模型分别对应一个炼化企业，只能用于该企业的计划排产、原油选择、生产加工方案优化、产品质量升级预测和装置改造评估等。炼化企业级模型综合运用常减压模拟切割和校核、Delta-Base结构、全厂硫分布预测模型、油品调和、多周期模型等技术，真实模拟企业生产工艺、投入产出与技术经济实际，具有较好的预测精度。企业级模型已成为总部和企业计划管理的重要工具。

构建集成平台，支撑数据的自由流动，模型的一体化是关键。石化工业的过程控制系统结构从分散式向集中式发展，控制范围从单个装置扩展为一批相关的装置群，集成方式从APC和RTO的局部集成向企业级的全局应用发展，进而实现企业级控制、高级预测和多周期多厂优化等。具体表现是数学模型规模迅速扩大，将装置模型与全厂生产动态、历史数据和财务经济指标相结合，考虑产品价格、原料价格、燃料价格变动，并反映到整个工厂计划中。因此，实时优化技术将从开环走向闭环，从离线走向在线，从单装置走向全厂优化。

### 6.3.6 石化工业软件

工业软件指专用于或主要用于工业领域，为提高工业企业设计、研发、制造、管理水平和工业装备性能的软件。

工业软件是工业技术长期积累、沉淀并在应用中迭代进化的软件化产物，是工业化成熟度的体现。工业软件已经成为支撑现代产业体系发展和创新的隐形"国之重器"，可谓"工业之魂"。在新一轮全球工业化竞争中，工业软件得到重新定位，从制造业信息化发展的辅助工具，被提升为推动工业智能化转型升级的基础使能技术。工业软件正从产品、技术、业务形态、产业发展模式等多维度重塑工业体系，现代工业正从"以装备为核心的工业"向"以软件定义的工业"转变。软件定义制造激发了研发设计、仿真验证、生产制造、经营管理等环节的创新活力，加快了智能化生产、个性化定制、网络化协同、服务化延伸等新模式的发展。同时，伴随新一代信息通信技术发展，工业软件也呈现出集成化、平台化、组件化、SaaS化、订购化、机电软件化等趋势。基于云边协同架构的工业APP为工业软件的研发与应用提供了创新的技术路径与商业模式。

#### 6.3.6.1 石化核心工业软件[26]

可以从两个维度刻画石化核心工业软件，如图6-18所示。横向是业务维度，包括产品研发设计、工程设计、工程建设、生产运营、维护/服务管理等；纵向是ISA 95关于企业信息系统和控制系统的架构分层维度，从下往上包括现场控制层、生产执行层、经营管理层等。

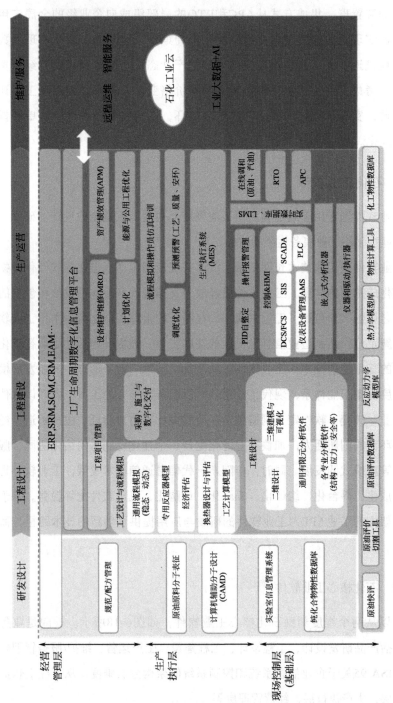

图 6-18 石化核心工业软件全景图

根据石化工厂三条业务主线，可将石化工业软件分为如下五大类：研发设计类、资产管理类、供应链管控类、生产管控类、经营管理类。

（1）研发设计类　为支撑产品研发与工艺研发创新、工艺设计、工程设计、工程施工、数字化交付等活动领域的软件。进一步可分为基础工具与数据库、原油评价与管理、工艺设计与流程模拟、工程设计与工程四个子类。

（2）资产管理类　包括对资产的事务性管理、设备资产检维修、资产绩效管理，以及对工厂资产生命周期管理等软件。进一步可以分为仪表设备管理（AMS）、企业资产管理（EAM）、设备维护、维修和大修（MRO）、资产绩效管理（APM）、资产生命周期管理（ALM）五个子类。

（3）供应链管控类　包括供应链管理（SCM）、网络与配送优化、计划优化、调度优化、原油调和在线优化、成品油调和在线优化、罐区管理软件、仓储管理软件等。

（4）生产管控类　包括过程控制系统和生产执行系统，支撑对设备和控制系统进行管控、数据采集、生产执行和安全运行等生产活动领域的软件。进一步可以分为过程控制系统、先进过程控制与优化、生产执行与管理三个子类。

（5）经营管理类　包括企业资源计划（ERP）、客户关系管理（CRM）、供应商关系管理（SRM）、商业智能（BI）、运营效率分析、经营管理平台等软件。

分类后石化核心工业软件全景图见图6-19。

### 6.3.6.2　工业APP

早期的工业软件是固化的整体，牵一发动全身，修改起来很麻烦。后来出现了面向对象的开发语言，进而产生了SOA（面向服务体系）架构，软件的功能模块演化为Web Service组件，通过对组件进行配置，将多个组件连接起来，完成业务功能。随着工业互联网的发展，软件架构向平台化、组件化发展，通过解构与重构，以微服务和工业APP的方式提供服务。每个微服务可以用不同的开发工具开发，可以独立进行运行和维护，通过轻量化的通信机制将微服务

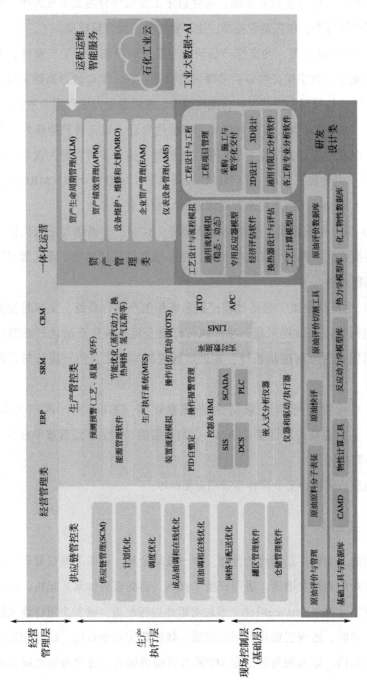

图 6-19 分类后石化核心工业软件全景图

组合起来，完成特定功能。实现了化难为易、化整为零，很好地解决了传统工业软件以往的研发难、部署难、使用难、维护难等问题。

工业APP是基于工业互联网，承载工业知识和经验，满足特定需求的工业应用软件，是工业技术软件化的重要成果。工业APP是面向工业产品全生命周期相关业务（设计、生产、实验、使用、保障、交易、服务等）的场景需求，把工业产品及相关技术过程中的知识、最佳实践及技术诀窍封装成应用软件。其本质是企业知识和技术的模型化、模块化、标准化和软件化，能够有效促进知识的显性化、公有化、组织化、系统化，极大方便知识的应用和复用。

相对于传统工业软件，工业APP具有轻量化、定制化、专用化、灵活和复用的特点。用户复用工业APP而被快速赋能，机器复用工业APP而快速优化，工业企业复用工业APP实现对制造资源的优化配置，从而创造价值，保持竞争优势。在工业互联网平台环境下，有利于推进工业APP的开发、应用及共享，形成生态环境，促进知识的传播与复用，把知识经济推向新的时代。未来在相当长时间里，传统工业软件与工业APP将同时存在，互为补充。

#### 6.3.6.3　工业软件发展趋势[27,28]

（1）国际流程工业巨头纷纷加快收购优质工业软件资源　从20世纪90年代以来，国际流程工业巨头纷纷加快收购优质工业软件步伐。面向生产制造全过程、全产业链、产品全生命周期，通过收购和资产剥离向"软实力"发展，打造集成化、平台化的全生命周期解决方案，构建产业生态以提升市场竞争力。例如，从1996年起，艾斯本收购了超过25家领域中最优秀的公司，形成过程工程、制造与供应链、资产绩效管理三大类软件产品线。2010年，海克斯康收购鹰图（Intergraph），整合为两个产业部门，其中海克斯康PPM提供面向流程工业、海事和基础设施的行业数字化解决方案，业务覆盖工程设计、采购、预制、建造、完工调试及设施运维全过程。2013年，施耐德收购英维斯（Invensys），2017年又反向控股剑维（Aveva），实现其打造全球领先工业软件的发展策略，产品覆盖从工厂的概念设计到生产运维的全生命周期的数字化资产管理。2016年，横河电机与艾斯本竞购KBC，最终横河胜出。KBC专注石油化工行业的设计优化、运营优化和管理优化,其炼油机理模拟软件全球市场第一。2019年,西门子完成对英国PSE公司的收购。在过去二十年里,西门子斥资超过140亿美元完成20多次工业软件收购,在不知不觉中已成为仅次于SAP的欧洲第二大软件公司,成为少有的横跨流程行业和离散行业的工业软件巨头。西门子将工业软件技术与工业自动化技术融合,强化以生产生命周期管理(PLM)为代表的综合数字化能力,提供软硬一体的数字工厂解决方案。霍尼韦尔也积极推进互联战略转型,致力于通过加强软件开发、数据分析和用户体验来努力成为一家互联工业企业(cyber-industrial company),推进公司进入"由硬到软"的数字化新时代,软件已然成为霍尼韦尔业务的重要组成部分。这些国际流程工业巨头通过研发创新和收购业内领先的工业软件,打通了流程模拟、工艺设计、工程设计、运维服务、过程控制等全生命周期管理的产品链,形成生态竞争优势。

(2)一体化工程到一体化运维 除了收购兼并,流程工业巨头们还基于高度互补的软件产品组合,结成战略联盟,提供从前端设计、基础设计、详细设计、工程建设,到运营维护的全生命周期管理解决方案。领先的供应商如海克斯康、剑维、西门子等公司都推出了包括一体化、集成化工程设计平台在内的工程数据资产全生命周期解决方案,即充分利用在工厂生命周期前端的设计、采购、施工、调试等阶段形成的工程信息,彻底打通工厂生命周期的信息流,为工厂的运营维护提供准确、完整的数据支撑,提升工厂的运营效率,节省资本开支和运营成本。一体化工程解决方案是在已有数字化设计工具、集成化设计平台的基础上实现流程模拟分析、工程数据管理、三维布置设计三大平台的一体化,前期工程设计中产生的仿真数据能够随时随地用于详细设计并得到实时检查和验证,从而能够提高效率、降低风险,实现资本项目的投资回报最大化。例如,施耐德收购英维斯和剑维后,原来英维斯的软件,包括用于化工流程模拟的PRO/II、用于换热设备和网络优化的HEXTRAN、用于动态过程模拟的DYNSIM、用于在线模拟优化的ROMeo等,现在都集成在剑维品牌下,形成了工程设计集成平台AVEVA E3D、IE&D、一体化流程模拟平台Sim Central Simulation Platform、资产绩效管理APM套件等,覆盖全生命周期的数字化资产管理，从概念设计到生产运营活动完整的全产业价值链。统一数字化工程设计由两大部分组成：统一生命周期仿真平台（一个模型）和一体化工程设计（一个数据库）。二者共同构成工艺模型与数据库，能够在一个平台上对一维、二维和三维的数据流进行双向同步。稳态及动态工艺模型与工程设计数据库的双向整合使过程能够无缝衔接，进行数据直接传递。2016年，西门子与本特利结成战略联盟，探索如何改进数据利用率并提高数字孪生的应用效率，推出了PlantSight软件。PlantSight是基于云的开放式架构，提供一系列微服务，包括工厂工程设计、物理布局建模、项目施工规划、维护以及资产性能建模等。将原始数据转换为一个完整的、综合性、不断更新的数字孪生。2020年7月，西门子与SAP达成新的合作，充分发挥双方在工业领域的专长，整合优势互补的产品生命周期、供应链和资产管理软件解决方案。通过"数字主线"（data thread），实现产品或资产的所有虚拟模型和仿真，与整个生命周期的实时业务信息、反馈及绩效数据相融合。2019年6月，艾斯本与海克斯康达成战略合作，提供流程行业数字化转型的最佳解决方案，支持从概念设计、基础设计到详细设计的全过程集成方案。2020年5月，剑维和腾讯建立战略合作，基于剑维的一体化运营中心以及腾讯数据智能形成联合解决方案，完成设计、工程、施工、生产以及运营和维护全链路数字化。形成横向从设计、工程、生产、运营的完整生命周期，纵向从工厂边缘端、智能设备端到中控、云平台以及用户感知和决策的完整的服务链路。从广度和深度两方面支持工业企业数字化转型。这些事件标志着一个显著变化，即设计与仿真正在紧密地集成在一起。设计即仿真，将成为工业领域的标配。这也意味着商业模式的更新，工业软件供应商，正在试图通过软件—服务—价值转移来追求规模和效益的溢价，从设计—制造的全过程中，进一步挖掘价值，制造即服务是这一理念的核心。

（3）从一次买断到持续订阅　由于商业模式灵活和成本管理的需求，企业软件购买者正积极向订购模式转变。从20世纪90年代起，国际上受互联网思想和技术手段的影响，软件许可的分发方式普遍发生了转变。工具类软件的销售方式，正在从一次性许可（license）转向订阅模式（subscription），主要表现形态就是按年租赁付费。订阅模式的软件并不一定都是基于云部署，可以仍然是在企业内部安装（on premise），但是通过订阅定期获得授权密码。软件订阅对于用户和开发商是双赢模式。对于用户企业，可以根据应用需求，灵活增减用户数，还可以即时获得最新的软件版本。通过将软件购置从资本支出转换为运营支出，可以将资本支出重新分配给其他资本要求。对于软件公司而言，则可以确保用户产生持续的现金流，虽然当期某个用户企业带来的收入减少，但是几年下来，订阅服务的收入就会超过销售固定使用权的营收。例如AVEVA Flex就是一种全新的订阅模式，消除了平台、I/O和客户端计数，采用无限制访问数、可视化客户端，并可根据业务需求动态调整产品使用情况。

### 6.3.7 部署实施

#### 6.3.7.1 部署实施视图

在工业互联网平台的部署模式上，对于大型企业，一般使用私有云+解决方案的部署方式，提高大型企业工业互联网创新和应用水平。对于中小型企业，更适合采用公有云的模式，加快中小型企业工业互联网应用普及，如图6-20所示。

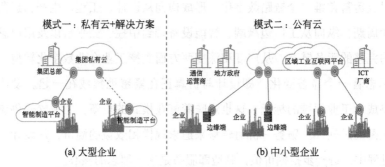

图6-20 大型企业（a）和中小型企业（b）的工业互联网部署模式

#### 6.3.7.2 部署实施要素

石化工业互联网平台在不同层级形成差异化和关联性的部署体系，该体系旨在实现产业链上下游企业间协同、工厂内上下流程协同。在集团层探索产业链资源组织，构建石化行业战略决策和各单位统筹管控体系，主要关注产业链协同、资源配置等应用。在企业层关注具体生产、运营等任务的执行管理，打造生产执行关键能力，支撑"研发设计、生产、销售、服务"等价值链的系统化建设。在边缘层满足数据分析和诊断要求，实现网络全局覆盖和复杂设备接入，面向生产现场的整合，部署生产管控及优化能力，提供操作单元和生产装置的运行管理功能。

#### 6.3.7.3 石化工业互联网平台实施视图举例

石化工业互联网平台支撑智能工厂、智能油气田、智能管线、智能物流等建设，因业务场景不同，在部署模式上有差异。

（1）智能工厂实施视图　石化智能工厂部署架构（见图6-21）是典型的集团、企业两级部署模式。企业级包括边缘层和支撑本地应用的平台层，提供能源优化、设备运行分析、施工作业管控等SaaS应用。集团总部汇聚各企业的运营数据，支撑集团级的大数据分析、大机组监测等应用。

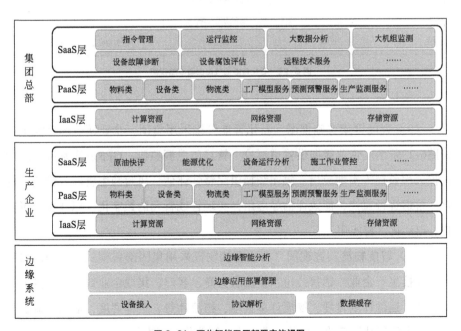

图6-21　石化智能工厂部署实施视图

（2）智能油气田实施视图　石化智能油气田采用集团、企业两级部署模式，如图6-22所示。企业级提供视频监控、巡检管理、应急指挥、能耗管理等本地应用。集团级收集各企业数据提供数据智能分析应用，支撑油气藏动态管理与优化、单井异常诊断与预测、设备健康运行管理、集输节能降耗等智能化业务应用。

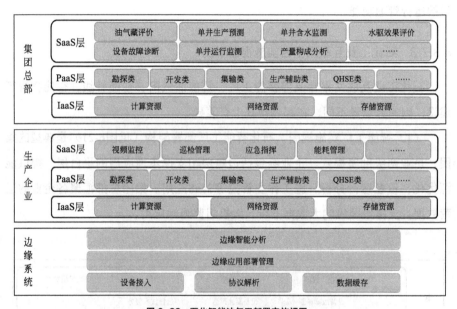

图6-22　石化智能油气田部署实施视图

（3）智能管线实施视图　石化智能管线采用集团、企业两级部署模式，如图6-23所示。企业级提供管道巡检、管线防泄漏监测、GPS巡线系统、阴极保护远程监控等本地应用。集团级提供完整性评估、风险隐患管理、管道可视化、管道运行监控、能效评估等应用，实现管线管理的数字化、标准化、可视化、自动化、智能化。

（4）智能物流实施视图　石化智能物流采用集团部署模式，如图6-24所示。连接生产企业、销售公司、物流服务商、客户，集成企业数据，提供承运商管理、运输计划管理、物流订单管理、物流计费、运输调度、危化品监管等应用，全面提升物流的一体化、柔性化、智能化、标准化。

# 6 石化工业互联网

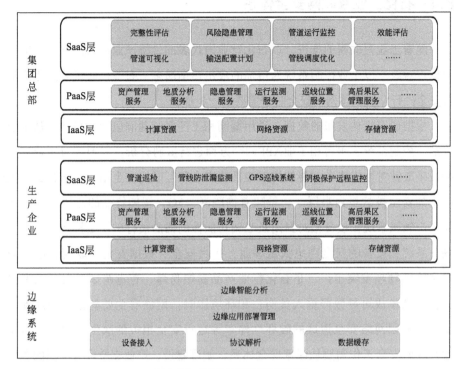

图 6-23　石化智能管线部署实施视图

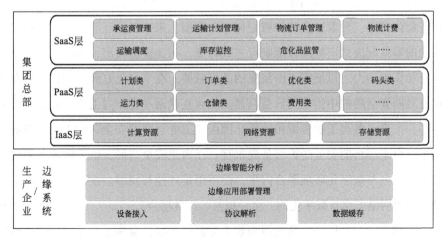

图 6-24　石化智能物流部署实施视图

## 6.4 石化工业互联网安全体系

随着工业互联网的推进，以石化行业为代表的传统产业成为网络攻击的一个重点对象。以工业控制系统为目标的攻击逐渐增多，有些已经影响到生产运行安全，行业的整体网络安全防护需要进一步加强。

根据研究机构发布的数据，通用漏洞和工控系统漏洞呈上升趋势，从工业终端、控制系统、平台和工业APP四个方面进行威胁分析，需要针对工业应用特征采取针对性措施。与传统的工控系统安全和互联网安全相比，石化工业互联网的安全挑战更为艰巨：一是随着物联网、5G、智能终端的应用，原有工业生产领域系统和设备相对封闭及强调功能性的格局被打破，工控边界变得模糊，系统和设备的安全隐患大量暴露，平台安全、数据安全、联网智能设备安全等问题越发突出；二是石化行业产品易燃易爆、有毒腐蚀，设备高温高压，安全事故可导致严重人员伤亡和环境影响，网络安全要防范系统风险，更要防范因网络安全造成的破坏性停车等运行安全相关的次生风险；三是工业互联网安全工作需要从国家安全体系、制度建设、产业支持等更全局的视野来统筹安排，树立安全部署的必要性与紧迫性意识，加强安全管理与风险防范控制工作。

智能化、平台化和内生安全是工业互联网安全体系发展的三大趋势[29]。在智能化方面，随着安全防护智能化不断发展，未来工业互联网安全防护将从传统的事件响应式向持续智能响应方式转变，构建全面预测、基础防护、快速响应和恢复能力，以抵御不断演变的高级威胁。在平台化方面，平台安全在工业互联网安全防护中的地位日益凸显。工业互联网平台作为工业互联网发展的核心，汇聚了各类工业资源和数据，因而在工业互联网安全防护未来的发展过程中，对于平台的安全防护将备受重视。在内生安全方面，将企业等组织的网络安全能力与数字化环境融合内生，而不再是外挂与局部。在数字化环境的内部，实现网络安全与数字化的"全面覆盖、深度融合"。

为解决工业互联网面临的网络攻击等新型风险，确保工业互联网健康有序发展，工业互联网安全体系框架从防护对象、防护措施及防护管理三个视角构建，充分考虑了信息安全、功能安全和物理安全。防护对象涵盖设备、控制、网络、应用和数据五大安全重点；防护措施包括威胁防护、监测感知和处置恢复三大环节，威胁防护环节针对五大防护对象部署主被动安全防护措施，监测感知和处置恢复环节通过信息共享、监测预警、应急响应等一系列安全措施、机制的部署增强动态安全防护能力；防护管理根据石化工业互联网信息安全目标对其面临的安全风险进行安全评估，并选择适当的安全策略作为指导，从安全管理制度、安全管理机构、人员安全管理、系统建设管理和系统运维管理等方面保障安全技术的合规执行，实现防护措施的有效部署。石化工业互联网安全框架的三个防护视角相辅相成、互为补充，形成一个完整、动态、持续的防护体系。

### 6.4.1 石化工业互联网安全防护系统架构

参考国内外领先实践，结合石化行业工业互联网平台应用发展现状，依据工程方法论规划设计安全防护体系，形成工业互联网平台安全防护系统蓝图。安全防护系统主要包括四部分，如图6-25所示。

安全感知分析处置借助大数据、人工智能、威胁情报等实现安全可视化、智能化和集中管控；工业互联网平台按照纵深防御、综合防御和精准防御的要求实现业务和应用安全、数据安全、云平台和云资源安全、云基础设施安全；工控安全通过安全策略保障IT和OT网络连通环境下设备、装置的威胁感知和攻击防护，实现运行安全；泛终端安全将通过零信任架构（ZTA）实现安全准

图 6-25 石化工业互联网安全防护架构

入、资产测绘和集中管控。

## 6.4.2 石化工业互联网安全核心能力

石化行业作为国家经济活动关键基础支撑，工业互联网需要体系化的防护解决安全碎片化的痛点。在做好动态防御、主动防御、纵深防御、精准防护、整体防控、联防联控的基础上，结合行业特点，聚焦关键安全能力，共建安全生态，形成体系化、常态化和实战化的安全防护体系。工业互联网安全核心能力主要包括以下四个方面。

（1）适合工业业务特征的综合态势感知能力　如图6-26所示，综合态势感知能力解决工控网络的设备小众、版本众多、环境封闭，以及工控设备、工业网络设备、网络安全设备信息的兼容、采集、联动困难等诸多问题，支持主流环境下的绝大部分工控网络、安全设备和协议，借助行业业务应用的积累，形成工控网络行为建模、协议分析、流量审计、安全预警等模型和特征库。

图6-26　综合态势感知能力

（2）工控系统层进式的纵深防护能力　借鉴信息网络安全的分层划域的纵深防御思想，结合流程行业业务应用的特点，形成对工控网络的设备、控制、网络、应用和数据实行风险识别、攻击防范、监控分析和响应处置的全流程防护，严控信息管理层和操作管理层数据流，加强现场监控设备的完整性保护，实现现场控制层和现场仪表层的接入认证和操作授权，如图6-27所示。

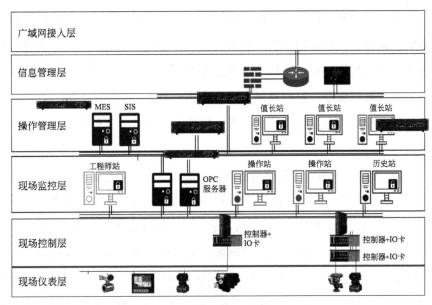

图 6-27 工控系统纵深防护能力

通过工业互联网态势感知监测系统、工业主机安全防护系统、工业防火墙的监测和防护组合形成整体解决方案，构建包含企业设备安全、网络安全、数据安全、控制安全、应用安全的立体防护体系。

① 设备安全。有效防护工业控制系统PLC、DCS、SCADA、RTU、DTU（数据传输单元）、上位机、HMI等设备。

② 网络安全。实时监测工业以太网异常流量，安全审计日志便于事后溯源追责，同时通过工业防火墙防护针对工厂工控网络的攻击。

③ 控制安全。实时监测上位机对PLC关键操作，保障客户远程运维、自动化厂商升级与服务等控制操作。

④ 应用安全。有效保护组态软件应用安全。

⑤ 数据安全。通过边界防护和主机防护，有效降低数据在边缘层和平台层之间数据交互过程中产生的生产数据外泄、勒索病毒感染等风险。

（3）安全的持续开发集成交付能力　在安全策略引导下建立针对开发过程、测试过程和支持过程的技术规范，并提供需求、设计、开发和测试等多个规范和指南。基于持续交付中心将流程固化于平台，提供完整的端到端研发运维工具链和一站式的持续交付解决方案，包括过程管理、知识管理、代码仓库、持续测试、安全评估、持续部署等服务，实现业务应用从需求到发布的全生命周期管理，打造持续交付流水线。丰富安全控制手段，以自动化方式实现多轮次动态、静态安全检测，提供安全环境、业务风险和实战检测等服务。

（4）统一的应用安全功能服务能力　统一的应用安全包括统一认证、统一权限、统一审计、统一控制。石化行业信息化起步早，存在业务复杂、应用系统多、人员网络安全认识不一致等问题。统一认证解决长期困扰企业的账号难管理、认证单一、弱口令突出等问题。统一权限在业务模型基础上实现资源、操作和数据层面的多应用集中授权。统一审计解决单业务系统审计的孤岛难题，可以提供多维关联复合分析。统一控制通过平台实现从应用的开发、上架、审核、订阅与运维形成一站式的应用管控能力，应对复杂供应链环境下应用服务的全生命周期管控。

### 6.4.3　重点发展领域

未来，需要结合石化工业特点，加强建立性能处理能力、运行保障能力、持续的安全自适应能力和自动响应能力，构筑更加完善的石化工业互联网内生安全体系。

（1）安全防护智能化研究　石化企业信息安全防护的思维模式开始从传统的事件响应式向持续智能响应式转变，构建全面的预测、基础防护、响应和恢复能力，抵御不断演变的高级威胁。建设安全数据仓库，利用机器学习、深度学习等人工智能技术分析处理安全大数据，不断改善安全防御体系。从被动防护向持续普遍性的监测响应及自动化、智能化的安全防护转移。

（2）石化工业互联网平台安全研究　基于云访问安全代理、软件定义安全、远程浏览器等技术的安全解决方案和模型提升石化工业互联网平台的安全可视性、合规性、数据安全和威胁防护能力。满足石化工业互联网平台使用者与提供商之间的安全认证、设备和行为的识别、敏感数据共享等安全需求。

（3）石化工业互联网大数据的分类分级保护、审计和流动追溯研究　石化工业互联网数据体量大、种类多、结构复杂，并在IT和OT层、工厂内外双向流动共享。石化工业大数据的不断发展，对数据分类分级保护、审计和流动追溯、大数据分析价值保护、用户隐私保护等提出了更高的要求。

（4）企业数字化资产安全保护研究　工程设计、采购、施工等阶段产生的工程数据是工厂数字化的基础，数字化交付后，需要加强数字化文件、数据模型等保护，建立针对数字化资产特定的安全管理标准或规范。

（5）石化工业互联网现场设备的安全监测与威胁处置研究　安全防护范围从"IT防护"到"IT+OT防护"，加强工控系统安全，需要重点突破现场工控设备的安全监测、内存保护、漏洞利用阻断等终端防护技术，形成对攻击行为进行快速响应的能力。

（6）信息共享和联动处置机制研究　与政府及相关安全产业企业建立运转灵活、反应灵敏的信息共享与联动处置机制，打造多方联动的防御体系，进一步提升石化工业互联网企业安全风险发现与安全事件处置水平。

## 6.5　标准化和成熟度评估

### 6.5.1　石化行业智能制造参考模型

"智能制造、标准先行"，标准化工作是实现智能制造的重要技术基础，与石化工业互联网的发展要求协同统一。面对制造业发展的新形势、新机遇和新挑战，智能制造标准已成为全球产业竞争的一个制高点，国内外诸多标准化组织开展了智能制造相关标准的研究，以期引领智能制造产业健康有序发展[30,31]。

工信部、国家标准化管理委员会在2015年共同组织制定《国家智能制造标准体系建设指南（2015年版）》，主要构建满足产业化发展需求、先进适用的我国智能制造参考模型和标准体系，解决标准缺失、滞后、交叉重复等问题。

2018年发布《国家智能制造标准体系建设指南（2018年版）》[32]，优化了标准体系整体框架。近年来，在国家智能制造标准体系建设指南的指导下，通过在智能工厂中的最佳实践，石化行业编制形成了20余项行业标准草案，在智能工厂实践和推广过程中发挥规范和引领作用。

石化行业智能制造标准体系通过对标国际、国内先进经验，规划和提炼出石化行业智能制造标准参考模型。

石化行业智能制造参考模型由资产价值、资源价值、管控层级、智能层级四个维度组成，其中资产价值、资源价值、管控层级"三条主线"组成了石化行业智能制造的业务模型，是石化行业智能制造的业务内涵，智能维度是石化行业智能制造的技术内涵。参考模型如图6-28所示。

（1）资产价值维度　资产价值维度指工厂从设计、建造、交付到运维的全生命周期资产价值链。设计是指根据原油品种、产品结构等约束条件，进行工厂的概念设计、基础设计、详细设计等过程；建造是指根据工程设计文件，通过施工活动形成设备、管道、仪表、电气和建筑物等工程实体的过程；交付是指将建造过程形成的工程实体、电子文件等交付物移交至接收方的过程；运营是指在工厂运行期间对设备、设施等资产进行诊断、检测、监控等活动和管理的过程；维修是指为保持设备、设施的正常运行而进行的设备维护保养、设备检查和设备修理等活动。

（2）资源价值维度　资源价值维度是指企业的商业行为，包含采购、物流、生产、销售和服务等环节。采购是指原辅料、燃料、动力、配件等物资从供应商转移到企业的活动；物流是指物资的进出厂、计量及仓储等活动；生产指通过劳动创造所需要的物质资料的过程；销售是指产品或商品等从企业转移到客户手中的活动；服务是指提供者与客户接触过程中所产生的一系列活动的过程及其结果，包括回收等。

（3）管控层级维度　管控层级维度是指与企业生产活动相关的组织结构的层级划分，包含企业、工厂、装置、单元、设备5层。企业是一个或多个工厂的集合，确定目标产品、生产地点以及基本生产方式；工厂是指由企业设立，基于组织或业务准则的实体的、地理的或逻辑上的装置群组；装置是一个或一个

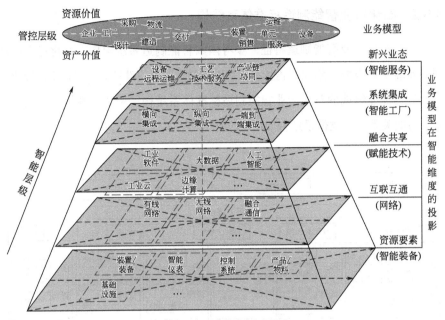

图 6-28 石化智能制造参考模型

以上相互关联的工艺单元的组合,包括联合装置;单元是指生产完成一个工艺操作过程的设备、管道及仪表等的组合体;设备是为实现工艺过程所需的反应器、塔、换热器、容器、加热炉、机泵等。

(4)智能层级维度 智能层级维度是指基于新一代信息通信技术使制造活动具有自感知、自学习、自决策、自执行、自适应等一个或多个功能的层级划分,包括资源要素、互联互通、融合共享、系统集成和新兴业态五层智能化要求。资源要素是指企业对生产时所需要使用的资源或工具及其数字化模型所在的层级;互联互通是指通过有线、无线等通信技术,实现装备之间、装备与控制系统之间、企业之间相互连接及信息交换功能的层级;融合共享是指在互联互通的基础上,利用云计算、大数据等新一代信息通信技术,在保障信息安全的前提下,实现信息协同共享的层级;系统集成是指企业实现设备、单元、装置、工厂乃至智能制造系统集成过程的层级;新兴业态是企业为形成新型产业形态进行价值链整合的层级。

## 6.5.2 石化行业智能制造标准体系结构

针对石化行业智能制造特征，参考国家智能制造系统架构、石化行业智能制造标准参考模型，建立涵盖由"A基础共性""B关键技术""C细分行业应用"三类标准组成的石化行业智能制造标准体系结构，主要反映标准体系各部分的组成关系。上述体系结构如图6-29所示。

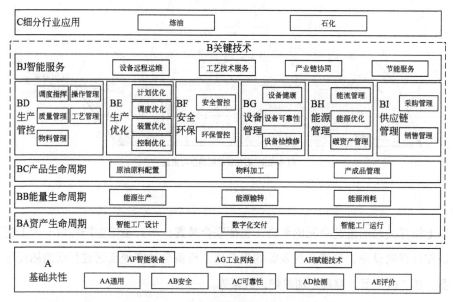

图6-29 石化行业智能制造标准体系结构图

其中，A基础共性标准包括通用、安全、可靠性、检测、评价、智能装备、工业网络、赋能技术八大类，位于智能制造标准体系结构图的最底层，是B关键技术标准和C细分行业应用标准的支撑。B关键技术标准包括资产生命周期、能量生命周期、产品生命周期、生产管控、生产优化、安全环保、设备管理、能源管理、供应链管理、智能服务十大类。C细分行业应用标准是面向石油化工细分行业具体需求，包括炼油和石化两大类，对A基础共性标准和B关键技术标准进行进一步细化和落地。

A基础共性以国家智能制造标准体系结构中的基础共性和关键技术为基

础，并包含石油化工行业在智能装备、工业网络、赋能技术等方面的共性技术标准。

AA通用标准主要包括术语定义、参考模型、元数据与数据字典、标识四个部分。AB安全标准主要包括功能安全、信息安全、人因安全三个部分。AC可靠性标准主要包括工程管理、技术方法两个部分。AD检测标准主要包括测试项目、测试方法两个部分。AE评价标准主要包括指标体系、能力成熟度、评价方法、实施指南四个部分。AF智能装备标准主要包括识别与传感、人机交互系统、控制系统、智能仪表与过程装备、工业机器人五个部分。AG工业网络标准主要包括工业无线网络、工业有线网络、工业网络融合和工业网络资源管理四个部分。AH赋能技术标准主要包括工业软件、工业大数据、人工智能应用、工业云、边缘计算、工业PaaS、数字孪生、区块链八个部分。

B关键技术从石油化工行业的生产特点出发，涵盖三条主线、六大业务域，包含石油化工行业在智能工厂应用方面的标准。

BA资产生命周期中的智能工厂设计标准主要包括石油化工智能工厂的智能化系统设计、系统建模、工艺设计三个部分。数字化交付标准主要包括文档、数据、模型等内容的交付标准部分。智能工厂运行标准主要包括资产数字化建模、资产运行基础数据采集标准。

BB能量生命周期中的能源生产标准主要包括能源介质的主数据、生产模型、基础数据采集等标准。能源输转标准主要包括能源输送及转换的能源管网基础数据及建模、输转数据采集等标准。能源消耗标准主要包括装置用能知识库、用能数据采集等标准部分。

BC产品生命周期中的原油原料配制标准主要包括原油原料评价、数据采集、配置优化等标准。物料加工标准主要包括加工方案知识库、基础数据采集、装置模型建模等标准。产成品管理标准主要包括产成品性质库及销售标准。

BD生产管控中的调度指挥标准主要包括调度指令管理、生产异常管理两个部分。操作管理标准主要包括内外操管理、操作优化、仿真培训三个部分。质量管理标准主要包括质量过程管理、质量风险管理、实验室信息管理三个部分。工艺管理标准主要包括工艺监控与报警、工艺分析、工艺优化三个部分。物料管理标准主要包括进出厂物流管理、仓储管理、物料移动、物料平衡、物料统计标准五个部分。

BE生产优化中的计划优化标准主要包括生产方案设计与优化、生产计划编制与优化、生产计划执行监控三个部分。调度优化标准主要包括调度排产优化部分。装置优化标准主要包括常规生产过程如单元设备、生产装置、总加工流程、以公用工程为基础的流程模拟等部分。控制优化标准主要包括先进控制系统与优化软件集成等部分。

BF安全环保中的安全管控标准主要包括风险管理、现场作业管理、事故与应急管理、危化品管理、培训教育五个部分。环保管控标准主要包括监控分析、清洁生产、末端治理三个部分。

BG设备管理中的设备健康标准主要包括设备状态监控预警、设备故障诊断与预测等标准。设备可靠性标准主要包括设备可靠性分析等标准。设备检维修标准主要包括设备维修、备品备件管理、停工检修三个部分。

BH能源管理中的能流管理标准主要包括能源运行、能源统计、能源评价三个部分。能源优化标准主要包括产能优化、管网优化、用能优化三个部分。碳资产管理标准主要包括实物管理、技术管理和价值管理三个部分。

BI供应链管理中的采购管理主要包括采购需求、采购计划、采购过程管理、采购优化四个部分。销售管理主要包括销售计划、销售订单的生成、执行和跟踪管理等。

BJ智能服务中的设备远程运维标准主要包括设备远程运维、预测性维护等部分。工艺技术服务标准主要包括工艺模型、工艺技术诊断分析等部分。产业链协同标准主要包括石油化工产业链中制造资源分类、资源共享平台等部分。节能服务标准主要包括节能分析评估、节能审计等部分。

C细分行业应用按照细分行业分别梳理标准体系，共性标准沉淀至A基础共性和B关键技术，在C细分行业应用中规划特有标准，指导石油化工细分行业开展标准化工作。炼油行业标准主要包含原料结构优化、生产过程优化、产品结构优化三个部分。石化行业标准主要包括生产过程优化、仓储物流管理等部分。

石化行业智能制造标准体系结构中明确了智能制造及与石化工业互联网相关的标准化需求,用以规范石化企业开展智能工厂整体规划、设计、建设和运营,支撑本行业绿色、高效、安全和可持续发展。

### 6.5.3 石化行业智能制造成熟度评估

目前我国石油和化学工业规模以上企业有近3万家,两化融合水平参差不齐。为帮助石化企业确定现有智能工厂水平和建设短板,指明未来建设目标或提升方向,促进智能工厂建设水平的提升,基于工信部2016年智能制造综合标准化项目,提出《石化行业智能工厂能力成熟度模型》,包括石化行业首个智能工厂成熟度评估模型、成熟度要求、评估方法、评估指南等,如图6-30所示。

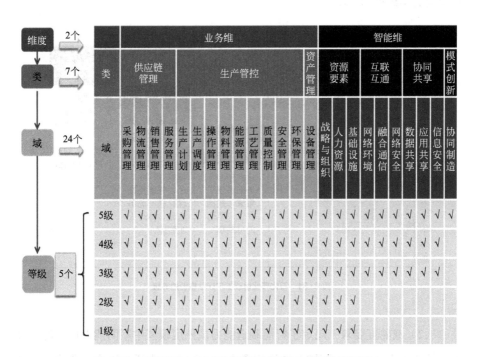

图6-30 成熟度等级与核心能力要素的对应关系(√表示有该项指标)

（1）智能工厂成熟度评估模型　评估模型的体系架构分为维度、类、域，域是类的主要组成部分，每个域在不同成熟度等级下有不同的成熟度要求。

维度包括业务维和智能维，业务维包括供应链管理、生产管控与资产管理3大类，智能维包括资源要素、互联互通、协同共享、模式创新4大类。类和域是智能工厂关注的核心要素，域是对类的进一步分解。供应链管理类包括采购管理、物流管理、销售管理、服务管理4个域。生产管控类包括生产计划、生产调度、操作管理、物料管理、能源管理、工艺管理、质量控制、安全管理、环保管理9个域。资产管理类包括设备管理域。资源要素类包括战略与组织、人力资源、基础设施3个域。互联互通类包括网络环境、融合通信、网络安全3个域。协同共享类包括数据共享、应用共享、信息安全3个域。模式创新类包括协同制造域。

等级定义了石化行业智能工厂的阶段水平，不同等级代表了不同阶段智能工厂的实施程度。该模型定义了逐步提升的五个等级，自低向高分别为一至五级，较高的成熟度等级要求涵盖了低成熟度等级的要求。石化行业智能工厂评估模型的等级见图6-31。

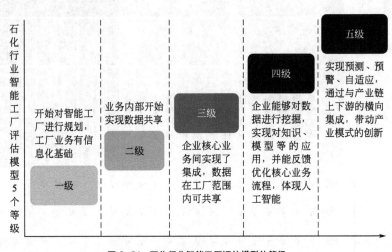

图6-31　石化行业智能工厂评估模型的等级

（2）成熟度要求　规定了智能制造能力成熟度模型中不同能力成熟度等级下对核心能力要素（类和域）的通用要求。为石化企业开展智能制造能力成熟度自评估提供参考,为评估机构和服务商实施智能制造能力成熟度评估提供一致的方法。

(3)评估方法　规定了实施智能制造能力成熟度评估的内容、依据,以及给出评估结果的方法。针对每一项成熟度指标所提供证据的满足程度进行评判,得到对问题的评分。问题的得分设置为0、0.5、0.8、1四挡,不同等级若干问题的得分为0,视为该等级不通过。对成熟度要求打分后,加权平均计算域的得分,再加权平均计算类的得分,最终得到总分值,并评定等级,如图6-32所示。

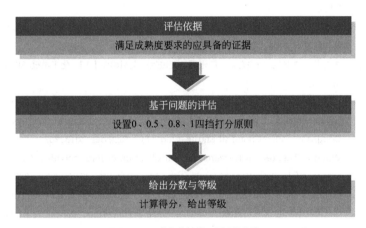

图6-32　石化行业智能工厂评估方法

应用石化智能工厂成熟度评估模型,核心解决三个问题:

一是为未开展智能工厂建设的企业进行评估,指导企业进行智能工厂建设,帮助企业确定未来智能工厂建设的适合目标和着力点,保证企业资源的合理利用。

二是对智能工厂解决方案供应商的方案进行评估,使智能工厂建设企业了解采用智能工厂解决方案供应商的方案是否可达到建设目标,帮助企业选择合适的智能工厂解决方案供应商。

三是对智能工厂建设企业进行智能工厂现状评估,使企业了解本企业智能工厂建设水平和存在的差距及问题,为企业智能工厂建设水平的提升提供依据,指引智能工厂建设并提升建设水平。

## 参考文献

[1] 工业互联网产业联盟. 工业互联网体系架构2.0 [R]. 北京：工业互联网产业联盟，2020.

[2] 国家工业信息安全发展研究中心. 工业互联网创新应用案例 [R]. 北京：国家工业信息安全发展研究中心，2019.

[3] 李德芳，蒋白桦，索寒生，刘暄.石化企业能源优化系统设计与应用 [J]. 化工学报，2016,67（01）:285.

[4] 王基铭. 我国石化产业面临的挑战及对策建议 [J]. 当代石油石化，2015,（23）:1.

[5] 工业互联网产业联盟. 工业互联网垂直行业应用报告 [R]. 北京：工业互联网产业联盟，2019.

[6] 国家工业信息安全发展研究中心. 工业互联网平台创新发展白皮书（工业互联网系列研究报告No.3）[R]. 北京：国家工业信息安全发展研究中心，2018.

[7] 李德芳，索寒生. 加快智能工厂进程，促进生态文明建设 [J]. 化工学报. 2014,（65）:374.

[8] Li D.Study and Application of the Computing Architecture of Petrochemical Cyber-Physical System（PCPS）//Eden M R,Lerapetritou M G,Towler G P,Eds. Computer Aided Chemical Engineering [M].Elsevier,2018:2023.

[9] Wang J. Theoretical Research and Application of Petrochemical Cyber-physical Systems [J]. Frontiers of Engineering Management, 2017,（4）:242.

[10] Li D, Jiang B, Suo H, Guo Y. Overview of Smart Factory Studies in Petrochemical Industry [J]. Computer Aided Chemical Engineering,2015,（37）:71.

[11] Shu Y, Ming L, Cheng F, et al. Abnormal Situation Management: Challenges and Opportunities in the Big Data era [J]. Computers & Chemical Engineering, 2016（91）:104.

[12] Shu Y, Zhao J. Fault Diagnosis of Chemical Processes using Artificial Immune System with Vaccine Transplant [J]. Industrial & Engineering Chemistry Research,2016（55）:3360.

[13] 彭瑜.流程工业开放自动化的重要发展趋势 [J]. 自动化仪表，2019,40（03）:1.

[14] 彭瑜. 分布式开放软件开发技术之工业自动化应用综述（一）下一代DCS和PLC的发展方向和路径 [J]. 智慧工厂，2019（02）:8.

[15] 工业互联网产业联盟. 时间敏感网络（TSN）产业发展报告：网络设备互通测试报告 [R]. 北京：工业互联网产业联盟，2019.

[16] 工业互联网产业联盟. 5G与工业互联网融合应用发展白皮书 [R]. 北京：工业互联网产业联盟，2019.

[17] 边缘计算联盟，工业互联网产业联盟. 边缘计算参考架构3.0 [R]. 北京：边缘计算联盟，工业互联网产业联盟，2018.

[18] 高立兵，蒋白桦，索寒生. 石化行业智能制造体系建设初探[J]. 当代石油石化，2021，29（2）：46-50.

[19] 李鹏，郑晓军，明梁，等. 大数据技术在催化裂化装置运行分析中的应用[J]. 化工进展，2016，35（3）：665-670.

[20] 工业互联网产业联盟. 工业大数据分析指南[R]. 北京：工业互联网产业联盟，2020.

[21] 工业互联网产业联盟. 工业智能白皮书[R]. 北京：工业互联网产业联盟，2020.

[22] Wu H, Zhao J. An Intelligent Vision-based Approach for Helmet Identification for Work Safety[J]. Computers in Industry, 2018, 100:267-277.

[23] 索寒生，蒋白桦.石化智能工厂探索与实践[J]. 信息技术与标准化，2018（11）:20.

[24] 李德芳，索寒生，刘暄.石化企业能源管理系统的研发与应用[J].化工学报，2015,66（01）:7.

[25] Zhang L, Yuan Z, Chen B. Refinery-wide Planning Operations Under Uncertainty via Robust Optimization Approach Coupled with Global Optimization[J]. Computers & Chemical Engineering, 2021, 146:107205.

[26] 王子宗，王基铭，高立兵. 石化工业软件分类及自主工业软件成熟度分析[J]. 化工进展，2021，40（4）：1827-1836.

[27] 高立兵，索寒生. 工业软件的发展推进石化工程设计数字化转型探析[J]. 石油化工设计，2021，38（2）：1-7.

[28] 高立兵，索寒生，吕中原. 石化资产维护策略应用及发展趋势探讨[J]. 石油化工自动化，2021，57（3）：73-77.

[29] 工业互联网产业联盟. 工业互联网安全总体要求[R]. 北京：工业互联网产业联盟，2018.

[30] 国家质量监督检验检疫总局，国家标准化管理委员会. 标准体系构建原则和要求：GB/T 13016—2018[S]. 北京：中国标准出版社，2018.

[31] 国家质量监督检验检疫总局，国家标准化管理委员会. 制造业信息化标准体系结构：GB/T 31129—2014[S]. 北京：中国标准出版社，2014.

[32] 工业和信息化部，国家标准化管理委员会. 国家智能制造标准体系建设指南（2018年版）[R].2018.

# 7 数字化智能化转型路线图与重点任务

20世纪下半叶以来，随着制造业对技术进步的强烈需求，以数字化为主要形式的信息技术广泛应用于制造业，推动制造业发生革命性变化[1,2]。石油化工行业的数字化智能化转型不仅关乎石化行业在未来几十年内能否跟上时代的步伐，更关乎中国能否抓住第四次工业革命所带来的"换道超车"的历史性机遇。展望未来，在物联网、大数据、云计算以及5G通信等新一代信息技术的推动下，世界石油化工行业的数字化智能化水平将会越来越高，数字化智能化转型也将成为未来石油化工企业持续提质降本增效、实现高质量发展的有效途径和必由之路。

石化工业的数字化智能化转型以价值创造为目的，以提升效率和效益为导向，用数字技术驱动业务变革。企业的业务、组织、技术需要互动创新、协同优化、全面转型，构建与数字生产力相适应的组织与运行机制。数字化智能化转型要着力培育壮大数字生产力，打破层级化、职能化的生产关系，从产业链、供应链、价值链的角度，构建与数字生产力相适应的组织与运行机制，实现模式再造。在转型推进中，变革内容、范围不断扩大，由局部优化渐至全局优化和全面变革，价值效益随之逐步提升。企业数字化基础不同，可以同步推进，也可以循序渐进。转型的终极目标是重新定义客户价值，开拓全新业务模式，改造固有的工作方式。数字化智能化转型可以分为三个阶段。

（1）业务赋能阶段　核心目标是加强业务协同，提升业务运行效率。重点是技术转型，打造数字化基础能力，加快数据资源共享，提升数据的管理和运用能力，实现业务数字化，为产品、工具、员工、团队赋能。

（2）运营优化阶段　核心目标是动态响应内外环境变化，提高资源优化能力。重点是优化管理模式、运营模式、产品服务模式、生产模式；挖掘数据价值，形成数据洞察，以数据自动流转带动资金流、人才流、物资流合理配置，实现科学决策。

（3）模式再造阶段　核心目标是创造新的效益增长点，实现业务转型升级。重点是再造组织、流程，打造全新的业务模式，重构融合产业要素，形成商业新业态、业务新环节、产业新组织、价值新链条，从业务数字化向数字化业务转变，形成数字化生态。

本章结合石化行业的数字化智能化转型现状和最新研究成果，提出数字化智能化发展蓝图与转型路径。

## 7.1　对石化工业数字化智能化发展的思考

### 7.1.1　总体思路

聚焦发展智能制造、商业新业态两大主线，大力推进数字化与石化工业的全方位、全角度、全链条融合，提升全产业链的数字化、网络化、智能化水平，用数字化培育新动能、打造新业态、塑造新优势，为石化工业转型升级、重塑产业竞争新优势注入强劲动力[3-6]。

基于"数据+平台+应用"的整体理念，以平台化、服务化、智能化、敏捷化为核心，打造计算存储平台、数据资源平台以及算法服务平台，助力石化工业快速迭代和创新。

紧密围绕"价值引领、创新驱动、开放合作、绿色低碳"的指导思想，深度挖掘石化工业数据资产价值，全面促进客户服务、经营管理、生产营运数字化智能化转型，推进服务方式、管理模式、生产方式以及商业模式变革，全面支撑并驱动业务创新发展，为石化工业改革发展、提质增效提供支撑。

通过集中集成、协同共享的经营管理、生产营运、客户服务、技术支持四大平台，实现各层面系统纵向贯通、横向贯通、数据共享、业务协同。面向客户提供专业化一体化的服务平台,支撑新业态新模式加速创新,促进平台经济做大做强。建成新一代数据中心和统一云平台,实现信息化建设向云架构"数据+平台+应用"模式转变,构建齐全有效的信息标准化体系和信息安全管理体系,全面消除信息孤岛。

打造石化工业全产业链的智能价值网络,以智能化打通产业链各个环节,形成自感知、自学习、自决策、自执行、自适应的智能化实时生产新方式,全面建成智慧石化,实现精益化管理和智能化运营。形成由智能化贯通的一体化价值链,最终实现感知需求、智能研发、智慧决策、实时生产和精益管理。基于工业互联网平台的三大智能化体系,如图7-1所示。

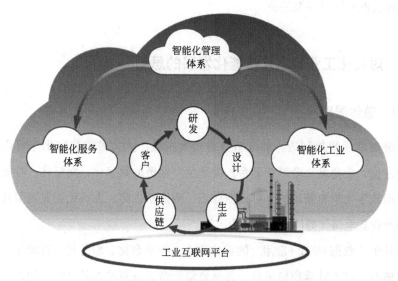

图 7-1  基于工业互联网平台的石化工业三大智能化体系

(1)构建智能化工业体系  随着新一代人工智能、区块链、边缘计算、量子计算等技术的广泛应用,形成以新一代信息与通信技术(ICT)为基础,以PCPS为核心的石化工业互联网平台,实现实体制造与虚拟制造一体化融合,打造具有创新引领能力的智能化石化工业体系。

(2)构建智能化服务体系  打造全渠道数字化精准营销,实现智能识别客户、智能服务客户,驱动服务模式、商业模式创新,构建智能化服务体系,促进产品制造与商业服务、技术服务、金融服务等新业态融合发展，成为提升经济效益的重要增长点。

（3）构建智能化管理体系　通过新一代信息技术的广泛应用，构建起"人机融合"的新型关系，形成智慧化的经营管理新模式、新体系，实现智慧经营和实时智能决策。

未来，在云、边、端协同计算的联合驱动下，提供开放、便捷的IoT连接平台和强大的AI能力，加速工业互联网的升级与融合，由工业云向工业互联网生态转型。石化工业互联网应用场景示意如图7-2所示[9]。

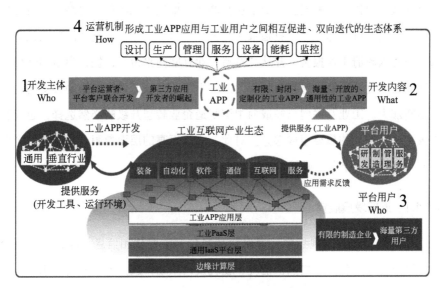

图 7-2　石化工业互联网应用场景示意图

随着计算和存储技术的快速提升，为了快速提供业务支持、应对市场反应，企业信息化架构正在面临两大转型。

一是注重客户响应，由系统集成向微服务集成转变。长期以来，由于受到传统理念、技术发展的历史局限，企业信息化建设都经历了一个"碎片化"阶段，形成"信息孤岛"，造成信息系统之间的封闭与割裂。微服务架构正在重塑企业的IT系统生态，提倡将单一应用程序划分为一组小的服务，便于组与组之间互相协调配合，为用户敏捷提供最终价值。与此同时，平台化、服务化、智能化、敏捷化成为新一代IT架构的特点，通过打造以计算存储平台、数据资源平台以及算法服务平台为核心的服务化中台，形成对"数据+平台+应用"的新理念的支持，成为企业数字化建设发展的必由之路。

二是注重合作共赢，由工业云向工业互联网生态转型。以GE Predix、西门子MindSphere及石化盈科ProMACE为代表，近年来国内外推出了许多工业互联网平台，意图快速抢占产业制高点。2017年11月，《国务院关于深化"互联网+先进制造业"发展工业互联网的指导意见》提出："到2025年，形成3～5个具有国际竞争力的工业互联网平台"。2020年政府工作报告中指出："推动制造业升级和新兴产业发展。发展工业互联网，推进智能制造。要继续出台支持政策，全面推进'互联网+'，打造数字经济新优势"。"工业互联网"已经是第二次被写入政府工作报告，并从"打造工业互联网平台"，提升为更加全面的"发展工业互联网"，这也意味着国家对于工业互联网建设的推动和支持力度在不断加大。工业互联网已经成为中国制造企业转型升级的必然选择，也是我国数字经济发展的重要组成部分。对此，应从更高的层面着眼，从为单个企业赋能，上升到为整个产业赋能，并将成效真正落到实处。

#### 7.1.1.1 近期发展展望

在先进制造国家规划中，提出到2025年，工业化和信息化融合迈上新台阶，重点行业单位工业增加值能耗、物耗及污染物排放达到世界先进水平，智能制造支撑体系基本建立，制造业重点领域全面实现智能化，绿色制造体系基本建立。

从现在到2025年，是实现先进制造战略的关键阶段，是实现智能制造目标的冲刺时期。石化行业数字化智能化转型以智能制造为主线，推进智能油气田、智能工厂、智能销售建设进程，实现产业链上中下游生产的连接、融合与共享，同时，推进智能加油服务站建设，开拓商业新业态，全面支撑石化行业的业务发展。

利用最新的信息化技术与数字技术，构筑全新的石化生态系统，优化管理流程、降低生产成本、提高安全运营、创新合作模式、优化能源结构，提升数据驱动、智能制造、精益管理、综合服务、IT支撑、网络安防六项能力，有效推动石化行业的质量变革、效率变革、动力变革，促进全要素生产率提升，信息化率先实现高质量发展，成为石化行业提质增效、产业升级、安全环保、绿色低碳的重要发展动力。可从以下四个方面着力。

（1）建立统一的数字化平台，实现数据互通信息共享　主要提供数据整理、存储、计算、分析等基础服务。目前国内石化行业企业内部普遍没有建立功能健全、集中统一的数字化平台，而是存在多个涉及核心业务的小平台，功能重叠却难以互联，形成信息孤岛。建立统一的数字化平台需要在数字化转型的战略层面做好方向性和全局性筹划，大处着眼，小处入手，为今后扩大升级留足空间。

（2）准确把握客户需求，开发特色产品服务　国内石化行业企业的发展水平和国际市场定位使其难以完全复制国际石化行业的数字化转型道路，但是可以考虑在某一细分领域作为突破口，深耕发展。可结合自身业务优势，找准客户痛点，利用某一细分领域的专业知识开发特色产品和服务，以点带面打开局面。

（3）紧密联合数字化企业，自主创新与合作研发并重　目前国内石化行业在通信技术方面的技术积累和人才积累明显薄弱，完全通过自身迭代出数字化成果将是非常漫长的过程。因此，加强与数字化公司的合作，借助外部数字化技术专家制定规划、设计方案、合作研发是当前推进数字化智能化转型的较好选择。

（4）通过采取以上措施，致力提升下述六项能力

a. 数据驱动能力。建立大数据分析服务平台，形成面向供应链、服务链、价值链的数据分析模型库，实现大数据分析在研发、设计、生产、经营、服务等业务领域的深化应用，提高经营决策分析能力与水平，以数据驱动技术融合、业务融合、创新融合，推动生产制造、综合服务迈上价值链中高端，促进数字经济发展壮大。

b. 智能制造能力。建设涵盖技术研发、工程设计、勘探开发、炼化生产等

业务的研发云、设计云、制造云，提升研发、设计、生产的数字化、网络化、智能化水平，实现资源配置整体优化、生产计划一体化优化、生产运行预测预警分析、安全环保自动监控、远程技术诊断与服务等方面的水平大幅提升，使石化行业智能制造总体处于国内流程工业先进水平。

c. 综合服务能力。建设涵盖采购、销售、物流、金融等业务的服务云，实现制造云、管理云、服务云等集成互联、资源整合、数据共享，加强产销联动、业务协同，构建一站式综合服务新模式，打造产融互促生态圈，利用人工智能、5G、大数据等技术全面洞悉市场需求，实现精确营销、精准服务。

d. 精益管理能力。经营管理平台、生产营运平台、客户服务平台全面云化，实现产业链全局信息共享、业务协同，促进流程优化、管理创新、体制机制变革，提升标准化、规范化、精细化管理水平，支撑企业高质量可持续发展。

e. IT支撑能力。使数据中心、网络等IT基础设施更加完备，石化工业互联网平台全面支撑业务运营，IT共享服务有效支撑企业一体化、全球化运营，同时增强IT研发能力、运维能力、服务能力等。

f. 网络安防能力。构建预知、预判、预防的主动防御型网络安全管理新体系，使网络安全技术与防范进一步提升稳固，同时工控安全边界实现统一管控。

### 7.1.1.2　中长期发展展望

未来几十年将是一个软件定义的世界。随着技术的发展，硬件趋于标准化、模块化、虚拟化和池化，硬件的功能及性能也将通过软件来定义。工业互联网平台的发展将由软件的进步所主导，工业APP作为工业知识的载体，是未来工业数字化经济的主要驱动力。同时，工业互联网平台营造的产业生态体系，也将随着高新技术不断发展而逐步进入繁荣期，由此催生出"平台经济体"。订单式生产、无人化生产以及个性化定制不再是个别现象，例如随着智能网联汽车产业链生态成熟，绿色出行、共享出行以及智能出行成为主流。

在平台经济的驱动下，石化行业信息化对业务发展的定位将会从功能支撑转向价值引领，将全面推进石化行业动力变革、效率变革和质量变革。智能化是能源数字化未来发展的必然趋势。全球能源转型的趋势是推动能源结构向低碳化、清洁化、终端能源电气化发展，而数字化技术在此过程中将发挥无可替代的作用。随着数字化技术与能源行业的高度融合，智能化将成为能源数字化发展的高级阶段。

未来要实现石化工业全产业链智能化转型，同时生产经营管理迈上网络化、智能化的新阶段。打造石化行业工业互联网，构建石化行业数字化工业生态，智能制造水平达到国际能源行业、流程工业先进水平。打造石化行业全渠道的数字化精准营销，构建数字化商业服务生态，促进新业态发展成为石化行业重要的效益增长点。

（1）实现全产业链智能化转型　通过全面云化的经营管理、生产营运、客户服务、技术支撑四大平台覆盖石化行业的全产业链各类业务，加强新技术在重点领域应用，使石化行业生产经营管理由数字化阶段迈上更高级的网络化、智能化的新阶段。

（2）形成智能化管理体系　通过新一代信息技术的广泛应用，构建起"人机融合"的新型关系，形成智慧化的经营管理新模式、新体系，实现智慧经营和实时智能决策。重塑供应链运营新模式，实现数字化研发、智能化设计、一体化优化、柔性生产、协同生产、精益管理、技术服务等水平的大幅提升。

（3）形成智能化工业体系　建成以智能认知为特征的智能工厂、智能油气田、智能化研究院等，形成具有自感知、自学习、自决策、自执行、自适应等功能的智能化生产新方式，使石化行业工业互联网成为全球领先的服务平台，打造具有创新引领能力和明显竞争优势的全球智能化生态系统。

（4）形成智能化服务体系　打造石化工业全渠道数字化精准营销，实现智能识别客户、智能服务客户，驱动服务模式、商业模式创新，形成数字化、智能化服务生态圈，促进产品制造与贸易服务、物流服务、金融服务等新业态融合发展，成为石化行业经济效益重要增长点，使石化行业在全球贸易服务领域处于领先地位。

（5）打造一流的信息化能力　精益管理能力、数据驱动能力、智能制造能力、综合服务能力、IT支撑能力、网络安防能力等总体水平达到国内领先、世界一流，使信息化成为引领石化工业发展的核心要素和重要动力。

### 7.1.1.3 工程科学问题

（1）生产和经营全过程信息自动感知与智能分析　石化生产过程需要大量实时信息。现有检测技术受恶劣工况、环境等因素限制，关键运行信息和重要过程参数难以精确感知，过程信息不完备甚至检测机理失效。石化生产物料变化频繁、装置耦合复杂、物质转化和能量传递机理复杂，传统的机理建模难以精确描述复杂过程的物流能流耦合、传递与反应关系；数据驱动的建模由于缺乏过程机理信息，严重依赖于数据样本的数量和质量，难以对过程机理进行深层次的分析和解释。综合二者的优点，需要采用人工智能方法挖掘海量工业数据内在的知识信息，提取过程转换机理特征，建立融合过程机理分析和工业大数据的混合模型，降低模型的计算复杂度，提升模型的鲁棒性，为此需要解决以下工程科学问题。

a. 高可靠性、强实时性、高精度的信息智能感知。加强新一代智能感知技术和装备的应用，例如智能传感器、机器视觉、分布式传感技术、移动互联网等，对石化工业原料产品属性、生产工况和工艺参数进行感知。

b. 实现机理模型与数据模型信息深度融合与动态建模。在海量工业数据智能感知的基础上，采用机器学习的人工神经网络和分层聚类等方法实现对多源异构的生产数据进行有效的融合、特征提取；采用深度卷积神经网络和软测量等技术，实现机理模型与数据模型深度融合的动态智能建模；采用模糊聚类、慢特征分析和回归神经网络等方法，对原材料和装置运行状态进行智能分类和识别，建立能满足石化智能生产需要的多操作模式模型。

（2）人机物协同的全流程协同控制与优化　石化生产过程包含多个生产工序，而每个生产工序又由一个或多个关联耦合复杂的工业装置所组成。为了实现生产全流程的产品质量、产量、消耗、成本等综合生产指标的优化，必须协同各个生产工序，即工业过程智能体，来共同完成。由于受到各种生产指标范围、原料、设备等动态因素的影响，各个工序的运行指标决策要不断地根据这些动态因素进行调整。现有的全流程协同主要通过生产调度部门和工艺技术部门来实现，并且依赖于知识工作者的经验。由于人工调整不当或不及时常常不能保证生产全流程的综合生产指标在其目标范围内，难以实现全流程的优化运行。未来的智能工厂建设需要建立人机物协同的全流程智能优化控制系统，使过程生产不依靠人的干预实现制造生产的自主运行。为此，需要应用人工智能等技术，解决以下工程科学问题。

a. 工业过程模式识别与知识挖掘。采用聚类算法、迁移学习和受限玻尔兹曼机等方法，对石化生产原材料进行智能分类，并对装置运行模式进行智能判别，实现多操作装置单元间耦合关联规则的知识挖掘。

b. 融合过程机理、数据和知识的智能模型。采用关联规则学习和深度学习等方法，将多个生产装置单元进行有机联合，建立融合过程机理、数据和知识的智能模型。

c. 多维度多目标全流程协同优化控制。采用主成分回归和分类决策树等方法，将全流程生产过程以及优化目标进行多层次的划分和降维，平衡局部最优与全局最优。

（3）全生命周期环境足迹智能监控与风险控制　目前一些石化工业安全环境问题的核心是缺乏生产制造全生命周期安全环境足迹监控与风险控制的手段。未来智能工厂要利用信息物理系统，实现对石化企业环保控制指标的实时监控，环境要素各污染因子与控制排放限值数据实时对比，做到达标排放、近标预警、超标报警。实现环境要素之间、环保与工艺、设备、人员、企业、社会组织之间的无缝集成及合作，最终达成石化工业的智能、绿色和协同发展。为此，需要解决以下工程科学问题。

a. 传感、检测、控制以及溯源分析等新方法和新技术。包括如何通过传感、检测、控制以及溯源分析等新方法和新技术，突破石化工业安全环境足迹监控与溯源分析及控制的基础理论和关键技术。

b. 环保控制与全厂优化运行的综合调控机制。在实现对废水、废气、废渣等全生命周期的足迹监控、溯源与治理的全过程、全因子调控的同时，建立环保控制与全厂优化运行的综合调控机制，最大限度降低污染排放、提高资源能源利用率。

（4）安全生产的智能预测预警　安全生产的智能预警预判包括工艺的过程故障诊断和设备的故障预测与健康管理，将工艺过程和设备健康所获得的信息知识，提供给装置的优化和改造，从而持续提升工艺装置和设备的设计、制造、健康水平。通过安全生产的智能预警预判，对装置和设备进行不间断的监测诊断和性能的退化评估，提高工厂整体安全运行水平，避免生产中的各类安全问题，达到趋于零的故障停机性能，使工厂实现长周期稳定运行。安全生产融合了安全科学与过程安全技术、材料科学、数据科学等多学科，需要解决以下工程科学问题。

a. 工艺过程故障诊断的模型建立。工艺过程故障诊断研究生产与安全过程中的工艺知识、故障模型、工业数据相结合的混合建模理论，构建合理的数字孪生模型。通过工艺可靠性诊断系统对装置进行持续监控，检测早期事件，提前发现潜在问题。

b. 设备的故障预测与健康管理的模型建立。设备的故障预测与健康管理以材料科学、数字孪生仿真、数据科学为基础，对关键设备进行机理剖析。通过材料科学对机械设备的系统性衰退进行机理分析；利用计算流体力学、多物理场耦合等，结合数据科学中的降维算法，为设备提供有理论依据的实时虚拟感知。综合利用现代信息技术、人工智能技术，建立全新的故障预测与健康管理解决方案。通过机器学习与模式识别，对故障和失效的模式进行分析并识别。融合以上信息，把运行过程中不同维度的数据整合到模型中，再量化成能够反映系统衰退的健康值指标，能够对结构、过程复杂的对象做更为精准的预测。

（5）人在回路的混合增强智能　工业智能化追求的长期目标是使机器能像人一样感知世界和解决问题，并通过与其他科学领域的交叉结合使机器智能化地融入工业生产中。人与机器的协同和融合是工业生产智能化的研究课题，将人的作用引入到智能系统中，形成人在回路的混合智能范式，是重要的研究方向。在这种范式中人始终是智能系统的一部分，人的主动介入构成提升智能水平的反馈回路。人在回路的混合智能需要解决以下工程科学问题。

a. 采用神经网络、机器深度学习等建立智能计算模型，尤其是建立因果模型、直觉推理和联想记忆等计算框架，通过模仿生物大脑功能提升计算机的感知、推理和决策能力。

b. 把人的作用引入到智能系统的计算回路中，把人对模糊、不确定问题的分析与响应等高级认知机制与机器智能系统紧密耦合，使得两者相互适应、协同工作，形成双向的信息交流与控制，将人的感知、认知能力和计算机强大的运算及存储能力相结合，构成混合增强智能形态。

（6）其他工程科学问题　石化工业是多维度人机物协同作业领域，具有高通量、高可靠、强关联、强机理、多模态、多耦合等特征，特殊条件多，安环要求高，智能化需要跨层、跨域的分布式网络化协同控制，面临着其他工程科学问题。这些工程科学问题的研究需要以基础科学、控制论、信息论、运筹学、人工智能等为基础，并综合利用系统科学，形成解决问题的一种新思路、新方法、新途径，最终构建完整的复杂制造环境下的协同控制与决策理论方法，实现信息物理系统的融合与动态调度，形成原材料、生产装置、控制系统、信息系统、产品与人之间的全方位融合，构建新的工程建设模式与工业生产模式。

## 7.1.2　发展重点

随着新技术的发展及应用水平不断提升，石化行业信息化建设将从最初以自动化生产为重点，向覆盖全产业链、以智能制造和智能服务为重点发展领域转变。未来信息化建设的重点，将是以构建数字化工业体系为目标的新型生产模式，与以构建商业新业态为目标、实时洞察客户需求的新型商业模式的有机结合。

### 7.1.2.1　智能决策

结合新一代数字技术，在经营决策、业财融合、人力资源、风险管控、数字化办公等方面提高经营管理水平，实现智慧经营和实时智能决策。

（1）智慧经营决策　基于数据分析和移动可视化辅助及指导各经营管理层的经营策略，实现高效动态的企业经营分析及智能决策。在投资领域针对投资组合优化方案，实现获得最大效用期望值的最优投资组合推荐，为投资决策提供支撑依据；在采购领域进行采购需求、采购价格、招投标等环节的大数据分析及预测，为采购决策提供有效支撑，降低采购成本，降低企业库存，提高资金周转率；在销售领域提高成品油直批销量、优化网点布局，为站级管理和经营提出指导建议和意见，提高企业市场竞争力及获利能力。

（2）智慧业财融合　　将业务与财务数据打通，实现统一的业财一体化管理及自动化财务工作流程，引领资源优化、价值创造，驱动从价值理念、价值规划、价值量化、价值监控、价值引导到价值评价的完整价值管理闭环。提高财务人员的分析能力，推动财务人员由"核算型"向"管理型"转变。

（3）智慧人力资源　　在构建标准化HR（人力资源）运营体系的基础上，引入大数据、AR/VR等技术，进行人才全面数字化管理，以及组织人才保障的设计优化，建立员工的360度视图，制定合理的薪酬制度，针对人才特性制定定向培养计划，做到因才适岗，推动企业的人事管理由经验型向科学型转变，提升组织效率和员工资源利用，提高人力资源管理数字化水平。

（4）数字化办公　　通过统一的数字化办公入口、便捷的信息共享及沟通协同以及精准的知识推送及快速获取，实现高效便捷的数字化移动协同办公。

#### 7.1.2.2　智能制造

以智能制造为主线，加快推进产业升级，构建数字化智能化石化工业新体系。以智能制造的理念设计未来的企业智能生产过程，按照全面感知、预警预测、协同优化、科学决策四项基本能力，打造以大数据技术应用为手段的生产优化能力。利用大数据提高生产运营效率，促进生产协同优化，提升安全环保、绿色低碳、节能减排、降本增效的水平，推动生产领域的数字化、网络化、智能化，为打造智能石化奠定坚实基础。

（1）全面感知能力　　实现人员、产品、装备、环境的互联；智能单元具有计算、通信控制、远程协作和自治功能，形成完整的信息物理融合系统。大数据分析需覆盖生产指挥、生产执行、实时数据分析、实验室管理、流程模拟、仿真培训、生产过程控制和优化、设备管理、能源管理和优化、HSE管理与应急指挥、智能巡检等核心业务过程，对生产的全过程具备全面感知能力，特别是在线的各类传感器数据，为生产实时优化奠定数据基础。

（2）预警预测能力　对过程中的装置、设备等运行参数、原料变化、未知环境进行自学习并利用积累的经验进一步改善性能；自适应特征[7]，包括故障情况下冗余设计和自修复。大数据分析要针对生产涉及的各个层面有相应的预警预测能力，例如，对装置生产过程及设备状态具备收率预测、质量预测、工艺安全、设备健康评估、故障预测的能力。

（3）协同优化能力　实现知识自动化；实现跨企业的区域业务协同；实现供应链端到端的集成和高效的人机协同。在计划执行过程中，对原料供应链、原料成分、装置运行状态评估、市场销售情况有足够的预测能力，能够跨业务域进行协同优化，以效益导向为目标，调整执行计划。

（4）科学决策能力　在管理过程中对问题能够进行复杂分析、精确判断和创新决策；建设新一代生产营运中心。大数据能够支持生产过程中各个层面、各个岗位的分析和决策，包括操作工、工艺员、调度员、企业管理者等，服务于差异化的分析目标，从不同视角管理、优化生产过程。

### 7.1.2.3　商业新业态

在客户服务层面，打造互联高效的客户服务平台，以油气贸易、网上电商、金融支付、共享服务等为抓手，建立标准、集聚资源、畅通渠道，以大数据打通企业供应链、产业链、贸易链、服务链，整合和统一客户数据，全面提升各个环节的客户服务水平，实现下述四大服务能力的提升。

（1）精准的洞察能力　有效整合B2B及B2C线上业务数据，构建企业和个人客户的完整视图，基于统一客户数据视图提升客户精准识别能力，准确把握客户需求和市场行业变化，打通基础数据与客户接触界面的应用通道，丰富客户交互渠道和客户体验，准确把握客户服务时机。

（2）灵活的智能化分析能力　在客户服务过程中，紧抓服务质量，建立客户经理的纵向与横向分析、服务满意度分析与服务优化分析，实现服务类型的最优匹配。以此为基础，利用数据挖掘客户新需求，不断创新产品与服务，扩展渠道和整合供应链资源，为驱动商业模式创新提供决策支撑能力。

（3）闭环的营销和销售支撑能力　整合采购、营销、销售、服务等多个环节的数据，以业务应用为导向，辅助营销和销售分析工作，提升营销评估能力，有效控制营销成本，提升销售效率。

（4）服务与创新能力　驱动商业模式变革，重塑商业生态，打造领先、独具石化工业特色的全产业链协同平台。构建灵活开放的数据应用环境，构建完善的数据服务信息库，形成安全可靠的数据开放机制。其核心能力为面向开发者、使用者、业务合作伙伴的数据开放和共享能力，通过数据API等形式将数据进行封装，与其他系统和业务流程进行串接，进而形成以客户为中心的石化行业商业新业态，推动商业模式创新与价值创造。

## 7.2　石化工业数字化智能化转型路线图

基于人工智能等新兴技术，构建"人机融合"新型关系，形成智能化的生产经营管理新体系，实现智慧经营和实时智能决策。建成以认知智能为特征的智能工厂、智能油气田、智能化研究院等，形成具有自感知、自学习、自决策、自执行、自适应等功能的智能化生产新方式。将石化工业互联网打造成为全球领先的工业互联网服务平台，形成融合创新的工业体系和开放合作的智能化综合服务体系，致力于全面建成智能化石化工业。

### 7.2.1　经营管理走向智能化管理体系

（1）构建石化行业智能化管理体系　采用云计算、人工智能、大数据、区块链等信息技术，实现管理人员对经营决策数据的实时掌控，依据数字化指标科学决策，提升企业管理效率与质量，基于企业经营管理价值路线，以各项分析活动为指引，分析影响企业效益的各项关联因素的变化情况，通过问题体现及时指导企业经营策略调整，促进企业经济效益提升。

建设管理云。设计建设智能经营管理平台层，试点并开展应用建设，完成智能经营管理平台通用业务组件的设计与实现。实现企业各类经营管理活动的智能应用，打开边界，连接供应商与客户，提升管理效率，快速支撑经营管理业务创新。提升业务流程智能化、自动化水平，提高流程效率，有效降低成本。

推进业务衔接与数据共享，实现业务信息与财务信息无缝衔接。同时，成本信息嵌入业务决策，支持业务优化，追求效益最大化。结合大数据应用，建立企业生产组织与产品订单管理的模型，分析产品订单与产品规格、产品性能、生产成本、生产效率、能耗、产品价值、市场占有率的关系。根据企业发展战略、资源特色、能力禀赋和市场动态，制定产品组合优化方案和中长期生产计划。跟踪原燃料市场变化，预测分析市场趋势，围绕最终产品对原燃料要求，通过供应商供需平衡度分析，确定物料价格走势和采购时机，优化原料组合和运输方式。对整个供应链中各环节的信息进行整合，覆盖原燃料、在制品、产品、废弃物资源化利用的物流跟踪，通过准确、直观地反映物流资源分布动态、计划执行情况和库存变化趋势，为优化资源调配提供依据。

构建金融生态，提供数字化金融服务，完善企业和个人征信数据库，使风控体系更加全面和可控，依托石化产业链，为合作伙伴、外部客户、供应商提供筹融资、保险、理财等金融服务，促进金融生态发展成熟。

加强宏观经济态势、产业政策、上游供货商和下游用户发展动向的信息收集、汇总、分析，建立目标市场中长期需求研判和预测模型，及时反应环境、市场变化，提升企业科学决策能力。

（2）重点工作 实现共享服务业务全面覆盖和业务智能化操作，财务、人力资源、IT、法律和采购等共享服务业务全覆盖，建成高度集成的智能化的共享服务技术平台，有效支撑一体化共享服务中心高效运营和业务拓展；积极探索市场化运营机制，实现领先的共享服务，促进资源优化整合与降本增效。

配合企业管理变革需求，实现预算管理系统的及时调整与优化；基于大数据技术提升财务预算预测分析能力，深入整合预算管理内容，实现年度滚动预算的中长期资源平衡，提高全面预算管理水平，助推企业绩效管理提升。

建立投入产出分析模型，细化存量资产及增量投资，强化重点项目实施过程监管功能，结合工程项目实施管理，进一步促进精细化管理，整合企业数据，为投资业务分析奠定基础，实现投资回报和现金流平衡，有效提高投资资金效益。增强投资执行动态管理，提高投资资金效益。

在财务、投资、预算等领域实施纵向深入的大数据创新应用，开展价值链、产业链、生态链等横向跨领域综合型大数据应用，提升大数据分析应用整体水平，实现数据驱动的科学决策和风险管控，提升经营管理科学决策及风险管控水平；加强大数据安全技术和产品的应用，强化大数据基础设施安全管理、大数据应用安全管理、身份鉴别和访问控制、大数据活动安全管理、大数据系统应急响应管理，构建符合石化业务特色的大数据安全保障体系。

### 7.2.2 生产营运走向智能化制造体系

（1）构建石化行业智能化制造体系　广泛应用新一代信息技术开展科研、设计及生产数字化智能化，实现智能制造，开展智能油气田推广建设，实现智能化实时监控分析、动态模拟、自主优化、智能决策，打造油气田数字孪生。通过数字孪生工厂的突破，完成以泛在智能为特征的智能工厂推广建设，实现跨板块、跨企业间的高效协同。

建设制造云。构建支撑石化工业研发、设计、制造等业务创新发展的制造云，形成科研管理、科研创新等云服务能力，支撑智能化研究院建设，促进一体化研发体系建设。在设计领域，形成数字化设计、数字化交付、智能化项目管理等云服务能力，支撑智能化工程服务建设，促进市场竞争力提升。在制造领域，形成资源优化配置、生产一体化优化、预测预警分析和生产集中管控等云服务能力，形成大量工业APP应用，支撑智能油气田、智能工厂、智能加油服务站建设，提高石化智能制造水平。

（2）重点工作　推进智能油气田建设，大力推进生产过程动态模拟与预警，构建覆盖油气开发生产全过程的协同与优化体系，应用大数据技术协助解决复杂工程问题，开展综合研究多学科协同应用，提升对地层、油气藏的认知；开展智能地质概念模型、地学构造模型与属性模型、盆地演化模型等研究应用，实现地质认知模型驱动的勘探开发一体化；基于油气田生产一体化资产实时模型，实现生产大系统模型驱动的地下地上一体化；开展数字孪生、高效通信技术、新一代物联技术等技术的引入和研发，建成基于石化工业互联网的油气行业全景生态圈；扩展智能新能源的业务范围，实现核心业务流程动态模拟、关键决策点的智能分析。打造以协同智能为特征的智能工厂[8]，支持行业上下游、跨行业灵活、敏捷的资源配置优化和业务协同；构建知识驱动的企业级CPS，具备全局自适应建模、多尺度预测控制、实时联动优化等能力；将石化工业机器人由部分环节延伸到主要生产环节；实现"石化智脑"广泛应用，实现知识的自学习、自更新，形成多源、多学科和多类型的知识图谱。

提升石化智能化研究平台功能，深化大数据、人工智能等技术在科研创新业务的应用，重点建设科研知识重构、桌面实验室、分子模拟[10]、材料（石化）基因库、生物（石化）基因库等科研创新业务应用；搭建石化技术服务云网，提供技术服务；推广分子模拟技术应用，提升材料研发水平。

建设全面感知、泛在智能的智能油服平台，实现生产优化、井场智能监控、地面工程交付数字化、决策分析智能化。建设互联高效的数字化工厂交付平台，助推"数字化+"商业新业态发展，促进服务创新、价值创造。

### 7.2.3 客户服务走向智能化服务体系

（1）构建石化行业智能化服务体系　引入网络空间环境中的新型智能销售模式，完成智能加油服务站推广建设，实现后端与智能工厂衔接，实现以需定产，快速响应客户个性化需求，提升差异化竞争能力。构建新一代电子商务，形成智能客户服务体系；构建全渠道智能化精准营销，打造敏捷数字化驱动的综合服务能力。

建设服务云。聚焦创新驱动，围绕客户需求，驱动业务模式和应用创新，深挖数据资产价值，实现资源共享，打造数字化服务生态，发展数据驱动下的智能决策和敏捷化、智能化的运营模式，实时洞察用户需求，提升消费体验，提升客户服务智能化水平。

（2）重点工作　推进智能加油服务站建设。以客户为中心，全面建设智能加油服务站，提升资源优化、精准营销、会员经营、资金风险防控能力。实现智能风险预警，对新零售和各类新业态提供全方位、数字化支撑；为客户提供多维度最优服务方案，拓展和支撑跨界产品和服务，推进高质量发展。实现一站式可视化解决方案，有效支撑经营决策，降低运营成本。

推进智能服务平台建设。以客户价值最大化为目标，围绕石化工业互联网，打造超级入口，形成智能服务平台，与客户形成强连接关系，通过实时掌握客户消费行为数据，建立以客户画像为基础的大数据档案，实现精准营销；整合电商云平台，构建起快速响应客户需求的研、产、销一体化运营服务新模式，形成智能客户服务体系；建立产品销售及配套服务的电子商务体系，方便客户网上询单、网上采购、网上支付，提高交易效率，减少中间环节，降低产品流通和交易成本。利用网络收集用户对销售服务的反馈意见，使企业的市场运营能形成闭环，不仅提高企业售后服务的水平，更使企业获得改进产品、发现市场的商业机会。

## 参考文献

［1］周济，李培根，周艳红，等. 走向新一代智能制造［J］. Engineering，2018，4（01）：28-47.

［2］周济. 以创新为第一动力 以智能制造为主攻方向 扎实推进制造强国战略［J］. 中国工业和信息化，2018（09）：16-25.

［3］李德芳. 石化行业两化融合推进大会专题报告Ⅳ 推进两化深度融合 打造世界一流企业［J］. 中国石油和化工经济分析，2015（11）：15-16.

［4］戴厚良. 把握发展新趋势 实现我国石油化工产业的转型发展［J］. 当代石油石化，2015，23（08）：1-3+28.

［5］戴厚良. 把握技术发展趋势 加快两化深度融合［J］. 当代石油石化，2014，22（08）：1-7.

［6］戴厚良. 转型与创新 塑造中国石油化工产业新未来［J］. 当代石油石化，2014，22（10）：1-3.

［7］Wu H, Zhao J. Self-adaptive Deep Learning for Multimode Process Monitoring［J］. Computers & Chemical Engineering, 2020（141）：107024.

［8］索寒生，蒋白桦. 石化智能工厂探索与实践［J］. 信息技术与标准化，2018（11）：20.

［9］安筱鹏. 重构数字化转型的逻辑［M］. 北京：电子工业出版社，2019：203.

［10］Chai S, Liu Q, Liang X, et al. A Grand Product Design Model for Crystallization Solvent Design［J］. Computers & Chemical Engineering, 2020, 135: 106764.

# 第 3 篇

## 实践篇

石化工业数字化智能化转型

一

# 8 集团级数字化智能化转型案例

"十三五"期间,随着企业级信息系统在大型集团企业的整体规划和建设,集团企业的业务流程标准化、信息标准化、经营管理规范化水平得到显著提升。信息技术应用成为集团企业优化资源配置,创新经营模式,实现数字化转型的新动能。以中国石化为例,在集团级整合跨板块、跨职能业务,建设了集成共享的经营管理平台,实现了集团业务统一规范,跨业务板块业务流程自动集成;经营管理信息"就源输入、集中共享",建立集团级商业智能,实现精准施策、集中管控、防范风险,集团级与板块和各企业之间相互联动,对集团政策的部署实施快速响应;建立易派客、石化e贸等电商平台,优化一体化供应链;支撑体制机制改革,创新经营模式,成功建立了集团级共享服务,降本增效,成为在集团数字化智能化转型方面领先的央企之一。

## 8.1 集中管控

"十三五"以来,中国石化构建了以ERP大集中系统为核心的经营管理平台,主要包含人事域、财务域、物资域、投资域、综合协同域和监督域等业务域,覆盖集团上中下游、科研、专业公司等业务,建立了集团业务流程及数据集中管控模板系统,为集团、企业提供统一的数据服务。经历十多年的建设和持续提升,中国石化经营管理平台(如图8-1所示)业已成为集团经营管理集中管控的核心平台,为集团数字化转型和可持续发展提供了有力支撑。

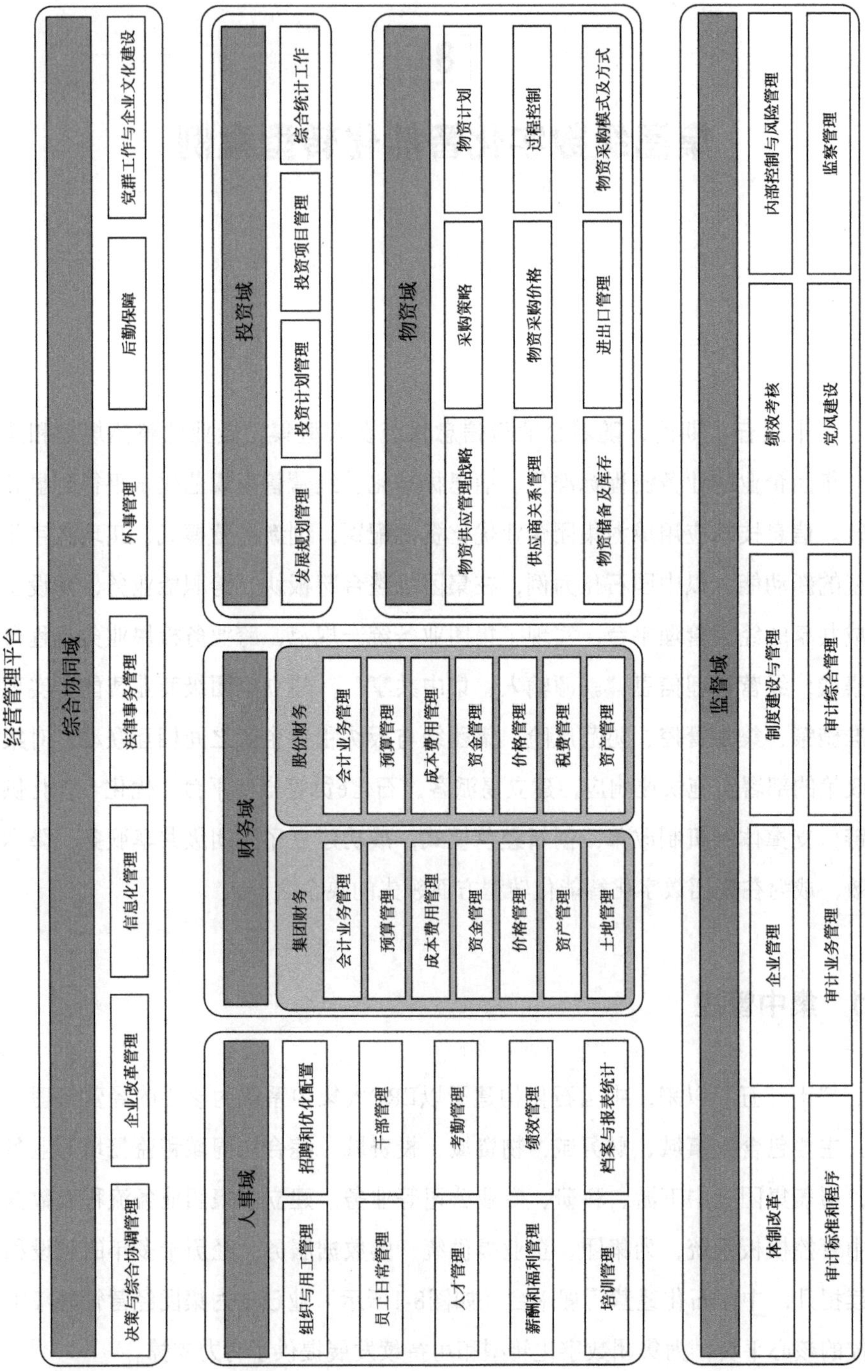


图 8-1 中国石化经营管理平台框架图

## 8.1.1 发展历程

随着技术的进步和企业的发展，尤其是企业外部环境的变化和市场竞争的加剧，石化企业通过优化、标准化业务流程，来降低整个业务的运营成本，并支持更高效的管理层决策，比如壳牌、英国石油等。ERP系统的分散部署和管理，客观上带来业务流程差异大，数据标准化程度低和数据共享难，难以支持集团的对市场的快速响应和决策等问题，不利于集团企业的战略发展。中国石化在十多年ERP建设应用中取得了显著成效，但由于受网络条件、技术水平等外部因素限制，初期主要是采取服务器分散部署方式进行ERP的实施。ERP系统分散部署和管理导致企业业务流程和数据标准化程度相对较低，难以保证各企业间业务数据分析维度和口径的一致性，支持总部灵活查询和分析需求的难度大；同时总部现有标准在分散模式下进行系统落地缺乏管控手段，新标准、新要求在ERP分散模式下部署难度大、成本高；尚未形成一套完整的，与制度、内控紧密集成的高效的模板体系，难以通过ERP模板在新建公司、合资企业快速部署来落实中国石化管理要求。

2013年起，中国石化正式启动了集团ERP大集中模板设计和建设，包括业务流程管理、应用开发、数据标准化，以及总体技术架构等方面的内容。进行了ERP相关技术和业务标准、规范的设计，对技术、业务解决方案进行了原型验证，并进行了系统安全、灾备等方案设计。2014年，攻克了大型企业级应用大集中技术架构、业务流程标准等难题，正式发布大集中模板。2015年，11家企业试点完成实施和上线。2017年，完成全部122家企业的ERP大集中实施工作。以ERP大集中为核心的集成共享的经营管理平台建设，投资、人事、财务、物资、综合协同、监督六大域建设也于同期同步开展。中国石化旨在通过经营管理平台的统一规划和建设，全方位覆盖集团公司的经营管理核心业务，消灭信息孤岛，真正做到"三流合一"、业务流程标准化、数据集成和共享；支持生产经营决策，支持经济活动分析会，促进管理创新，提升集团管控水平。

## 8.1.2 系统建设

经营管理平台由一系列基于统一平台标准的集中应用系统组成，包括ERP大集中系统、综合协同管理系统、一体化投资综合管理系统、决策支持系统和大数据分析应用系统。

（1）ERP大集中系统　是经营管理一体化平台的核心系统。ERP大集中系统应用了十二大功能模块，业务覆盖了财务管理、投资与计划、物资供应、设备管理、审计等专业领域以及油气供应链全过程业务。系统采用按业务集中部署方式分类的上游、炼化、油品销售、科研与专业公司、人力资源五大系统；实现了业务与数据的标准统一及与周边系统的紧密集成。大集中模板作为业务的载体，将业务和系统有机融合，形成一体化联动的体系，有效提高业务标准化程度，提升系统运行效率。加强对于ERP模板的管控，深化ERP与投资组合管理、预算管理、合同管理等各专业系统的集成共享，提升整体业务运作效率；支持业务变革与创新，及时响应总部、企业各层面的需求，配合企业管理体制机制变革，确保企业经营平稳高效运行；提高系统应用水平，加强对人、财、物的科学管理，实现国有资产保值增值。

（2）综合协同管理系统　以综合协同管理业务需求为导向，设计和构建涵盖公文管理、档案管理、信息管理、法务管理、外事管理、党群管理、督查督办等应用的综合协同管理系统，加强应用系统之间，以及各应用系统与移动办公平台的集成整合与业务协同，实现综合办公、专业应用、个人服务业务的快速构建，提高内部业务协同和办公效率。

（3）一体化投资综合管理系统　引进国际领先的企业整体规划工具、投资优化组合工具、财务与经济评价工具，提高投资决策水平；进行投资目标解析、资产分析、项目评价与投资组合的分步模型设计、流程梳理和数据规范制定；基于设计的模型和流程，推进信息系统建设，提高投资业务精细化管理水平，提高投资回报率。

（4）决策支持系统　基于ERP大集中的建设成果，提升财务、人事、采购、销售等已有成熟主题应用，并新建设备、工程、投资、天然气、金融支付等应用分析主题，全面支持总部和企业的经济活动分析；以石化关键绩效指标体系的梳理和建立为基础，建设平衡计分卡；集成内外部数据，加强数据挖掘，依托大数据分析技术，提升总部和企业的经营活动监控、风险识别和防范、合规管控、业务分析的效率和能力。

（5）大数据分析应用系统　集成内外部数据，加强数据挖掘，依托大数据分析平台，在总部和企业的项目管控、风险识别和防范、投资分析等领域，建设风险预测，投资组合优化等大数据分析应用，辅助提升传统决策支持应用的分析深度和实时性，提高集团一体化管控水平。

### 8.1.3　应用效果

（1）推进集团管理规范化、标准化，提升集团整体经营管控能力　通过ERP大集中系统的建设，整合规范了业务流程，集团流程标准化率达到91%。支撑了总部新标准新要求的快速贯彻落实，加强了集团管控能力，实现了系统和数据的集成共享，优化了整体供应链，推进了企业管理创新和业务创新，提升了企业信息化水平。通过ERP大集中系统覆盖了上中下游产、炼、销、储、贸业务，实现了油田与管道、管道与炼化企业原油业务集成，炼化企业与化工销售、炼油销售、成品油销售等企业的产成品业务集成，优化了上中下游一体化供应链，整体提升了集团统一资源配置和快速响应市场的能力。通过ERP大集中与标准化系统、电子商务、合同管理等系统的集成，规范了物资管理主数据与业务流程，实现了对供应商准入、询比价、合同签订、付款等关键环节的有效管控，以及从物资需求计划提报到采购、收货、发货的物资供应业务全流程闭环管理。ERP大集中系统将业务流程、系统应用与企业内部控制要求相融合，实现事前、事中控制，有效防范了企业管理风险。

（2）提升企业精细化管理水平，促进管理转型和创新　经营管理平台为企业精细化管理赋能，提高了企业运行效率，有力支撑了财务管理工作的转型和不断深化，财务管理工作重心向业务端延伸、向价值管理聚焦，深度融入投资、生产经营全过程管理，业财融合度进一步提高，实现了预算管理与生产运行的全方位衔接。助推集团公司改革发展，经营管理平台的建设为中国石化构建集团总部、企业和共享服务中心"三位一体"的企业运营管理新模式奠定了基础。

（3）支持集团数字化转型发展　通过经营管理平台的建设，实现了经营管理数据统一集中、标准化、集成和共享。遵循"取于云、建于云、用于云"的原则，结合大数据处理技术，以"采、聚、理、用、保"为主线，建设中国石化大数据服务平台，在做强平台及数据安全的基础上，着重数据分析、数据服务的建设，推动人人分析和数据运营发展，全面提升数据服务平台的能力。

中国石化数据仓库平台以ERP系统数据为核心，汇集了资金管理、人力资源和合同管理等经营管理核心系统的数据，涵盖油田、炼油、化工、销售、工程和科研六大板块，建成了财务、采购、生产、销售、库存等十大数据主题，累积形成了超过80TB的数据资源。利用大数据分析技术，为经营管理决策提供有力支撑，例如在销售方面，融合内外部数据，以客户画像、油站画像、商品画像及设备画像为大数据分析基础，涵盖客户精准营销、流失预警、风险防控、数据大屏、电商客户行为分析等油品销售全业务域大数据分析，实现经营数据实时动态、销售动态一目了然，支撑油品销售业务数据化运营。北京石油利用高维数据的复杂关系研究和基于机器学习的特征工程识别以及多种算法，在油品销量预测、加油站枪机运营压力、加油卡套现行为识别三个方面开展了大数据探索。将复杂的一线业务数据，转变成可供管理决策的依据。从而实现从被动管理到主动管理，从定性管理到定量管理，从结果管理到过程管理的管理方式转变。润滑油新加坡分公司利用时间序列varmax算法预测基础油使用量，预测准确率在90%左右，为帮助企业节省库存占用，合理安排排产计划探索大数据预测。化销公司基于数据仓库设计化工销售落袋价格分析系统，从单纯关注产品的市场销售价格，转移到关注每个营销环节的费用以及真正的落袋价格，细化分析每个客户真正落袋价值贡献，从而优化产品结构和资源流向，促进精细化管理，实现化工产品价值最大化目标。

## 8.2 共享服务

为了适应中国石化打造世界一流能源化工公司的战略目标要求，进一步优化整合资源，加快推进内部改革调整，降低运营成本，提升公司价值，2013年，中国石化以财务共享服务先行先试为起点，启动了共享服务建设。中国石化共享服务历经多年建设，搭建了一套符合中国石化实际的业务标准、管理体系，按照"集中、统一、高效"的建设原则，基于"平台+应用"的架构理念，构建了财务、人力资源、IT等业务的多功能一体化共享服务平台，支撑了一体化共享服务中心高效运行，平台包括了企业提报端、业务运营端和运营管理端三大子系统，并与ERP、会计集中核算、资金集中管理、费用报销管理、HR等系统实现无缝集成，逐步实现了标准化、集成化、自动化、智能化，在统一标准、提高效率、防范风险、强化管理等方面取得显著成效。

### 8.2.1 发展历程

共享服务诞生于20世纪80年代，是在企业国际化、信息化发展和经营规模高速增长的背景下管理和控制活动的创新，是将企业事务性、重复性、可标准化的业务分离出来，整合到一个新的业务单元，为全集团提供统一、标准、高效的专业服务，以提高公司整体运行效率和效益。中国石化是一家定位国际化，力争世界一流的特大型能源化工企业集团，公司业务链长、分布广、管理层级多、人员数量多，虽然已经具备了较为高效的集团管理体系，但在集团整体业务标准化水平、工作效率、风险防范和资源利用率等方面仍需进一步加强，亟须通过共享服务的创新体制机制予以解决。共享服务是国际通行、成熟的管理模式，在国际一流能源公司得到广泛运用，国内也呈现快速发展趋势，国内政策及IT技术等方面都具备良好的外部环境，中国石化通过多年管理体系、流程规范和信息系统的建设已经具备较好的内部基础。

2013年，中国石化决定以财务共享服务先行先试，拉开了共享服务建设序幕。2016年，启动实施人力资源、IT共享服务试点建设，完成整体业务布局和规划。2017年，成立了央企首家一体化共享服务专业化公司，总部设在北京，下设东营、南京两个分公司，以及淄博、濮阳、扬州、武汉四个区域服务部。2018年，财务共享实现境内企业全面上线，2019年，HR共享境内全面上线，IT共享全面铺开。共享服务实现了由点到面、快速推进的"大发展"。

经过多年来的积极实践，中国石化共享服务建设取得了里程碑式进展，走在了央企前列，建立了涵盖上中下游各板块的共享服务业务标准、系统平台、实施策略和管控模式，实现了具体事务的高效处理，业务流程的优化升级，管理效能的快速提升,为集团公司和成员企业深化内部改革,推进转型升级和提质增效,迈向高质量发展提供有力支撑。

### 8.2.2 解决方案

中国石化共享服务平台历经业务梳理与设计、技术论证与系统开发,试点建设、扩大试点、全面推广实施,建成了中国石化一体化、多功能的共享服务平台系统,基于云技术架构建设服务提报、业务处理和运营管理等功能,采用业界成熟稳定的开发技术,并适当引入已在中国石化有大规模应用的开发组件,构建"平台+应用"的一体化共享服务平台,高效支撑财务、人力资源和IT等共享服务业务开展和运营管理。

(1)将标准方案与自主研发结合,引入新技术,构建一体化共享服务平台  共享服务建设在中国石化是一件开创性的工作,打破了传统的分散式管理结构,重新建立了组织架构,并涉及转变现有业务操作流程,规范业务操作。共享服务技术平台需要能够支撑财务、人力资源、IT等多职能共享服务管理和业务操作,并涉及与ERP、会计集中核算、资金集中管理、关联交易平台、费用报销管理、合同管理、HR等专业业务系统之间的集成、信息共享,技术复杂,工作量大。实施过程中,通过研究SAP共享服务框架(SSF)标准解决方案,结合实际业务需求,引入影像智能识别(OCR)、机器人流程自动化(RPA)、人工智能、机器学习等新技术,形成了以标准功能为基础,强化定制增强开发的支撑多职能共享服务的解决方案,并基于统一的集成方案与总部统建系统及部分企业本地系统进行集成,支撑端到端流程高效运营,有效提升用户体验,提高共享处理效率,规范业务操作。

(2)应用系统建设  一体化的共享服务平台,主要由企业端功能(前台)、业务运营端功能(中台)和运营管理(后台)三大子系统39大模块1040项功能构成(如图8-2所示)。前台支撑业务提报,实现了共享中心与企业之间的衔接;中台支撑共享服务中心日常操作,实现了与后端ERP、会计集中核算、资金集中管理、费用报销管理、合同管理等各相关专业系统配套提升紧密集成;后台支撑共享运营管理,实现了服务管理、业务监控及客户数据分析管

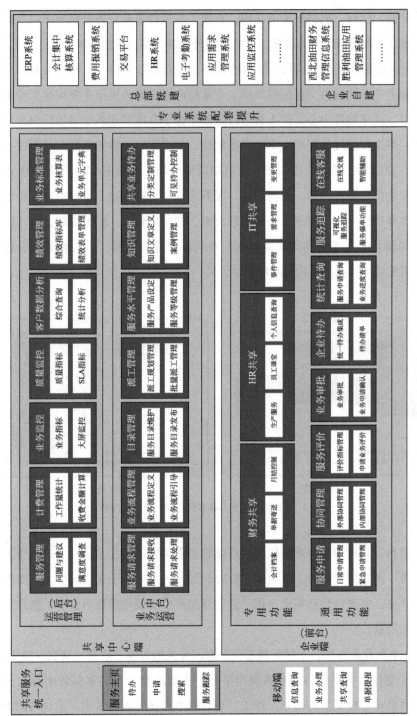

图 8-2 中国石化共享服务平台功能架构图

理等功能。同时，提供移动端功能，实现了单据提报及业务处理等移动办公功能，全面支撑财务、人力资源、IT共享服务业务操作及运营管理[1]。

a.前台业务交互，实现高效沟通协作。企业端（前台）功能定位为企业与共享服务中心的业务交互提供支撑。企业用户通过服务提报子系统提交业务处理申请；共享服务中心工作人员通过服务提报子系统对服务申请进行服务申请受理、单据交接过程管理、单据信息复核、扫描影像质检和单据归档等业务的处理。企业端包括企业提报和员工自助两部分功能（如图8-3所示）。企业提报端功能包括服务申请、协同管理、服务评价、业务审批、企业待办、会计档案、单据寄送、月结控制、影像识别应用、知识库查询、服务追踪、统计查询等功能模块。员工自助端功能包括在线问答、业务办理、生活服务、管理支持、员工课堂、信息查询等功能模块。

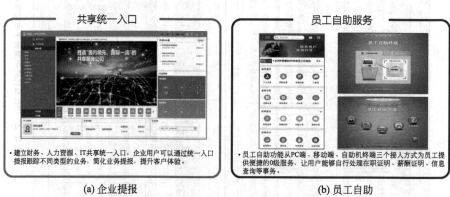

图8-3　企业端企业提报（a）和员工自助（b）功能示例

前台的设计重点考虑系统的用户体验和易用性，开发了统一入口、员工自助服务，提升用户体验。应用影像智能识别（OCR），引入机器学习，实现税财一体化。实施会计档案电子化，通过双向索引实现与凭证的管理，提升工作效率和质量。

b.中台业务操作，支撑智能高效处理。业务运营端（中台）功能（如图8-4所示）定位为共享中心的业务操作平台，主要定位支撑共享服务中心业务处理，共享中心接受服务请求，派工，业务待办并执行服务请求，通过与ERP、会计集中核算、HR等系统的界面集成，完成服务请求的业务处理。业务运营端功能包括服务请求管理、业务流程管理、目录管理、派工管理、服务水平管理、知识管理、共享业务待办、交互中心、组织及人员、凭证模板管理、事件管理、交付物管理等功能模块。

图 8-4 业务运营端功能示例

中台的设计开发重点考虑高效业务处理，提升自动集成，推动智能处理。平台创新会计工厂、知识管理，提升规范化程度。应用三单匹配、影像识别，实现自动化。通过RPA，在不改变现有系统功能的情况下，模拟键盘和鼠标操作，无人值守自动运行，提高效率、确保零失误。

c.后台运营管理，实现实时管控、数据分析和服务质量的统一管理。运营管理（后台）定位为共享服务中心的服务管理和运营管理平台。主要由共享服务中心各级管理人员使用，通过利用共享服务平台业务处理的数据以及ERP、会计集中核算、费用报销系统等专业系统的数据，进行运营管理与监控。运营管理端功能包括服务管理、计费管理、业务监控、质量监控、客户数据分析、绩效管理和业务标准管理等功能模块。

后台的设计开发重点是加强业务管控，推进服务管理，通过强化业务监控，提升客户服务（如图8-5所示）。质量指标监控、业务监控功能主要实现定期出具质量运营监控报告及财务业务运营指标监控查询，采用大数据服务平台集成各类业务系统业务数据，经数据处理完成业务监控可视化分析展示。服务

图 8-5　运营管理功能示例

管理功能实现共享服务中心与客户的线上交流沟通，通过服务平台实现问题快速响应、投诉纠纷处理、服务评价、统计分析等全流程线上管理，不断提升中国石化共享中心的服务水平，提升客户的满意度。

### 8.2.3　应用效果

中国石化共享服务历经七年多的建设，从最初的分职能分别建设，发展到一体化多职能共同建设。共享服务的实施，在集团公司促进转型、规范业务、加强管理，提高效率等方面效果显著，已逐步成为中国石化财务、人力资源和IT业务日常管理的有力抓手。主要成效体现在以下方面：

（1）推动人员及职能转型　实施共享前，公司财务、人力资源部门的重复性日常事务占比多达50%以上。共享服务通过管办分离、促进职能转型，推进"瘦身健体"，共享中心聚焦服务执行，企业聚焦抓运行、提效益，总部机关聚焦战略管控与决策，真正成为精干高效的"首脑"和"中枢"，观大势、谋大事，发挥价值引领的职能作用。

（2）提高业务规范化水平　通过共享服务流程设计与优化，并依据会计准则和集团财务、人力资源、信息等管理制度，根据细化的业务场景，制定了统一的业务处理标准和详细的业务操作规范，实现制度、标准、流程、操作、附件的规范统一，并将标准的业务流程固化在信息系统中，促进统一业务标准，规范业务操作。

（3）促进管理效能提升　企业借助共享上线推动业务流程的再造，优化人员结构，减轻工作量，提高业务处理的效率。按照"谁的业务谁发起、谁的业务谁负责"原则，推动业务提交点前移。

（4）提高业务处理效率　目前已有60%的企业实现业务提报，财务提交量下降到总业务量的10%。目前已有110多家企业费用报销财务不再初审，优化报销流程，避免工作重复，业务处理时效提高了10%，平均减少15%的企业财务工作。

（5）降低成本　通过员工自助服务功能，实现员工人事业务的自助处理，节约服务时间；员工自助提供薪酬查询功能，实现员工工资条无纸化，每年可节约打印机、耗材、纸张成本90%以上。员工自助终端机提供收入证明和在职证明打印功能，节省业务人员工时，有效降低了人工成本。

（6）强化服务，提升企业满意度　共享服务中心通过规范员工行为、构建服务支持体系、定期与企业交流等措施，不断增强服务意识，转变服务观念，强化服务措施，提升服务水平。2019年共享服务整体满意度97.18分，比2018年提高5.28分，比2017年提高9.88分，客户满意度和认可度逐年提升。

## 8.3　集团商业模式创新

### 8.3.1　易派客

中国石化物资采购电子商务经过10多年的持续建设与发展，基本满足了中国石化物资供应管理和集中采购、保供降本的需要，依靠中国石化内部庞大的供需总量，涉及56个大类、一百万种商品，并且仍在继续稳步增长。然而在移动互联网时代，平台化商业模式越来越成为产业的基础性、核心性商业模式[2]。虽然我国石油石化行业电子商务正在经历飞跃式发展，但仍然存在着一系列问题。典型的企业电子商务发展模式对信息化建设和技术改造的要求与我国石化行业的现实距离还相距甚远[3]，难以适应新一轮的物资供应管理改革及转型发展的需要。因此中国石化以积极的态度拥抱"互联网+"带来的新机遇,打开企业资源"围墙",谋求在新一轮科技革命产业变革中抢得先机,推进工业化和信息化的融合,实现转型发展。在"互联网+供应链"的模式下,把中国石化背后的物资采购管理体系和多年的采购优势以"互联网+"的形式与社会共享,为社会贡献优质的供应商资源,提供优良的产品,采用专业的供应链对企业(SC2B)物资采购流程,提供全方位服务,以共享经济的模式给社会创造价值[4]。

#### 8.3.1.1 发展历程

2000年以来,物资装备部利用网络信息技术改造提升传统采购业务,历经多年的持续创新,建成了集采购电子商务系统、供应资源管理系统、标准化代码管理系统等多个系统的采购管理信息系统,打造出"业务公开、过程受控、全程在案、永久追溯"的阳光采购工程。随着云计算、大数据、移动应用等新技术发展,中国石化物资采购系统,需顺应"互联网+"思维创新发展战略,发挥供应链核心企业作用,探索具有鲜明互联网思维、互联网技术、互联网机制、互联网人才的电商运营体制机制。

易派客电子商务平台中文站于2015年1月始建,采用"厚平台、薄应用"的建设思路,通过分布式架构部署模式,突破传统相对独立的系统架构,创新技术体系,历时3个月,2015年4月1日上线试运行,2016年4月18日投入商业运营;国际站于2016年9月21日启动建设,2017年3月31日上线试运行,2017年4月18日正式面向社会推介。平台依据整体规划及运营需要,完成会员、商品、交易、物流、评价、在线支付、供应链金融、网站内容管理、后台运营管理、大数据分析、移动应用、跨境电商等80个功能模块、近4000余个功能点。2018年5月,在第二届中国品牌发展论坛上,易派客被评选为中国品牌价值评价信息能源化工领域前50强,品牌价值74亿元。2019年4月充分发挥易派客平台在诚信社会建设中的助推器作用,大力开展易派客供应链阳光行动,致力实现采购标准化、制造数字化、物流透明化、信息互联化。建立共享可视、阳光透明、安全可信、永久追溯的现代数字供应链,构建开放透明、互信共赢、高效协同、价值共享的可持续电商发展模式,让商业生态更健康。截至目前，易派客电子商务平台经过6年的建设，已实现采购销售交易、国际贸易、易派客标准、在线支付、大数据分析等功能，建成全面融通上下游、内外贸、线上下的SC2B电子商务平台，累计交易规模达1万亿元。为持续挖掘"互联网+供应链"价值，易派客以"升级做优"为目标，全面建设资本回报高、竞争能力强、风险防控优的专业化、市场化、全球化电商平台，实现引领式发展，打造世界一流的能源化工行业电子商务平台。

#### 8.3.1.2 解决方案

为解决中小企业寻求资源能力不足、采购队伍专业性不强、采购成本高和供应商配合度差等问题，中国石化运用互联网思维，采用云计算、大数据及移动等技术，建立易派客电子商务平台（如图8-6所示）。在优化中国石化物资供应管理体制、提高集团化采购水平的同时，集"采购、销售、金融、综合服务"于一体，面向社会开放，吸引社会企业入网，做大用户群体，做大交易品种和规模。

（1）易派客中文站　搭建易派客中文站，实现会员管理、商品管理、服务区域管理、商品及内容检索、订单交易管理等功能。

（2）易派客国际站　搭建英语、俄语、西班牙语站，实现会员快速注册、会员站点、名优商品、行业资讯等信息展示；实现线上寻源洽谈、线上线下结合完成在线交易。

（3）在线支付管理　通过中国石化统一在线支付平台，打造易派客在线支付体系。打通在线支付账户发起、付款申请创建、支付对账等支付流程，支持直接支付、分批支付、担保支付多种支付方式，实现物流、资金流、信息流集中管控，通过资金沉淀和集中管控，深入挖掘资金链潜在价值，进一步依托平台实现增值创效。

（4）易派客标准体系　易派客推出国内首个工业品企业及产品评价标准，建立法人信用认证、产品质量评价、履约动态考评、市场业绩表现四大体系，发布易派客标准指数数据榜、易派客支付数据榜、关联方采购数据榜、关联方

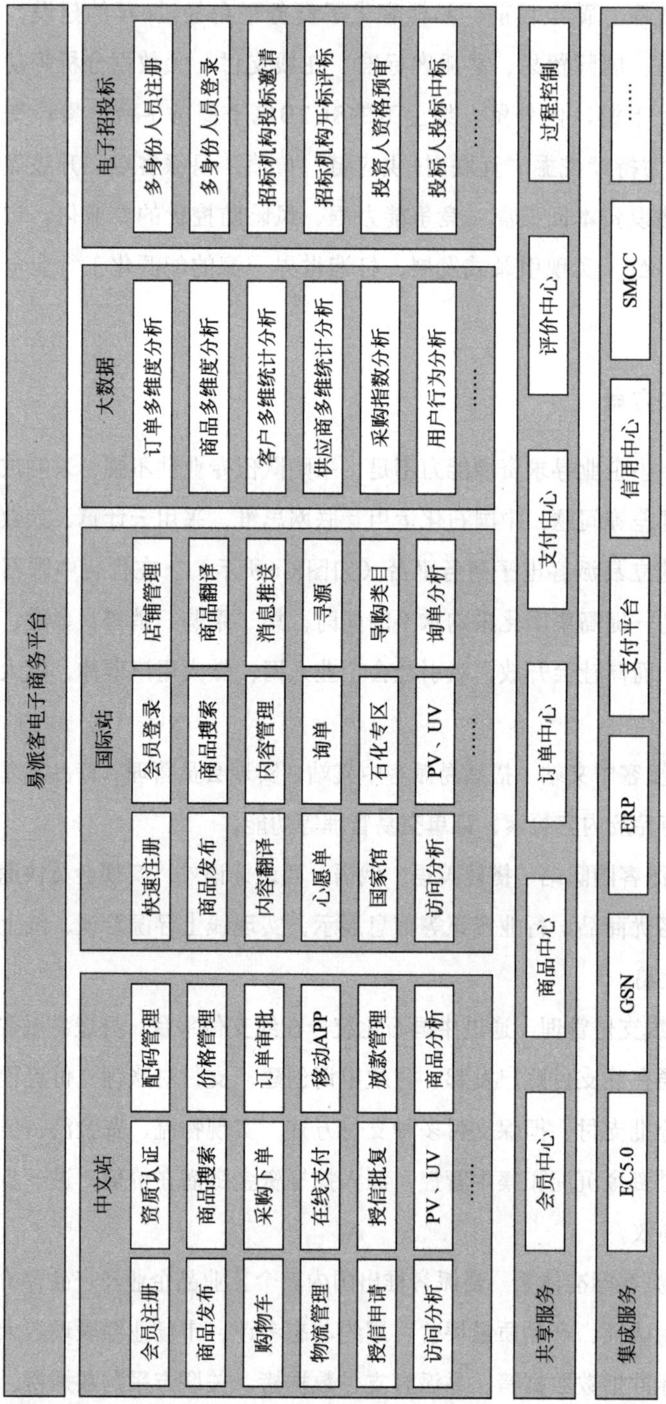

## 易派客电子商务平台

**中文站**
- 会员注册 / 资质认证 / 配码管理
- 商品发布 / 商品搜索 / 价格管理
- 购物车 / 采购下单 / 订单审批
- 物流管理 / 在线支付 / 移动APP
- 授信申请 / 授信批复 / 放款管理
- 访问分析 / PV、UV / 商品分析
- ……

**国际站**
- 快速注册 / 会员登录 / 店铺管理
- 商品发布 / 商品搜索 / 商品翻译
- 内容翻译 / 内容管理 / 消息推送
- 心愿单 / 询单 / 寻源
- 国家馆 / 石化专区 / 导购类目
- 访问分析 / PV、UV / 询单分析

**大数据**
- 订单多维度分析
- 商品多维度分析
- 客户多维度统计分析
- 供应商多维度统计分析
- 采购指数分析
- 用户行为分析
- ……

**电子招投标**
- 多身份人员注册
- 多身份人员登录
- 招标机构招投标邀请
- 招标机构开标评标
- 投资人资格预审
- 投标人投标中标
- 过程控制
- ……

**共享服务**：会员中心 | 商品中心 | 订单中心 | 支付中心 | 信用中心 | 评价中心

**集成服务**：EC5.0 | GSN | ERP | 支付平台 | SMCC

**图 8-6 易派客系统架构图**
GSN—全球供应商网络；SMCC—安全管理控制中心

销售数据榜、关联方购销数据榜,对关联方综合实力及业绩表征进行精确评价,营造公开、公正的阳光采购环境。

(5) 金融保理服务　平台供应商可依托中国石化物资采购业务开展商业保理订单融资,寻求新的融资渠道,实现保理业务融资申请、放款、资金冻结、还款业务全流程在线,缓解小微企业融资难问题。

(6) 一体化连接服务　搭建开放API集成服务,定义标准接口,实现外部企业的统一化、标准化集成连接,实现双向业务流程贯通,保证采购需求、采购订单数据自动流转,消除信息孤岛,共享易派客平台优质资源,共享企业采购成果。

#### 8.3.1.3　应用效果

易派客自2015年4月1日上线以来,截至2019年12月底,平台累计交易金额9619亿元;2019年交易金额4784亿元;注册用户20.5万个;在线商品近200万种;在线支付3273亿元;商业保理放款154亿元;供应链金融授信39亿元。国际站达成交易询价3000单、成交金额288亿美元,业务覆盖100余个国家和地区。完成企业法人信用认证6782家;完成企业产品质量评价认证1455家;完成企业履约动态考评21915家;完成企业市场业绩表现考评16725家。具体应用效果如下:

(1) 提升企业采购管控水平　易派客平台通过建立标准采购流程,促使企业交易过程更加透明、公开,实现阳光交易、交易全程管控;通过汇集石化企业和供应链上下游企业的采购需求,实施集中采购,公开招标,提升议价能力,共享寻源成果,进而为中国石化和社会企业降低采购成本;通过应用互联网及云平台技术,实现商品在线展示、在线交易,生产企业能够直接与需求企业对接。提供便捷、质优的一站式采购服务,提高了供应链整体采购效率。

(2) 提升品牌综合价值　2018年5月9日,易派客平台被评为中国品牌价值评价信息能源化工领域前50强,品牌价值74亿元。平台通过内容丰富的多元化盈利体系,提供增值服务,为中国石化创造显著经济效益,2018年实现创效

3381万元。

（3）搭建全球工业品流通桥梁　通过推动跨境板块业务发展，精选全球优质资源，致力于搭建全球工业品贸易的展示推介平台、服务支持平台、贸易融通平台，在推介中国制造、中国创造、中国创新的同时，为全球工业企业搭建工业品贸易流通的桥梁。

（4）向社会开放共享优质资源　中国石化产业链覆盖全国66个行业类别、30个工业大类，中国石化践行央企责任担当，主动打开企业资源"围墙"，通过易派客架起利用核心供应链资源服务社会大众的桥梁，致力于跨越企业、行业、产业边界贯通产业链，践行开放、共享、共赢理念融通供应链，提高国有经济活力、竞争力和抗风险能力，放大国有资本功能。

（5）助力打造健康采购生态　易派客助力构建央企健康采购生态，全面实行"三公开"，每月公开公布异议及投诉案件，营造公开公正、阳光透明的物资采购生态。助力形成推优汰劣电商环境，发布标准指数数据榜等榜单，引导企业重质量、重服务、重品牌、重口碑，提升综合实力，扩大市场影响，全面营造诚实自律、守约互信的商业新环境。

### 8.3.2　石化e贸

#### 8.3.2.1　发展历程

石化e贸电商平台是中国石化落实国家"互联网+"战略、大力发展平台经济、推动营销模式创新、提高石化产品销售效益的重要举措[5]。石化e贸是以中国石化化工产品、炼油产品、润滑油、燃料油等产品为主的销售电子商务平台，致力于实现中国石化内部上下游一体化、生产运营销售一体化、物流资金流一体化，不断提升企业的经营创效能力和市场影响力。

2015年，中国石化化工销售公司为探索价格发现功能，开始建设电商平台。2016年6月中国石化对外正式推出石化e贸电子商务平台，面向全社会销售中国石化化工产品。2017年建成了现货商城，采用竞价交易业务模式，实现了客户网上自主注册、自主采购。自2018年开始，在现货产品网上交易基础上,完成了86个业务流程再造,创新网上合约交易模式,实现网上在线支付,到2019年年底实现了全部销售业务在石化e贸电商运营,形成了"合约+现货""服务+产品""线上+线下""平台+支撑"的化工品电商营销模式[6]。

石化e贸电商平台专注于石化产品,为行业客户创造交易机会,借助于中国石化的资源优势、渠道优势、品牌优势,历时4年,建成了集研发、生产、营销、交易、支付、物流、服务于一体的石化产品垂直电商平台,整合中国石化上下游间的纵向产业链和企业间互融互通的横向供应链,实现工厂到客户端的高效对接,构建石化行业电商生态圈。

#### 8.3.2.2 解决方案

运用云计算、大数据等先进技术,采用"平台+应用"的互联网分布式架构设计理念建设石化e贸。充分考虑石化e贸的长远发展,立足行业、对标先进,基于"厚平台、薄应用、服务化"的信息化建设策略,为建设石化e贸奠定坚实的技术基础。石化e贸系统架构如图8-7所示。

(1) 统一会员管理　石化e贸电商平台作为中国石化销售电商面向广大电商客户的入口,需满足对国内外客户提供统一的会员管理。通过以客户为中心的统一会员管理,包括对客户、供应商资质录入,提交、审核及准入做以全面的功能涵盖;实现会员管理流程的闭环透明管控,为石化e贸电商平台交易业务作以客户支撑。

(2) 统一商品管理　石化e贸作为中国石化化工品销售的统一电商平台,作为中国石化销售电商面向广大电商客户的入口,平台建设战略意义深远、责任重大。从商品管理角度,支撑平台品种丰富,助力销售规模扩大。

(3) 统一订单管理　通过统一订单生成,实现中国石化化工销售、炼油销售产品的电商渠道现货销售;客户在石化e贸门户上可进行商品选购,在线进行交易确认并生成订单,也可同时选中多家供应商的商品进行交易确认,系统会自动按供应商进行订单分拆,生成对应的销售订单。

(4) 统一电商服务　为平台供应商提供店铺服务,实现店铺申请、店铺

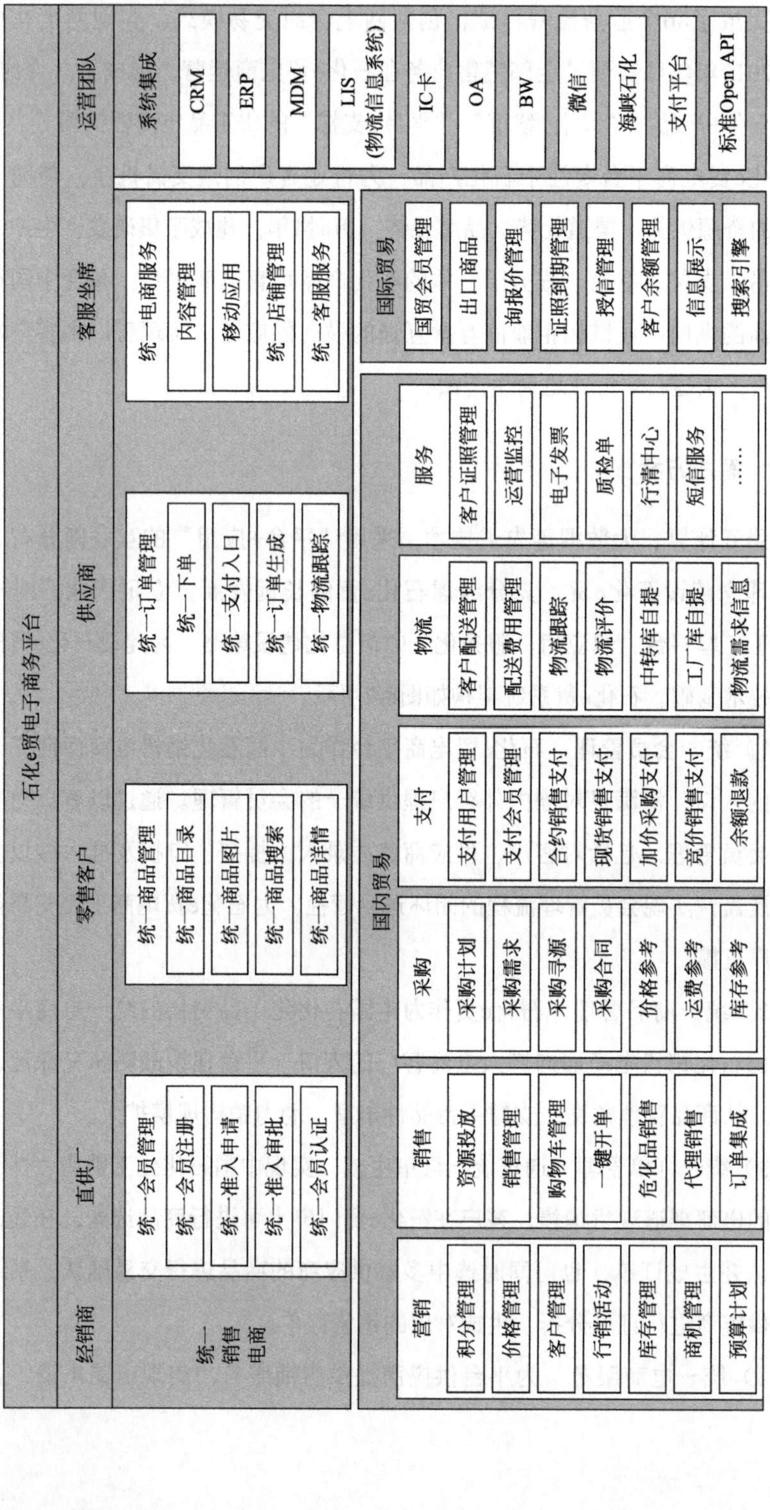


图 8-7 石化e贸系统架构图

展示、店铺维护等功能。统一内容管理：通过中文站点管理、模板管理、栏目管理、资源管理、内容管理、内容发布权限管理、内容审核流程管理、内容日志管理，实现统一内容管理。统一移动应用：石化e贸作为中国石化统一销售电商，为客户提供统一的移动应用入口，实现客户随时随地浏览商品，进行合约、现货、竞价等商品采购。统一客服服务：通过智能导航和智能咨询等服务，实现呼入和呼出以及在线服务的智能化应用，提升服务效率，提高客户满意度，推动客户服务模式创新，助力新业态发展。

#### 8.3.2.3 应用效果

石化e贸基于"平台+应用"的架构，建设石化e贸门户、买家中心、卖家中心、运营中心、微信服务5大应用，形成"互联网+营销"的模式。在新模式的成效下，化工销售2019年合约成交量达3712万吨，年交易额达2521亿元；现货成交量达38万吨，成交金额达23亿元；竞价成交量达30万吨，成交金额达24亿元，实现加价6745万元；炼油销售2019年现货成交量达53901吨，成交金额达9911亿元。石化e贸的应用成效主要表现在以下几个方面：

（1）通过建设石化e贸，收集客户各类信息，加强客户资源公有化　综合利用客户相关信息，发挥客户整体优势；加强客户生命周期的管理，综合评估客户整体价值，加强价值客户的开发和维系；强化市场开拓管理，通过建设石化e贸，加强售前市场开拓管理，重点关注销售过程管理，寻找改进机会，将信息平台伸向客户端；将产品销售转为服务销售，为客户提供相关专业服务及增值服务，使客户能主动参与整个业务过程。

（2）石化e贸的建设带动社会就业　随着石化e贸平台的发展壮大，拉动社会总需求，企业生产规模扩大和行业产值增加会对相关行业具有拉动效应，将极大程度促进社会就业。

（3）石化e贸打造创新的商业模式　石化e贸打造的"互联网+营销"的商业模式，在做实中国石化对外销售的基础上，持续探索供应链金融、保险、广告、物流等增值业务，在为社会企业提供采购、销售、物流等各种共享服务的同时获取收益，实现国有资产增值，打造中国石化新业态。

## 参考文献

[1] 田源. 建设一体化共享服务平台 [J]. 中国石化, 2017, 11: 30-33.

[2] 齐学忠. 企业ERP理论与实践 [M]. 北京: 中国石化出版社, 2016: 15-18.

[3] 崔凤茹. 中国石油化工行业电子商务的发展 [J]. 北方经济, 2008, (4): 44-45.

[4] 黄刚. 探寻供给侧改革之路 易派客助力采购转型升级 [J]. 科学与财富, 2018, (15): 34-35.

[5] 陈安琪, 喻冰宁. 构建化工销售"互联网+"高速路——"石化e贸"运营一周年纪实 [J]. 中国石化, 2017, 06 (1): 51-53.

[6] 卢秀军. 整合内外部资源实现物流一体化——中国石化现代供应物流体系建构初探 [J]. 石油和化工设备, 2004, 3 (1): 69-70.

# 9 炼油化工数字化智能化转型案例

在国家智能制造强国和网络强国的战略引领下,工信部在2016年发布了《智能制造发展规划(2016—2020年)》[1],并将之作为指导"十三五"时期全国智能制造发展的纲领性文件,明确了"十三五"期间我国智能制造发展的指导思想、目标和重点任务。

在2015~2018年四年的时间内,在工信部的大力推动和支持下,陆续产生了一批石化的智能工厂试点示范企业,包括九江石化、镇海炼化、茂名石化、上海石化等企业,这些企业积极将先进制造技术、信息技术和管理技术与成套装备、工艺流程深度融合,加快了数字化、网络化、智能化进程,带动了产业升级、转型发展。截至2018年共推出25家国家智能制造试点示范企业。

本章以中国石化为例,选择了九江石化、镇海炼化、茂名石化3家企业作为典型的案例就炼油化工数字化和智能化转型进行了重点介绍。

## 9.1 "老炼厂"旧貌换新颜——九江石化

### 9.1.1 基本情况

中国石化九江分公司(以下简称九江石化)1980年10月建成投产,是我国中部地区和长江流域重点炼化企业,是中国石化驻赣唯一的大型石油化工企业。公司坐落在庐山脚下、长江之滨、鄱阳湖畔,占地面积4.08平方公里。公司现原油一次加工能力1000万吨/年、综合加工能力800万吨/年。

九江石化是江西省"两化"融合示范单位,通过了质量体系和HSE体系认证,建立了6个国家级体系标准。2015年,公司入选工信部智能制造试点示范企业,获评第四届"全国文明单位";2017年,公司分别入选工信部首批绿色工厂、两化融合管理体系贯标示范企业,连续第八年获评集团公司安全生产先进单位;2019年,公司连续第四年获评中国石化集团公司环境保护先进单位。

### 9.1.2 转型历程与效果

在"十二五"期间,作为沿江中部地区、有30多年历史的中等规模燃料型炼厂,九江石化面临经济效益沿江垫底、企业发展相对落后、干部员工士气不高、环保安全压力大、工艺路线短、加工深度浅、信息化薄弱无法支撑业务发展等诸多困难。基于企业勇创一流的自主追求,九江石化确立了建设千万吨级一流炼化企业的愿景,启动塑造以"卓越文化"为引领,以"信息化"为支撑,打造以"一体化、科学化、精细化"为主要内容的九江石化特色管理模式,倾力培育"绿色低碳""智能工厂"两大差别化竞争优势[2-4]。

2012年,为配合九江石化800万吨炼油综合加工能力改造工程,依照中国石化智能工厂总体规划,以建设千万吨级一流炼化企业为愿景并开始智能工厂探索实践。针对企业信息化基础相对薄弱的现状,规划设计了"填平补齐、完善提升、智能应用"的"三步走"路线图。

2014年,建成投用智能工厂神经中枢——生产管控中心,以及动力、油品、水务、电调4个分控中心,优化组合设置35个外操作室,合理设置班组及配备人员,形成"1+4+35"生产集控运行模式(如图9-1所示),实现了"经营优化、生产指挥、工艺操作、运行管理、专业支持、应急保障""六位一体"的目标定位。

2015年9月,九江石化800万吨油品质量升级工程投产,通过装备的改造提升,全面提升企业的工艺路线,同年11月,九江石化与上海交通大学等5所高校,以及北京邮电大学、浙江中控、石化盈科等ICT厂商签订了智能工厂产业联盟4个框架协议,形成了产学研用的生态圈。

九江石化通过投产油品质量升级改造工程和智能工厂建设,实现产能翻

# 9 炼油化工数字化智能化转型案例

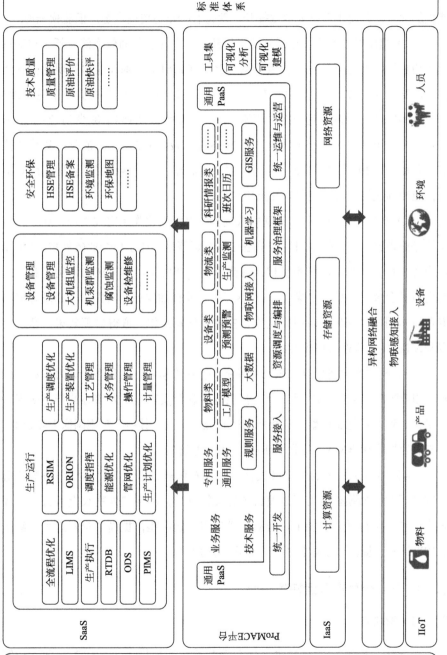

图 9-1 九江石化智能工厂总体架构

番，改造石化流程工业传统生产方式，进行变革创新，公司架构更加精简，职能更加优化，劳动生产率大幅度提升，使得有40年历史的老炼厂旧貌换新颜。

(1) 提质增效明显　通过智能工厂建设，九江石化面貌焕然一新，与2011年年初相比，九江石化在主要装置从49套增加到61套，炼油能力实现翻番的情况下，直属单位由45家减至目前的32家（下降29%），控制室从15个减少到4个，外操室从53个减少到35个（下降34%），班组数从154个减少到127个（下降17%），用工总数从3600人减少到2618人（减少615人）。企业经营绩效持续显著提升。2015～2019年，利润超过了70亿元，税费连续四年位居江西省第一，吨油利润位列沿江企业炼油板块首位。

(2) 实现了组织模式、管理模式创新　九江石化先后完成生产、计划、信息等专业领域的一系列组织机构重组与职能调整，形成了13个业务处室、7个专业中心、12个运行部的组织机构，逐步建立与智能工厂相适应的体制机制。先后组建了全流程、数字化炼厂、VOCs管控、原料油快评、软件自主开发等横向专业技术团队，利用业余时间实施自主融合创新工作，取得显著效果，获发明专利授权3件、软件著作权8件。

(3) 构建产学研用良好生态　围绕两化深度融合，汇聚高端智力资源，构建了以2个"院士工作站"和3个"智能制造联合实验室"为核心的产学研用合作平台，致力石化流程型行业智能制造研究与实践。其中，实施国家专项2项，参与制定国家标准8项、行业标准1项，形成专著2部。

(4) 培养了先进的企业IT文化　九江石化通过智能工厂建设，积极培育"IT文明"，加强智能工厂建设目的意义的宣贯，利用"处室长上讲台""周末大讲堂"平台举办智能工厂与新技术应用专题讲座，提高了企业广大一线员工的IT认知，提高了企业智能工厂建设和应用水平。

### 9.1.3　新一代生产营运指挥中心

#### 9.1.3.1　解决方案

作为传统的沿江炼油企业，存在着装置生产规模小、数量多，DCS控制分散，内操室和外操室分散，效率低下，协同成本高，难以形成集中管控优势等问题。由于大规模连续生产特点，一旦出现突发性生产异常情况，难以第一时间进行有效控制，信息传递不及时，应急响应和准备能力启动滞后，为后续应急处置带来复杂难题。随着800万吨/年油品质量升级改造建设，地理区域更广，装置规模更大，流程更长，为生产指挥、应急响应等带来巨大压力。

为解决以上难题，九江石化以2012年800万吨/年油品质量升级改造工程为契机，以经营优化、生产指挥、工艺操作、运行管理、专业支持、应急保障为目标，按照"1+4"的模式，提出了建设新一代生产营运指挥中心的需求。中心按照生产管控中心、电力分控中心、油品分控中心、水务分控中心、动力分控中心进行专业化、区域化管理，实现生产运行单装置操作向系统化操作转变，由管控分离向管控一体转变[5]，如图9-2所示。

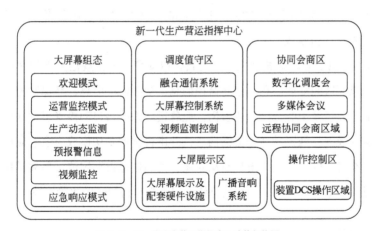

图 9-2　新一代生产营运指挥中心功能架构图

新一代生产营运指挥中心功能特点如下：

（1）全厂报警设施集中管理　九江石化在原有现场可燃气体和有毒气体检（探）测报警信号引至现场控制室的基础上，将全厂生产现场可燃气体及有毒有害气体检测报警、火灾报警（烟感、声光、温感等）引入全厂性的生产管控中心、消防保卫监控中心（119接警中心）进行集中管理，形成现场检（探）测点至现场外操室、生产管控中心内操室、消防保卫监控中心（119接警中心）"一对三"并联、集中管理模式,加强了现场处置管理,量化了报警信息管理。

（2）实现了工业视频集中管理　九江石化在现场原有各类工业视频监控的基础上,将各个不同时期建设的固定式工业视频监控信号引入统一的监控平台进行集中管理。为提高监控效果,对全厂报警仪和摄像头"提质、加密、升级",整体规划,分阶段、分步骤建设生产装置地面、高空和周界全方位立体防控网络,达到装置生产和现场施工作业全覆盖监控的目的。

（3）实现了报警仪与视频联动　按照安全管理"从事后向事前、事中转变"的理念,九江石化建设了气体报警仪、视频监控集中管理与实时联动系统,并根据生产和安全管理需要,持续"提质、加密、升级",将全厂生产现场可燃气体及有毒有害气体检测报警、工业视频监控、火灾报警（烟感、声光、温感等）进行集中管理并实现一体化联动,实现了探测预警、核查确认、查找原因、消除隐患的闭环管理,预防和减少因可燃、有毒有害气体泄漏导致的火灾、人身伤害事故。

（4）实现了应急快速响应　九江石化以安全标准化规范为框架在应急指挥平台上集成厂区的地理信息、生产监控信息、视频监控信息、环保监控信息和安全管理信息。接警中心一旦确认警情,应急指挥系统会自动接受事发地点、事件类型、事件级别、处置措施等警情信息,并由日常模式切换成应急响应模式,实现应急预案自动筛选、工业电视自动对焦、地理信息自动定位、事故模拟、消防力量布置和虚拟演练等功能,为应急状态提供强有力的辅助决策支撑。

### 9.1.3.2　应用效果

九江石化新一代生产营运指挥中心,提高了企业的协同指挥和应急响应能力,强化了集中管控水平、资源调配能力,推动了企业模式创新。

（1）提升了应急响应能力　整合应急救援资源,利用通信、网络、数据库、事故模拟、实时监控等技术和手段,实现了现场、中控室、消防安保监控中心、调度指挥中心和应急指挥中心之间信息的快速传递、多方联动,实现重大突发事件的监测监控、预测预警、应急指挥,使公司在面对重大突发事件时,能迅速反应、有效控制和妥善处理,更好地保护人员生命安全,防止环境污染，减少财产损失，维护公司声誉和社会形象。

（2）创新了应用模式　启用4G可视数字信号对讲机，充分利用了视频、音频、GPS等现代化、智能化传输工具，使信息沟通、传递工作更加快捷、高效。集成了HSE管理信息系统、工业电视监控系统、三维数字化平台、消气防接处警系统、实时数据库、实时地理信息等系统，建立监控预警与分析模型，提高风险防范能力、应急响应能力。企业员工应急意识得到提高，对应急救援响应程序、应急指挥等方面知识有了更深的认识、了解和掌握。

### 9.1.4　生产一体化优化

#### 9.1.4.1　解决方案

九江石化作为石油加工流程型企业，改进产品质量、增加整体效益是企业发展的第一目标。在生产经营优化管理创新方面，以经济效益最大化为目标创建全流程优化体系，运用生产计划优化、生产调度优化、生产装置优化工具，实现计划、调度、装置、控制四个层面上的协同优化。整合炼油生产信息数据流，包括实验室信息管理系统（LIMS）、企业资源计划系统（ERP系统）、生产执行系统（MES）、实时数据库（RTDB）等，运用专业技术和信息化技术，包括核心数据库（ODS）、计划优化系统（PIMS）、炼油全流程模拟（RSIM）和生产调度优化系统（ORION）等，开展体制机制创新[6,7]，改进业务流程和组织结构，进行炼油全流程一体化优化（如图9-3所示），实现企业盈利能力持续和螺旋式上升，大力提升公司可持续竞争能力。

（1）经营优化层　重点实现原油快评和计划排产、调度排产和装置模拟协同优化。基于核磁共振技术原油快评系统，实现对原油性质变化的及时监控，针对原油性质的不断变化，灵活调整原油混炼比例，保证常减压装置进料性质相对稳定，确保装置运行平稳。利用计划优化模型制定最优年、季、月生产计划，提高企业整体经济效益。将月度生产计划进行拆分，利用调度排产模型进行日作业安排，保证装置安稳运行。采用RSIM机理模型预测不同工况下的装置收率数据，提高生产计划模型准确性。

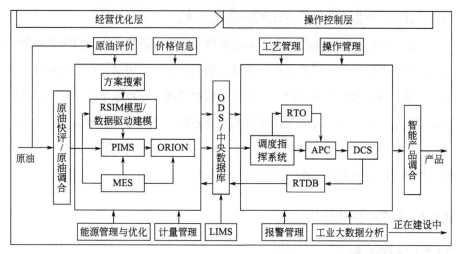

图 9-3　生产一体化优化业务流程示意图

（2）操作控制层　重点实现装置层面协同优化，利用企业核心数据库（operation database system,ODS）接收从经营优化层获得的一系列指令（包括：机理模型优化后的装置操作参数，调度排产系统下达的生产调度指令），并将操作执行层接收到的实时数据反馈给经营优化层。调度指挥系统根据调度排产系统下达的生产指令，按照机理模型优化后的装置操作参数下达给APC执行，APC系统直接控制装置DCS，从而实现装置的优化操作。在装置参数优化过程中，九江石化利用工业大数据分析技术，进行炼油操作参数在线诊断，计算给出当前生产条件下的理想操作参数，指导装置运行。

#### 9.1.4.2　应用效果

九江石化生产一体化优化的应用，公司滚动测算全流程优化案例，持续开展加工路线和馏分油优化，关键技术指标持续提升，产品结构逐年向好，经济效益大幅提升。同时，企业建立了生产一体化优化运作模式，建立了常态化的优化工作机制，消除计划-技术-调度部门之间的矛盾隔阂，大幅提高优化工作效率，实现了多个部门的紧密协同，锻炼了优化队伍。具体应用效果有如下两方面：

（1）创新组织机构，借助优化平台提升协同优化水平　公司合并了有关计划排产、原油采购、装置优化和生产调度等职能部门，将分别负责PIMS、RSIM以及ORION和MES等信息化系统的科室由新成立的生产经营部统一管理，打破了一体化优化的体制藩篱。通过生产一体化优化真正让优化成为生产经营的新常态，将原来定性模糊的粗放化管理转变成定量精细化管理，组建了"品字型、两层级"的全流程优化团队。

（2）提高生产优化水平，经济效益显著　自2013年至2018年年底，九江石化累计测算了1148个优化方案，实施了327个，累计增效9.8亿元。测算方案数量在中国石化排名第一。九江石化通过增产了97#汽油、航煤和军柴等高价值产品，提升了公司盈利能力，公司吨原油加工边际效益跃居沿江第一，累计产生效益超过8亿元，汽油产量最高达21.9万吨/月，车柴产量最高达25.14万吨/月，航煤产量最高达7.01万吨/月。

### 9.1.5　内外操协同

#### 9.1.5.1　解决方案

九江石化进行800万吨/年油品质量升级改造前，各DCS分散布局，采用传统的单装置生产控制模式，内操人员和外操人员工作场所集中。现场巡检、现场监护和现场操作、交接班等方面，使用传统的对讲通信，采用"听、摸、查、看、闻"进行现场监护、面对面的交接班等模式实现。随着生产管控中心的投用，老装置DCS迁移，内操室集中和外操室整合，人员逐渐减少，在生产操作层面面临着内外操协同的难题。需要采用新技术实现内外操的优化协同（如图9-4所示），提升管理效率。

内外操协同功能特点如下：

（1）基于物联网集采和LTE（长期演进技术）4G移动通信技术的智能巡检

九江石化研发了生产辅助管控应用APP项目，运用物联网技术将厂区终端、气体传感器、移动监控终端、定位标签、基站等通过4G、蓝牙通信手段实现数据的采集和交互，有效管控工业现场的巡检终端与后台的数据进行实时传输，

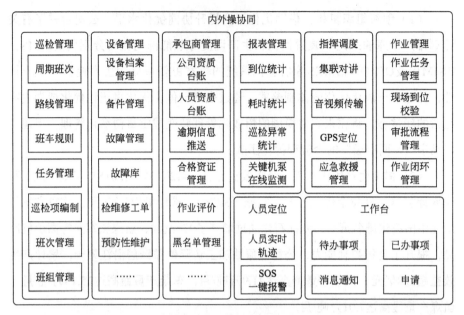

图 9-4 内外操协同功能架构图

实现任务单据电子化、任务结果可视化、风险预警实时性、人员位置可视化、危险作业流程化，实现内外操作业协同的双向可视化。

（2）运用移动互联网技术实现现场作业安全管控　运用移动互联网技术，旨在促进生产现场作业管理标准化和规范化，加强现场作业安全及流程管控，切实增强人员现场作业的安全意识，提高现场作业管控水平，降低作业操作风险隐患，避免作业人员的致害因素，保证现场作业的风险最低化，实现安全生产。

（3）基于多媒体通信技术的视频交接班　随着生产管控中心的投用，老装置DCS迁移，内操室集中和外操室整合，人员逐渐减少，传统的内外操面对面交接班模式已不适应发展需要，采用融合通信及多媒体技术，实现远程视频交接班，有效地解决了交接班管理问题，提升了管理效率。

9.1.5.2　应用效果

（1）提升了巡检管理的数字化水平　九江石化基于LTE手持终端的智能巡检系统，将传统的巡检业务与4G通信相结合，实现了语音点呼、组呼、视频点呼、监控等多媒体实时通信功能，并能与企业传统的电话、手机、对讲机等各类通信终端互联互通，也为外操人员在意外紧急情况下发出报警信息并对其施救提供了通信、定位协助，提高工作效率，保证了企业设备的低故障率安全运行，提高设备运行寿命。系统应用后，九江石化炼油运行部操巡检到位率由91.44%提升至100%；化工运行部由78.46%提升至100%。

（2）提高了设备监测的监察力度　在设备管理领域，利用测温、测振APP提升了设备监测频率，由原来的每天一次提高到两个小时一次，为设备全生命周期管理提供了有效的基础数据；提高设备运行寿命，降低设备维修费用。通过巡检数据回传，系统自动生成不同维度的按时、漏检等统计报表，给设备管理提供了有益的补充。

（3）提升了生产指挥协同效率　在调度和应急指挥方面，首先在集群上引入了视频对讲功能，在调度指挥中心可以随时查看外操人员手持终端拍摄到的视频画面，实现了视频会议与调度系统的互联互通，在应急指挥中心也可以实现对生产现场的可视化指挥，提升协作效率。

### 9.1.6　环保地图

#### 9.1.6.1　解决方案

九江石化位于长江北、庐山南、九江市区西，靠近鄱阳湖，处于非常敏感点位置，生态环境保护尤为重要。本着"金山银山，不如绿水青山"原则，九江石化倾力培育绿色低碳核心竞争优势，构建绿色低碳循环发展城市炼厂。

为了方便各级环保管理人员、岗位操作人员实时监控污染物排放情况，提高环保管理、环境监测管理水平。九江石化基于全厂二维地理信息模型，建立了环保地图（如图9-5所示），通过集成废水、废气、VOCs、异味、环境风险源、异常排污等环保基础信息及监测点的地理位置以及废水管线分布，实现监测信息的可视化展示，并建立云图等分布模型，提升环保管理的专业化、可视化、智能化。

（1）废水监测可视化管理　集成废水监测点的数据，采集废水中COD

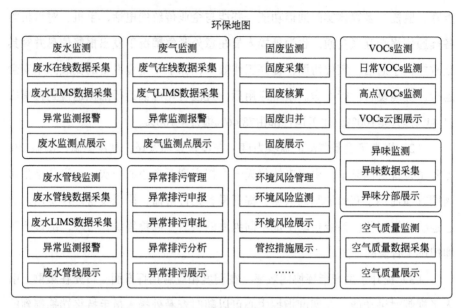

图 9-5　环保地图功能架构图

（化学需氧量）、氨氮、含油量、总碳、$BOD_5$（5日生化需氧量）、总磷、pH等数据，将监测点的地理位置和基础信息在地图上展示，对国控监测点及异常监测点进行报警提醒，提高企业人员对废水的监测管理能力。

（2）废气监测可视化监控　集成废（烟）气外排口及8套油气回收装置的废气监测信息，将监测点的地理位置和基础信息在地图上展示，对国控监测点及异常监测点进行报警提醒，提高企业人员对废气的监测管理能力。

（3）空气质量监测　空气质量监测站对空气质量进行监测，将监测数据推送至地图系统，对空气质量监测站的地理位置、基础信息、监测项目和监测值等信息在地图上展示。

（4）VOCs和异味监测　厂区内11个高点VOCs及异味在线监测监控点、厂界3座空气质量监测站网格化实时、全天候在线监测监控厂区和厂界大气中64种挥发性有机物、空气质量六参数、气象参数等，对日常VOCs和异味分布并以云图展示污染物的分布及浓度；展示高点VOCs的监测点基础信息及地理信息；对异常监测点进行预警报警、短信推送，实现对VOCs和异味的可视化管理。采用移动式VOCs监测仪，实时监测厂区及厂界VOCs浓度值，通过4G网络实时传输至无线VOCs监控平台并形成数据轨迹图，从而在环保地图上直观展示各个区域环境空气质量状况，实现了对厂区内外VOCs进行全过程监测；绿色代表达标，红色代表超标（厂界VOCs限值4mg/m$^3$）。

#### 9.1.6.2 应用效果

九江石化智能环保监控系统平台的投用取得了很大的成效，实现了环保管理数字化、可视化，助力了九江石化打造绿色工厂。

（1）实现了环保管理可视化预警　基于地理信息的"环保地图"监测系统，通过"一张图"可实现环境管理的可视化，直观展示在线监测点的实时和历史监测数据，直观展示日常监测点的监测数据；通过报表功能对日常及历史数据进行查询和统计；对厂区及周围5km范围内环境管理实现了可视化。

（2）实现环保管理风险信息的及时掌控　当有超标数据时，系统会自动发送超标数据短信给装置负责人、安全环保管理责任人以及环境监测设备维护责任人，督促生产单位调整工艺并加以处理。环保地图每日把关键环保数据自动生成短信，发给公司领导及各级环保管理人员，有助于公司领导及各级环保管理人员实时掌握公司环保情况。

（3）推动了企业绿色发展　实现环保管理由事后处理到事前控制，由经验式管理向精细化管控的有效转变，实现环保与生产运营自动化，将公司的环保与生产管理的集约化、精细化推上新台阶。以九江石化污水处理场总进口污染物为例，与2015年同比下降30%左右；截至2018年年底，未发生上游异常排污冲击污水处理场事件。

### 9.1.7 三维数字工厂

#### 9.1.7.1 解决方案

九江石化在智能工厂建设过程中，以打造石化行业"信息物理系统"为目标，借助加氢重整锅炉三大装置、800万吨/年油品质量升级改造工程及后续建设项目为契机,通过工程数据导入和逆向建模两种方式结合,完成了新建装置和老装置的三维可视化建模,并通过集成现场数据以及工业视频,形成了基于三维可视化技术的数字化工厂。在数字化工厂三维建模过程中,九江石化充分利用企业自身技术人员熟悉现场、熟悉生产的优势,通过大规模的自主装置和设备结构逆向建模,锻炼队伍并建立和完善了数字化建模规范、装置与设备模型数字化移交等一系列数字化模型标准规范,为信息物理空间底层数据的应用乃至基础设施全面的信息支撑环境建设奠定基础[8]。

九江石化基于数字化炼厂平台构建了三维数字工厂(如图9-6所示),实现了工艺管理、设备管理、HSE管理、操作培训、三维漫游、视频监控六大方面的深化应用。

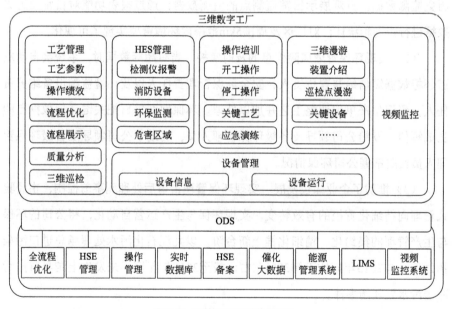

图 9-6　三维数字工厂功能架构图

三维数字工厂功能特点如下:

(1) 构建数字化装置　三维数字炼厂基本单元是数字化装置。九江石化数字化装置围绕着静态的工程建设期数据,将实体装置虚拟化。三维数字工厂以数字化装置为基础,把"实体空间"和"虚拟呈现"融合,使虚拟环境中的生产仿真与现实中的生产无缝融合，应用数字化模型、大数据分析、物联网等技术，集成工程设计、工艺、设备、安全、环保、质量、视频监控等各种静、动态泛在感知数据，在此基础上，对海量数据进行计算和优化，为规划、设计、施工、运营等部门提供准确数据支持的管理环境，提供一个直观、同步、精确、协同共享的全方位数据集成应用[9]。

（2）实现工艺数据可视化监控　集成生产实时数据与历史数据、操作管理数据、生产执行数据、能源诊断与优化数据等，在"虚拟呈现"环境中实时获取和监控装置工艺参数、工艺卡片执行和联锁投用情况、操作平稳率、产品质量和馏出口情况（LIMS）、工艺报警、综合操作等关键信息。

（3）实现设备可视化状态分析和资产管理　通过与设备管理系统、实时数据库等专业系统，以及与大机组在线监测、管道腐蚀监测、泵群监测等各类感知信息集成，可实现虚拟环境下设备技术参数等基础信息与设备运行实时数据、阈值报警等信息的同步联动反馈，实时全面掌握设备关键数据，并可通过对设备运行状态分析，达到实时评估装置目的，为检维修、技术改造、购置更新等提供指导，为设备全生命周期管理提供条件。

（4）实现HSE管理　包括视频监控、报警仪、施工作业管理、接处警、环保管理、应急指挥等，通过广泛HSE观察，实现HSE全员、全过程管理，确保每项作业受控；各类报警、视频监控与接处警系统实现集中管理、实时联动，对异常情况及时处置、闭环管理。

（5）实现沉浸式培训演练　虚拟现实技术提供的可视化模拟环境，可减少培训演练成本，提高培训演练的真实性和有效性。

### 9.1.7.2　应用效果

九江石化率先在行业内建成了与"实体空间"一致的三维数字工厂，实现了企业级全场景覆盖、海量数据实时交互、三维动态实时渲染的信息物理空间[10]，达到了实时全方位展示工厂各装置生产运行情况，为规划、设计、施工、运营等部门提供准确、全面数据支持的业务管理环境。

（1）实时监控数据，指导优化生产　数字化炼厂通过实体信息与经营管理和生产流程数据的有机结合,实现了跨各类管理专业集成,生产、运营、质量、安全、环保业务管理一体化[11]。九江石化在数字化炼厂平台上集成了80余套各类装置及辅助系统三维模型,通过大量"热点"关联,在工艺管理方面全方位展示工厂各装置生产运行情况,监控实时工艺数据和质量分析数据,掌握生产工艺工况及产品质量情况,帮助管理人员实现监控、指导、优化生产的目的。

(2)模拟装置操作,提升训练水平  通过与开停工控制点、关键工序位置等集成,配合以音频、视频和交互动画,为员工培训提供了一个全"沉浸式"操作演练环境。同时,利用虚拟工厂的灵活优势,提供了一个全方位的数据集成应用,将原来的专业管理信息获取方式由分散入口变为单一入口操作,为日常操作模拟、生产经营管理宏观决策提供有力支持。

(3)获取环保数据,支撑HSE管理  通过与环保地图系统、实时数据库系统的集成,可实现现场气体检测仪、废水烟气排放点实时数据及阈值报警;与地理信息图、工业电视探头实时画面、有毒有害和可燃气报警仪实时探测数据系统联动,实时展示苯、硫化氢、氨、可燃气、氢气以及工业废水和烟气等的监测数据和异常报警数据。

(4)集成设备数据,促进设备全生命周期管理  在数字化炼厂平台上集成九江石化全部80余套生产装置及辅助系统,包含900余台主要设备、1100余个质量分析数据、479个在线测厚(腐蚀)测点、360余个大机组测点、290余个高温油泵测点数据、1600余套检测仪等实时数据,以及420余个实时视频监控画面等在内的实时泛在感知数据在设备管理及操作等方面实现了一系列深化应用,促进了针对设备的全生命周期管理。

### 9.1.8 装置结焦及预测预警大数据分析

#### 9.1.8.1 解决方案

催化裂化装置是炼油厂的关键装置,也是炼油企业提升经济效益的关键所在。但由于催化裂化装置生产工艺的复杂性,沉降器结焦已成为影响装置长周期安全运行的一个重大隐患,因结焦导致的非计划停工给炼油企业带来巨大的经济损失,引起了业界的高度重视。针对这个问题,使用传统工艺技术分析手段进行分析研究,获得了一定的成果,但无法定量地对结焦等问题发生的原因进行跟踪,更谈不上预警与预防,只能被动地事后分析。因此,需要借助大数据技术探索如何预测装置结焦趋势。

2014～2015年,九江石化基于云技术,在建立催化裂化装置大数据平台(如图9-7所示)的基础上,开发结焦模型,实现催化裂化结焦在线量化计算等[12,13]。自应用本系统后,催化装置在高负荷前提下保持安全平稳运行,在装置大检修前未发生非计划停工。

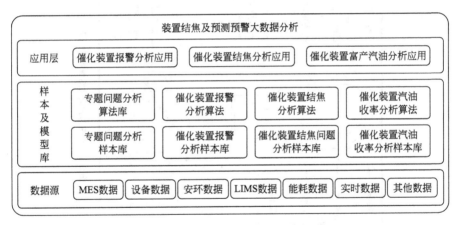

图 9-7　装置结焦及预测预警大数据分析功能架构图

(1)沉降器结焦预测及原因分析　评估结焦风险,展示累计结焦量预测及结焦量趋势如图9-8所示。当每日结焦量发生快速增长时,提供异常原因;展示沉降器内部各部位的结焦强度和结焦量,并提供沉降器内部的流场分布,含温度场、速度场、涡强度场、油气浓度场;结合结焦量计算模型的最主要参数及各自的贡献度,提供结焦量计算模拟器。

(2)异常工况报警预警[14,15]　系统可以离线计算报警的因果链路图,并储存在知识库中以备查询,当链路图上的位点出现异常工况或较大波动时,异

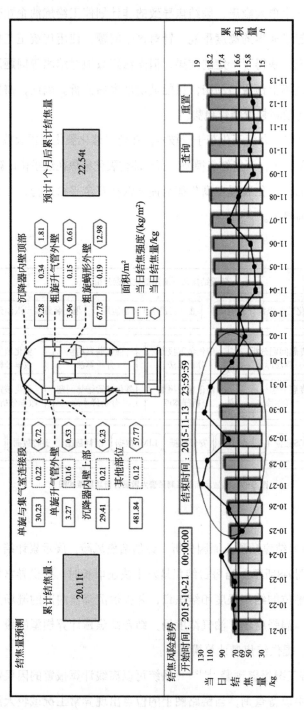

图 9-8 结焦量预测及结焦量趋势图

常工况预警系统便会提示之后的位点也将出现异常，方便操作员及时处理，同时异常工况预警系统会根据链路图给出当前异常工况出现的原因，以供操作员迅速判断工况。

（3）汽油收率优化　收集整理原料、催化剂、进料、操作变量等海量历史数据，涉及催化裂化全流程，利用粗糙集算法结合工艺分析得到24个独立变量，然后利用独立变量搭建神经网络模型进行目的产物（汽油）收率的预测并提出优化方案寻找逼近最佳收率的最优路径、最短路径。

#### 9.1.8.2　应用效果

（1）首次对催化结焦程度进行定量表征，降低装置结焦程度　在九江石化两套催化裂化装置的结焦量工业验证表明，系统做出的结焦量预测较为准确，系统预测和实际称量质量两相比较偏差分别小于20%和10%。技术员根据提示结合实际生产需要进行了操作调节和优化，降低装置结焦程度。

（2）实现报警根原因判断，消除报警有据可依　根据催化装置报警分析算法可追踪呈现参数报警的原因链路，帮助工艺员和操作员在报警发生时可以有依据地分析报警原因，并及时处理消除报警。例如：通过大数据分析，再生器二密相下部温度高报预警后，工艺人员通过对相关性比较大的几个点位参数（根据概率大小依次包括预提升蒸汽流量、外取热器上部温度、外取热器下滑阀开度和外循环管滑阀开度等参数）的趋势分析，操作员判断出了由于外取热器下滑阀开度减小，流化风流量减少，导致再生器二密相温度升高发生高报预警，进而采取措施，维持正常工况。

（3）实现关键报警点的预警，为操作人员提供及时和超前的操作指导　通过关键报警点的预警，工艺人员针对烧焦罐下部温度及沉降器汽提段等9个参数进行了预警，累计预警26次。例如：2015年8月26日上午6点25分，系统对烧焦罐下部温度作出了高报预警，并提示外取热器流化风流量下调幅度过大，取热量减少，将导致烧焦罐下部温度高报，6点27分烧焦罐下部温度开始超过高报限，经查确属预警提示原因。

## 9.2 行业"标杆"炼化工厂——镇海炼化

### 9.2.1 基本情况

中国石化镇海炼化分公司（以下简称镇海炼化）是中国石化旗下最大的炼化企业，拥有2300万吨/年原油加工能力和100万吨/年乙烯生产能力，与200万吨/年芳烃生产能力、4500万吨/年的码头吞吐能力、390万立方米的罐储能力。国际著名的所罗门咨询公司绩效评估报告显示，镇海炼化炼油竞争力自20世纪90年代以来一直稳居亚太地区炼厂第一群组，100万吨/年乙烯装置绩效位列全球第一群组。

镇海炼化积极响应国家智能制造的号召，探索智能工厂建设，推进"两化"深度融合，促进生产模式转型升级，提升了企业竞争优势，取得较好的经济效益和社会效益。镇海炼化2015～2018年连续四年利润超百亿元，创国内炼化企业效益新纪录，标志着镇海炼化由国内领先迈向国际先进水平，引领国内炼化行业智能制造。2016年6月，成为国家智能工厂试点示范项目；2017年8月，两化融合管理体系成为国家试点示范项目；2018年8月，成为国家制造业与互联网合发展信息物理系统试点示范项目。

### 9.2.2 转型历程与效果

随着世界各国正积极应用信息技术、智能技术推动企业快速提升竞争力，例如美国的"先进制造业国家战略计划"、德国的"工业4.0"战略，都把智能化列入国家战略层面加以研究部署。相比国际先进企业，镇海炼化的差距主要有：一是生产经营智能化程度不高。在经营决策方面，没有及时、充分的数据支撑全面、动态的绩效监控和分析；在生产优化方面，多装置的区域联合优化尚未普及，导致能源、资源的整体利用率不高。二是大规模设备管理的效能和水平不高。在规模化、大型化的背景下，数量庞大的设备群所产生的海量数据无法有效保存、应用，设备的健康管理和可靠性管理无法实施，设备的总体保障水平不高。因此，利用信息技术、建设智能工厂是镇海炼化迅速提升企业竞争力的迫切需要。

镇海炼化秉承把信息化建设作为提升传统产业翅膀的理念，坚持以信息化带动工业化，以工业化促进信息化，持续提升企业竞争力和经济效益。镇海炼化在信息化、智能化探索方面主要经历如下[16]。

2012年以前，镇海炼化实施了DCS和APC，建立了完善的信息化架构，建成了三大信息管理平台，以ERP系统为核心的经营决策管理平台、以MES（生产执行系统）为核心的生产运行管理平台、信息化基础设施运行维护管理平台。

2012年开始，镇海炼化以率先打造世界一流为目标，按照最佳业务实践，以提升核心生产价值链增值能力为重点，运用移动互联网、大数据、云计算、物联网等新技术，按照工业化和信息化深度融合制定了智能工厂建设方案，并确立了智能工厂建设策略和演进路线。镇海炼化立足长远发展规划，通过体制机制优化和业务流程再造，并不断采用新技术等变革，采取总体规划、分步实施，建设智能工厂（如图9-9所示）。第一步，重点开展基础性工作，建成智能工厂应用框架；第二步，推广拓展，实现重点业务领域智能化；第三步，建成具有更加优异的感知、预测、协同和分析优化能力，以及高度自动化、数字化、可视化、模型化和集成化的智能工厂。

通过智能工厂建设，镇海炼化有效打破了企业内部的管理围墙和效益围墙，提高了资源优化配置水平和使用效率，使企业的技术经济指标逐步向国际先进企业看齐。

（1）提升企业生产优化能力　通过计划优化、模拟优化、实时优化和先进控制，变传统炼油的"馏分管理"为"分子管理"，"吃干榨尽"每一滴原油，年增效约1.67亿元。

（2）提升企业稳定运行能力　通过工程项目管理、数字化交付、三维数字工厂、智能管线、设备可靠性及健康管理，实现了"全生命周期管理"。工程项目管理和数字化交付将宝贵的无形数据沉淀在三维数字工厂，关键设备状态监控覆盖100%，紧急抢修事件减少30%。

（3）提升企业绩效管控能力　镇海炼化通过三基管理、督办管理和绩效管理，实现了"全业务领域覆盖"，建立制度执行、任务落实和价值创造过程的全面管控体系，每日平均发起业务546条，最长流程流转时间1.29天，最短流转

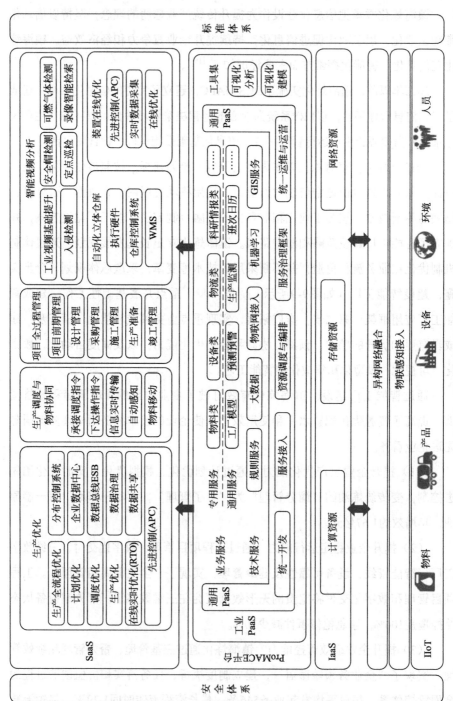

图9-9 镇海炼化智能工厂总体架构

时间0.04天，显著提升了企业生产经营效率，使企业保持了行业领先的竞争优势和发展活力。

### 9.2.3 生产全流程优化

随着加工能力不断提高、面对产品质量不断升级的要求，镇海炼化面临的成本及效益压力日益增大；同时原油品种繁多，更换频繁，装置类型多，生产流程复杂，产品品种丰富，产品结构复杂，随着市场行情的变化，不同的加工路线所产生的效益也随之变化，需要从中找出效益最大化的生产格局和产品结构，因此全流程优化意义就非常重要。为解决上述问题，镇海炼化通过信息化、智能化手段将生产计划、调度、操作等全过程模型化，把生产过程形成的经验和知识固化成生产加工方案资源库，打造生产全流程优化能力，向智能工厂转变，形成新的生产模式，实现绿色低碳发展。

#### 9.2.3.1 解决方案

过去的炼厂优化工作，主要是集中在单装置的操作优化，依托技术人员的经验预测优化结果，同时由于装置的局限性，很难判断优化方案对公司整体效益的影响。因此，建设全流程计划优化系统（如图9-10所示），一体化统筹生产优化，功能包括库存预测、计划编制、计划平衡、计划跟踪、计划执行、综合分析、报表工具、基础模型、工厂模型等模块，实现计划-平衡-反馈的效果。

（1）统一模型　建立炼厂模型，实现年季、月旬、日计划的在线编制并对计划的数据进行标准化存储，计划优化、调度指挥、生产操作等生产业务均在线闭环管理，打破纵向与横向的部门界限，实现从岗位离散优化向协同在线优化的转变。效益指标从计划层、调度层、操作层逐层分解优化，操作指标从调度指令、操作任务逐层转变为DCS、APC的控制参数，在单装置优化的基础上进行全流程优化，探索"桌面模拟加工路线与单装置优化（模型参数）—月度计划排产—周计划、日计划—在线实时优化（RTO）—单装置先进控制"，最终达到降低操作成本、提高炼厂经济效益的目的。

（2）统一数据　建立与其他系统的关联关系，实现方便的数据传递与查询

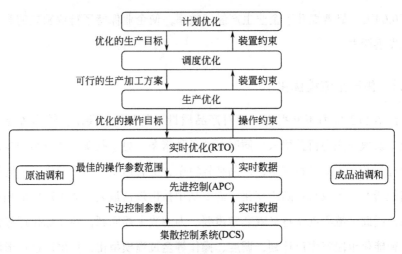

图9-10 生产全流程优化系统示意图

功能,实现计划的跟踪及完成情况预测;采用基于ODS和企业服务总线(ESB)实现数据抽取转换的集成基础架构,实现与其他系统的数据采集和集成,从各应用系统获取相关数据并标准化存储在ODS中,并通过数据总线ESB技术与各系统进行数据共享。对于现有的物料管理、生产管理、计划优化、调度优化、质量管理等系统应用,将升级其接口,采用ESB数据抽取转换的信息总线技术进行集成,实现计划数据的"源头输入、全局共享",达成数据共享。

### 9.2.3.2 应用效果

镇海炼化立足大格局抓大优化,打开大思路挣大效益。通过全流程优化,每日一碰头,每周一优化,每旬一协调,每月一分析,最大限度发挥每一个分子的价值。

(1)提高整体经济效益 镇海炼化以"分子管理"为指引,以"整体效益最大化"为原则,通过智能化手段按不同的分子结构来精确定位物料流向,优化加工流程,提升了每个分子的价值和利用效率。镇海炼化通过在线集成,建立了涵盖33套化工装置、61套炼油装置的计划调度一体化模型,包含90个子模型、110多种原油及16种精细化加工方案、21项全流程优化方案和116项单装置优化方案。

（2）提高高附加值产品收率，降低能耗　综合市场价格因素，对全厂物料加工流程进行离线优化，快速计算出高附加值产品收率和相应的最优加工流程控制参数，各装置选择相应加工流程和最佳控制参数，实现全流程生产方案和效益最佳。利用炼油全流程模型测算各类优化方案56项，其中"减渣多产沥青、油浆进焦化""芳烃调和汽油""提高重整进料初馏点增产芳烃""两套加氢裂化装置负荷优化"等方案效益显著，年增效超过3600万元。

（3）提高装置运行平稳率，降低操作负荷　在生产装置全面实现DCS控制的基础上，镇海炼化通过实施先进控制（APC）和装置在线实时优化（RTO），实现生产装置的最优化运行。镇海炼化已有15套装置实施了APC，实现了装置运行实时监测和在线智能先进控制，保障装置的最佳运行状态。第一，常先控的投用实现了装置自动提降量的技术要求，原油切换期间装置平稳率提高了2.75%，对炉分支进料温度和氧含量优化调整后，有效地提高了装置能量利用率，装置能耗降低了4.97%；第二，PP装置实现牌号自动切换后，提高了产品质量控制平稳率，缩短牌号切换过渡时间约1.5h，减少了过渡料产量，可将负荷提高5%以上，装置能耗下降5.34%。

## 9.2.4　生产调度与物料操作协同

传统模式总调靠电话下达指令，各运行部完成作业后也得用电话反馈执行情况，经常出现上报不及时、不准确的问题。电话指令没有纸面记录，追溯问题只能一个个查电话录音，效率很低。由于历史原因，镇海炼化缺少统一的生产管理信息平台，部分装置还存在线下手工填报数据的情况，调度在指挥生产时，要对上下级装置、罐区储运、码头、公用工程、各辅助装置等的关联关系进行手工记录，可视化程度低，不利于决策指挥。

### 9.2.4.1　解决方案

基于SMES3.X（石化盈科生产执行系统）向上承接调度指令，对调度指令进行拆解，向下管控现场操作，实现内、外操指令及执行信息的在线实时传输、自动感知，实现生产管理基础环节的整体协同，如图9-11所示。

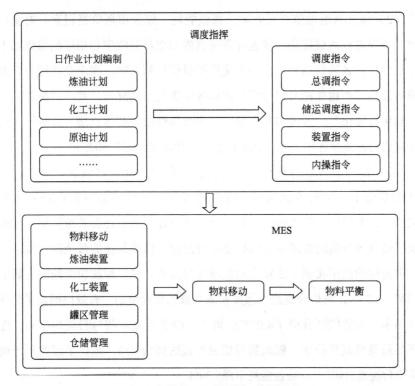

图 9-11 生产调度与物料操作协同功能架构图

（1）建立了一体化调度指令体系　为提高现场作业指令的计划性、规范性和准确性，确保现场执行的可跟踪、可追溯，镇海炼化从建立健全流程的调度指令全覆盖角度出发，形成了指令自上而下、数据流自下而上的指令提醒。搭建日作业计划编制、调度结构化指令、工艺操作指令、调度监控指令、图形跟踪指令、执行操作建议指导等功能，管控从计划、调度向下延伸至控制层，形成指令统计和图形跟踪功能，以指令流和物料流对指令执行过程和生产实际进行跟踪。调度借助调度指挥系统将指令管理业务进行结构化拆解，将调度指令工作从原来的手工编写作业计划、值班调度根据经验理解进行人为分解、电话下发变为在线结构化编制—分解—下发—反馈的业务模式。

（2）建立了可视化调度监控体系　借助系统的调度在线监控工具，通过实时掌握罐情况、短期预测等动态，将调度日作业计划编制工作从原来的"例会讨论、一次成稿",变为"实时监控实时下发"。罐监控图形化功能对罐的监控主要关注罐的运行状态和库存变化趋势,实现罐监控与指令信息、物料移动信息的整合,展示罐区当前指令及后续安排,为生产过程监控提供手段,同时根据罐区指令信息,图形化展示物料流动信息,更加直观方便掌握生产动态,对监控指标项进行标准判断,对超出标准值进行报警提示,从而指导生产安排。同时建立长输线油头预测等生产预测功能,提前了解和掌握生产过程信息,为指令处理和生产过程监控提供有效的助手。

(3) 创建了指令与物料移动自动关联的管控一体化新模式 通过对 SMES3.X 物料移动模块进一步提升改造,实现与调度指令业务衔接,支持调度指令生成油品移动业务。通过对物料移动模块进行调度指令改造,实现罐收付、罐检尺等物料移动业务调用,通过调度指令为岗位操作人员提供明确的物流来去向关系,再由岗位操作人员根据实际情况反馈执行时间和执行确认情况,从而实现调度指令与物流信息的业务闭环。

#### 9.2.4.2 应用效果

通过建设满足镇海炼化生产处调度、港储、储运调度、储运内操、装置内操的调度指挥系统,实现了调度指令的闭环管理,保证了指令执行与反馈的及时性和一致性,使指令执行更加规范,增强指令闭环的强制性。

(1) 提高了企业生产过程的精细化管理和业务协同水平 调度指令与 MES 的业务协同,使公司各级管理者能够更加及时、全面、直观地获得生产运营信息,生产指挥信息共享,协调决策,增强了生产过程的透明性及快速反应能力;通过及时、准确、快速查询各种应急指挥方面的基础数据和统计资料等功能,为管理者决策提供了科学依据。可视化的图形化指令,实现从下发到内操执行的全过程监控,同时利用指令与物料移动的结合,对执行量值和装置、罐区的运行情况同步监控,实现指令自上而下、量值自下而上的全过程可视化管理,并实现对物料移动量的源头输入管控。通过建立指令监管、执行一体化闭环管理体系,基于现场设备运行监控情况,实时、准确地反馈指令执行情况,全面感知生产运行实时状态信息,掌握进出厂、罐区、装置等的运行情况，对未来短周期生产情况进行预测，及时安排未来生产作业计划，工作整体安排更科学、合理、有序，满足精细化管理和多专业协同需要。高质量的生产指挥和决策，有利于提高装置平稳生产水平，减少人为因素引起的装置扰动。同时，业务模型和操作建议的不断积累沉淀，有利于新手快速顶岗进行业务操作，在企业大建设大发展阶段人力资源紧张的当下，减少了因人员岗位调动新人业务不熟练引起的生产不稳现象。

（2）实现了业务自动化，提高了工作效率　调度指令与MES的无缝集成，节省了调度人员生产指挥过程中大量的人工数据收集工作，成为用户高效高质开展工作的有效工具。在常减压装置油头切换预测提醒方面，原油进厂是生产全过程的起点，镇海炼化共有三套常减压装置，常减压油头切换会直接影响下游装置的平稳运行。系统上线前，油头切换作业全靠线下信息沟通，码头调度通过电话报油头，值班调度进行记录和线下计算，因调度事务繁杂，忘记或未及时提醒相关人员装置切换油头的信息，导致下游装置无法有效调整工况，造成生产波动，此问题每年都会发生。系统上线后，日计划编制人员在编制长输线计划时，系统就自动算出切油头的预估时间，值班调度进行二次复核后，系统在切油头30min前开始循环提醒，相关人员根据提醒信息及时采取应对措施，装置油头切换的平稳性得到了极大改善。通过自动抽取实时物料移动关系和量值，并利用固化的业务逻辑计算等功能，实现了"每个用户都是专家"的效果，确保生产质量的有效受控，提高产品质量管理水平。

（3）规范业务管理，为下游数据挖掘奠定基础　通过调度指令与MES的集成，实现了全公司规则统一、模型统一、数出一源的生产过程管理系统，业务管控实现了标准化与规范化，公司物料管理真正成为一本账，系统上线后成为镇海炼化智能工厂建设过程中生产域的核心基础系统，为计划编制、计量、质量等诸多业务管理提供了更精准有效的数据，为下游业务挖掘数据应用奠定了基础。

### 9.2.5　工程建设全生命周期管理

镇海炼化每年要实施各种类型工程项目400个以上，业务管理复杂，多个业务流程涉及跨部门协同办公，工程建设管理日常工作任务日益繁多，工程资料数据量巨大。按照中石化对工程建设管理信息系统试点的要求，公司以工程建设"五大控制"为管理核心，以工程全方位、全过程、全生命周期数字化建设为主线，以强化现场施工管理为重点，高起点规划和建设工程管理信息系统。

#### 9.2.5.1 解决方案

镇海炼化试点建设工程管理信息系统（如图9-12所示），贯穿工程建设全部阶段的作业过程管理，包括项目前期管理、设计管理、采购管理、施工管理、生产准备、竣工管理等，实现项目全过程作业的精细化管理、高效协同及信息无缝流转。

**图 9-12 工程建设全生命周期管理功能架构图**

（1）以"五大控制"为核心，实现项目全过程数字化管理 在总部项目管理手册的指导下，结合三项制度、内控管理等项目管理要求，将投资、进度、合同、质量、安全管理五大控制以及设计、采购、施工等过程执行通过系统进行管控，实现工程项目管理的全过程数字化管理，全面提升工程项目建设管理水平，使工程项目管理标准化、可衡量、可控制、可持续优化提升。

（2）聚焦现场，加强新技术应用 利用GPS定位、虚拟门禁，实现施工现场关键岗位人员、作业人员的考勤管理。通过二维码扫描了解承包商人员信息、安全教育记录、参与的项目等信息，获取机具基本信息以及报验信息，保证进场人、机具全部处于受控状态。借助移动应用对现场各类安全、质量检查发现的问题进行整改、验证，保证问题及时闭环处理。

（3）多角度集成，强化数据互联共享　注重系统中模块之间的联动，如实现项目中交与实物资产转资、合同框架协议与合同付款等的管控，让数据促进业务流转。充分发挥企业数据仓库作用，实现本系统与ERP、合同管理、门禁等系统之间的集成，信息共享，避免信息孤岛。

#### 9.2.5.2　应用效果

镇海炼化以《中国石化工程建设三五五七管理体系》（以下简称"3557"）和《中国石化项目管理手册（标准模板）》为依据，以企业"三项制度"为基础，以标准化为手段；作为系统内首家试点工程建设管理信息系统，实现工程项目从立项、采购、施工、验收的项目建设全过程管控，填补了工程建设领域信息化的空白。创建了满足工程管理、干系人协同的工作平台；以项目管理"五大控制"为核心，实现了工程项目的全过程管控。2014年6月，投用了质量管理模块，2015年10月全部功能模块投用。系统采用移动终端加强施工管理，二维码扫描工机具的安全检验情况，实现质量、安全问题的整改现场在线闭环，为加强现场施工安全提供有力保障，探索了施工全生命信息的可视化管理，开创了三维数字化交付。

（1）建立了统一的工程管理业务高度协同平台　按照中国石化"3557"路线图和项目管理手册要求进行建设，打通了从立项、实施到验收的业务流，实现了对800多个工程项目的全过程管理；打通了从项目设计、施工、监理、业主之间的信息流，实现了170多家单位的信息互通与协同，业务平均处理时间由原来的5～7天提高到1～2天，实现"让人少跑、让数据多跑"。

（2）提升现场质量安全管理力度和智能化水平　通过二维码、人员定位、虚拟门禁等技术应用实现五个长输管线项目上的人员考勤、2.5万名承包商人员和1万多条工机具的动态管理，保证进场人机具全部处于受控状态。借助移动终端对现场各类安全、质量检查发现的问题进行整改、验证，问题整改关闭率达到98%，使问题从结果性管理变为过程管理。

（3）探索智能炼化工程管理新模式　结合老区结构调整、油品质量升级等工程建设项目，在管道施工专业管理、三维数字化交付等方面进行了有益的探索。通过对管道施工从设计到安装、试压、验收整个过程的数据采集、存储、分析，及时掌握管道施工的进度和质量，提高管道施工管理水平；通过POX（煤制氢装置）、渣油加氢装置数字化交付，实现装置实体信息的集合，整合了工厂建设期数据，涵盖工程设计资料和设备资料，强有力地支撑工程建设数字化，为物理工厂与数字化工厂同步交付提供基础。

### 9.2.6　自动化立体仓库

随着人力成本的逐年增长，镇海炼化化工产品平库库容和出库能力无法满足日益增产的需求。为此，镇海炼化建成投用国内石化企业首座大型立体式聚烯烃产品仓库，面积达1.03万平方米，总库容量为2.5万吨，彻底解决公司目前聚烯烃仓库存在的库容不足等问题，提高仓库现代化管理、智能化操作水平。

#### 9.2.6.1　解决方案

聚烯烃自动化立体仓库仓储及运输系统分为执行硬件（输送线、货架、堆垛机、穿梭车等）、仓库控制、仓库管理三层，如图9-13所示。

（1）执行硬件　主要组成有：存储、输送和搬运三类。仓储区的高层货架提供存储功能；输送类设备由链条机、辊筒机、顶升移载机、提升机、旋转台和拆/码盘机组成；搬运类设备包含有轨巷道式堆垛机和有轨穿梭车。

（2）仓库控制　主要组成有：PLC、电机驱动装置、检测元件等。主要功能是根据WMS（仓储管理系统）的指令，实现仓库设备控制逻辑计算和动作执行。仓库控制系统在监控室配有工作站，在现场配置操作面板和终端，当WMS因故障无法运行时，也可借由WCS（仓库控制系统）完成操作。

（3）仓库管理　主要组成有：入库管理、出库管理、盘库管理、倒库管理、货位管理、库存管理、查询统计、运行监控等。可以对仓储物流进行动态的管理与调度；对物流线上的设备进行实时管理与监测；对物流仓储系统的运

图 9-13 自动化立体仓库

行状况进行评估。相关辅助系统包含：ERP、IC卡提货、物流、叫号等，通过这些辅助系统，实现业务数据的自动获取、提货业务预约登记、装车作业自动排队叫号等功能。

#### 9.2.6.2 应用效果

以立体库为中心，以物料、产品为纽带，从总体规划建设智慧物流，率先实现了无人操作、全自动控制的大型立体化仓库在化工产品存储上的应用。

（1）实现了石化企业大宗化工产品现代化、智能化管理　结合物联网、红外线及机器人技术，建成国内石化行业首个超大型全封闭、全自动、无人操作聚丙烯立体仓库，实现了固体产品包装、仓库作业的自动化管理、无人装车发货，作业效率、盘库效率大幅提升，包装破损率大幅下降，库存管理人员较传统盘库下降达66%，实现智能化管理化工产品。按平面仓库目前运作模式需要配备32辆铲车和70名搬运、装卸工；按立体库运作，日常8小时工作制，每日出库3500托货物，出、入库不需要铲车搬运，每班只需2名或3名操作人员即可，装车区域仅需16辆左右铲车及3名劳务用工人员，可大大降低劳动强度。

（2）打造了产供销协同的智慧物流 建立了镇海炼化的物流管理信息系统，实现资源、信息共享以及对数据、信息的详细分析，提供多方位、多纬度的图表，为成本控制与物流优化决策奠定基础；进一步优化资源流向与物流方案，降低物流成本，提高运输效率。进出厂物流管理取消聚烯烃实物IC卡，采用"预约+安全教育+二维码"新模式，全年减少开卡工作量833h。提货车辆在进厂前的候车时间已缩短至1h内，订单平均处理时间（即订单下达后到客户收到货的时间）由原来3天缩短至2天以内，提升效率50%以上。采用二维码提货替代原有的纸质提单模式，自动集成销售公司与我公司的订单信息，用户（承运商）根据提货车辆情况，自主拆分订单数量，有效提升沥青、硫黄、石油焦等炼油统销产品的车辆管理和计划管理。

（3）实现了供应链一体化协同 立体库、危化品监控、聚烯烃在线预约提货、原油数据与船期管理、水运和铁路出厂管理，提高了客户装载率并缩短了用户的现场等候时间。危化品监控采用GPS获取危化品车辆实时运行轨迹，实现发货、在途、到货全程在线跟踪，并与宁波安监危化品运输系统数据集成共享。对危化品车辆、司机等资质进行线上审查，利用移动设备实现装车过程检查并实时掌握车辆位置动态信息；借助数据集成平台，利用功能强大的统计报表和图形工具，为供应链管理提供辅助决策支持；降低了装车用工量，还大幅缩短了承运商提货车辆等候时间，由原来1天缩短至1h内，车辆周转率提高，客户物流综合成本费用降低15%；同时物流不安全行为的数量比传统提货模式下降20%。

## 9.2.7 乙烯装置在线实时优化

镇海炼化100万吨/年乙烯裂解装置规模大、流程复杂，其生产过程涉及许多多变量优化的单元操作，单纯地由技术员根据设计参数和经验确定操作值，无法达到最优化的操作效果。而在线优化系统把最优化技术应用于过程控制，在不对装置进行改扩建的前提下，仅通过优化调整装置生产参数，使装置始终处于最优化的运行状态，从而实现装置整体效益的最大化。

#### 9.2.7.1 解决方案

装置在线实时优化（RTO）技术的宗旨是针对外界环境变化，在线优化装置操作，达到生产经济效益最大化。其中，外界环境包括：产品价格、燃料价格、原油品质及环境温度等。在线优化系统在同一平台上集成了三种运行模式：模拟、数据整定和优化，其主要功能包括模型模拟、数据整定、经济优化、标准数据接口和实时执行系统，如图9-14所示。

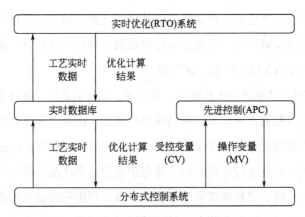

图 9-14　乙烯装置在线实时优化示意图

（1）APC系统功能　APC控制器主要关注将过程维持在稳定的设定点，产品质量维持在要求范围内，实现产品质量指标的"卡边"操作。

（2）装置在线优化与APC的系统集成　工厂数据由DCS传递到实时数据库，再导入在线优化平台进行数据整定、误差仪表诊断、优化目标生成，并将优化目标的设定点下载到APC平台。先进控制平台由模型预测控制器和线性规划优化器构成，它通过实时地与DCS双向数据通信，根据在线优化的优化目标，通过DCS对装置实施闭环操作。

#### 9.2.7.2 应用效果

镇海炼化100万吨/年乙烯裂解装置，总共设置了17642个仪表数据点、8000余个控制点，负责整个装置生产运行的仅有7名岗位人员。

（1）乙烯装置效益显著提升　该项目实现了实时优化技术在乙烯装置全流程上的实时在线闭环应用，数据的采集、模型的计算、优化结果的输出和优化结果的执行，均由计算机自动完成，真正实现对乙烯装置自动、持续的优化。根据考核标定结果，乙烯装置在线优化后，各反应炉出料高附加值组分收率平均提高了0.73%，一期项目吨乙烯效益增加26.34元，装置年效益增加值为3091万元；二期项目吨乙烯效益增加11.14元，装置年效益增加值达1307万元。

（2）碳二、碳三加氢反应器选择性提高　碳二、碳三加氢反应器是乙烯装置中的重要设备，对乙烯、丙烯生产的数量和质量具有举足轻重的作用，其控制效果直接影响乙烯、丙烯收率的提高和后续工序的操作稳定。优化后碳二反应器平均选择性由52.70%增加到了59.51%，增加了6.81%；碳三反应器平均选择性由70.57%增加到了78.32%，增加了7.75%。

（3）乙烯装置智能管理水平提升　乙烯裂解在线实时优化项目实现了生产以经济效益最大化为目标的自动控制模式，向智能工厂迈进一大步，通过目标方程自动实现装置效益最大化，以先进控制的方式自动执行，从而实现乙烯装置的智能化操作。它的"what-if"模拟分析可假定各种变化因素并对其进行分析，给生产计划和调度提供最优的决策；它的在线优化功能将决策信息快速用于生产干预，实现企业快速响应市场；它实现了根据实时数据库进行有关数据的持续调校，不断更新模型中的数据，使模型数据与生产同步运行；它与生产调度和生产计划优化相辅相成，在生产操作管理和控制过程中强力配合，使优化效果达到最佳。实现了管理目标与生产技术指标的综合控制，极大提高了生产管理水平。

### 9.2.8　智能视频分析

镇海炼化原视频监控管理平台，集成了包括装置视频、治安视频、环保视频、厂际视频、边检视频、临时视频在内的共计3000路视频监控点，具备实时预览、录像回放、云台控制等基本功能。但如何进一步利用厂区内及周边已经覆盖的视频监控点和视频录像数据，进行深入的数据挖掘及智能分析，为管理层级提供更多可应用的数据，是目前镇海炼化未来信息化、智能化建设的重要方向。基于此，提出了在已有视频监控管理平台基础上，结合生产业务需求，进行智能深化应用试点建设，逐步实现统一监控、事前预警、联动响应的建设需求。

#### 9.2.8.1 解决方案

利用先进的视频监控手段，在运行部已有高清视频监控基础上，结合生产业务需求，采用人工智能深度学习、数据挖掘等前沿技术，抽象出系统的数据模型，将完整地描述视频智能应用系统中所涉及的数据实体及实体之间的各类关联关系，实施可燃气报警联动、安全帽佩戴检测、智能定点巡检、区域异常预警、录像智能检索视频智能应用，加强对各种场合、特殊设备以及人员的直观管理，及时、有效地反映重要地点区域的现场情况，增强安全保障措施，如图9-15所示。

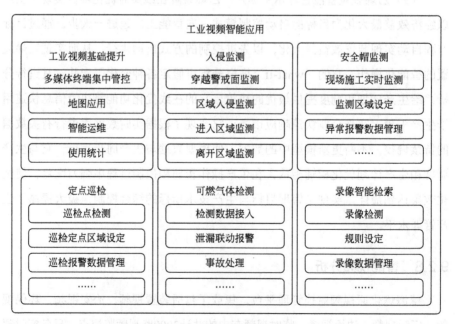

图9-15　智能视频分析功能架构图

#### 9.2.8.2 应用效果

智能分析技术对多种行为进行视频分析,识别不同的运动物体,实现全天候工作,大大减轻人员的工作强度,发现监控画面中的异常情况,并能够以截图、录像、邮件短信、弹屏等多种组合方式进行处理。

(1)巡检管理　利用现有的数字监控头,结合后端视频分析服务器,在视频上设置区域进入定时巡检的规则,对进入画面的夜间巡检人员进行查证、记录,同时输出告警信息至区域主管人员,实现事中报警,统计夜间巡检人员的巡检次数,增加岗检的可视化查询。2019年8月5日,工艺员检查外操前一天夜班巡检是否按规定路线按时巡检。通过定点巡检视频,快速锁定外操出现在视频中的时间,检查时间从之前的0.5~1h,缩短至5min,提升了工作效率。

(2)异常泄漏可燃气体报警联动　对可燃气体浓度进行监测,一旦发生异常超过报警阈值,即会触发客户端弹窗并发出声音报警,值班或操作人员收到信息后进行复核、确认,以便及时作出准确判断和处理事故,提高内操、值班人员遇可燃气异常的预警响应速度。2019年6月13日,炼油一部重整区域开展可燃气泄漏应急演练,视频监控平台接收到DCS报警信息,快速定位到泄露区域,中控室人员在视频监控室就能指挥应急处置,提高了应急响应的效率。

(3)违章施工安全帽佩戴检测[17]　为保证进入炼油一部生产装置人员安全,对进出人员进行佩戴安全帽情况有效智能检测,进而实现报警和联动控制,对装置现场未佩戴安全帽的行为进行告警和记录。利用智能高清视频摄像头,对生产装置及施工现场进出人员作业状态实施监测。投用以来未发生一起作业人员未佩戴安全帽的情况,安全帽佩戴率达到100%。

### 9.3 创新型沿海炼厂——茂名石化

#### 9.3.1 基本情况

中国石化茂名分公司(以下简称茂名石化)位于广东省茂名市,始建于1955年,是中国石化下属特大型炼化一体化企业、国家"一五"期间156项重点项目之一。公司原油一次加工能力超过2000万吨/年，乙烯生产能力为110万吨/年，同时拥有动力、港口、铁路运输、原油和成品油输送管道以及30万吨级单点系泊海上原油接卸系统等较完善的配套系统，是国内最完善的燃料-润滑油-化工型企业。近年来，公司效益持续在国内炼化一体化企业中名列前茅，已连续九年成为广东省纳税大户。

茂名石化提出以"打造中国石化炼化企业排头兵，率先把茂名石化建设成为世界一流大型炼化一体化企业和石油化工产业基地"作为总体战略目标，以智能工厂建设为支撑，努力建设资源节约、环境友好、管理卓越、技术一流、团队精干、和谐稳定、世界领先的大型炼化一体化企业。2016年获"全国五一劳动奖状"和中国石化"两化"深度融合创新示范企业称号，被命名为中国石化首批创新型企业；2017年入选工信部智能制造试点示范企业；2018年成为中国石化首批绿色企业，连续13年获得全国"安康杯"竞赛优胜单位称号。

### 9.3.2 转型历程与效果

2013年以来，石油化工行业面临着巨大的市场环境变化，市场竞争日趋激烈、原油价格急剧波动、安全环境日益严格等诸多因素以及公司地域广、又处于沿海饱受暴雨台风天气影响等因素，给茂名石化生产经营、安全环保、企业管理等带来了前所未有的挑战。为打造可持续的竞争优势，茂名石化认真贯彻党中央战略，按照中国石化战略部署，全力推动"两化"深度融合，积极探索智能工厂建设路径，围绕生产经营决策科学化、管理智能化、监控实时化，全面打造"支撑世界一流炼化一体化企业的信息化平台"。

茂名石化智能工厂建设研究工作起步于2012年，作为中国石化智能工厂试点建设企业之一，公司对此高度重视，组织成立了智能工厂建设领导小组，公司总经理亲自担任组长，按照总体规划、分步实施的建设策略，加快推进生产管控、供应链管理、HSE管理、设备管理、能源管理、辅助决策6个业务域和2个IT技术平台的智能化建设。

2015年3月，茂名石化制定了智能工厂试点建设方案，包括供应链管理、生产管控、能源管理、HSE管理、设备管理、辅助决策、技术平台、基础设施八个业务域，包含计划生产协同优化、调度指挥、生产绩效、操作报警、HSE管理及风险管控、三维数字化、集中集成、云资源节点、工控网安全提升等14个项目。2016年，初步建成涵盖了生产管控、供应链管理、能源管理及HSE管理等核心业务域应用的智能工厂框架。2017年9月启动智能工厂提升项目建设，开展设备管理业务域智能化建设，完善提升供应链管理、生产管控、HSE管理、技术平台、基础设施业务域应用，建成"双流模式"数字化调度会、日绩效和日优化、智能物资管理、原油加工优化、设备健康管理、设备可靠性管理等业务应用，进一步提升了智能工厂的应用范围和应用效果。

通过智能工厂建设，茂名石化已初步建成以生产管控智能化、供应链管理智能化、HSE管理智能化及设备管理智能化为主的智能工厂应用框架，以集中集成、三维数字化、移动应用为主的智能工厂技术平台（如图9-16所示），为公司打造创新型一流炼化一体化沿海炼厂提供了有效的支撑。

（1）提高了生产管控智能化水平　新一代生产指挥中心包括调度指挥系统提升、生产异常管理+一站式多场景综合应急服务调度指挥平台等，极大增强了生产调度的"指挥、信息、优化、监督、协调"5个中心的核心枢纽作用，支持多个地域7个生产板块和5个辅助中心的集约化、一体化和穿透式管理。

（2）提升了生产运营优化能力　实现了炼化一体化资源监控，支撑了宜烯则烯、宜芳则芳的资源优化配置，生产调度效率用时从2.5h缩短为5min，生产过程实现了物流、信息流、现金流的量化跟踪，为生产操作从任务型向价值型转变、调度管理从粗放型向绩效型转变提供了支持。

（3）支撑了本质安全、环保管理　通过建设安全管理、"三级一体"的应急指挥体系、环保点位实时监测、设备的智能化全生命周期管理等，实现了生产过程自动化管理，对设备设施、安全隐患做到系统实时自检、提前通知，最大程度保证生产活动的有序和稳定运行，提高生产效率。

（4）提高了企业核心竞争能力　通过建设云平台、运营数据仓库、企业服务总线、三维数字化平台和工业分析平台，实现资源、数据和服务共享。公司数字化自动化水平持续提升，主要装置先进控制覆盖率达到90%以上，工厂自控投用率达到95%以上。与2012年比，公司运营成本降低4.34%，劳动生产率提

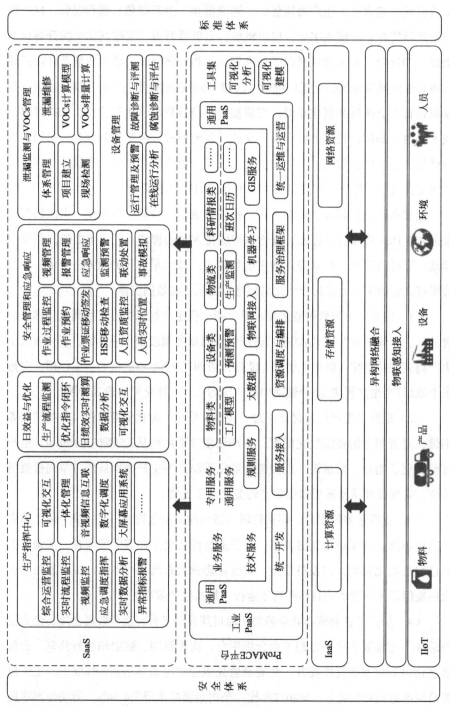

图 9-16 茂名石化智能工厂总体架构

高181.82%，万元产值能耗降低9.97%。

### 9.3.3 新一代生产指挥中心

以集中控制、信息集成为代表的智能生产指挥中心已成为炼化企业生产指挥的重要发展趋势。茂名石化作为国家特大型石油化工联合企业，业务面广，生产管控复杂，生产调度指挥集中管理能力需要进一步加强。将多业务、多系统的数据信息在大屏幕上进行集成显示，对全厂生产全过程的统一监控和调度指挥，有助于加强业务协同、全局视野优化、KPI监控和应急处理，使生产决策更加科学、准确和高效，提高了生产指挥能力。同时，建设数字化调度系统，综合集成生产全过程、全方位信息，实现各专业的高效协同，提高生产运行的平稳性。

#### 9.3.3.1 解决方案

新一代生产指挥中心（如图9-17所示）集成日常生产数据监控分析和异常指标告警，建立综合运营监控、实时流程监控、视频监控、应急监控、参观接待等模块，形成生产异常管理、一站式多场景综合应急服务调度指挥平台，为企业生产调度平台化整合奠定了基础。实现公司总调、保卫调度、消防调度、电力调度的合署办公及生产管理、应急管理状态实时化、可视化交互操控，能

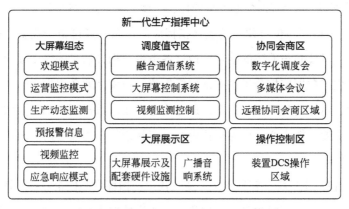

图9-17 新一代生产指挥中心功能架构图

够与应急指挥中心、应急指挥车、数字化调度会议室、生产管控中心实现音视频通信和数据的互联互通。

(1) 数据集中集成　结合智能工厂调度指挥系统建设内容和数据基础，对调度室应用场景进行屏幕组态顶层设计，对生产数据进行音频、视频同步展示，通过可穿透图形多维度实时对生产数据监控分析和异常指标监控报警。便于调度人员及时了解生产情况，为生产调整提供有力支撑。

(2) 系统互联互通　指挥中心通过建设一套大屏幕拼接屏作为主交互界面，将视频、音频、业务数据等信息在拼接屏，PC、平板电脑等多种终端上实现可视化调度与交互。为生产管理、调度、安全监控、应急指挥等系统提供互联、互通、互动的整合方案；整合多系统、多设备的业务集中平台，并提供标准化、流程化的操作、控制与协同，提升用户业务决策的及时性和准确性，满足异地多级联动应急指挥的需求，为领导决策、应急指挥、生产调度等提供可视化支撑。

#### 9.3.3.2　应用效果

新一代生产指挥中心和调度指挥提升系统，提升了生产调度的"指挥、信息、优化、监督、协调"5个中心的核心枢纽作用，为企业生产调度平台化整合奠定了基础。通过建立公司+分部层面的数字化调度会场，增强了各层级和各专业对生产运营动态的及时掌控能力和集约化管理能力，实现了对分散在茂名、湛江等7个板块、5个辅助中心的集约化、一体化和穿透式管理。

(1) 打造"三位一体"的生产指挥应急体系　通过新一代生产指挥中心建设，实现了技防与消防的整合；通过各类生产相关信息的集中展示、实时监控、日常生产数据监控分析和异常指标告警，为调度业务提供了一个立体、直观、集中、迅捷的生产指挥平台；通过信息互通、数据同步和系统联动，形成了以生产调度指挥中心、应急指挥中心、应急指挥车为核心的"三位一体"生产指挥应急体系。

(2) 提高生产指挥管理水平　新一代生产指挥中心使企业各级管理者能够更加及时、全面地获得生产运营信息，对生产情况进行深入分析，有助于提高精细化管理水平;实现了生产指挥信息共享、协调决策,增加了决策的透明性和对变化的快速反应能力;通过事件监测与预警,增强了对突发事件的防控能力,提高应急处置效率。

(3)变革传统早调会管理模式 以"问题为导向"的数字化调度平台建立了超过1500个监控指标池,直观展示生产运营状况、报警溯源,结合视频会议,打造双流数字化调度会,改变传统早调会模式,将主会场和10个分会场的数据、音视频同步展示,克服了公司管理区域非常分散的劣势,每年约有1.7万人次参加视频会议,极大提高了沟通效率,降低了会议成本。

### 9.3.4 生产执行日优化效益

生产管理部门对每日下达到各装置的优化指令的接收和执行情况缺乏有效的跟踪,出现问题时无法及时监控,而对执行结果也无法及时、有效地进行分析呈现。导致无法为每日生产计划的制定提供数据支撑;为快速实现日粒度的日优化流程化管理以及日绩效管理,提升"优化—跟踪—绩效"核心流程的精细化管理水平,在茂名石化进行了日优化系统实施建设。

#### 9.3.4.1 解决方案

日优化与效益管理系统(如图9-18所示)采用信息化手段提取生产运营的关键数据,经过数据分析以及模型化处理,并以智能化和图形化的技术展示,实现了生产运行流程的实时监控、优化指令的闭环管理和日绩效的实时测算以及对比分析,达到以绩效为驱动提高装置运行管理水平的目标,主要业务功能模块包括日优化管理模块和日绩效管理模块。

(1)日优化管理 通过日优化管理功能,可实现每日生产优化指令的下发、接收、跟踪、评价的管理闭环,结合手机短信等通信手段,实现生产优化指令的实时追踪、记录,以及执行结果的及时反馈和分析。梳理了日优化指令相关的专业指标,量化到装置,与MES、LIMS等各个专业系统进行数据集成,实现了重点指标的实时监控。

(2)日绩效管理 实现不同层级(公司、分部、车间、装置)的效益模

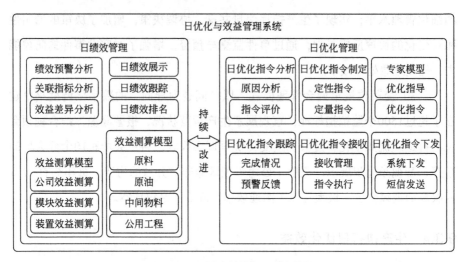

图 9-18　日优化与效益管理系统架构图

拟和指标测算，完成绩效预警分析，发现装置生产瓶颈支持生产经营效益最大化。实现公司、分部、车间和装置各层级日绩效的展示、跟踪和分析；实现同类装置、不同原料的绩效相关因素的对比分析。

#### 9.3.4.2　应用效果

通过集成MES（物料管理）、LIMS等系统数据，建立从装置到公司的价格模型、效益测算模型、装置物料模型、滚动平衡优化等模型，实现了炼化一体化生产数据实时监控；生产调度执行效率用时从2.5h缩短为5min。企业生产过程实现了物流、信息流、现金流的量化跟踪，为生产操作从任务型向价值型转变、调度管理从粗放型向绩效型转变提供了支持，企业的日优化工作有了量化的基础。

（1）聚焦效益导向，推动生产营运向价值型转变　生产优化人员对于价格数据的获取时间由原先的几小时缩短为几分钟。生产人员通过日优化系统及时获取产品市场价格翻转的重要信息，抓住价格调整带来的市场机遇，立刻对产品结构进行调整。通过监测产品价格、把握市场机会、不断优化产品结构，日优化系统从提供实时价格信息到建立全厂价格体系，为茂名石化效益的增长提供有效的支持。

（2）提高系统集成和数据共享，实现效益差异关联分析　集成了MES数据，加强了企业对装置生产事件（牌号切换以及加工方案等）的管控能力。集成了ERP系统数据，构建了包括原油、原料、产成品、互供料、中间半成品、公共工程介质等在内的实时价格体系。提高系统集成和数据共享，通过绩效分析模型，及时监控企业效益变化情况，为企业进行原料结构调整、装置结构调整提供指导方向与调整依据，可从效益角度快速定位装置存在问题，并可每日对装置效益进行关联分析。

## 9.3.5　施工作业过程管控

茂名石化现场作业施工时，需要签发相关作业许可证，之前安全员是在作业现场开纸质作业许可证，有时会存在一些责任心不强、安全意识淡薄的安全员不在现场，在办公室直接开作业许可证等情况，开票过程不易监管，易造成安全隐患。只能依靠现场监管的巡检人员进行巡视检查，一旦监护人员监护的作业现场发生有毒有害及可燃气体泄漏，监护人员只能凭借经验或者根本无法第一时间获知，可能会对作业现场人员、作业现场装置，造成严重的经济财产损失及人身伤亡。

### 9.3.5.1　解决方案

施工作业管控主要包括作业预约、作业票证移动签发、HSE移动检查、作业人员资质监控、RFID管理、人员监控、视频管理和报警管理等功能，实现线上安全全流程闭环管理，作业流程化管控，提升安全管理信息系统，打造施工管控新模式，如图9-19所示。

（1）动态实时监测　通过VR仿真培训、人员定位及移动视频监控、HSE移动检查、人员位置监控、作业过程人员监控分析等功能，实现施工现场统一实时监测、有效监测数据及时同步、提高检查问题提报效率，利用信息化手段，让生产人员对现场有毒有害气体、可燃气体超标后自动报警并展示在地图上，管理人员对这些数据进行预警、定位、展示并提醒通知现场作业人员和监

图 9-19　施工作业管控功能架构图

护人员等,对施工作业现场的监测实现闭环管理。

（2）建立规则模型　建立火灾监测、有毒有害气体泄漏、可燃气体泄漏检测预警规则模型,实现预警报警信息的实时获取、展示及分析。以事故地点为中心,实现现场视频、消防车辆定位信息、救援人员定位信息、现场气体浓度监测、气象信息、现场处置动态等信息的高度汇集,为应急指挥提供决策的依据。

#### 9.3.5.2　应用效果

茂名石化施工作业过程监控系统自应用以来,在技术、效益以及管理方面都取得了一定的成效。通过工业传感器、工业无线网、智能终端建立了现场作业票管理"定时、定位、定票、定人"四定管理新模式,有效保障了现场施工安全。

（1）推动了企业安全管理创新　检修管理平台中的ERP项目工单信息推送到安全管理信息系统,实现作业项目提前预报;系统配置15种移动作业票,实现移动作业现场签发;集成LIMS中的质量检验报告,实现移动作业采样分析自动集成;利用移动终端,变革作业票管理模式和流程,实现作业票管理定时、定位、定票和定人的"四定"。

（2）增强企业监管力度,减少经济损失和人员伤亡　一是对于生产类异常、管理类异常,通过信息共享、数据处理实现异常报警;二是对于风险管控、隐患排查治理、领导安全行为等工作,系统自动进行安全公示;三是通过对风险、隐患、作业安全等进行分析,及时反映风险管理、隐患治理的进展,发现存在的问题,促进安全管理水平的提升。

（3）形成"三级一体"的应急指挥体系　通过建立应急响应系统，与中国石化总部调度指挥中心和现场，形成了总部、企业、现场"三级一体"的应急指挥体系，消除信息孤岛，全面提升应急救援能力。采取人工和智能相结合的方式，实现应急指令准确下达、实时接收反馈信息，对应急处置过程进行实时监控与跟踪，实现事故指挥高效联动、信息互联互通、全局调拨、资源共享。

### 9.3.6　泄漏检测与VOCs管控

石化行业是VOCs排放的重要行业之一，在石化等重点行业实施VOCs综合整治，同时在石化行业开展"泄漏检测与修复（LDAR）"技术改造。茂名石化采用构件和接口设计技术，充分利用已有的成果，保证泄漏检测与VOCs管控系统（如图9-20所示）的实用性、稳定性和可靠性。

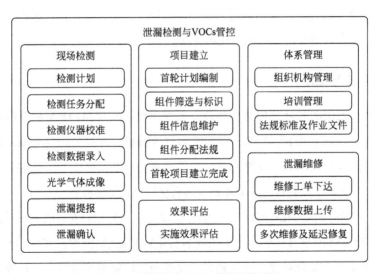

图9-20　泄漏检测与VOCs管控功能架构图

#### 9.3.6.1　解决方案

泄漏检测与VOCs管控实现了培训管理、法规标准及作业文件、项目建立、现场检测、泄漏提报等核心业务，通过其在茂名石化系统的应用建设，实现对密封点进行科学、常规、动态、有序、数字化和网络化闭环管理，有效降低无组织VOCs排放量，并为政府监管部门的动态监管和企业对泄漏情况的及时发现与修复提供信息化支撑。

（1）文档线下转线上管理　通过信息化手段，实现法规标准及作业文件、培训计划等线上发布、修改、跟踪、更新版本，确保企业管理体系文档的完整性，方便后续相关检查机构查看。

（2）现场检测　通过编制及发布检测计划、检测任务分配、检测数据录入等系统功能，完成VOCs现场检测业务管理；通过检测仪器校准保证数据准确性，通过光学气体成像仪实现险于检测点和难于检测点的检测任务。

（3）漏点实时提报　利用技术手段，对生产装置工艺及仪表（P&ID）图、设备图纸、管道施工图纸、工艺技术规程组件筛选与标识进行匹配，发现泄漏点进行泄漏点提报、泄漏点确认、维修工单、维修结果反馈等业务活动，实现泄漏检测业务流程管理。对于一些异常情况，如多次维修及延迟修复等异常业务，要在系统登记原因说明现场情况。

### 9.3.6.2　应用效果

LDAR工作的开展及信息化建设，实现了茂名石化LDAR全局性的宏观管理。支持公司对各分部LDAR工作的实时有效监控、评价分析与考核，可根据LDAR的排放量情况制定控制措施，统筹考虑LDAR减排计划；实现企业内部LDAR管理业务过程监管，全面提升茂名石化LDAR管理水平。

（1）规范企业的LDAR泄漏检测与修复工作　自LDAR系统上线以来，茂名石化VOCs管控平台从根本上解决茂名石化VOCs大量问题，实现VOCs总部-炼化企业上下一体化管理。企业通过系统更新及时掌握排放清单及计算公式，及时调整采取管理应对措施，加强VOCs的管理；极大地提升VOCs统计的工作效率，自动核算VOCs排放量并生成地方政府要求填报的各种申报表，降低VOCs排放量核算的工作强度，为企业实施VOCs减排、达标排放、制定科学治理决策提供依据。

（2）树立社会责任的企业形象　茂名石化通过推广实施VOCs管控平台，

可大幅减少VOCs的排放，降低大气光化学反应和雾霾生成。茂名石化面临的"城市炼厂"的压力与日俱增，存在炼厂周边居民异味投诉等问题。通过开展VOCs防控，减少泄漏造成的损失和环境污染和恶臭、异味，能够缓解居民投诉的"企地矛盾"，促进企地社区关系和谐发展，同时，还能及时发现隐患，减少安全事故和环境事故，保障作业人员的人身安全和身体健康。

（3）VOCs综合减排效果显著，提升经济效益　茂名石化通过系统应用建设，有效支撑了对隐患点位实时监测并预警，根据现场实际条件，依法合规地对泄漏超标点开展整改修复工作，VOCs综合减排效果显著，最大限度消除安全环保隐患，减少加工物料挥发损失，并改善一线员工工作环境，更重要的是数据资产得到了最大程度的共享，减少了信息化建设的投资。

### 9.3.7　设备健康管理

茂名石化经过多年的信息化系统建设，先后建立了设备健康管理系统、旋转设备在线状态监测系统、腐蚀监测系统、实时数据库等系统，支撑业务的正常运行。但仍存在如下难题，设备监测数据孤立、信息不共享、数据重复录入、数据滞后等，无法建立科学的诊断模型进行系统诊断和预判，只能凭借技术人员经验，对故障点进行综合分析。通过建立评估模型、设备故障机理分析诊断模型、利用大数据工具等有效手段，对设备运行、分析、诊断、维修各环节进行闭环管理，实现设备的智能分析诊断及业务协同，同时建立知识经验的沉淀机制，保障生产设备的长周期稳定运行。

#### 9.3.7.1　解决方案

设备健康管理（如图9-21所示）是通过感知并充分使用状态监测信息，融合维修、使用和环境信息，结合规范的设备管理方法和业务流程，对维修活动进行科学规划和合理优化，对影响设备健康状态和剩余寿命的技术、管理和人为因素进行全过程控制的活动。设备健康管理聚焦设备运行维护阶段，加强设备运行、分析、诊断、维修的闭环管理，实现设备智能化管理的"三示"（显示参数、展示性能、揭示规律），从而达到"三控"（事前风险可控、事中状

图 9-21 设备健康管理功能架构图

态受控、事后绩效管控），提升设备可靠度，保证装置长周期运行。

（1）运行管理与预警　运行管理与预警功能以设备对象为核心，实现相关信息在统一的工作平台上展示、查询和分析。设备状态出现异常时能够自动向相关单位或个人推送报警信息，进行跟踪处理。

（2）在线运行分析　利用健康管理系统内置的规则，进行设备参数分析、振动分析、效率分析、健康指数分析，提供设备运行参数趋势分析、概率统计分析、异常工况统计分析（含阈值超限、超时长、频繁波动、参数突变等情况）、图谱分析等手段辅助设备管理人员进行设备状态分析，形成分析报告。另外，充分运用大数据分析技术，分析影响参数发生变化的相关因素，找出关键影响参数，对设备管理人员人工经验形成有效补充。

（3）故障诊断与预测　建立有状态监测的旋转机械故障诊断模型与知识库，采用基于案例的推理（CBR）与基于规则的推理（RBR）串行方式对旋转机械进行智能诊断和综合评估，自动辨识故障征兆、自动发出故障报警，采用数据挖掘技术，结合报警信息、设备数据、生产工艺参数等数据，快速定位装置中设备存在的问题并预测其发展趋势，预测设备故障及剩余寿命，为预知维修提供决策支撑。

（4）腐蚀诊断与评估　以腐蚀回路为对象，全面展示腐蚀相关信息（运行温度、压力、流量、腐蚀速率、腐蚀剩余寿命等），可根据展示信息，寻找关联性；针对腐蚀相关信息产生报警，列出产生报警的原因及可能产生的影响。设置定时任务，定期对腐蚀回路进行腐蚀状况评估，列出存在问题，提出解决措施及调整建议。

#### 9.3.7.2 应用效果

通过设备健康管理建设，茂名石化强化了设备运行状态感知、监测和管理，提升了设备健康运行水平，使各级设备管理部门实时准确地了解当前的设备运行状态，提升设备异常状态预警和处置能力。

（1）提升设备管理人员响应能力　通过信息化手段，实现了设备异常监测、报警、及时通知管理人员排查原因。2019年1月，1号加氢裂化循环氢压缩机C101运行状态（轴瓦温度和振动）都处于异常状态；通过系统自动推送信息，管理人员通过控制转速在8100～8500r/min，加强润滑管理，加强密封油管理等措施，确保了机组运行状态不恶化。

（2）降低事故发生概率，避免非计划停车　设备利用大数据分析，提前了3h实现机组风险预警，避免了活塞和汽缸等机组重要部件损坏，同时也有效避免了机组故障引发装置非计划停工。

（3）积累企业专家经验，形成专业知识库承载　茂名石化根据现场机组类型已搭建标准化诊断模型12个，建立故障类型69个，建立故障征兆算法167个，建立征兆提取规则291个，建立处理建议111条，建立故障解决方案共69个，涉及诊断规则1280条；整理系统转换后可用于故障诊断的案例包括压缩机、烟机、汽轮机、风机、泵、电机六大类设备共70个。同时不断将诊断报告转换成案例，持续完善案例库，对企业专家经验积累形成良好机制。

## 参考文献

[1] 工信部. 智能制造发展规划（2016—2020年）[R]. 工信部，2016.
[2] 覃伟中. 积极推进智能制造是传统石化企业提质增效转型升级的有效途径 [J]. 当代石油石化，2016，（24）：1.
[3] 覃伟中. 推进流程工业智能制造培育传统企业发展新动能 [C]. 沈阳：部分省（市）智能制造座谈会，2017.
[4] 覃伟中. 九江石化智能工厂实践与探索 [C]. 北京：中国石油炼制科技大会，2017.

[5] 姚建初,刘伯龙,李卫国. 流程工业管控一体化系统的研究与开发[J]. 自动化博览, 2000: 58.

[6] 张刘军,张朝俊,蒋白桦. 炼油企业级PIMS模型在中国石化的典型应用[J]. 中国信息界, 2010: 17.

[7] 姚建初,周济,刘伯龙等. 炼油生产调度专家系统的应用研究[J]. 计算机工程与应用, 2000: 174.

[8] 赵宸,刘恒心,王荆龙,等. 利用三维数字化平台进行设备拆解模拟的方法和系统[P]. CN107909651A. 2018-04-13.

[9] 赵宸,刘恒心,王荆龙,等. 基于三维数字化平台的数字化工厂的漫游浏览方法及系统[P]. CN108255932A. 2018-07-06.

[10] 赵宸,刘恒心,王荆龙,等. 一种三维数字化平台按钮环形弹出方法及系统[P]. CN107886578A,2018-04-06.

[11] 赵宸,刘恒心,王荆龙,等. 一种三维数字化平台中工厂大门开关展示方法和系统[P]. 北京:CN108022290A,2018-05-11.

[12] 李鹏,郑晓军,明梁,等. 大数据技术在催化裂化装置运行分析中的应用[J]. 化工进展, 2016, (35): 665.

[13] 蒋白桦,宫向阳,索寒生,等. "大数据技术在生产异常分析方面的研究," 第27届中国过程控制会议(CPCC2016),中国自动化学会过程控制专业委员会,中国甘肃兰州, 2016.

[14] 戴一阳,赵劲松,陈丙珍. 化工过程混合故障诊断系统的应用研究[J]. 化工学报, 2010, 61(2): 342-346.

[15] Yiyang Dai, Jinsong Zhao. Fault Diagnosis of Batch Chemical Processes Using a Dynamic Time Warping-based Artificial Immune System[J]. Industrial & Engineering Chemistry Research, 2011, 50(8): 4534-4544.

[16] 熊晓洋. 大型流程型企业智能工厂建设探索[J]. 当代石油石化, 2016, 24(7):9-12.

[17] Hao Wu, Jinsong Zhao. An intelligent vision-based approach for helmet identification for work safety[J]. Computers in Industry, 2018, 100:267-277.

# 10 煤化工及其他工厂数字化智能化转型案例

工信部《智能制造发展规划（2016—2020年）》中提出到2020年，研制60种以上智能制造关键技术装备，达到国际同类产品水平，国内市场满足率超过50%；石化、化工等重点领域，开展数字化车间、智能工厂的集成创新与应用示范；到2020年，数字化车间、智能工厂普及率达到20%以上。2015～2018年，工信部推出一系列石化和煤化工的智能制造试点示范企业，截至2018年共有25家企业入选，其中煤化工企业包括中煤陕西榆林能源化工有限公司和内蒙古中煤蒙大新能源化工有限公司。

2018年，中国纺织工业联合会公布"纺织行业智能制造试点示范企业名单"，共有23家纺织企业进入名单。其中，4家化纤企业凭借各自的智能制造项目入选，分别是新凤鸣集团、义乌华鼎锦纶、浙江恒逸高新材料、江苏恒科新材料。

上述煤化工和化纤智能制造试点示范企业积极将先进制造技术、信息技术和管理技术与成套装备、工艺流程深度融合，加快了数字化、网络化、智能化进程，带动了产业升级、转型发展。本章选择中煤陕西榆林能源化工有限公司、新凤鸣集团作为典型的案例就煤化工及化纤工厂数字化和智能化转型进行了重点介绍。

## 10.1 现代煤化工企业——中煤陕西公司

### 10.1.1 基本情况

中煤陕西榆林能源化工有限公司（以下简称中煤陕西公司）是中国中煤能源股份有限公司的全资子公司，是中煤集团在陕西的重要投资窗口，也是中煤集团"两商"战略定位和"六位一体"区域协调发展新格局的重要支撑企业。2009年6月8日，中煤集团与陕西省政府签署战略合作框架协议；2010年4月，中煤陕西公司在榆林市注册成立，现注册资金93.77亿元、总资产251.49亿元，主要负责中煤集团在陕西省煤炭、煤化工、电力、铁路等项目的投资筹建和生产经营工作。

公司主要建设项目有：化工分公司360万吨/年煤制甲醇、135万吨/年聚烯烃（分两期建设，其中一期项目规模为180万吨/年甲醇、60万吨/年烯烃），化工配套资源年产1500万吨大海则煤矿及选煤厂项目，与延安市车村煤矿均股合作建设500万吨/年禾草沟煤矿及选煤厂，化工、煤矿配套的煤机维修项目，参股建设靖神铁路、王圪堵水库等。其中，禾草沟煤矿和化工分公司一期项目分别于2013年、2014年建成投产。

公司先后荣获"中国石化行业质量标杆企业""中国煤炭工业协会煤炭工业两化深度融合示范项目""水利部黄河流域大型项目水保治理先进单位""全国企业管理创新成果一等奖""全国能源企业信息化卓越成就奖"等多项荣誉，智能工厂建设项目被工信部评为全国智能制造试点示范项目。

### 10.1.2 转型历程与效果

#### 10.1.2.1 建设历程

2012年9月，化工一期进入建设期后，中煤陕西公司启动信息化建设总体规划工作，提出"整体规划、创新驱动、顶层设计、分步实施"的建设策略和"夯实基础、深化应用、管理创新"三步走的建设路线，以云计算、物联网、移动互联、大数据、3D等新一代信息技术为支撑，以"打造两化深度融合、本质安全、生产高效、节能环保、管理卓越和可持续发展的智能工厂"为目标。

中煤陕西公司智能工厂的建设分为三个阶段：第一阶段数据中心、网络、DCS、电信等基础设施已于2014年建设完成；第二阶段是生产优化阶段，围绕MES建设，实现对化工生产及主要经营业务的管理，该阶段已于2015年建设完成；第三阶段，即2015年以后，为智能决策阶段，以打通全业务链、实现生产全流程优化和经营的智能化管理为目标。

#### 10.1.2.2 建设内容

中煤陕西公司智能工厂是以供应链管理为主线，以生产管理为核心，综合应用现代传感技术、网络技术、虚拟化技术、大数据技术等先进的信息化技术，与现有生产工艺、设备运行、管理理念等高度集成，实现物流、资金流、信息流和业务流四流集成的新型工厂（如图10-1所示），从而实现本质安全、生产高效、节能环保、管理卓越和可持续发展的目标，具体包括先进可靠的自动化控制、绿色节能IT基础设施、精准安全生产管控、规范高效经营管理以及智能便携决策支持五个方面。

（1）先进可靠的自动化控制　实现生产控制自动化、智能化，实现生产数据、现场环境等数据的实时采集和上传，应用物联网、远程诊断、移动应用等先进技术，实现生产过程自动化、智能化控制，实现现场环境与信息系统的无缝对接，建立智能工厂的感知层和控制层。

（2）绿色节能IT基础设施　采用云计算等先进技术，搭建公司服务器和桌面云平台，形成智能化、集中化、虚拟化、可扩展的技术体系，搭建网络及安全平台，为各类应用系统提供安全、稳定、可靠的工作环境。

（3）精准安全生产管控　实现化工生产过程对物料、能源、质量、设备、安健环以及工艺的全业务管控，满足日常生产管理与现场执行的全部业务需要，为生产管理的精细化、可视化、实时化、智能化提供有力信息保证。

（4）规范高效经营管理　实现财务、计划、采购、销售、人力等全资源的有效管控，实现生产操作与企业经营管理的数据共享与融合，提升公司经营管理信息化、智能化水平。

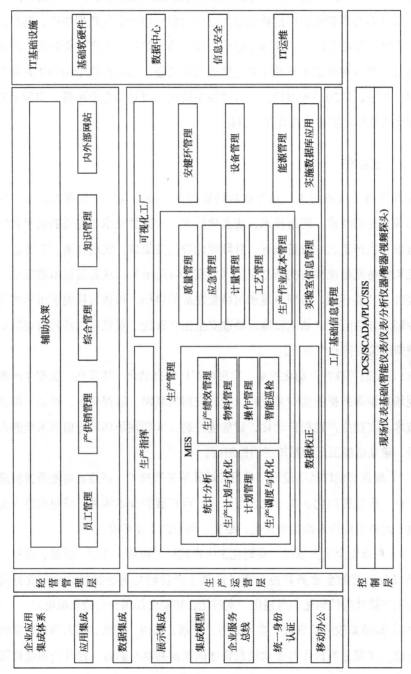

图 10-1 中煤陕西公司智能工厂建设总体架构

（5）智能便携决策支持　实现对公司各类生产、经营、财务等主题数据进行有效整合，实现对信息的深度挖掘和综合利用，帮助公司领导层随时随地监控生产经营管理活动，及时发现生产经营风险、隐患问题，追溯问题并解决问题，提升企业风险防控能力和盈利能力，实现决策的移动化和智能化。

#### 10.1.2.3　建设效果

通过探索智能工厂与企业管理模式的创新，使得信息化覆盖中煤陕西公司生产经营的主要环节，在减员增效、设备高效运转等方面发挥了重要的作用。相比国内煤制烯烃示范项目，人员编制减少500人以上，每年节约用工成本1亿元以上，化工生产实现了"安稳长满优"运行，打破了国内同类型、同技术生产装置连续、稳定、高负荷运行的记录，生产负荷比设计值高10%，建设效果具体体现在以下四个方面。

（1）实现了创新驱动提升企业核心竞争力，经济效益良好　2015年生产聚烯烃产品68.3万吨，完成年度任务60万吨的113.8%，在聚乙烯、聚丙烯售价比预算分别下降16.46%、26.52%的情况下，实现主营业务收入55.01亿元、利润12.26亿元，完成年度预算利润10.04亿元的122.1%。投入生产运营当年就创造了国内同等规模、同类装置的最高运行纪录，在聚烯烃价格急剧下跌的艰难情况下，不仅超额完成了全年产品产量和利润指标，而且生产经营成果领先于其他国内同等规模煤制烯烃企业。

2016年1～4月份，生产聚烯烃23.62万吨（其中：聚乙烯12.18万吨，聚丙烯11.44万吨），比预算进度增产0.96万吨，完成年度预算的36.35%，同比增加0.78万吨；销售聚烯烃24.47万吨，实现销售收入17.18亿元，利润总额3.95亿元，较预算进度增加0.38亿元，完成年度预算的36.87%。

（2）实现了业务协同和生产优化，提高了能源利用率　相比较同类企业，公司的生产智能化平台在业务协同、生产优化、系统集成、系统使用效率、操作便捷性等方面有很大的改进，全面提升了生产管理精细化、可视化、实时化、智能化水平，为生产调度指挥、工艺优化、能耗优化、产品质量控制和设备平稳运行做出了极大的贡献。

化工分公司建成了生产自动化装备与自动控制系统，自控投用率、生产工艺数据自动数采率均达到95%以上，达到国内领先水平。通过能源管理和全过程用能优化的节能新技术的应用，公司煤制烯烃单位产品综合能耗低于国内同行业能效水平21.93%，公司能源利用率由35%提高到38%，能源转化率提高3%。

（3）提升了企业生产管理的自动化和智能化水平，降低了企业运营成本　通过原煤管控系统，最大限度地减少煤炭在运输、称重、化验等环节的人为干预，每年将降低潜在损失200万元。通过操作管理系统将生产状态控制在最佳的范围内，产品质量、物耗及能耗都处于较好水平，仅用电成本每年可降低约350万元。大机组监测系统上线以来，成功避免了两次因机组故障造成的停车事故，避免了直接经济损失近100万元、间接损失上千万元。

公司煤化工用工人数为870人，相比于国内同类项目，用工数量精简了500多人，每年降低人员成本1亿元，主要装置负荷长期稳定在107%，人均生产效率提高近40%。预期在二期项目投产后，产品产量翻番，人均生产效率能够再提高20%。

（4）实现了产品质量可追溯、质量事故可认定，提高了产品质量　通过对原料、半成品、产品的质量信息进行跟踪，并与MES中的实物量、批次等信息进行匹配，显示重要质量控制点的在线分析数据，实现物料质量有跟踪、数量有保证，全面提升产品质量。做到产品质量可追溯、质量事故可认定，为进一步优化生产工艺、提升产品质量奠定基础，产品合格率为100%，产品不良率为零。

公司通过强化经济责任、安全责任、创新责任、环境责任、员工责任和社区责任6项关键内容，不断增强企业社会责任意识。通过解决地方专业对口人员就业、积极纳税、购买地方原材料等途径，不断提高企业的社会效益，为地方经济发展做出应有的、积极的贡献。

### 10.1.3　生产管理系统

#### 10.1.3.1　解决方案

作为一家新建煤化工企业，建立企业统一的生产管理业务操作平台、满足企业精细化管理的需要、为企业ERP系统提供主要的生产管理数据成为企业生产信息化建设的核心任务。物料管理系统通过规范生产指令和物料移动操作流程,建立全厂物料平衡模型,形成以日物料平衡为基础的装置收率管理、产品库存管理、罐物料组分管理及加工损耗、储运损耗管理等业务管理,优化资源分配,优化生产,降低成本,提高企业的经济效益和经营管理水平。物料管理主要包括装置管理、罐区管理、进出厂管理、仓库管理和物料平衡等模块,如图10-2所示。

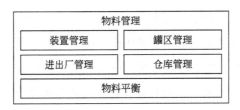

图 10-2　物料管理功能架构

生产管理系统的特点如下:

(1)生产管理业务流程的标准化、规范化　从煤化工行业生产管理系统的实施经验和项目来看,由于历史原因,各个企业MES操作业务存在着较大差异,不符合现代先进的管理理念。企业业务重塑及优化已经成为企业管理和挖潜增效的一项关键技术,目前这项技术应用较广的技术工具有ARIS、Rose等,这些工具通过对企业业务过程进行抽象描述,建立企业核心业务过程模型,从而辅助企业人员了解企业业务现状、重组业务流程、实现管理优化。ARIS就是建立这类业务过程模型的有效工具;而Rose等CASE(计算机辅助软件工程)分析工具在对于实体的描述方面则功能强大,甚至可做到数据库E-R(实体-联系)图的创建,更接近业务数据模型的具体实现。

(2)基于"工厂模型+数据集成服务"的MES数据平台　基于面向服务体系结构(SOA)的理念,从工厂模型、业务逻辑和信息展示三个层次来构建基础MES软件系统,提出了基于工厂模型的基础MES体系结构,首次建立了符合生产执行系统国际标准ISA 95的石化企业工厂模型的描述,成功研发了基于"工厂模型+数据集成服务"的MES数据平台,提供了基于事件驱动的业务功能定义、部署和生成工具,支持业务功能模块的组态开发,实现了业务逻辑与技术支撑分离,避免了由于业务流程或功能发生变化导致的应用模块重新开发。

(3)稳定和可扩展的MES工厂模型  MES核心数据库,以工厂核心数据模型为指导,采用相对集中统一的数据架构,为各应用模块提供的数据架构既独立又统一,保证了MES工厂模型的稳定性,同时适应局部业务模块的个性化扩展需求。MES工厂模型遵循ISA 95的集成标准,结合中国能源化工企业的实际,进行了具体的定义和扩展。MES核心数据库具有高度的开放性和可扩展性:开放性表现在局部模块的可替换、可插拔;可扩展性表现在随着MES业务模块的扩展,核心模型也能够在不破坏原有架构的基础上进行增加。

(4)能源和物料集成建模及优化技术  在能源化工企业,能源和物料的消耗极大,在典型的流程工业操作中,能量流和物质流之间存在着强烈的相互作用。如果能在优化配置物料的同时考虑能源的高效利用,使物耗和能耗同时最小,就可以避免因单独优化物料引起的能耗升高或只考虑节能所致的物料浪费,发挥最大的节能减排效应。通过能源和物料集成建模及优化技术,可建立能源、物料的集成模型,进行物料流和能源流的数据协调,从而实现能源的生产、利用与生产制造过程的同步协调机制,达到节能降耗的目的。

(5)物料移动模型  对于流程工业而言,如何有效地消除过程数据与管理信息间的狭缝是MES的关键功能,至今仍是学术界和工业界研究的重点之一。为了有效地实现生产过程物料平衡,需要描述企业全流程物料移动行为,为此研发了基于事件描述物料客观移动的物理模型和基于管理需求的逻辑物料移动模型,分别从生产过程实际和管理需求对企业生产管理所涉及的物料及其移动进行描述,并实现了这两类模型的集成统一。基于事件的物料移动建模方法通过定义企业生产活动中全部的移动操作事件描述,建立了装置与装置、装置与罐区、装置与进出厂点、罐与罐之间、罐与进出厂点的物料移动动态模型,在调度层次提取装置、罐区、仓库及进出厂等节点之间发生的物料移动关系和移动量,构成了全厂描述物料真实移动的物理模型。在统计层次依据计划统计需求,对物料的物理模型进行逻辑化归并和转化,形成基于管理需求的逻辑物料移动模型。

（6）多层递阶的物料平衡技术　物料平衡是企业生产管理的核心业务之一，也是MES要解决的关键问题之一。目前国际上主要通过建立复杂的物料移动方程或约束，采用最小二乘法进行求解，这种方法在实际使用过程中面临无解困境，尤其是国内企业由于技术发展等历史原因而导致的基础仪表水平较差，上述技术难以成功解决问题。为此设计开发了物料平衡多层递阶计算方法，把复杂的全厂物料平衡分解成节点平衡、生产平衡和统计平衡等多层递阶平衡，通过逐层求解和传递实现从局部平衡到全厂物料平衡，实现物料数据的逐步求精，实现面向统计的全厂平衡，达到"日平衡、月结算"目标，并为经营管理系统提供数据支撑。

#### 10.1.3.2　应用效果

（1）促进生产业务规范化、精细化　建立物料移动模块，对装置、进出厂、罐区、仓储业务进行在线实时追踪，基于标准化、细粒度的全厂生产物流模型，规范企业装置管理、罐区管理、进出厂管理、仓储管理业务，促进生产业务规范化、精细化。

（2）实现物料移动可视化和全厂物料流向可追溯，加强生产管理　建立生产平衡模块，通过移动解析汇总物料移动层装置、罐区、进出厂移动数据，分班次对全厂的物料移动数据进行汇总校验，实现物料移动可视化展示和全厂物料流向的可追溯，支撑集团、子公司两级生产调度指挥人员精细掌握生产整体情况，加强生产管理。

（3）实现物料"日平衡、旬确认、月结算"　建立统计平衡模块，依据生产平衡推量后的生产数据进行归并汇总，按照逻辑节点量和逻辑移动关系与物理节点量和物理移动关系之间的对应关系，实现统计层逻辑节点拓扑模型的动态生成。实现MES工厂和公司物料统计实物和账面的"日平衡、旬确认、月结算"。

（4）实现与企业ERP集成联动，支撑ERP统计核算精细化　与ERP集成联动，实现原料进厂、库存、装置投入产出、产成品出厂等业务集成，支撑ERP统计核算精细化。

该系统目前包括物料移动数据81740条、各装置投入产出数据12.2万条、罐存数据13万条、仓库出入库记录5万条、原料产品进出厂数据及生产平衡数据81740条，系统通过严格遵守逐层递阶的数据传递方式规范企业的业务流程，实现"数出一门、量出一家"。

### 10.1.4 大机组监测系统

#### 10.1.4.1 解决方案

随着现代工业化生产水平的提高，现代设备的结构越来越复杂，功能越来越完善，自动化程度越来越高。随之而来的是，设备出现故障时带来的影响也明显增大，有时不仅仅是造成巨大的经济损失，往往还会带来灾难性的事故。因此，发展设备状态监测与故障诊断技术，并进行有效合理的实施，对于掌握设备的状态变化规律及发展趋势、防止事故于未然、消灭事故在萌芽，具有十分重大的意义。

大机组监测系统可以对全公司所有大型机组进行全天候的不间断监测，并不断地向生产调度、机动管理、诊断、维修部门及厂部领导发送实时数据，发现问题时可及时采取措施。从而使各部门之间成为一个密切相联的有机整体，这将为全员管理提供强有力的支持，并极大地提高大机组的全员优化管理水平。

有效配置故障诊断系统能减少事故停机率，具有很高的收益投资比。正确使用故障诊断系统有助于延长设备检修周期，缩短维修时间，为推行状态维修体制提供基础，总体上提高经济效益和管理水平。

（1）主要功能　通过大机组监测模块，记录大机组的运行状态，为大机组故障预警、故障诊断提供重要参考依据，如图10-3所示。

① 远程监测及故障诊断。厂区监测机组运行状况预览功能，主要由远程监测及故障诊断中心SGC（服务器门控加密）8000系统实现，SGC8000硬件系统由大型数据服务器构成，SGC8000数据服务器安置在厂内，负责网页发布、数据浏览、图谱分析、智能诊断、数据管理等功能，响应客户端的请求，并进行数据的接收、存储等功能，可管理多个企业级SGC8000，SGC8000系统将数据上传至该服务器中进行存储。

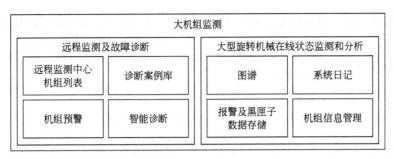

图 10-3　大机组监测功能架构

远程监测及故障诊断中心 SGC8000 将结合现场数据采集技术、计算机软硬件技术、网络及通信技术、设备诊断技术及大规模数据库为技术基础，基于现有沈鼓测控公司大型旋转机械在线状态监测和分析系统 SGC8000，进行数据统一传输和管理。远程监测中心作为集团层面的设备监测及管理网站，采用先进的基于 B/S 技术的 Web 浏览方式，保证设备管理和诊断维护人员无须在个人计算机上安装任何专用软件，仅需访问远程监测中心网站就可以"随时、随地、实时"地得到所需要的机组管理信息以及机组的运行状态数据，从而真正实现对机组的远程管理维护。

SGC8000 包含远程监测中心机组列表、智能诊断、诊断案例库、机组预警等功能，但不具备对现场监测分站 DA（设计自动化）8000 的管理功能。

a. 远程监测中心机组列表。主要显示各机组基本运行参数信息，展示出所监测的机组的运行状态、转速等，可通过此界面进入到各机组的图谱分析界面。

b. 智能诊断。提供智能诊断功能，智能诊断模块根据运行参数，如振动、工艺量，结合机组的设计参数，能够自动诊断发现机组的大部分故障及机组运行是否健康。

c. 诊断案例库。提供记录、查询用户对以往机组、设备的诊断案例记录；现场机组发生故障后，设备管理维护人员可以将当时故障发生的过程及相关数据记录下来，形成故障诊断报告。该报告可以自动上传远程中心服务器。案例库包括的内容如下。

检修过程：故障现象、诊断依据及结论、处理过程、处理结果以及下一步打算等；

故障图谱：SGC8000系统自动采集到的数据；

现场其他监测数据：手工录入的监测数据；

手工贴图：现场照片、PI（工厂信息系统）网、DCS截屏图等。

d.机组预警。系统根据机组运行情况和对数据的分析，在发生高报、高高报、低报、低低报、偏差报警时，给出反馈。系统根据采集到的数据进行分析后，发生高报、高高报、低报、低低报、偏差报警时，在本系统记录这些状态和数据，同时主动通过短信或邮件给出提醒，而不需要依赖人为发现。

② 大型旋转机械在线状态监测和分析。将采集的数据反馈到各图谱界面，供用户进行设备监测及诊断。SGC8000将设备振动、工艺量数据存放在数据库中，然后将这些数据进行分析、处理，通过系统界面向用户提供总貌图、波形频谱图、趋势分析图、轴心轨迹图、轴心位置图、极坐标图、参数列表、报警列表、监测报表、转速时间图、伯德（Bode）图、奈奎斯特（Nyquist）图、瀑布图等图谱，供用户进行设备监测及诊断。SGC8000系统包含图谱、系统日记、机组信息管理、黑匣子数据存储等功能。

a.图谱。为机组故障分析提供依据，提供7个常规图谱供分析，其中包括总貌图、波形频谱图、趋势图、相关分析图、轴心轨迹图、轴心位置图、极坐标图。

b.系统日记。记录系统日记，显示SGC8000系统的运行状态，展示系统运行情况。

c.机组信息管理。管理机组的基本信息，包含机组所属工厂、集团、机组名称等信息。

d.报警及黑匣子数据存储。系统监测到机组运行异常时，记录、存储、显示因报警触发的黑匣子数据，用于分析故障原因，该功能在图谱中体现，数据大量存储时，会在多个图谱展示。

(2) 技术特点　总体技术架构如下：

a.远程监测及故障诊断中心SGC8000。系统中各模块间的上级服务器SGC8000需要一固定IP地址，若上级服务器处于广域网上，则其需要一静态

IP。用户在下级服务器上设置上级服务器的IP地址，获得上级服务器的IP及远程服务，则可以将数据上传到SGC8000上。如SGC8000需要下级的某类数据（如导航树结构、机组配置等），可以利用task（任务）的方式获取。机组数据存储、客户端数据呈现和中心服务器DS8000相同。

b. 中心服务器DS8000。接收、存储、备份现场监测分站DA8000上传的数据；管理状态监测数据库；向浏览站发布状态监测数据；中心服务器DS8000的设置信息可以导出到文件中备份。机组数据根据磁盘阵列（RAID）策略，任一硬盘故障时，仍可保证正常数据存储和读取。根据全息监测技术捕捉并保存异常历史数据，并按照不同的现场监测分站DA8000不同的振动通道保存在不同的数据表内。用户检索历史数据可以有两种方式，可以单独检索按时间存储的历史数据、异常的报警数据、起停机数据，或同时检索前几种类型数据。每台中心服务器DS8000可以管理128台现场监测分站DA8000，并具备通过Internet或广域网与SGC8000发送数据的能力。

c. 通信。DS（数字段）提供远程调用的方式，使得DAU/WS对服务器的调用简单高效，具有非常强的可扩展性和版本管理能力，通信中的数据包符合Adobe AMF3.0格式标准，这种数据格式与Flash能直接进行数据交互，实现业务与通信协议的无关，所有的数据包将是可自动序列化、反序列化和便于查看的。通过实现AMF（操作消息格式）与XML（可扩展标记语言）的自动转换，能方便地与网页交换数据。

d. 硬件平台。现场监测分站DA8000系统采用插卡式结构，最大程度保证系统稳定可靠，并为系统的升级、维护、扩展等带来最大便利。数字信号处理器（DSP）与大规模现场可编程逻辑器件（FPGA）完美结合，保障极速数据处理性能，前者采用多核多线程处理器，极限数据处理速度最高可达28Gips，后者最多可提供5Gips硬件浮点协处理功能。

e. 多通道并行采集。现场监测分站DA8000可以处理通过硬接线接入键相、振动、过程量信号，还可以通过通信方式处理任意种类工艺量信号；每路均有独立的A/D采样，具备任意多路信号并行ADC（模数转化）采样，每路采集最高可达100ksps采集速率、24位精度，分析谱线数3200线，满量程精度误差小于0.1%。

f.同步整周期数据采集。采用模拟、数字跟踪抗混叠滤波、数据抽样差值、窗谱校正、软件修正、模拟键相采集等多种信号处理技术，可以实现多通道高速、高精度并行同步整周期数据采集。

#### 10.1.4.2 应用效果

（1）强化了设备感知能力　对设备运行状态进行全面监控管理，使各级设备管理部门实时准确地了解当前的设备运行状态，便于管理。

（2）提升了异常状态处理能力　提升设备异常状态及时报警、处置，并对缺陷故障进行智能诊断与预测的能力，提升基层设备管理人员对故障判断、处置、排除的管理能力。

（3）积累了专业知识　建立专业知识库，积累标准规范及专家经验，建立有效的途径储存专家的实践经验并进行有效利用。

对16套关键机组运行进行在线监测，运用"互联网+"技术实现远程智能诊断分析服务，有效辅助预防、解决或消除大机组故障。系统运行几年来，已经提前预警了多起机组故障，并对故障原因给出了分析报告。

### 10.1.5　应急指挥系统平台

#### 10.1.5.1　解决方案

应急指挥平台主要实现应急日常管理、应急值守、应急响应、协同会商、信息发布、总结评估、应急演练等功能。建设过程将充分考虑应用已建成的有线和4G-LTE通信网络，监测监控、音视频等设备设施，地理信息系统（GIS）、激光气体探测装置、火灾报警、门禁、周界等安防系统，在此基础上搭建消气防、急救等多警合一、应急联动、数据融合的安防一体化集成平台，如图11-4所示。

（1）应急日常管理　日常管理包括应急预案管理、应急资源管理、危化品库查询、应急事故案例库的查询、更新等功能。其中应急资源管理是对应急资源的基本信息、位置信息进行分类管理，系统能够通过GIS准确地描述出资源

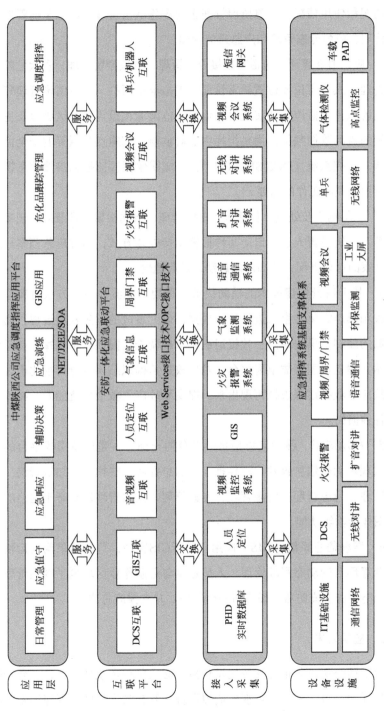

图 10-4 应急指挥系统功能架构

的分布情况和使用情况。应急资源管理包括应急队伍管理、应急车辆管理、应急物资管理、应急专家管理和应急通信管理。

（2）应急值守管理　包括事故接处警管理、气象预警管理、重大危险源监测监控管理、人员定位及位置异常管理、虚拟电子围栏、应急值班管理等。其中重大危险源监测监控管理实现对企业相关危险源和重点装置区域以及主要道路场所等的监测监控预警，满足指挥中心对危险源和重点装置等的安全监测、环境监测、自控系统（DCS/SIS/PLC）、区域图像视频监控和事件信息接入、共享以及预警联动工作的需要。

（3）应急响应及处置　包括人工报警管理、自动报警管理及应急预案响应和启动等。系统设置人工、自动两种报警和接处警方式，通过应急预案分解实现应急预案的自动匹配，提高应急启动、发起速度。

（4）基于情景构建技术的辅助决策　采用计算流体力学方法对典型的泄漏、火灾和爆炸等化学事故进行数值模拟，研究事故的发生发展过程，为企业应急预案的编制、事故预防、救援组织和事故调查等提供技术支撑。基于虚拟现实技术，建立典型事故重现平台。对事故数值模拟结果进行可视化重现，同时将事故应急救援过程虚拟再现出来，提高事故应急救援处置能力，减少事故造成的各种损失。

（5）移动应用　移动应急是整个平台的一部分，是应急指挥平台的"延伸"，实现移动端信息收发、领导批示、消息提醒、法律法规知识查询、危险源信息管理、隐患管理、资源管理、专家管理、预案管理以及基于网络的现场音视频图像传输等功能。

（6）地理信息系统（GIS）应用　基于GIS实现：危化品采购、运输、投用、消耗等环节的动态跟踪管理；人员定位与危险作业区域电子围栏管理；危险源、消防设施、安防监控设施可视化管理，并支撑应急联动。

### 10.1.5.2　应用效果

中煤陕西公司应急指挥系统建设包括一套应急指挥软件平台、一套安防一体化应急联动平台、两套高点视频监控设备、五套激光气体泄漏探测装置和一套防爆型便携式气体检测装置。实现对厂区260个主要区域视频监控集成联动，打通了各自独立的固话、对讲、广播等通信系统终端的互联互通，形成重要装置、重大危险源的风险监控和预测预警机制。

（1）实现了跨平台语音通信终端的互联互通　对固话系统、无线对讲系统、扩音广播系统、移动单兵等终端的融合，实现点呼、组呼、强拆、会议等语音呼叫功能，搭建了一套平时生产调度和战时应急指挥的敏捷化通信调度平台。

（2）实现了全面感知和集中预警报警机制　实现了有毒可燃气体监测、视频监控、火灾报警监测、气象监测的数据采集，建立安全生产异常与视频、音频的一体化应急联动机制，事故报警将联动现场视频、道闸门禁、消防救援力量，形成高效的事故救援响应和人员疏散、交通管制，实现应急救援全过程可视化监控管理和调度。

（3）实现了典型事故场景构建，为应急决策提供有力支撑　根据实时气象环境数据如风力、风速、气压、湿度、温度等要素和典型的现场工况，实现不同介质气体泄漏扩散速度、影响范围的场景化构建，模拟出典型场景下的可能影响范围、下风向影响的装置和区域等，并基于GIS规划合理逃生避灾路线，为事故应急决策提供有力支撑。

### 10.1.6　辅助决策系统

#### 10.1.6.1　解决方案

建立统一的辅助决策支持体系，满足企业生产经营监控和分析的需要。目前中煤陕西公司已建成了经营管理层面的部分业务系统，以及实时数据库、实验室管理系统、MES等生产管理系统，接下来将进一步提高业务系统的利用价值，并通过信息化手段将众多基于不同平台的系统进行整合和优化集成，以便更好地发挥其作用，同时结合企业生产经营预测分析、预算管理、绩效指标分析的思想，通过数据整合平台、梳理、利用已有系统的功能和数据，构建一个统一的能源化工企业生产经营辅助决策模型。

辅助决策模块通过智能工具，为中煤陕西公司领导层展示生产经营监控、分析结果。所展示的内容涵盖企业主要生产经营业务领域，如图10-5所示。

图10-5　辅助决策功能架构

（1）主要功能

a. 综合展示。通过每日动态、生产总览等主题，应用柱图、折线图等多种方法，展现企业生产经营监控分析信息，并能够穿透分析详细信息。主要包括收入、利润、吨产品成本、吨产品利润、吨产品平均价等数据，数据源自ERP系统。

b. 生产完成分析。对全厂原料煤加工、装置加工、产品产量进行集中展示分析，用图形展示的方法简洁、直观地反映当前全厂生产完成进度，将生产实际和计划或指标进行比对，通过比对发现问题。

c. 财务指标分析。对主要财务指标进行分析，用图形展示的方法简洁、直观地反映近期内企业收入利润完成情况。通过预算实际比全面分析公司的收入、利润及主要费用，并分析主要费用13个月内的变化趋势。

d. 采购及进厂分析。采购及进厂包括原料煤进厂情况、原料煤采购情况等。对原料煤的进厂情况进行展示分析，用图表展示的方法简洁、直观地反映原料进厂的月计划、日完成、月累计进厂量、完成进度，以及近30天的原料进厂趋势。对原料煤采购完成情况进行展示分析，用图形展示的方法简洁、直观地反映近期内企业原料煤采购完成情况，分析企业原料煤的采购量实际与计划的对比情况，计算出计划完成率、年计划完成进度及原料煤13个月的采购价格变动趋势。

e. 销售及出厂分析。对主要产品的出厂情况进行展示分析，用图表展示的方法简洁、直观地反映产品出厂情况。通过与计划对比等方式展示产品出厂的月计划、日完成、月累计出厂量、完成进度、库存以及当月的产品出厂趋势。

f.库存情况分析。库存情况包括产品实物库存和所有权库存，分别包括原料煤库存、半成品库存和成品库存。用图形展示的方法简洁、直观地反映近期企业库存变动情况。

g.设备管理分析。对修理费发生情况进行展示分析，用图形展示的方法简洁、直观地反映近期内企业修理费发生情况。详细地分析修理费的发生情况、多种构成情况和明细发生情况及其各项明细的月度支出、月度占用比例、累计支出、累计占用比例。

h.能源管理分析。能源管理包括综合能耗和工质能耗两部分内容。按装置对综合能耗情况进行展示分析，用图表展示的方法简洁、直观地反映当年综合能耗情况，通过与指标对比等方式展示各装置综合能耗的月计划、月完成、年累计、与指标对比值和与去年同比值；还能展示出月能耗变化趋势。按装置对水电汽风等各工质能耗情况进行展示分析，用图形展示的方法简洁、直观地反映当年各工质能耗情况，通过与计划对比等方式展示各装置各工质能耗的月计划、月完成、年累计、与计划对比值和与去年同比值，以及月能耗变化趋势。

i.质量分析。质量分析包括原料煤质量分析、产品质量分析、质量事故分析和质量投诉等内容。对产品质量进行展示分析，用图形展示的方法简洁、直观地反映当前产品质量情况，按产品分类，根据时间段统计出产品合格率曲线；根据事故的大小、影响范围归类统计某一段时间内事故形成的原因、每种原因发生的次数、频率以及所占总原因的比重；统计人员在某一段时间内发生质量事故的次数，根据事故解决情况统计事故解决率。按时间段统计质量投诉问题的个数和解决率，并根据投诉问题出现的时间段进行分析。

（2）技术特点　辅助决策模块建设主要包括三个层面：业务系统、数据整合、信息展现。

a.业务系统。主要指综合决策分析系统所需的元数据来源系统，如日常经营层面业务数据主要来自ERP系统，日常生产执行业务数据主要来自MES，以及其他相关的业务系统，如绩效考核系统、计量统计系统等。

b.数据整合。通过ETL（抽取清洗转化加载）将各个业务系统数据进行数据抽取、数据清洗、数据转换、数据加载,基于SAP Sybase IQ数据仓库进行数据存储与优化,能在很大程度上减少数据存储开销,并能大大地提升数据查询效率。

c.信息展现。基于SAP BI的多维分析、多展现形式、深度数据挖掘、多数据源接口等,为领导提供简洁、直观的分析结果,提高数据分析的利用效率。

#### 10.1.6.2 应用效果

(1)实现了生产、经营主题数据的有效整合 通过建设智能决策模块内容,实现对公司各类生产、经营、财务等13类主题数据进行有效整合。

(2)提升了企业的风险防控能力和盈利能力,实现决策的智能化 利用数据萃取、转换、钻取等大数据技术,实现对信息的深度挖掘、综合利用,帮助公司领导、各业务管理部门随时随地监控生产经营管理活动,及时发现生产经营风险、隐患问题,追溯并解决问题,提升企业风险防控能力和盈利能力,实现决策的智能化。

### 10.1.7 企业信息集成平台

#### 10.1.7.1 解决方案

在传统企业信息化建设过程当中,信息孤岛现象在所难免,对于一家现代化煤化工新建企业来讲,如何利用现代化手段实现弯道超车一直是企业信息化主管部门思考的问题。集中集成平台的建设,为企业提供一个"平台标准统一、业务相互集成、数据上下一体、信息反应敏捷、覆盖三级(公司、部门/生产中心、生产装置)应用"的可配置、有弹性的企业信息集成平台。

(1)企业信息集成平台 包括核心数据库管理、工厂模型管理、系统集成、认证鉴权、日志服务、系统服务等功能,如图10-6所示。

a.核心数据库管理。核心数据库是各种类型数据集中管理的区域,主要包括保留企业大量基础资料的数据库、存储OLTP类别的企业生产数据库,并为分主题存储的OLAP类别多维历史数据仓库提供数据支撑。核心数据库具有高度的开

图 10-6 企业信息集成平台功能架构

放性和可扩展性：开放性体现在局部模块的可替换、可插拔；可扩展性体现在随着业务模块的扩展，核心模型也能够在不破坏原有架构的基础上进行增加。

核心数据库架构运行，采用 Oracle 消息传送机制构建应用本身的消息驱动机制，所有数据的接收和发送均以数据消息驱动方式构建。依据数据模型，该架构可基于事件驱动完成数据的转换、分发，保障了统一数据服务的高效平稳运行。

b.工厂模型管理。工厂模型是从整个企业生产运营的全局角度出发，对企业环境内各个生产业务领域实体进行完整的、一致的、无二义性的抽象表示。它包含企业核心生产业务过程和关键支撑业务过程中涉及的所有业务实体对象，以及业务实体之间的相互关系。工厂模型遵循 ISA 95 的集成标准，结合煤化工企业的实际，进行了具体的定义和扩展。

工厂模型主数据类是工厂模型的基础，包括公共信息、装置、罐区、进出厂、仓储、计量仪表等子类别，分别针对煤化工企业中不同类型的生产单元"量身定做"适合其自身特点的生产模型。

工厂模型构建于核心数据库，核心数据库采用相对集中统一的数据架构，为各应用模块提供的数据架构既独立又统一，保证工厂模型的稳定性，同时适应局部业务模块的个性化扩展需求。

c.系统集成。系统集成包括界面集成、数据集成、服务集成、总线集成等方式，如图 10-7 所示。

其中总线集成应用的 ESB 技术的架构如图 10-8 所示。

d.认证鉴权。权限服务包括身份认证与身份鉴权两部分。身份认证确保用户的身份是安全的。通过 SSO（单点登录）技术实现用户凭据在各个模块之间的流转。SSO 的架构基于 SAML 令牌身份验证服务，通过安全令牌服务对安全

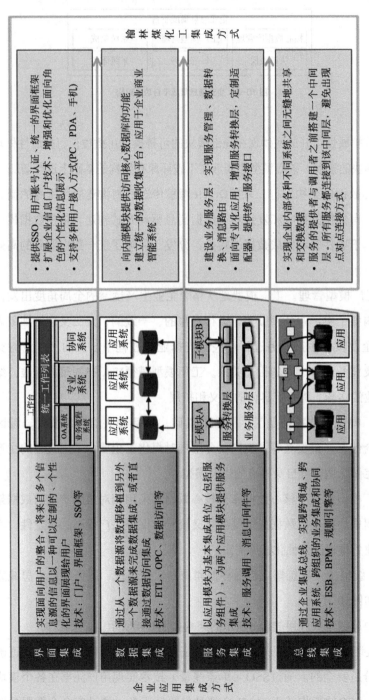

图 10-7 系统集成方式

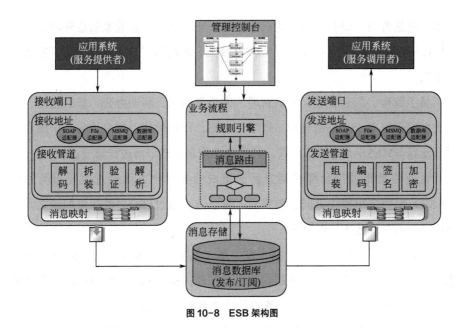

图 10-8　ESB 架构图

令牌进行联邦认证。SSO要兼容遗留系统中的账号，提供凭据配置功能，由用户自行配置各系统中账号的凭据。

身份鉴权是对已验证的用户对访问资源的授权，包括功能权限、操作权限、数据权限。功能权限表现为对菜单的访问控制。操作权限表现为对访问页面中各操作的访问控制。数据权限表现为对工厂、车间、装置、罐、物料等生产相关资源的访问控制。

e.日志服务。系统操作日志主要是记录用户在使用系统过程中的每一步操作，具体包括：操作过程中的页面、控件、数据表、数据字段等。

f.系统服务。系统服务是指执行集成平台系统的程序、例程或进程，以便监控和管理其他服务程序，尤其是集成平台的通用和专用服务程序。系统服务主要包括：消息通知、异常信息维护、日志查询、量纲配置、系统运行维护、系统时钟等服务功能。

（2）技术特点　计划管理、生产绩效管理、统计管理、物料管理、能源管理、操作管理、工艺管理、生产作业成本管理、质量管理、计量管理、安健环管理、应急管理、设备管理、大机组监控、智能巡检、实验室信息管理、实时数据库应用17个模块运行在基础MES平台上。内部通过Web或数据共享方式进行集成。

员工管理、综合管理、知识管理、内外部网站、移动办公、即时通信、基础数据编码管理、产供销管理、数字化仓储、计划优化、调度优化11个模块之间,及其与MES平台诸模块之间,通过企业信息集成平台进行集成。

企业信息集成平台提供两方面的集成服务:一方面通过企业服务总线(ESB)提供应用模块之间服务集成,另一方面通过SSO提供应用模块之间的单点登录服务。技术特点如下:

a.支持业务功能模块的组态开发。基于面向服务体系结构(SOA)的理念,建立基于工厂模型的体系结构和集成平台,提供基于事件驱动的业务功能定义、部署和生成工具,支持业务功能模块的组态开发。

b.支撑业务流程的可配置、业务功能的可维护。可配置的体系结构需要将业务逻辑与技术支撑分离,同时将业务功能与工厂模型分离,来支持业务流程的可持续改善,以及系统功能模块的变化。在技术实现上,采用集成平台和支撑工具集合来实现一个面向SOA的平台架构。

#### 10.1.7.2 应用效果

(1)实现业务管理集成、高效、优化,发挥整体效益最优 中煤陕西公司在各应用系统建设之前就对业务整合和数据交互进行了统一规划,构建了覆盖企业的全面统一的工厂模型。在系统集成过程中,以业务为驱动对所有数据流、数据接口、系统逻辑关系等进行梳理并形成规范,采用ESB技术建成企业应用集成平台,统一数据标准、统一界面框架、统一各系统账号,集中管理分配系统权限,实现灵活安全的单点登录SSO等,保障信息系统的集成性、可维护性、可移植性,将各个独立的信息系统连接成为一个完整、可靠、有效的整体,实现业务管理集成、高效、优化,发挥整体效益最优。

(2)实现"数出一家、量出一门" 中煤陕西公司数据采集与监控系统依托于遍布全厂的工业控制网,采用标准工控协议将数据上传至装置控制机房的DCS数据采集服务器。之后位于工控网边界的PMCC（生产调度综合展示）数采缓存服务器与现场DCS数据采集服务器建立数据传输通道，再将数据统一保存至实时数据库。实时数据库负责向MES平台提供实时数据服务，MES的物料、能源、操作等模块通过OPC、API等方式从实时数据库获取生产实时数据，为各类应用提供数据支撑。

（3）实现企业经营管理与生产管理的业务协同及数据一致　应用系统的数据集成方面，各系统通过Web Service方式在企业集成平台上发布服务，其他系统调用企业集成平台数据服务进行数据对接，实现ERP与MES的数据集成，从而为ERP提供及时、准确、安全的数据源服务，保证ERP能够快速获取数据，实现企业经营管理与生产管理的业务协同及数据一致。

## 10.2　化纤行业全要素一体化智能工厂——新凤鸣集团

### 10.2.1　基本情况

新凤鸣集团股份有限公司（以下简称新凤鸣集团）是聚酯、涤纶纺丝、加弹和进出口贸易为一体的世界级化纤行业龙头企业，具有年产250万吨PTA和500万吨涤纶长丝的能力，"凤鸣"牌聚酯长丝远销40多个国家和地区。同时，拥有省级企业重点研究院、全国示范院士专家工作站、诺奖院士工作站等科研机构，深入落实制造强国战略，持续建设全要素一体化智能制造平台，塑造化纤智能制造新模式，构建"互联网+化纤"数字新生态。

平台赋能下，新凤鸣集团向上延伸了产业链，横向打通了供应链与物流链，向下延伸了金融与服务链，拥有工艺水平、智能化水平、人均产值、综合增长率等多项第一。近三年企业产能翻了三倍，人均年产量超400t，高于行业平均水平25%，综合能耗低于行业平均水平20%。2019年3月，获国家新型信息消费示范；2019年12月，成为化纤行业首家智能制造标杆企业，并多次被人民日报、中央电视台新闻联播等点赞报道，代表行业先进的生产力，有力带动行业转型升级。

### 10.2.2 转型历程与效果

当前，新一轮科技革命方兴未艾，正在重构我们的社会、经济和政治形态，美国、欧洲等纷纷推出"工业互联网""工业4.0""数字英国"等战略，以继续保持制造业强国地位。我国更是将信息化上升为国家战略，用中国智造加快向工业强国转型。中国化纤年产量占全球七成以上，新凤鸣集团作为世界级化纤龙头企业，有责任应用好新技术，塑造新的生产模式和新的竞争能力，引领行业高质量转型升级。对标国际先进的智能制造灯塔企业，新凤鸣集团的差距主要有：一是智能化还没有覆盖生产全链条，如在仿真研发、仿真生产、智能质检、设备预知性维护等方面还相对较弱；二是经营管理智能决策还不便捷，如全面数采率不高、数据不及时、决策模型不健全等；三是全供应链、价值链一体协同还不完整，如企业综合生产效率、社会资源的综合利用率等还有提升空间；四是以化纤为核心的服务链、生态链还不完善，如基于企业产品的物流服务、融资服务等还有待挖掘。这都需要新的信息技术来推动，来改造，来提升。因此，新凤鸣集团一直将信息化作为企业发展的核心驱动力，持续推动企业工业化与信息化在更广范围、更深程度、更高水平上融合创新发展。

2000~2005年，新凤鸣集团主要以子公司为主体建成了DCS、进销存系统和财务管理系统，基本满足企业发展初期的管理应用。

2005~2017年，随着企业产能逐步扩大，企业用工逐步增加，新凤鸣集团重点开展了企业装置及生产线的自动化改造，大规模推动机器换人。同时，构建集团级财务管理系统，信息化逐步向集团化部署转型，以满足集团化管控需要。

2017~2018年，随着集团成功进入资本市场，企业进入快速发展期，新凤鸣集团以《中国制造2025》为指引，综合应用5G、物联网、大数据和人工智能等新一代信息技术，按照平台化、服务化、共享化原则顶层设计，全要素、一体化、一年多建成集"主数据、实时数据、ERP、MES、WMS、大数据及辅助决策和工业APP"于一体的智能制造平台（以下简称凤平台），实现内外部互联互通，一体化打通了集团的业务链、数据链和决策链，实现"一个平台、一个标准、一个团队"支撑企业发展。

2019年开始,在按周迭代升级凤平台功能的基础上,新凤鸣集团重点建设"敦煌易购"电子商务、"丝路易达"智慧物流业务功能,完善构建"互联网+化纤"数字新生态,加快企业新旧动能转换和高质量升级发展。为了高质量建设智能制造平台,新凤鸣集团以端到端业务流程为主线,通过设计集团业务全息图合理制定规划智能制造平台的架构。同时,进一步明晰平台相关系统的边界、功能定位和企业部门、岗位的职能职责,打破了系统界限,贯通了部门壁垒,实现了企业管理工作高效协同,有效支撑了企业创新发展。

### 10.2.3 智能产线

自从1884年法国人夏尔多内发明化纤以来,化纤早已成为人们生活生产不可或缺的纺织原料。而我国化纤年产量占全球70%以上,随着中国经济进入"新常态",新凤鸣集团同样面临着压力。加速加快智能化升级是必由之路,其中智能产线作为新凤鸣集团优先主攻方向,重点补齐产品外观检测、飘丝飘杂检测等方面的智能化应用,实现从原料入库、聚合、纺丝、卷绕、包装、入库、出库到物流跟踪的全链条自动化智能化、高效高质量生产。

#### 10.2.3.1 解决方案

化纤制造是"离散+流程"型生产,因具有设备多、环节多、作业细的特点,导致采用装置分段式机械运作,造成数据链不完善,设备、人员缺乏整体联动和协同,人员密集、效率低和质量稳定度不高。随着技术的迅速发展,采用了5G网络、物联网、人工智能等新技术,实现原料采购流程自动化、飘丝飘杂工艺实时检测、自动识别产品外观检测、智能立体仓库等,达到化纤产线全链条的智能化。

(1)原料采购流程自动化  根据ERP系统采购订单实现与采购车辆关联管理,按采购单收发货;应用车牌识别和计量衡计量技术实现运输车辆智能识别,自动触发基于采购订单的自动计量收货和费用结算。同时,实现与原料抽检质量标准参数在线校验。质量合格后,MES自动读取计量衡称重数量,打印计量单据,并自动触发实现ERP、MES收货记账。

（2）飘丝飘杂工艺实时检测　通过纺位前安装高清工业摄像机并应用5G移动边缘计算（MEC）网络切片和边缘计算技术，在边缘侧对视频流进行图像取样和对比标准库智能识别，快速发现飘丝问题，替代人工间歇式巡检，降低因巡检不及时导致的产品降等概率。

（3）自动识别产品外观检测　基于机器视觉的人工智能技术，通过对产品外观缺陷自动学习和超强数据处理，实现自动在线识别产品外观缺陷，逐步替代传统眼观手摸的产品检测方式，解放劳动生产力，提升产品质检效率。

（4）智能立体仓库　新凤鸣集团建设智能立体仓库，并通过与纺丝包装信息对接联动，实现产品入库、产品出库和产品上架流程全面自动化，节省了大量人力劳动等。

#### 10.2.3.2　应用效果

新凤鸣集团产线智能化覆盖原料计量、聚酯、纺丝、加弹、立库等环节，实现超10万台（套）设备互联，人机互联超97%，全链条生产自动化智能化，稳定生产，在保障产品质量的同时，进一步减少了人员用工，降低了劳动强度，充分发挥了产线价值。当前，14类近800台机器人基本覆盖全业务环节，支撑常年、多年饱负荷连续生产，每亩地上仅有3名员工，人均产量超400吨/年，高于行业平均水平25%；每天产出丝饼超100万个，产品质量在线外观检测装备实现24h 100%产品外观检测，实现产品按码跟踪和问题溯源等质量过程化管理；实现水电热媒等能源集中管控和自动平衡分析，促进"削峰平谷"、绿色低碳生产，单位产品能耗由0.1710tce/t连续降低至0.1454tce/t，低于同行业水平近20%，代表行业先进的生产力和竞争力。

### 10.2.4　智能排产

化纤生产具有总量大、订单小、规格多和按产线按位号连续生产的特点。同时，受原油市场价格波动影响大，从而导致化纤生产的规格、批号更换频繁，一直是化纤企业的管理重点、难点。以往由于信息系统支撑度不足，企业换批改产等工作主要靠个人经验，导致生产的稳定性及生产效益性都有待加强。

#### 10.2.4.1 解决方案

新凤鸣集团10多条化纤生产线日产涤纶长丝超1.2万吨、丝饼超100万个，月均产品规格达300多个，如何通过智能排产统筹产品未来市场预期和生产制造成本关系，及时合理排产，减少因改产换批带来的生产波动，实现生产效益最大化更为迫切。

（1）销售、生产多部门联动决策　为了及时响应市场，多部门协同联动决策，提高产品排产的科学性，新凤鸣集团首先由销售业务员根据客户走访从凤平台发起生产改批申请（如图10-9所示）。根据市场走势判断，提出改上、改下产品规格和位号数及预期销量；经由销售部门评估后提交生产部门审批；生产部门根据分线分品种的实时量本利分析和产线的设备组件维护周期综合评估销售改批，驳回或批准；子公司根据生产部门批准的销售改批申请，创建生产改批执行单；子公司工艺员、生产班长，根据生产改批执行单进行位号及工艺参数更改，并在凤平台进行岗位操作确认；凤平台根据MES工艺参数调整标准在线校验参数值，防止生产及质量波动，并自动向销售反馈更改执行情况及装置、工艺的联锁备案。

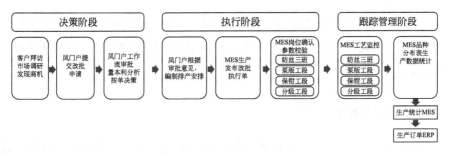

图10-9　新凤鸣集团生产改批执行流程

（2）单品量本利精细化核算　单品量本利核算是改产换批的核心判断指标，可以科学预测改上改下产品的利润空间。为了提升品种更换的科学性，新凤鸣集团围绕产品标识通过凤平台MES实现按产品批号的原辅料、能耗收发和统计平衡；通过ERP系统与MES集成建立单品量本利模型，实现按产品批号的分线分品种精细化核算及当期单品销售价格进行毛利分析。

（3）一体化智能排产模型　为了提升科学排产的决策效率，新凤鸣集团通过凤平台大数据收集不同产线的机台型号及适合生产的品种规格、机台组件保养周期、单品实时量本利、当期销售价格、现有库存等数据信息和智能建模，系统性给出排产建议，指导科学排产。

#### 10.2.4.2　应用效果

新凤鸣集团通过智能排产建设规范了企业改批换产流程，强化了工艺变更管控，防范了生产波动，取得了良好效益。

（1）促进了管理精细化　新凤鸣集团产品核算实现由3大类到分线分品种的精细化核算到基于CCF（化纤信息网）价格实时量本利分析；生产改批实现在线流转与实时跟踪，以及工艺参数在线校验和联锁控制，防范了因产品改批带来的生产波动。

（2）实现了向效益聚焦　通过智能排产规范了销售-生产-子公司的改批流程，强化了销售-市场-生产的联动响应和科学研判；在兼顾单品库存和市场预期的基础上，强化了以单品量本利为核心的改批换产，确保改上品种生产的综合效益最大化。

同时，提升了企业改批换产的执行效率。新凤鸣集团改批执行时间平均降低了20%，月均改批数量减少了14%，杜绝了主观性无效改批，非营利性改批大幅减少。

### 10.2.5　智慧销售

由于缺少一体化工业互联网平台支撑，传统营销下的店铺式来客销售模式，响应市场慢、业务处理慢、客户服务质量低等缺点暴露得一览无余，也严重制约了企业品牌树立和企业发展。随着互联网理念和技术在各行各业应用普及，以精准营销为主线的线上线下融合销售、在线融资销售已经成为工业企业改造传统经营模式的必然趋势。

#### 10.2.5.1 解决方案

新凤鸣集团凤平台通过内部集成CRM系统、MES、WMS，对外打通与银行及第三方供应链金融平台，综合应用客户机台机型信息、销售订单、产品库存等大数据信息，建设敦煌易购电子商务，支持业务员及客户应用APP、微商城等在线下单，客户在线融资等智慧销售，提升销售效率和服务水平，如图10-10所示。

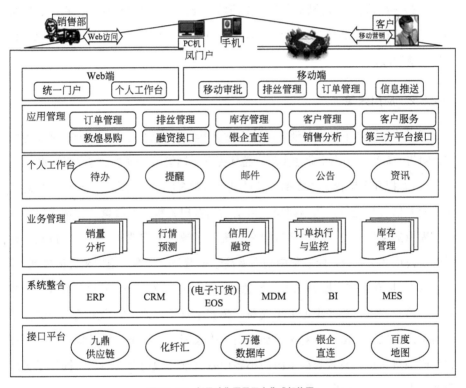

图 10-10　新凤鸣集团凤平台集成架构图

（1）智能化排丝　业务员通过走访客户获取客户机台规格型号、原料品种和产能需求，并通过移动终端实时填报更新凤平台客户档案资料；业务员或客户申请排丝后，凤平台根据客户档案信息和产品库存、价格容差等当日行情信息自动生产并发布客户排丝量，替代原料销售经理人为排丝。

（2）智能融资下单　通过平台间对接，第三方平台销售订单传输至凤平台，在凤平台自动生成排丝（计划采购量）申请；凤平台根据客户机台机型、产品库存等自动给出排丝建议，经由销售经理审批后发布，凤平台自动将排丝结果回传至第三方平台；客户在第三方平台查询订单确认数量后，付款模式可以选择现金支付或者融资支付，业务员或客户通过在移动APP参照排丝申请在线下单，同时通过接口校验付款状态与付款类型；ERP交货单产生和发货过账后，通过凤平台自动更新第三方订单状态。

（3）微商城　　通过凤平台对接微商城，支持客户在微信注册，查询客户交易、产品库存、产品价格和在线下单，实现与凤平台联动排丝与发货，以及订单执行情况跟踪。

#### 10.2.5.2　应用效果

新凤鸣集团基于凤平台延伸建设智慧销售功能，实现了智能排丝、多渠道营销和销售，解决了中小企业融资难，整体提升了销售工作效率和客户服务水平。

（1）提升了销售工作效率　　通过凤平台对客户档案信息、生产库存信息和价格容差信息等进行大数据建模，自动给出客户销售产品数量，将销售经理从以往繁重的手工排丝工作中释放出来，提升了销售工作效率，提升了排丝的科学性、公正性。同时，能够集中精力专注于渠道开拓、客户维护和行情预判。

（2）提升了客户服务水平　　智慧销售功能实现了业务员及客户在APP、微商城、第三方平台等多渠道下单交易，拓宽了营销渠道、销售渠道。同时，通过与多方供应链金融平台对接，通过新凤鸣集团化纤白条、新凤金宝等实现在线定向融资交易，有效解决下游中小客户融资难、融资贵的问题，提升了客户服务水平，增加了客户黏度。

### 10.2.6　智慧物流

近年来，随着化纤产能进入相对稳定期，产能结构性过剩，行业盈利能力下降趋势明显。基于化纤制造的物流服务已经成为重塑化纤企业综合竞争能力的关键一环。新凤鸣集团物流还处于销售配送的传统叫车服务，迫切需要数字化、智能化平台统筹企业内外部物流业务，进一步提升对社会资源的整合能力。

### 10.2.6.1 解决方案

新凤鸣集团现有进出物资超1500万吨/年，构建"产品+运营+服务"互联网物流新模式，是自身数字化智能化转型的主动选择，重点是对内提升集团物流的一体化统筹能力，对外提供一站式互联网物流服务，引领行业供应链与物流发展，完善建设"互联网+化纤"生态圈。智慧物流平台由两个平台，"丝路平台+敦煌平台"组成（如图10-11所示），覆盖了三大业务域合同贸易、现货贸易、商城贸易，涵盖了四层智能化应用，基础设施层构建一体化工业互联网平台支持各级企业和承运商SaaS应用；物流作业层构建覆盖全业务、全流程、全节点物流作业管理并实现自动化，实现透明运输、费用结算与损耗管理；物流管理层建成物流计划与运行、物联网应用，实现人车货线等的物流安全；决策支持层构建运输、仓储、费用等大数据应用，支撑物流优化，提升决策能力。同时，建立化纤物流业务、数据、技术和安全标准，实现全行业共享。

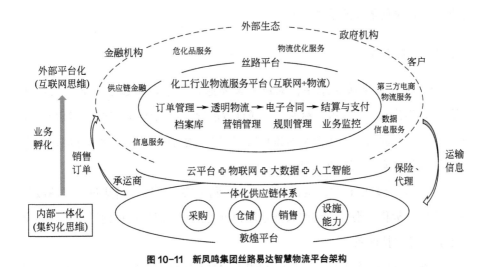

图10-11 新凤鸣集团丝路易达智慧物流平台架构

### 10.2.6.2 应用效果

新凤鸣集团通过"智慧物流平台"将先进的技术与实施理念结合，引入传统化纤物流业务，从而规范了物流业务流程、进出厂物流管理方式，提升了物流服务能力等；间接得到了良好的经济和社会效益。

（1）提升了企业物流管控能力　新凤鸣集团通过"智慧物流平台"实现了采购到销售及物流全链条全环节自动化；通过物流服务商管理、资源库管理等应用，整体提升了企业应急保障能力；通过物联网等技术实现人、车、货透明化管理，物流作业可靠可观可控，提升物流管理快速应急能力，减少物流事故。

（2）实现了物流降本增效　新凤鸣集团通过平台应用返程车、自动补货、优化产品流向等提高车辆利用率，整体降低物流成本。根据新凤鸣集团2019年产品配送试点130万吨，平均每吨可节约运费7%，共计节约运费450万元。

#### 10.2.6.3　智能决策

随着企业规模越来越大，业务面越来越广，以及信息系统积累的数据信息越来越多，如何存储、清洗和提取海量数据，将数据显现化、价值化、可视化，解决企业高效决策问题，支撑中高层领导者及时响应研判市场，统筹企业发展，是信息化建设的重中之重。

#### 10.2.6.4　解决方案

为了提升科学决策水平，新凤鸣集团通过凤平台构建统一的"数据仓库""数据集市""KPI指标库"，通过智能辅助算法模型，实现各级合并报表自动出具。同时，分类分级对象化定制领导驾驶舱、综合运营指标图，支撑领导层宏观决策，如图10-12所示。

（1）统一数据仓库，构建数据集市　利用技术手段，搭建包括"抽取整合、主题分析和展现"三层的数据仓库和应用模型，建立数据同源，信息共享的智能决策支持体系。

a.通过实时抽取工具（SLT）将ERP、MES等源系统数据加载、转换，同步至数据仓库。同时，管理所有抽取转换流程和操作（例如调度计划、错误处理、检查日志和数据统计等）。

b.采用为维度数据设计的格式和技术将数据加载到数据仓库，并按业务主题域分类建立星型模型和预计算、索引策略等方法，提高了数据仓库应用性能。

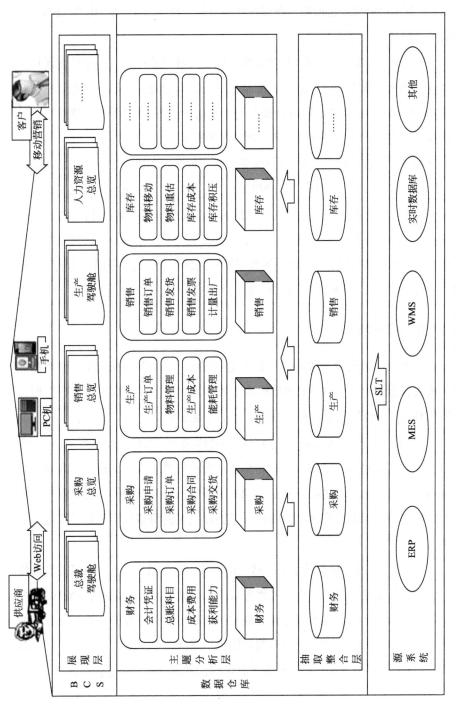

图10-12 新凤鸣集团智慧决策系统架构

BCS—合并报表

c.业务用户可以通过增删改查属性钻取分析,并通过HTML5技术、BO等工具实现前端可视化展现。

(2)划分主题域,建立KPI指标库　结合化纤行业特点和企业管理现状,新凤鸣集团企业管理划分为财务、生产、销售、人力资源、市场动态、设备安全等9大业务主题分析域。同时,梳理确定了量本利费等193个关键绩效指标,以及业务板块、组织、期间、产品、客户等多维度分析模型。

(3)统一报表标准,建立合并体系　为了提升报表出具效率,新凤鸣集团以"指标+维度"方式,统一了会计报表标准、指标和分析维度,建立了会计报表及决策指标库,实现基于指标的合并抵销和多口径多层级的合并报表。

(4)数据可视化和动态预警　综合应用基础分析、结构分析、对比分析等分析方式和折线图、仪表盘、雷达图等多样式图表,立体展现集团经营状况。同时,按照业务需求设定KPI警报阈值,提供可视化预警、邮件预警和短信警报。

#### 10.2.6.5 应用效果

新凤鸣集团通过智能决策体系建设梳理和统一了业务指标,统一了数据标准和报表标准,完善建立了KPI指标体系和决策模型,并实现以可视化图形、形象化方式"立体"呈现,有效提升了企业决策效率。

(1)提升了财务管理水平　通过数据仓库统一了200多个会计指标和70多个分析维度,完善建立了财务指标库和会计报表体系。同时,通过平台固化报表架构、合并单位、抵销场景等,实现基于指标的合并抵销,"汇账式"自动校验、出具多层级合并报表,大幅提升了会计报表的编报效率和财务管理分析水平。

(2)提升了可视化决策水平　通过构建统一的数据集市和智能辅助算法模型,分类分级定制总裁、生产、销售等12个领导驾驶舱,实现9大业务193个关键绩效指标秒级抽取、量本利分析,构建运营指标图,将物流、工作流在企业日常"管理活动"中的轨迹,以可视化图形、形象化的报表"立体"呈现,并实现PC、Pad(平板电脑)和手机端及时访问,高效支撑了企业科学运营。

# 11

# 油气管网管理数字化智能化转型案例

## 11.1 概述

管道作为油气输送的干线，已成为全世界第五大运输工具，截至2018年年底，我国油气长输管道总里程累计约13.31万公里。具有点多、线长、面广的特点，绵延数千公里，翻山越岭，沿途环境复杂，频繁穿越城市人口密集区、河流、公路、铁路，安全风险管控难度大，一旦发生事故，极易造成重大人员伤亡，污染水源和自然环境，产生较大的社会负面影响。

国家层面对加强油气管道隐患治理提出了明确要求。2014年6月，国务院办公厅印发《关于加强城市地下管线建设管理的指导意见》，要求2015年年底前，完成城市地下管线普查，建立综合管理信息系统，编制完成地下管线综合规划。2014年10月，国务院安全生产委员会印发《关于深入开展油气输送管道隐患整治攻坚战的通知》，要求加快油气输送管道隐患整治进度，争取利用3年左右时间，完成全部隐患整治工作。2014年10月，国务院成立油气输送管道安全隐患整改工作领导小组，统一领导并推动油气输送管道安全隐患整治工作，加快建立国家层面数字化、可视化、立体化的全国油气输送管道地理信息系统，满足国家和地方政府监管和社会监督的需要，由国资委督促三大石油公司加快各自油气输送管道地理信息系统建设。

20世纪70年代，美国为了消除隐患、预防事故，最早实施管道完整性管理。20世纪90年代，英国油气管网公司、加拿大管道公司也对油气管道实施完整性管理，建立管理办法和工程框架文件。目前，世界发达国家管道公司普遍实施了管道完整性管理，形成了完整性管理体系，在管道风险防控、降低运行成本等方面发挥了重要作用。此外，世界工业发展经历了机械化、电气化、自动化阶段，正在进入智能化阶段。作为世界五大运输方式之一的管道运输，也必须加快向智能化方向发展。

中国石化智能化管线管理系统（如图11-1所示）建设始于2014年8月1日，中国石化召开系统建设领导小组第一次会议，标志着智能化管线管理系统项目正式启动。在试点阶段，项目建设在广泛学习和调研的基础上，积极引进国内外成熟的管道完整性管理体系，充分利用先进的信息技术，结合国家对油气管道隐患治理提出的要求，针对中国石化地下管线资料不完整、管道专业管理技术手段不足、非法占压严重、管线穿/跨越安全风险大等问题，进行管线系统业务和技术方面设计，建成"标准统一、数据完整、关系清晰、功能完善、集中集成、上下贯通、安全可靠"的智能化管线管理系统；2015年2月～2017年12月，为项目推广阶段，扩大系统应用范围，涵盖9家油田企业、32家炼化企业、8家成品油销售企业、2家专业公司的长输及厂际管线，涉及管线总里程3.4万公里，其中长输管线2.43万公里，厂际管线0.97万公里。项目的建成实现了中国石化管线管理的"五大转变"：一是管线资料由分散、纸质化向集中、数字化转变；二是安全管控模式由被动向主动转变；三是管线生产运行管理由相对独立向共享协同转变；四是资源调配由局部优化向整体优化转变；五是管网信息系统由孤立分散向集中集成转变，全面支撑管网"安全、绿色、低碳、科学"运营。

## 11.2 解决方案

系统基于工业互联网平台建设了数据、平台和应用共享服务，建立上下贯通的6大应用模块"管线数字化管理、管道完整性管理、管线运行管理、隐患管理、应急响应和综合管理"和1套标准规范、安全可靠的支持环境，构建智能化的大数据分析和移动应用，满足集团总部、事业部、专业公司和企业各层次对管道完整性管理、安全风险隐患监管与治理、管线优化运行、应急快速响应、信息资源共享服务的目标，加强管线运行监控与应急响应能力[1,2]。

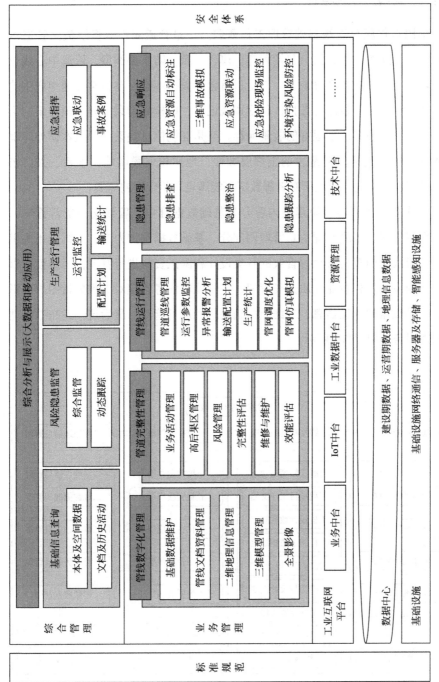

图 11-1 智能化管线总体架构

### 11.2.1 管线数字化管理

中国石化原有管线基础管理工作薄弱。一是管道属性数据缺失。管道本体和附属设施的基本参数，包括管道壁厚、材质、防腐层类型、管道中心线位置、埋深等基本参数部分缺失。二是日常管理数据不全。在日常管理中产生的管理数据和检测、监测等数据，包括巡线记录、内检测结果、外检测结果、阴极保护参数等没有得到很好的收集保存。三是环境信息缺乏。管道本体外环境的属性数据，包括管道路由的土壤腐蚀性、地质和气候属性、水系、人口密度、经济发展状况、土地所有者等数据不能满足风险管理的需要。

管线数字化管理模块建设内容分为基础数据维护、管线文档资料管理、三维模型管理、二维地理信息管理四部分。基础数据维护为二、三维应用提供数据；管线文档资料管理对管线的各类设计和施工资料进行管理；三维模型管理按照模型类型和企业性质分类管理；二维地理信息管理对二维矢量图层、影像、二维数据的描述信息、二维数据编码信息进行管理，最后统一发布二维地理信息服务，如图11-2所示。

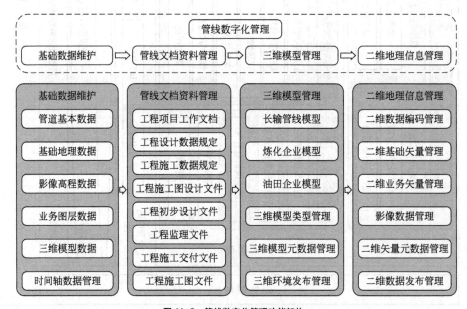

图11-2 管线数字化管理功能架构

管线数字化管理过程分为数据采集、数据加工、二三维制作、二三维发布四个环节。数据采集内容包括影像数据、高程数据、电子地图、全景影像、工程CAD（计算机辅助设计）、设计资料；数据加工内容包括二三维数据制作，具体内容包括影像矢量化、CAD处理、地形处理、模型制作；二三维制作内容包括矢量地图制作、地形模型叠加、地形矢量叠加、三维环境优化；二三维发布内容包括二维地图发布、二维计算发布、三维环境发布、三维分析发布[3-6]。

### 11.2.2 管线运行管理

原有管线运行方面存在业务痛点，包括管道巡护制度不健全，巡线人员专业知识不够，没有对管道沿线建设工程提出管道保护的要求，没有根据管道所处环境变化提出保护措施。

管线运行管理功能（如图11-3所示）包括管道巡线管理、运行参数监控和异常报警分析三部分，实现管线智能化巡线管理；实现对油气管线在温度、压力、流量及介质中硫化氢等危害物质含量进行监控和报警分析；实现运行参数和报警信息的可视化展示。

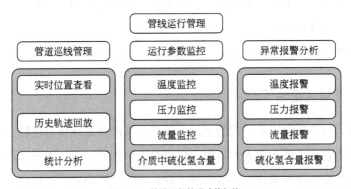

图 11-3 管线运行管理功能架构

对各企业管道巡线在线人数、实时位置、历史轨迹、计划覆盖情况、计划执行情况等信息进行汇总集成，分权限进行展示、统计、分析，打通企业到集团巡线信息上报通道，实现巡线业务统一管理。运行参数监控设计原则如下：

(1) 长输、厂际管线

a. 运行参数：温度、压力、流量、危害物含量等。

b. 范围：站场上针对每根输入、输出管线进出点；所在管线上的热点。

c. 展示：在二维、三维地图上进行展示。

d. 权限要求：只能查看操作授权的管线和站场数据。

(2) 厂内（地下）管线

a. 运行参数：温度、压力、流量、危害物含量等。

b. 范围：所在管线上的热点。

c. 展示：在二维、三维地图上进行展示。

d. 权限要求：只能查看操作授权的管线数据。

(3) 报警设计规则

a. 报警内容：针对监控的运行参数。

b. 报警条件：突破运行参数上下限（要排除停用的情况）。

c. 在监控界面上展示：如有报警，在站场或热点上显示明显标记；显示具体参数时，有明显标记，并显示报警详情。

d. 报警概览：列表（企业、站场、管线、参数、位号、开始时间、结束时间、上限值、下限值、报警值）；从表格可定位到地图上；查询（公司、管线、介质、时间区间等）。

e. 报警推送：出现报警时通过邮件、短信的方式推送到管线责任人。

### 11.2.3 管道完整性管理

管线运行环境存在不可控因素。一是打孔盗油会造成管道停输，影响了管道的输送能力；使得大量人力、物力和精力集中到巡线上，影响了对管道本身的管理；造成的众多漏点，严重影响了管道的正常检测和安稳运行。二是第三方作业危害大。一些第三方施工单位法律意识淡漠，违法违规施工，造成原油管道受损泄漏的现象时有发生。有必要进行管道完整性管理功能建设，变被动型风险防控为主动预防性防控。

依据管道完整性管理体系及标准规范，建设管道业务活动管理、高后果区管理及风险管理、完整性评估、维修与维护及效能评估等功能。业务活动管理针对管道管理的4大类23项业务活动进行集中管理；高后果区管理提供识别评估模型和标绘管理等功能，以明确实施风险评价和完整性评价的重点管段；风险管理包括风险评价模型、分级展示等功能；完整性评估针对管道管理的内检测、外检测、水压试验数据及完整性评价活动进行功能化管理，并生成智能化评价报告；维修与维护基于完整性评价决策提供管道维修维护计划、实施、反馈等管理功能；效能评估从效能评价、效果评定、过程评定、管理审核方面对管道完整性管理效能评估进行全过程管理，如图11-4所示。

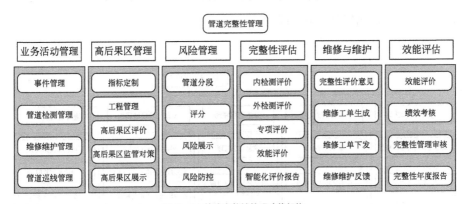

图11-4　管线完整性管理功能架构

充分调研国内主要管道企业管道完整性管理现状和工作效果后，结合中国石化管道特点和管理需求，明确了管道完整性管理的含义、工作内容和指导思想，围绕完整性管理的核心内容，打造信息化支撑平台，促进完整性管理工作的有效实施。重点围绕管理体系建设、核心技术研发、数据集成利用及信息平台开发4项内容。优化4类、16项完整性管理的主要业务流程，明确工作职责，实现业务活动的标准化管理。在此基础上开发业务活动管理模块，实现业务活动的线上管理，开发成品油管道高后果区识别与分级评估模型，建立内、外检测完整性评价模型，开发基于失效压力图、响应决策图的管道快速评价方法[7,8]。

### 11.2.4 应急响应

原有管线运行的应急管理体系不完备，部分应急预案未按国家有关规定在沿线的省、市、县相关政府机构备案；没有统一的报警电话，没有快速的通信平台，应急演练缺乏全面性和实效性等。

应急响应建设（如图11-5所示）内容包括应急资源自动标注、三维事故模拟、应急资源联动、应急抢险现场监控、环境污染风险防控五部分。借助二维、三维平台实现应急资源的自动搜索和联动；通过三维模型实现爆炸、漏油、环境污染等方面的事故模拟；通过配备移动视频和检测设备实现应急抢险现场监控；通过收集的管线周边环境敏感数据以及相应的应急预案等进行敏感数据维护、展示和应急模拟演练。

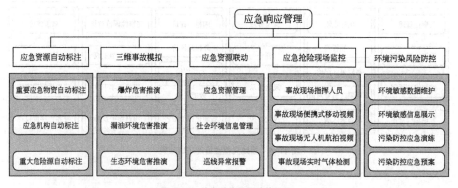

图 11-5　应急响应管理功能架构

基于地理信息平台，将应急资源分布、敏感区域、重要保护目标、敏感环境、重大危险源等信息在地图上进行标注，应急状态下可在地图上进行查询、标注、测量，为事故应急指挥及应急救援提供支撑。在系统平台上实现气体泄漏、火灾和爆炸事故的三维发展态势模拟，在事故状态下，可根据现场的气象数据及其他经验数据，通过数学模型计算事故的发展趋势及影响范围，为应急救援人员的站位、人群疏散以及应急指挥提供决策支持。在二维、三维地理信息平台中对事故地点周边可利用的应急资源进行查询、定位、查询详情功能，并根据事件类型和级别给出资源调度指挥方案，实现应急资源的联动。利用无线移动数据采集设备和应急通信车,将抢修现场(或事故现场)的监视画面、事故地点、现场浓度监测数据、气象数据等实时信息传回应急指挥中心,并通过应急指挥中心大屏幕进行集中展示,让指挥中心调度指挥人员及时了解现场情况,为及时地进行应急资源的调度、指令的上传下达提供保障。

### 11.2.5 隐患管理

国内管道运行存在诸多安全隐患。主要表现在两个方面,一是非法占压。绝大部分管道建设年代较早,初建时大多地处偏远,但受城镇化发展、规划不合理、安全意识淡薄等因素影响,存在非法占压现象。这些被占压管道无法进行正常安全检测和维修,一旦发生泄漏爆炸事故,极易造成群死群伤,后果不堪设想。二是管线穿/跨越安全风险大。原油管道与排水暗渠交叉现象较为严重,原油管道穿越河流、水库,一旦发生原油泄漏,就会造成重大水体污染,特别是穿越作为饮用水源的水库,可能造成巨大的社会影响。

隐患管理包括隐患排查、隐患整治、隐患跟踪分析三个子功能模块。运用多种先进技术对隐患进行全方位的排查与整治,为领导决策提供隐患综合展示和隐患统计分析功能,如图11-6所示。

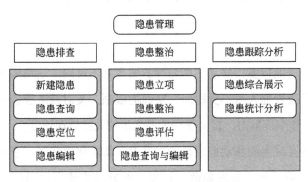

图 11-6　隐患管理功能架构

根据风险隐患隶属关系、空间位置、类型级别等信息进行数据动态层次聚类,开展风险隐患热度、趋势统计分析,达到隐患高效查询、持续跟踪、可视化管理的应用效果,全面支持开展油气管道安全隐患整治攻坚战。

### 11.2.6 大数据应用

中国石化智能化管线管理系统项目实施覆盖企业所有长输、厂际管线，合计3万公里以上。并已集成HSE管理系统、隐患管理系统、工业视频信息、实时数据库信息等数据，为大数据在管线上的应用研究提供了非常好的数据基础。同时总部领导、油田、炼化、管道公司和销售公司等企业领导高度重视智能管线的建设，也大力支持利用信息化手段提升管线的生产智能化水平。

从金属管线腐蚀点预测、打孔盗油概率预测方面，进行大数据应用的建设探索，针对金属管线腐蚀点预测、打孔盗油概率预测的具体需求和模型建设要求，需要大量的系统外数据，需要通过公众数据源获取相关地点的气候、交通流量、人口等信息，这些数据具有大规模、异构、多源等特点，关键技术涵盖从数据存储、处理到应用等多方面的技术。结合各软件在不同功能方面的优势，结合全球信息与决策支持库的业务需求，采用ArcGIS（地理信息系统软件）、JavaScript（一种属于网络的高级脚本语言）、Python（跨平台的计算机程序设计语言）、MicroStrategy（微策略）软件相结合的方式联合开发大数据分析应用（如图11-7所示）。根据大数据的处理过程，可分为数据获取、数据预处理、数据存储与管理、数据检索与分析、数据呈现与应用、数据安全等环节。

### 11.2.7 移动应用

管道野外作业较多，移动智能终端的使用必不可缺。迫切需要通过移动智能终端，使各级管理人员不受时间、空间的限制，及时获取管道资料和上报信息，以提高工作响应能力，提高管线业务人员的业务处理速度。

通过融合互联网和移动应用技术，开发了智能化管线管理系统移动应用。按照中国石化移动平台开发规范，以模块的方式集成到中国石化移动平台系统。移动应用平台框架中提供用户认证，并需要收集应用操作信息。该应用基于ArcGIS地图组件（安卓操作系统）进行开发，并采用系统现有模型数据、业务数据及服务接口进行业务实现，技术架构如图11-8所示。智能化管线管理系统移动应用业务包括管线基本信息、管道完整性、管线运行、应急响应、隐患

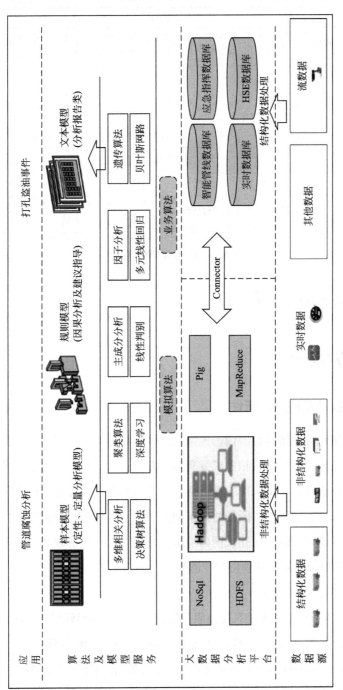

图 11-7 管线应用大数据技术架构

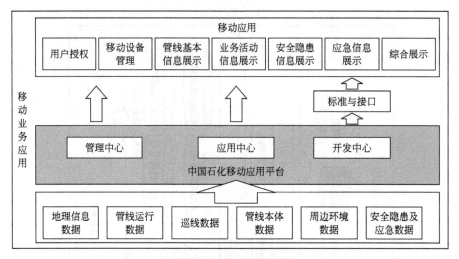

图 11-8 管线移动应用技术架构

治理和综合查询共六个功能模块。

## 11.3 应用效果

### 11.3.1 技术及应用创新性

智能化管线系统建设国内尚无案例，没有经验可循。国外虽有类似系统，但与中国石化的管理现状和需求又有明显差距。为保证项目建设技术先进、可靠，先后与埃森哲、Oracle、挪威船级社等10多家咨询公司和技术服务厂商进行技术交流，还专程赴中国石油北京调控中心、天然气公司武汉调控中心等单位进行学习调研。综合国外、国内情况，根据中国石化的现状，探索出一条智能化管线的建设之路，并获得如下创新：

（1）平台架构创新

a.统一服务调度。系统采用微服务的设计理念，按照管线业务对服务进行分类和归集，使得系统开发得以并行进行，同时尽可能地保证服务和数据资源复用。按管线业务将数据分类并实现数据分发服务化，在保证系统整体稳定运行的同时，实现系统功能可按需分布式部署。管线系统服务架构示意如图11-9所示。

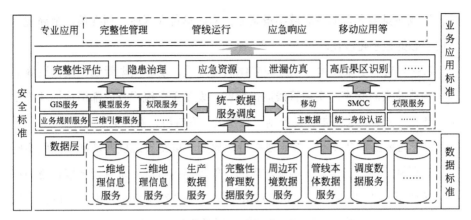

图 11-9　管线系统服务架构示意图

b. 多形态服务集成。面向中国石化众多异构平台（消息协议、数据格式、通信方式等），以管道数据模型为基础，采用ETL、Web Service等接口方式，形成集中、高效、便利的多形态（数据集成、服务集成、功能集成）系统集成方式。接口服务通过认证、授权和数据通信安全机制确保访问过程的安全性、可靠性、一致性，实现了"安全共享、数据互通"的建设效果。

c. 地理信息服务平台。通过资源托管、转化为在线服务，支持多样化服务类型［如OGC（开放地理信息系统）、ArcGIS］，支持服务注册管理，实现多源异构服务资源统一管理。Web应用服务器集群采用静态调度轮转算法，依次将用户请求分发到集群内不同的服务器上，使得各个服务器平均分担用户的连接请求。同时，平台提供地理信息应用开发所需的数据服务、应用服务、开发模板以及示例代码，方便用户能够快捷创建基于浏览器的Web应用或移动端应用。

d. 集团级三维应用平台。综合影像金字塔模型、模型加载网格优化、可见性裁剪、自适应渲染等技术实现大范围三维场景的实时渲染。通过集中渲染技术可以实现一次渲染完成多个相同模型的同时渲染，从而有效地提高渲染效率。此外，通过集中渲染技术在本系统中能够提高30%～50%的渲染效率。

（2）应用技术创新[9]

a. 多源空间数据融合技术。首创多源空间数据融合技术，将站场及管线的各路实时监控视频信号、高清影像动态映射到三维场景中，实现一体化融合显示，形成所见即所得的各区域实景画面，构建具备大区域、顶视角、全局观、实时动态的数字化沙盘。

b.空间立体渲染技术。以空间立体渲染方式，动态呈现管线、设备设施的模型构造及实时状态，实现管线运行数据、设备工艺流程及内部结构机理等多重业务、多元素信息叠加，使数据"看得见、看得清、看得全"。

c.空间数据聚合技术。按照遮挡避让原则，以距离维度为基准，按照不同远近的可视距离，三维场景匹配对应的各类显示内容。系统直接读取管道的数据，按照不同的可视距离显示对应GIS数据，在高空中显示宏观的影像，推进获取管道周边坐标数据、管道本体数据、站场等相关信息。

d.大数据量快速加载技术。优化长事务，将事务的范围缩小，快速操作完数据后，立刻把DB连接还给连接池，这样后续的请求就可以拿到连接。数据库使用索引的方式与使用书的目录很相似，通过搜索索引找到特定的值，然后跟随指针到达包含该值的行。

（3）模型创新

a.SPDM（中国石化管道数据模型）。结合了中国石化管道业务的应用场景，数据体中增加了版本、时间序列、多级组织机构、权限灵活分配等管理内容，适用于中国石化管道业务的灵活应用。该模型支持管道线性参考数据管理、支持多图层自定义管理、支持空间计算、支持网络拓扑数据管理、支持管线业务活动、支持管道完整性数据管理及相关的数据对接[10]，如图11-10所示。

b.成品油泄漏量计算。采用图形化管道配置界面，将泄漏量测算系统与泄漏报警系统、GIS系统集成，泄漏报警出现后，自动计算管道泄漏量，并在地图中显示泄漏点位置和泄漏量计算结果。考虑管线高程、上下游阀门距离、实时压力、水利学模型等要素，预测泄漏量，并可实时跟踪泄漏过程，提高应急响应的针对性和准确性[11,12]。

c.多源线性管道腐蚀预测模型。管道基础信息、检测信息、周边土壤信息、天气信息等多维度、多空间、多批次数据的有效利用，创新性地将多源线性回归与当量正态法结合，建立管道腐蚀失效预测模型。利用多源线性回归挖掘出管道腐蚀失效的极限状态方程，以当量正态法（JC算法）为核心，将管道

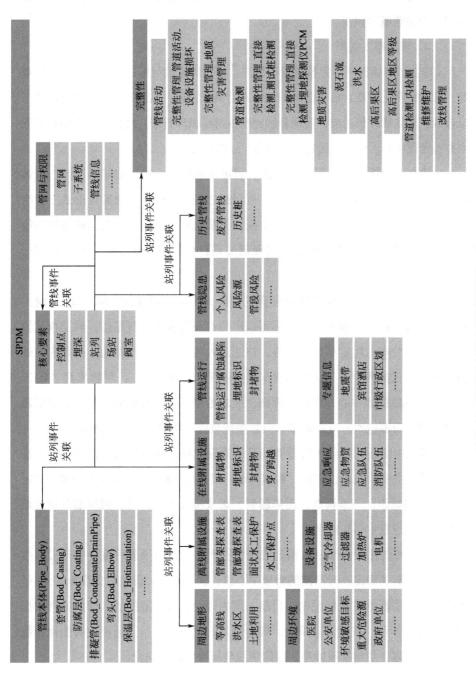

图 11-10 SPDM（中国石化管道数据模型）示意图

的材质性能、内部载荷等相关因素正态化，评估管道安全运行的可靠性，进而实现管线失效概率预测。

(4) 管理模式创新

a.建立"持续循环"完整性管理模式。按照国家油气输送管道完整性管理规范，开发数字化管理、业务活动管理、高后果区管理、风险评价、完整性评价、维修维护、效能评价功能，实现管线完整性持续循环管理，现已在华南销售成立完整性管理中心，保证管线安全、可靠、经济运行。

b.建立"透明化"巡线管理模式。利用移动终端，通过拍照、视频、录音等手段，在巡检过程中发现的问题，可以通过拍照、视频、录音等形式上传相关数据，实现巡线任务派发、事件上报、人员轨迹回放、巡线人员在线状态等业务的在线监控和全流程管理，实现重要巡检信息的快速流转，加快处理过程，提高巡检质量。

c.建立"联动"管线应急响应模式。集成泄漏监测系统、SCADA系统、视频监控等系统，获取报警信息后可以迅速对突发事件进行定位，联动查清就近应急资源分布、附近环境信息等，快速进入路径，估算泄漏量，确定应急处置方案；通过指挥中心、应急指挥车（4G+四化无线网桥）、现场单兵（4G）等，形成应急指挥中心、现场指挥部、应急抢险单位三级联动机制，建立应急事件报警、资源检索、方案确定、应急指挥全程联动响应的新应急模式。

d.建立中国石化智能化管线管理系统建设的标准规范体系。首创了一套涵盖管线管理业务、技术、应用、数据4大类88项标准体系，包括数据采集、数据字典、地图影像、三维模型、图形图例、集成接口等，并已在国家油气管道地理信息系统建设中得到应用。

e.建立智能化管线涉密数据全流程管控体系。按照国家对重要基础设施数据保密管理有关规定，对勘测的管线中心线、管道本体、管线附属设施等5类坐标数据需要进行涉密数据脱密。目前，国内外没有可借鉴的油气管线涉密数据全流程管控体系，按照国家规定，结合中国石化管理现状，创建完备的保密数据采集、处理、使用管理体系，保障管线坐标类数据的安全。

(5) 应用创新　智能化管线管理系统涵盖了51家企业3万多公里的长输

和厂际管线，涉及油田、炼化、长输三大板块完整性管理、运行管理、隐患治理、应急响应四大业务域超1.5万用户，系统中综合利用移动应用、720度全景影像、GIS技术等手段，为总部和企业用户业务应用带来全新转变。

a.数字化管理功能支撑多元管线业务应用，提高工作效率。应用数字化管理功能，详细查找到管线管径、埋深、走向，结合周边地理环境信息，规划了地下管线牺牲阳极埋设位置及数量；应用数字化管理功能查看管线情况，为专业公司现场实地踏勘提供支持，为隐患治理、管线改线探索出新的工作模式；快速计算管道埋深不足区间，为隐患治理提供准确位置。

b.视频监控、三维技术、720度全景影像等支撑管线业务可视化。通过在管线关键部位利用视频监控、三维技术、720度全景影像等，使地下和远在千里之外的管线清晰可见，实现管线周边环境、建筑密度等信息全视野、多角度的观察，掌握交叉管线空间几何关系，动态监控占压、穿/跨越、高后果区等高风险管段，支撑管线完整性管理、应急响应、隐患治理等管理人员业务决策。

c.GIS技术协助管线业务定位管理。利用GIS技术实现管线隐患、高后果区、穿/跨越等管线重点部位的定位，使管线管理人员通过PC端、移动端能够精确定位业务事件，为后续业务处理提供服务。

d.移动应用助力管线业务移动化办公。利用移动终端，实现管线本体信息、应急信息、周边环境等的查询及管线运行异常信息推送，打破传统管线业务管理手段，创建移动化辅助业务管理，提高办公效率。

### 11.3.2 应用效益

中国石化管线主要分布在经济发达地区，区域内人口密度大、公共设施多、安全风险高。通过智能化管线管理系统，可以详细掌握中国石化原油、成品油、天然气、化工产品管线情况，形成了51家企业3.4万千米的管网一张图，系统用户数超1.5万，月访问量34.5万次。系统具有中国石化自主知识产权，已申报了4项发明专利、1项外观设计专利，取得了6项软件著作权，发表论文12篇，并获得"中国石化科技进步一等奖"。

系统自2015年12月在51家企业先后上线运行，随着智能化管线管理系统在企业不断深入使用，其经济效益日益凸显。通过信息化手段和先进技术的使用，提高了企业事故处置和预防能力，有效降低事故发生率和处理时间，大幅减少事故处理费用；系统辅助企业优化管线改扩建路由，合理节约了工程项目投资，同时也提升了企业用工效率，有效降低人工成本。总体而言，按企业目前应用系统取得的成效，该项目的建设应用产生了显著经济效益，在降低事故发生率、减少非计划停输、节省人工成本等方面节约费用约3.6亿元。

（1）提高事故预防能力，降低事故发生频率　管道事故可以造成管道停输、管道泄漏、设备损坏、人员伤亡、环境污染等重大灾害性损失，给企业造成巨大的经济损失（如青岛管道泄漏直接经济损失7.5亿元）。通过系统加强了管线巡线及站库智能巡检功能，强化了针对第三方施工、管道占压、打孔盗油的管理手段，完善了可视化、移动通信等快捷信息技术，细化应急响应实用功能，提高事故预警预防能力，避免事故的发生。

（2）辅助优化管线改线路由，降低工程费用　企业对消除占压、安全距离不足等风险隐患进行管线的改线处理时，利用系统中周边环境的信息以及三维分析功能，对改线路由进行合理规划设计，制定施工方案。2016年，销售华中分公司利用智能化管线管理系统查看管线情况，为专业公司现场实地踏勘提供支持，节约费用160多万元。华北油气分公司2017年年初对管辖的大东线西二线段管线进行逐段建设，项目部利用智能化管线管理系统参考影像图并查阅了该管线沿线占压、穿/跨越位置及周边环境调绘数据，经过现场确认，对该管线重新进行了路由优化，制定了施工建设优化方案，最终减少了费用近百万元。

（3）全面推行完整性管理，用工效率有效提高　伴随着完整性管理体系及相关新型技术的运用，为企业降低人工成本提供了有效措施。随着完整性管理体系及相关新型技术的运用，人员素质结构的优化和配套区域化改革的推广实施，有效提高了劳动生产率。销售华南公司用工数由2015年的0.38人/公里降低至2017年的0.24人/公里，按此比例测算每公里减少0.14人，按中国石化长输管线2.4万公里计算，可减少3360人，以人均成本4万/年，能够降低费用1.3亿元。

（4）建立地理信息公共服务平台，减少后续项目购置地理信息软件费用　在项目建设过程中，构建了中国石化地理信息服务平台，通过瓦片聚合和分布式文件存储等关键技术提升运行效率，为51家企业60余个系统提供管线数据、企业高清影像数据、企业基础信息数据等专题服务，有效降低了项目建设投资。

### 11.3.3 应用成效

系统满足总部、事业部、专业公司、企业不同层面管线管理需求，取得显著成效，主要应用效果体现在总部及企业两个层面，具体如下：

（1）总部层面　通过智能化管线系统，总部生产经营管理部、安监局、能环部、工程部、信息化管理部、资本运营部、油田事业部、炼油事业部、化工事业部、油品销售事业部10个部门，实现管线管理在地理空间上的"无限拉近"达到"所见即所得"，随时随地掌握、定位、查看、监控、报警管线的各类数据、信息及事件，实现虚拟的直达和深入基层，帮助企业解决实际问题。

a.随时掌握管线基础数据。总部通过系统及移动应用，实时获取管线相关数据，随时随地在线多维度查看各企业管线信息、周边环境信息、业务信息、运行信息等数据情况，减少企业统计上报的工作量，并降低数据统计的主观性及误差。使用系统前：总部查看企业基础数据、业务数据，需要层层统计，至少需要1天时间才能反馈到总部。使用系统后：总部查看企业基础数据、业务数据，可通过系统随时查看，仅需要2min即可。

b.随时定位隐患及处置。通过智能化管线管理系统，实现了隐患的分类分级管理、分布管理和定位管理。总部、事业部、专业公司和企业层面，都可以查询长输管道和厂际管道隐患情况，摸清隐患的分布、位置、周边环境信息，掌握隐患治理动态。

c.随时查看巡线动态覆盖。使用系统后总部及事业部等管理部门及人员无须到企业现场，随时可通过系统查看及跟踪企业巡检落实情况及巡检异常事件上报情况，总部查看企业不同岗位人员巡检情况仅需要2min，并可以进行不同角度的比较分析。通过实时在线巡线管理及异常事件管理，事件上报及时率达90%。

d.随时监控应急响应处置。通过无人机视频、单兵视频、全景影像等运行管理手段，结合系统内80余万条的应急数据信息及预案信息，通过将分散的资源快速定位联动，建立应急响应新模式，使应急响应时间缩短至原来的1/2，使因为应急事故带来的经济及社会危害极大降低。

e.随时报警干线异常停输。总部、事业部可随时查看管线高后果区分布情况、风险评价等级、管线内外检测及完整性评价的情况，可以通过该结果确保管线健康合理运行。100%提高了总部领导对管道完整性业务的管理效率。使用系统前总部及事业部了解管线完整性执行情况，需要翻阅大量文档，且数据没有结构化存储。使用系统后总部及事业部仅需要2min即可了解管线完整性执行情况，总部管理效率提升100%。

（2）企业层面　通过智能化管线系统，油田、炼化、销售、管道、天分等51家企业，在基础数据应用、事件处置效率、应急响应速度、运行管理手段、本体业务管理、综合分析能力方面实现"六提高"，成为企业管线管理的有力抓手，保障管道安全、平稳、可靠、绿色运行[13,14]。

a.提高基础数据应用，全面了解管线数据。企业应用数字化成果指导地下工程施工，提高施工效率。应用数字化管理功能，详细查找到管线管径、埋深、走向等信息，结合周边地理环境信息，在开展地下维修作业时规划了地下管线牺牲阳极埋设位置及数量；在施工过程中根据地下管线位置走向，选择最优开挖方式，进而提升了施工效率，节约投资，保障了施工安全。企业通过系统数据协助完成了国务院、省督办的管道整改攻坚项目，对改线管道的沿线高后果区、敏感目标、占压、穿/跨越、房屋等进行确认，为管线建设方案提供依据。

b.提高事件处置效率，跟踪事件处理过程。各企业通过智能化管线系统进行管线事件管理，提高处理效率，通过人工上报和系统自动采集对第三方施工、管道占压、阴保失效、打孔盗油、设备故障、安全隐患、自然灾害等日常管理工作的非正常事件进行管理，实现从发现问题、分析问题到处理问题的闭环管理，并及时进行督办和考核，做到对异常事件早发现、早处理，有效保障管线安全运行。

c.提高应急响应速度，保障事故快速处理。为企业提供抗灾辅助决策支持，通过智能化管线系统进行地理信息、周边环境的查看，并通过全景影像、视频监控等手段了解信息；通过雷达卫星与光学遥感结合，分析管道沿线水情和管线隐患，为一线抗灾提供了重要信息与辅助决策支持。为企业应急抢险提供了重要支撑，通过系统定位迅速确定事发现场位置，指导调度人员第一时间准确发出事故预警；通过数采查询第一时间掌握管线及阀门运行状态，通知采取关闭阀门等隔离措施；第一时间现场警戒，通知距离事故点最近的巡检人员立即赶赴现场做好警戒；通过获取环境信息指导抢险查看事故点周边地形环境、敏感目标、重大危险源，第一时间通知相关救援力量和撤离人员；通过数据测量计算确认事故严重程度、管线泄漏情况；通过启动应急预案，建立现场和应急中心的联动，整体规划应急抢险。

d.提高运行管理手段，监控管线运行。企业利用管线系统的数字化和可视化成果，实时查看管线异常情况：通过智能化管线系统定位到了现场区域，调取了周边的环境资源信息后，通过无人机等方式加急完成现场的720度全景影像的制作并发布于智能管线系统，便于用户第一时间了解受灾区域现场情况。利用单兵设备不间断拍摄，确保隐患治理施工全程受控，在隐患治理施工中，工作人员使用防爆单兵设备44h不间断拍摄，将隐患治理施工全过程实时监控并全部回传，确保现场施工过程全称受控，满足了企业相关安全要求。

e.提高本体业务管理，实现完整性全面覆盖。企业通过系统推进管道完整性管理，以智能化管线系统为平台，以管道风险为中心，重点围绕管理体系建设、核心技术研发、数据集成利用及信息平台开发4项内容，积极进行管道完整性管理，做好风险识别，降低、减缓风险发生概率，规范施工管理流程，扎实推进完整性管理模式建设和应用工作。

f.提高综合分析能力，提高企业管理手段。通过系统进行生产决策及风险预测：通过集成企业现有信息系统及建立必要的人工录入平台，将业务数据进行统一组织与管理，再利用地理信息技术、数据分析、数据可视化等技术，结合企业不同领导的关注点，实现对企业的生产、经营、安全、外管道等各类信息的多维度集成与展示，为企业生产经营一体化管理、生产决策、管道预警提供决策依据。

## 参考文献

[1] 张涌. 中国石化智能化管线管理的应用实践[J]. 当代石油石化, 2018, 26(5): 37-40.

[2] 李遵照, 王剑波等. 智慧能源时代的智能化管道系统建设[J]. 油气储运, 2017, 36(11): 1243-1248.

[3] 黄代军. 中石化智能化管线系统720度全景影像制作[J]. 江汉石油职工大学学报, 2016, 29(4): 71-73.

[4] 陈井军, 徐从齐. 720°全景影像在石油管道上的应用[J]. 石油库与加油站, 2017, 26(4): 13-16.

[5] 王焕改. 基于Visual Basic语言的三维建模在智能化管线建设中的应用[J]. 中国科技信息, 2017, (17): 92-94.

[6] 马维康. 论提高RD8000探测仪在智能化管线建设中的效率[J]. 工程建设与设计, 2017, (22): 32-34.

[7] 刘思良, 王勇, 张廷廷. 高后果区识别方法在天然气管道工程建设中的应用[J]. 当代化工, 2017, 46(10): 2134-2137.

[8] 李亚平. 基于BP神经网络的油气管道高后果区自动识别方法研究[J]. 当代石油石化, 2019, 27(2): 38-42.

[9] 吴建军. 智能化管线建设技术难点与应用效果[J]. 当代石油石化, 2018, 26(11): 47-52.

[10] 吴建军. 智能化管线管理系统中管道完整性数据库建立研究[J]. 中国科技投资, 2016, (14): 34-36.

[11] 吴梦雨、梁永图. 成品油管道泄漏量测算软件[J]. 石油化工高等学校学报, 2017, 30(2): 71-76.

[12] 花柏新. 成品油管输油品界面准确跟踪的分析[J]. 石油库与加油站, 2015, 24(2): 8-11.

[13] 朱益飞. 智能管线管理系统在油田生产中的应用[J]. 智慧工厂, 2017, (1): 83-84.

[14] 王海伟, 栗攀, 王钰. 智能化管线系统在采油厂输油系统的建设[J]. 化工设计通讯, 2017, 43(12): 51, 73.

# 12

# 油田企业数字化智能化转型案例

数字油田与智能油田是全球石油公司的发展趋势。通过数字化智能化建设，促进了油田企业生产组织和管理模式的转变。平台、数据和应用的一体化整合促进了业务协同能力，将数据、业务、人员进行跨学科、跨组织、跨地区的整合，优化业务流程与组织机构，降低了管理成本；实时远程监控增强了业务沟通能力，提高了工作效率；高精度自动化控制提升了精细生产能力，提高了生产效率[1]。

国际石油公司的数字油田（亦有称智能油田、智慧油田等）建设起步较早，一般在2000年后就已经开始。经过二十几年的建设，积累了很多经验，目前已经进入了实质性大量推广应用的阶段。国际石油公司目前未建设覆盖完整业务链条的智能化业务应用，但是在不同环节均实施了相关的重要战略举措，并取得良好的实施效果，如图12-1所示。

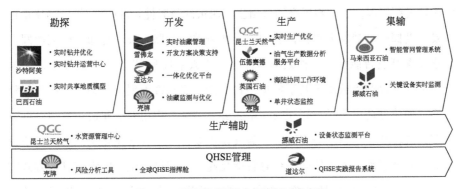

图 12-1 国际石油公司数字化智能化业务应用

壳牌（Shell）公司的Smart Fields（智能油田）项目整合了智能井、先进协作环境和油藏管理3个子项目，专注于生产运营、生产优化、油藏监测和油田开发，将不同的执行周期和复杂性的业务紧密结合，形成一个统一的智能油田协同工作平台。雪佛龙（Chevron）公司通过物联网技术实现事件监测、确认和报警管理，对井下和地面设施进行自动检测，帮助油藏工程师和采油工程师及时、可视地发现异常油井和油藏，同时，根据异常事件自动生成建议的行动方案，实时调整生产计划。英国石油（BP）公司的"Field of the Future"（未来油田）项目主要使用物联网与自动化技术，将现场与地下的实时数据传送到远端的数据中心进行分析和处理，实现了生产数据的实时采集、传输和快速处理分析，在全球建立了35个先进协作中心，这些中心联合起来形成一个统一的平台，实现了多学科、多地点的远程协同。道达尔（Total）公司的智能油田关注数据标准化，实现更高效的数据分析与理解应用，通过基于数据的决策优化，对油田规划、生产优化、开发钻井和设备操作等提供支持。挪威石油（Statoil）公司的智能油田重视针对深水领域的生产信息化系统远程协作与虚拟环境，包括精密信息传输技术、海上远程控制油田技术、深海拖缆地震数据采集实时现场质量监控系统、平台数据信息管理系统、船舶管理。

面临复杂油气藏的勘探与开发、远程协同工作、专家及知识共享等方面的挑战，国内石油公司也纷纷通过数字化智能化建设促进油田业务转型。中国石油统一建设油气生产物联网系统，实现生产数据、设备状态信息在生产指挥中心及生产控制中心集中管理和控制，搭建规范、统一的数据管理平台，支持油气生产过程管理，进一步提高油气田生产决策的及时性和准确性[2]；2018年正式发布勘探开发梦想云平台，实现上游业务数据互联、技术互通、研究协同，推进勘探开发智能化，工作效率与决策水平大幅提升[3]。中国海油打造中国特色国际一流的集成统一共享信息平台，持续完善IT治理、网络安全两大保障体系，加快推动生产云、管理云、销售云三"朵"应用云的建设与应用，促进生产方式转变、销售创新突破、服务共享提质，推动数字化转型，实现高质量发展；开展了海上无人值守平台等智能化建设，促进了生产组织和管理方式的转变[4]。中国石化坚持"统一规划、统一标准、统一设计、统一投资、统一建设、统一管理"信息化建设原则，贯彻"集成共享、高效敏捷、创新驱动、协同智能"工作方针，利用移动互联、云计算、物联网以及大数据等新一代信息通信技术和先进理念，打造协同智能的生产营运平台，推进生产方式、管理方式的变革；按照"平台+数据+应用"建设模式，开展智能油田试点示范区建设，提升生产领域的数字化、网络化、智能化水平，促进油田企业提质增效、转型发展[5]。

中国石化于2013年完成智能油气田总体规划，明确了演进路线、业务架构、技术方案等，各油田企业思考和寻找低油价下的业务痛点和难点，并进行智能点探索。2015年将智能制造作为"十三五"规划的重要组成部分，智能油气田是智能制造的核心之一。2016年选择了中原油田普光分公司、西北油田采油三厂作为智能油气田试点建设单位，结合油田企业提高生产效率、优化生产运营的业务目标和集中集成、协同共享的信息化需求，开展了智能油气田建设。智能油气田建设主要围绕油气藏、单井、管网、设备等油气田企业核心资产，实现油气藏动态管理与优化，单井、管网、设备的智能诊断与优化，打造全面感知、集成协同、预警预测及分析优化四项能力，助力高效勘探、效益开发，实现企业资产价值最大化。

中国石化智能油气田搭建了一个石油化工工业互联网平台，在信息标准化和信息安全两大体系支撑下，重点围绕勘探、开发以及生产等六个业务域相关应用，最终实现全面感知、集成协同、预警预测和分析优化四项核心能力，如图12-2所示。

通过智能油气田建设，实现了企业降本增效。通过打造"井站一体、电子巡护、远程监控、智能操控"信息化新模式，实现生产环节的实时监控和即时优化，提高生产效率，实现优化用工；通过全流程闭环优化，实现全系统节能降耗；通过提高决策质量、效率以及油藏认识深度，实现提高采收率、降低自然递减率。

通过智能油气田建设，促进了企业间和业务领域的数据和业务共享。按照"平台+应用"的架构理念，搭建了石油化工工业互联网平台，有利于提升油气田企业信息化建设应用的标准化、规范化、自动化水平，提高应用建设质量和

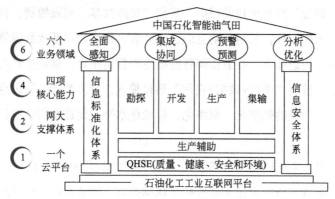

图 12-2　中国石化智能油气田核心建设内容

效率，促进了各油田企业、各业务领域数据共享和应用集成。

通过智能油气田建设，促进了油气田企业生产运营模式转变。基于石油化工工业互联网平台，进行油气田企业智能化业务应用部署，实现油气田生产预警预测、跨专业集成协同、一体化分析优化，助力公司生产运营模式转变、生产决策能力提升，实现劳动生产率提高20%以上、生产运营成本降低20%。

## 12.1　数字化大型气田——中原普光

### 12.1.1　基本情况

中国石油化工股份有限公司中原油田普光分公司（以下简称中原普光）位于四川省达州市宣汉县普光镇，2003年4月27日，勘探南方分公司部署的普光1井测试获高产工业气流，发现了国内最大的海相整装高含硫气田。2009年10月投入开发，建成亚洲第一、世界第二大高含硫天然气净化厂和国家应急救援川东北基地，也是国家"川气东送"工程的重要气源地，具有非常重要的经济和战略地位。开发建设工程主要包括普光主体和大湾区块两部分。酸性碳酸盐岩型气藏，具有"四高一深"等特点，即储量丰度高、气藏压力高、硫化氢含量高（剧毒）、二氧化碳含量高、气藏埋藏深；气田范围属中低山区，地面海拔300~900m，气候温暖潮湿，年平均气温13.4℃，最低气温-5.3℃，最高气温为

41.3℃，具有伏旱、春雨、夏旱、秋涝、冬干的气候特征，雨季极易发生山体滑坡等地质灾害。开发建设具有资金密集、技术密集等特点，开采成本高、安全风险大，是开发管理难度最大的气田类型之一。

### 12.1.2 转型历程与成效

中原普光生产营运覆盖从勘探开发到净化处理的系统生产链，从建设之初就以"数字气田"为目标，按照无人值守的标准进行信息化基础设施建设。2005年就实现了气藏、生产井、站场、管道、设备等参数和状态实时监测。在采气厂安装了数据采集与监控（SCADA）系统，净化厂安装了集散控制系统（DCS），建立覆盖全气田井、站、阀室、处理厂等生产现场的丰富感知层，实现生产数据自动采集、生产现场远程监控、四级紧急联锁关断、气体与火气监测、生产报警预警，井站无人值守，基本实现数据实时获取、全面集成和共享，设备自动调节运行状态，达到自动操控，实现站场、管网、设备等可视化管理。

从2015年开始，中原普光遵循整体规划、分步实施、步步见效、重点突破、重在应用的思路，分阶段完成普光智能气田建设。第一阶段建成了数据资源共享中心及相关规范标准体系、一体化应用云平台和辅助决策指挥中心的移动应用；第二阶段基于工业互联网平台开发了勘探开发管理、三维仿真、生产管理、HSE管理、设备管理等系统；第三阶段依据中国石化"十三五"发展规划及智能油气田规划，结合中原普光业务现状、自动化及基础设施现状、应用系统建设现状，建成了安全高效、集成共享的IT支持环境，实施了气藏动态管理、单井管理、管网管理、设备管理、智能调配产、应急指挥、智能问答小助手等业务域的智能化建设，如图12-3所示。

基于云计算、物联网、大数据、人工智能等信息技术，围绕普光的勘探开发、生产应急、安全环保三个方面，紧密结合大数据、人工智能的最新成果，突破传统应用局限，解决气藏管理智能、腐蚀管理智能、生产应急智能、地灾监测智能、设备管理智能、能源管理智能、管网智能、井筒完整性管理智能等具体问题。通过持续推进普光智能气田建设，着重打造了勘探开发辅助决策能

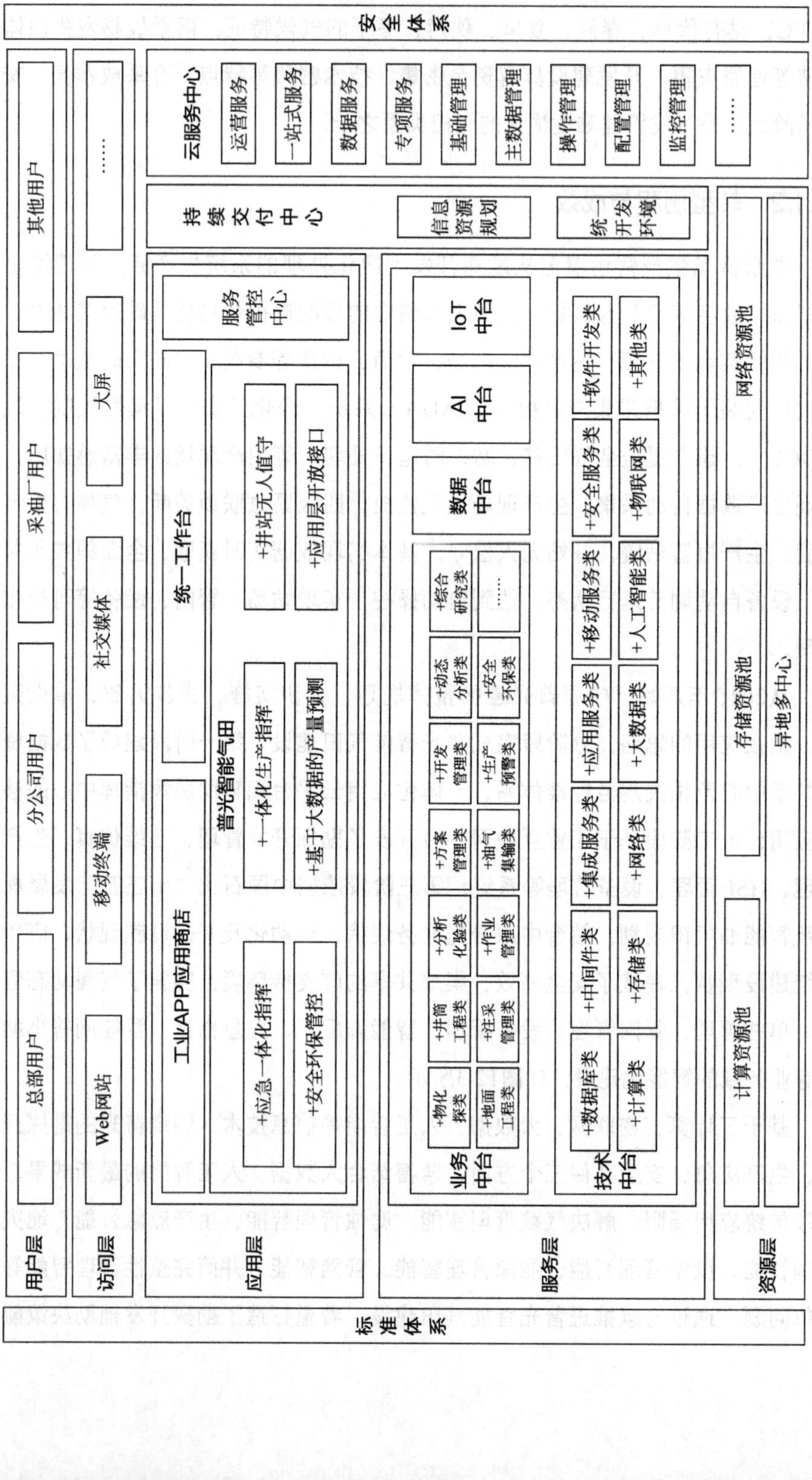

图 12-3 中原普光智能气田总体架构图

力、生产优化与协同能力、安全管控与处置能力、经营管理精细化能力4项能力，支撑中原普光增储稳产、降本增效、安全生产，有力促进了企业转型升级，推动中原普光绿色安全、高效运营、精细管理，达到资产价值最大化，管理效率提升5倍以上，综合管理水平大幅提升，把中原普光打造成高度自动化、数字化、可视化、流程化、模型化的智能化气田。

### 12.1.3 应急一体化指挥

中原普光作为高含硫气田，安全是气田开发工作中的第一位，集输站场、阀室按区域分别设有硫化氢探测器、可燃气体探测器、火焰探测器以及声光报警系统等，实时监测集气站的安全运行状况。以中原普光的各类数据资源为依托，采用信息化手段，整合各类应急信息资源，建立以地理信息为基础的上下贯通、横向协同的应急指挥信息化支持系统，为中原普光应急指挥提供全面准确的信息，全面提高应急管理和处置能力。

#### 12.1.3.1 解决方案

应急一体化指挥包括应急生产指挥、监测预警、应急预案管理、应急融合通信、应急资源管理、应急指挥一体化联动、应急车辆导航以及综合展示等功能。在采气厂和净化厂安装了数据采集与监控（SCADA）系统和分散控制系统（DCS），实现了对全气田井口、沿线站场、阀室、输气管道、联合装置及设备的全过程实时监控、集中数据采集、四级紧急联锁关断、气体与火气监测、报警等功能。

（1）建立了一体化应急生产指挥体系　当应急事件发生，将事故发生地点、现场视频监控（含移动端）、应急资源分布、有毒有害气体监测信息、气象等信息，自动推送到应急指挥大屏幕，基于融合通信将事件信息"一键通知"给相关部门领导和人员，同时实现事故现场与中原油田、集团公司的协同处置及大屏幕联动，滚动展示处置进展信息。

应急事件发生后，报警人按下报警键，现场声光报警器工作，提醒人员发生灾害。同时报警器将报警信号传送至云端服务器，系统分析运算后，将加工后的信息（事件发生地点、时间）推送至应急救援中心报警电脑PC端和救援人员手机端。

基于二维地理信息系统（GIS）、三维仿真，分层显示站场、阀室、人口分布、水源、学校、医院机构等生产设施及周边资源，集成生产数据、实时数据、视频监控、报警信息、环境监测及路网数据等，实现迅速定位故障点，调取周边信息，便于应急指挥决策。

（2）建立了应急指挥一体化联动体系　整合应急物资、应急队伍等应急资源，集成生产运行、三维仿真、移动办公、环境监测、二维GIS等多个应用系统，实现卫星定位、地理信息、视频、移动终端等信息的协同应用，实现远程精准指挥。

建立应急车辆导航管理，按单位、储存点、车辆名称、车牌号、车辆类别、规格型号、数量、品牌、车辆功能等信息进行信息化管理，基于地理信息地图、GPS定位服务，实时获取应急车辆位置坐标信息。集成设备、设施、仪器仪表监测数据、环境监测数据、气象数据，接入报警信息，建立分级报警设置，当有异常状态时，以声、光、短信、邮件等不同形式推送给相关监管部门人员，并对处理结果跟踪和反馈统计。

（3）建立了应急融合通信平台　通过融合通信平台，融合连接8类现场通信系统，实现通信系统互联互通，完成应急指挥平台中人员的单路、多路的固定电话、移动终端、步话机的呼入、呼出、挂断、保持、恢复等功能建设，并对通信进行录音存档，提高应急救援人员之间的沟通效率。

建立应急移动应用，实现音视频应急会商，报警、应急处置动态信息推送。事件发生时，应急指挥中心指令下达至现场人员，现场人员可通过手机APP、短信等反馈任务进度，同时可通过手机端以语音、视频形式与指挥中心实现互联互通，如图12-4所示。

### 12.1.3.2　应用效果

（1）应急事件快速响应　应急事件发生时，通过多种通信手段上报领导，根据事故的类型、级别、上报信息、事故发生地等综合信息进行预案的智能搜

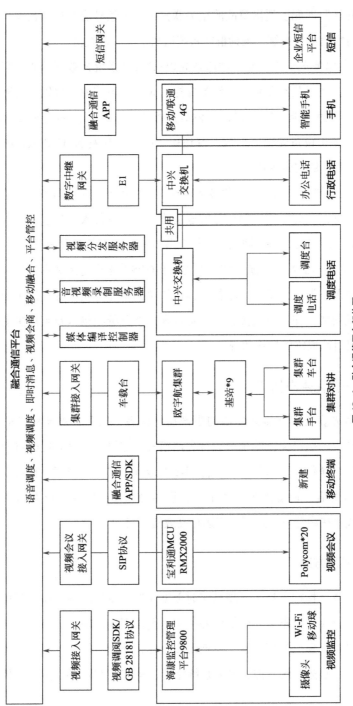

图 12-4 融合通信平台架构图

索，查找并按照匹配度列出事故的相关联预案，供领导决策启动预案。预案启动后，利用短信群发系统、电话群呼系统通知相关应急人员。

（2）紧急情况一键关断　中原普光以SCADA系统为数据核心的高自动化控制系统，实现工艺参数采集、设备操控、火气状态监测、报警、关断联锁等数据采集与监控功能。在火灾、气体泄漏等紧急情况下能够实施联锁四级关断，保障人员和设备安全，形成一套适应高酸气田开发的SCADA系统应用体系，保障普光田的安全生产。

（3）应急过程实时掌控　集成应急车辆GPS系统，对消防车、应急指挥车进行轨迹跟踪，实时掌握车辆运行轨迹及消防车、应急人员救援时的人员信息和站位情况；同时支持轨迹回放，掌握企业日常应急业务开展情况。

（4）应急车辆智能导航　结合普光车辆GPS数据进行大数据分析，判断道路的通畅情况，为应急车辆现场救援提供科学的路径导航。开发出主动上报道路拥堵情况功能，在应急救援过程中综合大数据分析结果以及用户主动上报情况，推断出目前道路的拥堵状况。

### 12.1.4　一体化生产指挥

中原普光建立以调度为中心的生产运行体系，按照管理流程，形成从分公司层面到现场生产岗位的生产运行应用模式，三级管理之间融会贯通。分公司、采气厂、净化厂、采气区调度协调线上运行。实现生产事件在线发布、事件处置全程留痕、调度指令直达单兵、现场动态及时回传、重要信息分级推送、运行效率在线分析，达到生产运行高效指挥目的。

#### 12.1.4.1　解决方案

一体化生产指挥包括生产现场实时数据监控和生产现场一体化监控两类功能。生产现场实时数据监控包括气井井史、智能管线、地灾监控、岗位应用、车辆管理以及气象泄漏等功能；生产现场一体化监控包括采气集输监控、天然气净化监控、水务系统监控、电力系统监控以及PC、移动端、大屏一体化应用等功能。

(1) 建立生产现场实时数据监控体系　通过实时数据查询，可获取气井的相关工程、技术参数等数据，为相关部门应急抢险决策提供技术支持。集成车辆管理系统，与GIS相结合，实现对车辆的实时监控及历史轨迹显示。集成地质灾害系统，实时监测地质灾害点监测数据。可视化查询集输管线、气象泄漏等信息。

实时监控采气、净化硫化氢含量、管网压差、水质等各类指标，分析变化趋势，建立预警分级预判机制，根据预警信息判断预警级别。当临近阈值范围时主动产生报警，并按照预警级别推送至对应岗位，工作模式逐渐由人找事转变成事找人，提高生产效率。

(2) 建立生产现场一体化监控体系　采气集输监控从采气、水处理、净化、水平衡、电力五个业务方向，建立沿流程、重点安全环节、主要生产指标的综合监控，全面感知分公司生产运行情况，辅助生产异常的追踪分析、快速定位。

建立电力监控异常报警预警机制，主动推送报警信息，实现报警事件闭环管理。发生报警时，系统通过声、光、电三种方式提醒，快递定位报警位置，推送报警详细信息并可快速调取视频监控、工艺流程监控和生产动态数据，辅助生产指挥。

建立PC、移动、大屏三种终端相结合的一体化应用，移动端应用将生产待办、重点工作、生产计划集成融合到普光移动应用门户，移动端应用与PC系统共享一套资源，随时关注钻井、作业、项目施工等进展情况、产量完成情况，实时提醒生产待办任务，促进办公便捷化、高效化。

#### 12.1.4.2　应用效果

(1) 实现了生产业务协同　集成了GIS、井史、车辆、地灾、火灾、气体泄漏、气象、周界等生产应急数据及应急物资、应急队伍、应急专家等应急资源，打破了应用系统之间的壁垒，实现了从应用分散到应用集中、从数据分散到数据共享、从业务孤立到业务协同的模式转变，实现了生产应急资源的全面感知和线上一体化管理。

（2）实现了现场远程可视　基于HTML5视频转发技术、GIS定位技术，建立钻井、作业、项目施工等重点施工现场自主识别机制，快速定位施工地点，一键调取生产数据、实时工艺流程组态和现场视频，实现生产现场全面感知、远程可视、分布可监控。

### 12.1.5　井站无人值守

中原普光是目前国内开发难度最大的高压、高含硫及$CO_2$的气田。为保障生产工艺过程安全运行，遵循以工艺过程参数检测及安全保护与自动控制为重点，以工艺过程安全可靠、操作平衡、数据准确、科学管理为原则，实现对整个气田数据遥测、遥控、遥信的管理理念。围绕中原普光的气藏、井、管网、设备设施等核心资产，在天然气开采、处理、储运等核心生产环节，应用物联网、智能化、移动互联网等信息技术实时获取数据，采用具有高可靠性、高稳定性和先进适宜的自动化软件、硬件，建立覆盖全气田井、站、阀室、处理厂等生产现场的丰富感知层。

#### 12.1.5.1　解决方案

井站无人值守解决了生产现场的远程监控和远程操控，实现了生产现场的无人值守。生产现场监控包括视频监控、紧急疏散广播、数据实时采集、电子巡线等功能；远程操控包括生产参数在线监测、远程监测与控制等功能。

（1）建立了生产现场监控系统　为了保障气田的安全高效平稳运行，中原普光从建设之初就以"数字气田"为目标，按照无人值守的标准进行信息化基础设施建设。

利用物联网技术，建立覆盖全中原普光单井、集气站、阀室、处理厂等生产现场的丰富感知层（传感器），通过自动化控制系统，实现了对全气田井口、沿线站场、阀室、输气管道、装置、设备的全过程实时监控。重要区域及危险点安装视频监控探头1277个，覆盖净化厂区、井口、各集气站控制室、装置区、火炬区等，并实现危急事件发生时的联动。现场报警时，附近摄像头自动对报警区域进行跟踪，并实现危急事件发生时的联动。

（2）搭建了紧急疏散广播（警报）体系　普光主体区域修建基站6座，安装紧急疏散广播点287个，广播覆盖站场、输气管道沿线1.5km；每个集气站加装了电动防空警报器，声音达123dB，净化厂内设239个报警扬声器、118部扩音对讲电话，可覆盖厂站周边2km。

大湾区块设置3个广播基站，1507个广播安装于大湾范围的农舍，广播覆盖站场、输气管道沿线1.5km；25个电动防空警报（集气站7个、阀室18个），防空警报声音达123dB，可覆盖站场周边2km。

（3）建立了采气远程监测与操控机制　中原普光为了保障安全平稳生产，采用了大量先进成熟技术和国内外先进设备、合理确定控制及检测系统，在天然气生产、集输、脱水、安全等各个关键环节采用先进的自动化控制，包括远程终端单元（RTU）、可编程逻辑控制（PLC）和状态控制（SCS）以及分散控制系统（DCS）、安全仪表系统（SIS）等，能够实现远程操控和全操作过程的效率提升。

#### 12.1.5.2　应用效果

（1）实现了生产现场远程监控，提升了油气田生产决策的及时性和准确性　物联网应用于生产现场，实现了气藏、生产井、站场、管道、设备等生产状态数据实时采集、远程传输和全面数字化监控。通过统一视频监控平台，对生产现场和重点施工现场实现实时远程视频监控。

（2）实现了井站无人值守，降低了运行成本和安全风险，保证了整个气田安全、高效、平稳运行　物联网应用于远程操控，实现井站无人值守，提升工作效率。通过安装气体信息采集与报警设备，辅助以状态指示灯、广播、站场声报警器实现气体与火气监测、生产报警预警，达到井站无人值守。设备运行状态自动调节、自动操控、可视化管理，解决了复杂环境下智能监控、分散节点的联网、大系统资源整合与报警联动中的问题。通过井站无人值守，减少一线员工60余人。

### 12.1.6　安全环保管控

中原普光以智能油气田架构设计为运营管理信息化的理念，建立完善组织机构，规范安全工作流程、重视安全技术标准建设、做好评估工作、严格装备配套标准，确保本质更安全。

#### 12.1.6.1 解决方案

安全环保管控系统解决方案包括气田环保风险管控、环保指标在线监测、地质灾害在线监测、直接作业环节在线管控四类功能。气田环保风险管控包括污染源排放实时监控、超标报警及趋势分析、应急物资监控、风险源监控等功能；环保指标在线监测包括排放气体在线监测、工业用水在线监测等功能；地质灾害在线监测包括位移数据实时采集、实时监测、地表形态分析判断、地表灾害报警等功能；直接作业环节在线管控包括票证签发、作业管理、作业风险评估及承包商现场管理等功能。

（1）建立了气田环保风险管控体系　实现气田污染源排放的实时监控、超标报警及趋势分析；实现场站固废填埋场的分布展示、监控；进行气田场站周边自然保护区等环境敏感目标展示；进行气田环境应急物资监控；实现气田重大环境风险源监控。

（2）建立了环保指标在线监测系统　针对高含硫气田存在的环保指标，建立了一套符合安全生产规范的环保预警体系，由环保监控系统负责监控现场外排液、气的实时数据，自动判断排放趋势，针对超量排放进行预测，数据传输至生产科室以供决策，在紧急环保事故发生时，能够提示相应应急预案，紧急规避环保风险，预防灾难性环境事故的发生。

（3）建立了地质灾害在线监测系统　在任何气候条件下，实时采集地表内部位移数据；软件系统实时对有关数据信息进行自动采集、存储、加工处理和输入输出，可以利用实时监测数据和各种地质灾害信息对地表的形态作出初步分析判断和报警，为管道和站场安全运行和管理工作提供高效的现代化手段。

（4）建立了直接作业环节在线管控体系　为实现对作业人员、监护人员、作业环节的信息化管控，中原普光围绕直接作业环节管控业务，具备票证签发、直接作业管理、作业风险评估管理、承包商现场管理等功能，建设了直接作业环节管控系统。在现场作业票证办理过程中，应用RFID技术，以防爆手持终端为载体，扫描现场位置卡，确认作业地点，实现票证签批、签批人员定位。

#### 12.1.6.2 应用效果

（1）提高了环境监测管理水平　环境监测系统实现了对气田所有用水排水、废气排放和固体废物环境数据监测、合并及时发布共享。协助管理层快速、准确掌控环境的动态变化状况，依据环境变化趋势图分析，制定合理的环境保护方案，提高环境监测管理水平与应用水平，在气田开发的同时保护好当地的生态环境。基于模型算法，利用物联网、移动应用、地理信息、大数据分析等技术，识别及分析风险，强化HSSE（健康、安全、安保和环境）本质安全管理。实现全面感知、智能预警，为企业科学决策提供量化依据。

（2）实现了环境监测数据实时可视　利用GIS技术将环境监控应用软件构筑于环保数据库管理系统和图形库管理系统之上，提供具备空间信息管理、信息处理和直观表达能力的应用。综合分析环境情况，实现环保数据的综合查询，为计划决策提供信息支持，为外排气、液数据进行分析预测，统计结果可用表格、统计图、文字等多种方式表示。建设了大气、水、噪声、固体废弃物等方面的监测手段，其主要功能：监测点位图的显示、点位查询、区域查询、信息查询、全气田环境分布、全采气区或个别场站环境平均状况随时间的变化情况，并实现数据地图化功能。

### 12.1.7　基于大数据的产量预测

地质模型和数值模拟预测是气田开发管理、动态分析的重要手段，国内外大部分油气田都利用Petrel、Eclipse、tNavigator等专业软件建立了气藏地质模型和数值预测模型。模型成果的解析是衔接专业软件与气田信息化建设成果应用的前提条件，通过解析Petrel和tNavigator等软件的成果文件获取相关网格数据、属性数据、预测数据、曲线数据等，并将数据进行拆分存储。

#### 12.1.7.1　解决方案

基于大数据的产量预测功能包括产量预测和气藏动态预警。产量预测包括产量预测模型、产量预测方法以及产量预测结果分析等功能；气藏动态预警包括气藏动态预测模型、气藏动态预警模型、气井动态诊断以及气藏动态诊断等功能。

（1）建立了基于大数据分析的产量预测方法　建立单井产量预测方法与模型，并利用大数据等技术，对单井或者单元进行日产量、月产量或年产量的产量预测。实现由常规经验分析预测向多方法、多模型及大数据分析与预测的业务转变，并为开发效果及效益评价提供更可靠的预测结果。

（2）建立了气藏动态预警与诊断模型　依托数模模型、气藏工程、数理统计等方法，通过对气藏动态预测，形成计划、预测、数模成果等对比模式的气藏动态预警模型；根据预警模型对气井和气藏的开发现状进行诊断，超前预警气藏产量、压力、液气比等重要参数的发展趋势，预判措施和调整意见，通过人机交互的方式做出最终诊断，并形成诊断模型，丰富知识库的内容，为科学评价气藏开发规律提供依据。

#### 12.1.7.2　应用效果

（1）提高了产量预测精准度　通过大数据分析技术，建立大数据气藏产量预测模型，实现随时随地进行产量预测，辅助气藏开发管理、生产管理。实现由分析滞后、经验分析向多种分析预测模型、实时分析、多套方案论证的转变。通过预测模型持续优化，硫沉积预测准确率提高到90%以上，硫沉积解堵成功率接近100%；气井见水预测准确率提高到92%以上，出水时间平均延迟3个月以上。

（2）实现了气藏动态异常预警　以气藏为核心建立多种分析预测、预警模型，利用可视化技术，采用最新模型成果进行开发生产模拟分析；依托气藏数模成果、气藏工程方法、大数据分析理论等构建气藏动态异常预警模型工具，由专家经验及系统自学习形成专家知识库，实现对气藏流体分布规律的认识和气藏开发生产、气井产量异常等的主动分析、预警预测和诊断决策。

## 12.2　大漠上的智能油田——西北油田

### 12.2.1　基本情况

中国石油化工股份有限公司西北油田分公司（以下简称西北油田）是中国石化上游原油生产主要阵地，油田主体位于新疆维吾尔自治区阿克苏地区、巴音郭楞蒙古自治州境内，部分区域分布在和田地区境内。总部机关设在自治区首府乌鲁木齐市，并在巴音郭楞蒙古自治州轮台县建立前线指挥基地，负责勘察、开采的区块合计24个，矿权登记面积9.45万平方公里。区块分布于塔中、塔北、巴麦、天山南等地区，投入开发的有塔河油田、顺北油田、巴什托油田、雅克拉凝析气田、大涝坝凝析气田、轮台凝析气田6个油气田，其中塔河油田规模最大。1997年部署在塔里木盆地阿克库勒凸起的沙46井、沙48井先后获高产工业油气流，标志着我国第一个古生界海相大油田——塔河油田的发现。"十一五"以来，年增油量达60万吨，占中国石化上游增产幅度的80%，所属塔河油田2006年跻身我国陆上十大油田之列，2007年成为中国石化国内第二大油田。

### 12.2.2 转型历程与成效

随着分公司生产规模、工区面积不断扩展，生产区域分散、环境恶劣、用工成本高、生产安全压力大，给勘探开发、生产营运、经营管理等业务带来了前所未有的挑战。面对发展中遇到的挑战，西北油田积极推进两化深度融合，围绕主营业务，打造前端物联化、资源云端化、应用模块化的"平台+数据+应用"的数字化生态环境，推动分公司体制机制创新，激发油公司新的活力。西北油田的数字化智能化转型主要经历三个发展阶段。

（1）第一阶段：基础建设阶段　完成了西北油田的网络资源、通信资源建设，自建干线光缆3705km，架设了覆盖塔河工区95%的无线网桥基站，将网络延伸到站库、单井，实现了主干万兆、三网隔离和环路保护。建成南北疆4大核心机房，服务器虚拟化资源共享占比达到80%以上，信息化基础设施初具规模。

（2）第二阶段：应用发展阶段　开发数据库、钻井数据库、采油工程平台等8大业务域管理系统陆续运行，标志着从纸质化信息采集迈向单项业务管控、生产数据集中的新阶段。综合研究按照突出主流、特色辅助、整体配套的建设思路，配套更新了勘探开发专业软件30余套，进一步提高了综合研究水平。经营管理以ERP为核心，逐步扩展到财务管理、概算、结算、投资管理、市场招投标等业务，实现了经营管理规范化、流程化。生产现场站库使用PLC实现了以生产数据自动采集和重点设备联锁控制，视频监控可视化覆盖占比达93%。

（3）第三阶段：集成提升阶段　充分利用云计算、大数据、物联网、移动互联等信息技术，秉承"互联网+"先进理念，全力打造三个平台、两个体系、一个中心。以勘探开发、生产运行、经营管理业务链为主线，建立了ERP（企业资源计划）、PCS（生产控制系统）、FMIS（财务管理信息系统）等支撑各业务环节的大型应用系统。油气生产信息化建设率先在上游板块实现了可视化全覆盖，智能管线管理系统，全面覆盖外输管线共645km，无人机巡线基本实现全覆盖。ERP大集中统一了标准，规范了业务流程，提炼了应用亮点，有效提高了经营管控能力，更好地发挥了经营管理平台的作用。协同办公平台通过集成常用办公系统的待办工作，实现统一账户、统一登录、统一应用、统一消息，方便了核心业务流程的移动审批，有效提高了工作效率。勘探开发软硬件资源共享云实现了11套主流软件的多平台共享应用，如图12-5所示。

通过基础设施的逐步扩展，有力地保障了应用系统、视频监控、工控传输、语音通话等油田核心业务高效、安全、可靠运行。

通过业务系统的深化应用，提升了生产运营集中管控能力，提高了勘探开发综合研究水平，实现了经营管理规范化、流程化、标准化。

通过智能油田的持续建设，促进了企业资源优化、降本增效、人工优化、共享发展和公共安全，实现了技术创新、管理模式创新、生产信息化管理模式创新等，增强了业务协同、信息共享，提升了企业发展优势。

### 12.2.3　井站场无人值守

随着西北油田生产信息化建设，劳动生产率得到极大提升。目前国际油价波动频繁，长时间处于低位运行，西北油田地广人稀，产能开发快、人力成本高、反恐形势严峻。在油价、环境、安全等错综复杂的形势下，分公司不惧挑战，大胆尝试，以信息化为抓手，通过无人值守中小站场和井站一体化试点建设，实现管控模式创新、生产效率提升、人力成本下降。为此，针对西北油田进行生产节点无人值守改造，助力效率效益提升，实现高质量发展。

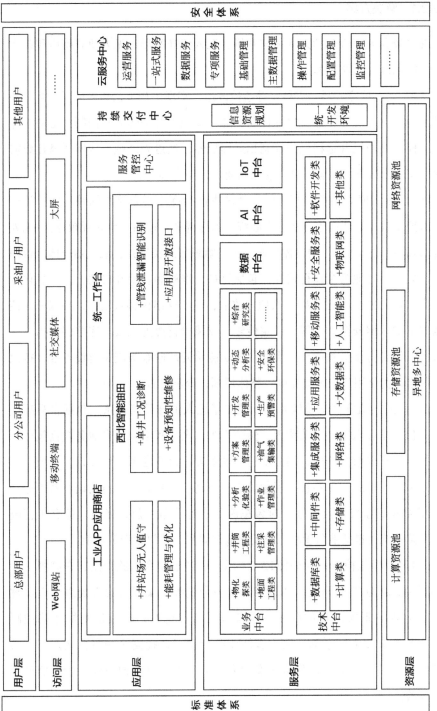

图12-5 西北智能油田总体架构构图

#### 12.2.3.1 解决方案

井站场无人值守包括无人值守井场、无人值守站场、无人值守磅房和装水点、智能化检查站等方面。

（1）无人值守井场　进行单井监控改造，实现生产工艺参数远程监测、井场视频画面远程监控；进行单井控制改造，实现单井加热节气控制，电潜泵井远程启停，抽油机井远程变频控制和远程启停；通过光纤或无线网桥搭建数据链路，将生产数据、报警信息、视频画面远传至中心站。

（2）无人值守站场　开创以管理区生产指挥中心为核心的井、线、站一体化管控模式。管理区生产指挥中心统一指挥调度，按照"单井视频巡检+无人机巡线+站场无人值守"的总体思路，生产组织方式实现井、线、站一体化管理模式。生产运行业务全过程监控，包括巡护、维修等。提升自动化、信息化水平，完成辅助生产设施无人/少人值守改造；建立网络传输双回路，确保无人值守模式下的数据安全、可靠、稳定传输；以风险管控为主线，完善保护措施，将风险降低到可接受程度；各类站场按功能单元风险等级制定建设标准，按照先易后难、优化用工的改造原则，整体规划、分步实施。

（3）无人值守磅房及装水点　建立了无人值守磅房体系，包括音视频引导、身份与车牌识别、自动称重、预防作弊、全过程记录、多业务数据集成，自动统计分析与数据稽核。建立地磅自动管理平台及业务系统接口，集成了身份识别系统、车牌识别系统、视频监控、道闸、红外光栅、自动语音系统等。建立了无人值守装水点体系，对装车流程进行改造，敷设光缆，配套工艺改造、安防系统，包括业务管理、自动化数据同步、结算管理等功能。

（4）智能化检查站（如图12-6所示）　通过整合人脸识别、车牌抓拍、视频识别、认证识别等技术，智能定位多个视频，集成公安系统进行人员危险信息识别，系统后台数据库与设备获取信息比对，以及道闸机布防控制等，实现检查业务的联动，实现智能化检查模式，提高了物资检查效率，节约油田检查站人工成本，降低了安检人员的工作强度，同时降低企业资产流失的风险。

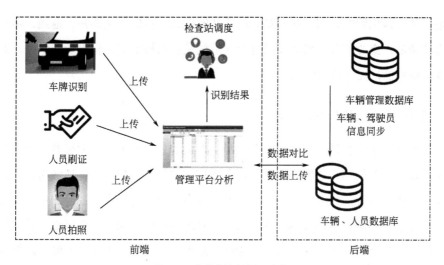

图12-6 智能化检查站主要功能

#### 12.2.3.2 应用效果

(1) 优化组织模式,促进降本增效　通过无人值守改造,实现以管理区为核心的井、线、站一体化组织模式,生产动态实时准确掌控,调度指令实时下达,任务执行实时跟踪,提升生产管控质量与效率。将人员数据资料采集统计、巡检与操作等工作量降到最低。依据数据分析、指标考核等手段强化队伍跟踪考核,实现降本增效,并不断优化,促进可持续发展。

(2) 提升安全管控能力,保障生产安全　实时监控及联锁保护安全保障措施,保障设备设施安全可靠运行。快速响应、应急处理能力提升,把生产事故、意外或恐怖事件的后果控制在最低程度与范围内。

(3) 优化磅房用工,提高工作效率　西北油田磅房进行无人值守改造后,实现了12座磅房的无人值守,优化用工30名(保留远程监控岗及巡检人员8名),每年可节约人工成本210万元。西北油田12座磅房每天过磅500余车次,自动完成称重、放行,减少人为因素对过磅数据的影响,规范称重流程,提升运输管控能力,同时为财务结算系统提供接口,实现即时过磅、即时形成费用数据,为优化提升效益提供有力支撑。

(4) 创新管控模式,提升运行管理时效　通过计转站片区信息化建设,实现井站一体化管控，实现区管站、站管井的模式，打破传统巡井、巡线、站库管理壁垒，重心前移，将计转站打造为前线关键指挥节点，辐射所辖单井，实现故障巡检，提升运行管理时效。

### 12.2.4 单井工况诊断

抽油机正常生产是保证油田开发经济效益的重要环节，抽油机井示功图直接反映了油井的运行状况，蕴含着许多可挖掘的信息，如产量、动液面、杆柱受力、砂蜡气等，以示功图图形及生产参数为基础，基于专家经验的数学模型和深度学习的图像识别技术，建立抽油机井示功图诊断模型，实现油井数据自动提取、特征自动识别、工况自动诊断。从而做到及时发现问题故障，减轻人工诊断工作量。

#### 12.2.4.1 解决方案

单井工况诊断功能架构包括示功图图形特征抽取、生产参数图形化、建立工况诊断模型及诊断模型优化等功能。

（1）示功图图形特征抽取 采用灰度网格技术将示功图散点围成的封闭曲线映射到40×30的网格内，转化为向量输入。

（2）生产参数图形化 单纯用示功图图形进行油井工况诊断时，对于示功图形状接近的工况无法进行有效区分，例如供液不足、气体影响工况，其图像十分接近，此时，就需要根据单井产液量、动液面、油套压等参数，对这两种工况进行区分。

（3）建立工况诊断模型 通过卷积-池化过程完成图形特征抽取后，最后使用全链接的神经网络进行样本的学习，将知识以权值和阈值的形式存储在网络中，网络的输入是被诊断对象的征兆即特征值，输出则表示发生故障类型的概率值，通过训练逐层修改权值和阈值获得均衡收敛，使网络的分类性能收敛到最佳点。根据示功图形状和油井生产情况，可将油井工况分为以下几类：正常、供液不足、气体影响、杆柱断脱、抽喷、泵漏等。

（4）诊断模型优化 利用CNN（卷积神经网络）模式识别技术建立抽油

机井示功图诊断模型，开发软件系统实现抽油机井示功图在线诊断功能，结合专家经验可对13种常见油井工况进行诊断识别。与传统功图诊断方法相比，本模型将特征抽取交由成熟的卷积-池化技术进行处理，能够提高或改善特征细节；同时采用图形化的方法与生产参数相结合，尽可能地挖掘出更多工况判别依据，提高工况识别精度。随着模型在应用过程中的迭代完善，将有效提高抽油机井预警诊断及时率、准确率与工况管理水平。

#### 12.2.4.2 应用效果

（1）建立了工况典型图谱库，提高了对照工作效率　采用CNN（卷积神经网络）图形识别技术，建立示功图诊断典型图谱样本库，利用油井功图和生产参数对油井工况进行诊断分析。经过机器训练将基于图形卷积模型的诊断结果转化为业务上由专家定义的工况类型，再根据现场经验进行部分工况的修正与剔除。确定了西北油田的主要工况类型，结合工况分析和图形识别，明确了每种工况的产生原因、工况特征和典型图例。并形成了可供查询的典型图谱库，方便广大技术人员查询对照。

（2）提高了工况诊断准确率　基于实时参数、油藏物性、管杆组合、井斜轨迹等数据，建立具有自学习功能的单井故障诊断模型，利用大数据分析，实现生产工况异常预警、生产参数预警、油井工况诊断等功能应用，提高了单井工况诊断的及时性、准确性。

（3）实现了单井工况的实时监控　通过开发应用系统，依托实时采集的示功图数据，定时自动进行数据抽取和工况诊断，结合工况图谱和可视化展示手段，实时可视化展现不同油井工况数据和工况示功图，并对异常情况进行预警，能够为技术人员实时掌握所辖内油井工况运行情况提供有效支持，实现了油井工况运行的实时监控，及时发现井筒问题，减少躺井次数和躺井率，并减少了维修保养成本。

### 12.2.5 管线泄漏智能识别

在油气田勘探开发、生产运营过程中，输油气管道是油气生产得以保障的生命线。西北油田地处塔克拉玛干沙漠腹地，其油气管道一旦发生泄漏，若不能及时发现，不仅带来巨大的经济损失，还有可能造成严重的环境污染。鉴于西北油田地形复杂，部分油气管道线路穿越地理环境复杂的无人区、交通死区和通信盲区，给人工巡检和运维带来了诸多困难，并且巡检效率通常偏低，为弥补人工巡检的不足，无人机替代人工巡检已成为一种行而有效的方法。同时，随着智能油田信息化和数字化进程的快速发展，油田建设、事故应急等领域均需要精细和及时的空间地理信息，鉴于无人机在智能油田信息化建设、油气管道和电力管网巡检、应急抢险防控防暴、地面工程基础建设、新建管网勘察设计方面独特的优势，无人机技术应用已越来越受到油田管理人员的关注。

#### 12.2.5.1 解决方案

西北油田针对管线泄漏问题，利用无人机巡线，减少人工巡线次数，建设了管线泄漏智能识别系统，包含无人机巡检、远程控制无人机起降、巡检隐患智能识别、飞行数据同步管理以及任务推送协同作业5个功能模块。

（1）无人机巡检　任务机的视频信号与飞行数据分开传输，高清摄像机拍摄到的视频信号经过压缩和调制等处理后，直接传输到场站上的图传遥控接收装备上，接收装备通过光纤与数据中心连接，最终实现视频实时传回数据中心。自动视频巡线是监控系统最核心的业务。

（2）远程控制无人机起降　通过将无人机控制与智能巡检私有云平台及西北油田内部光纤网络相结合，数据监控处理中心通过实时监控系统实现对正在实施巡线的无人机进行远程控制，以及无人机的紧急起飞、迫降以及空中悬停等多种操作。同时，对无人机挂载设备进行控制，包括多倍变焦相机控制、智能抛投控制、喊话器控制、探照灯控制等功能。

（3）巡检隐患智能识别　针对西北无人机管道巡检的实际需求，在原有平台功能的基础上，通过功能模块拓展开发，增加了隐患点智能识别的功能，通过软件的自动化数据处理，降低了室内数据处理的工作量，进一步提高巡检的工作效率。

（4）飞行数据同步管理　无人机飞行过程中产生的实时数据（飞机编

号、经度、纬度、高度、空速、飞机状态等），回传地面站后通过局域网络实时发送到数据中心。

（5）任务推送协同作业 基于推送功能，数据中心可实现远程对地面站推送航线、区块以及数据信息。实现统一任务分解，自动推送到邻近无人机完成作业，如图12-7所示。

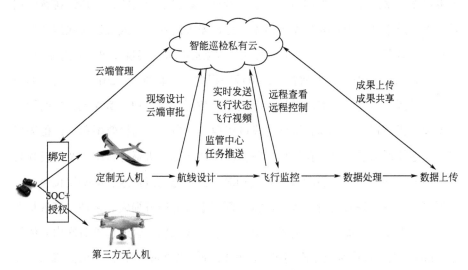

图12-7 飞行数据同步管理示意图

#### 12.2.5.2 应用效果

（1）油田智能化、信息化建设提速增效 以生产信息和地理信息为基础，以网络技术、通信技术、计算机技术、无人机技术等手段为依托，建立覆盖各采油气厂、相关生产管理部门、生产班组的管网巡检系统，通过引进无人机巡检技术，建立以无人机巡检技术为主、人工巡检辅助实施的全实效、全覆盖的巡检体系，实现管线巡检业务的规范化、流程化、网络化、信息化、现代化，完善西北油田管网巡检建设。

建立智能巡检的完整描述，实现对巡检体系内人员、设备空间位置信息、巡检状态信息、巡检内容信息的统一管理和维护，实现"图数一体化"的一张图管理模式，更好地规范巡检作业，提高管理水平，保障管线安全、稳定。

（2）实现巡护精细化管理，提高巡护管理水平　根据管道分布、任务离散程度、任务下发时间、飞巡难易程度及天气情况等多方面因素，合理分布机组，精细化管理。保障时间周期内高覆盖率完成飞巡计划。按照管理区分片，根据巡线工作量分派巡线机组，减少区域性气候等对季度飞巡的影响。巡查班组，明确各自的职责范围和内容，做好进度策划，增强内部管理和协调。针对植被覆盖、水网地段、汛期时期的巡线检查，解决了传统的人工巡线花费时间长、人力成本高、困难大且安全风险可控性差等问题。无人机巡检数据实时、直观、可追查，解决传统人工巡线受人为因素影响大，实现高效、有力监管。

（3）显著提升巡查时效性，降低经济损失　西北油田于2018年年初全面引入无人机巡检后，全年实现总巡检管道公里数近24万公里，其中超50%的管线可实现一天一巡，近30%的重点管段可实现一天多巡，巡检效率和巡检覆盖率较人工巡检提高近10倍。在巡检成效上，2018年无人机巡检机组共及时发现各类输油气（水）管线穿刺泄漏现象近30次，实现隐患点快速、准确定位坐标，刺漏事故均得以妥善处置，大大降低了刺漏造成的经济损失。帮助生产现场及时巡查并发现管道周围存在的不安全行为及事故隐患，管道巡检时间由4h缩短至30min，人工巡检刺漏单次污染面积由120$m^2$降至20$m^2$，治污费大大降低，年节约污染治理费用110.4万元。

后续将不断深化"无人机+影像+GIS信息应用"，持续挖掘并应用无人机巡线技术，建立一套基于无人机巡查成果的管道风险评价机制，向管线建设施工、应急抢险、隐患定位分析、隐患推送、管线风险评估等方向拓展。

### 12.2.6　能耗管理与优化

油田的"四化"建设积累了大量的油气生产数据。面对海量的实时生产数据，对采油、集输、注水等系统效率分析评价和优化工作频率要求不断提高。通过搭建能耗分析评价体系，建立面向采油、集输、注水等业务的专业模型，采用大数据分析算法检测并剔除异常数值，结合线性拟合/多项式拟合、趋势预测算法及业务分析方法，建立油井井场联调模型，实现根据井口、加热炉等实时生产数据动态优化工作参数，实现了生产环节的能耗实时监控，在线评价分析，调参建议推送及优化效果跟踪。

#### 12.2.6.1 解决方案

西北油田针对能耗管理，实时监测油气水井生产运行参数、油井的动液面、在线含水及井液黏度等，及时发现单井运行参数变化；同时，利用大数据技术进行分析，实现油井调参、油井掺稀以及加热炉温控三个方面的能耗优化。

（1）油井调参 基于抽油机井常规分析优化算法及大数据分析基础数学算法，建立油井冲次动态调整模型，参考历史生产测试资料分析液面-冲次、频率-产量之间的关联关系及生产趋势，依据专业算法模型精确预测理论最佳冲次，结合现场条件约束推送建议调整方案，并根据反馈数据不断迭代优化模型，如图12-8所示。

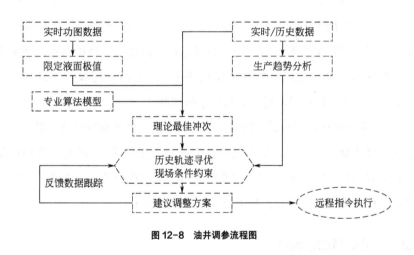

图 12-8 油井调参流程图

（2）油井掺稀 基于套管掺稀井筒物质平衡和热交换原理，分析油套环空掺入液体与油管产出液体之间的热交换平衡过程，结合地温梯度、水泥环、地层岩石散热等节点，模拟分析掺稀井筒温度场，为掺稀优化提供数据和模型基础。应用方程组回归、神经网络数值预测、关联关系分析等大数据分析方法，对掺入-产出-生产参数进行主因分析和关系回归，分析优化合理掺入量和抽汲参数。

（3）加热炉温控　根据单井至计转站间生产实际流程进行建模设计，建立单井加热输送专业计算模型；依据管线历史数据拟合，通过大数据分析方法，预测管线输送温降变化，结合专业模型计算结果，确定最佳炉温，结合现场能效现状推送建议调整方案，远程控制执行。

#### 12.2.6.2　应用效果

（1）快速定位能耗治理方向　建立油井能耗评价体系，对全厂400余口井的地面效率、井下效率分布进行区间划分，绘制抽油机井系统效率分布图版，根据油井效率数据落在图版的位置可以准确找到治理方向。

（2）降低生产运行单耗　井场加热炉运行参数实现智能分析和调参优化，节约燃气燃油量及检维修周期；现场视频监控与智能预警，减少巡检次数，由原来一天一次减少到两三天一次，减少了人工巡检次数，实现了生产运行常态化管理，提升系统生产效率，降低运行单耗；建立设备模型库和故障案例库，借助特征提取和智能诊断算法，进行设备运行故障智能诊断和预测，帮助设备管理和操作人员及时获得故障诊断和预测提示，及时处理故障，减少事故发生，降低设备磨损和材料消耗，延长检维修周期。

（3）提高生产运行质量　构建产能配套建设、生产运行管理、措施作业等全过程管理和优化体系，以信息化管理为抓手，建成井-线-站运行管理链条，形成新的网络化运行管理模式，实现业务运行全过程管理和可追溯，高效开展生产系统整体优化工作，逐步解决影响生产的问题环节。

### 12.2.7　设备预知性维修

搭建设备管理系统集成应用，建立诊断及机理分析模型，并借助工业大数据分析工具，对设备运行状态进行监控与分析，加强设备运行和状态分析诊断能力，为设备的安稳运行提供保障。

#### 12.2.7.1　解决方案

设备预知性维修是在设备运行监测的基础上，开展设备在线运行分析、故障诊断与预测两个方面的功能。其中，在线运行分析主要包括参数分析、振动分析、性能分析、健康指数以及自主分析等；故障诊断与预测主要包括规则诊断、案例诊断、人工诊断以及诊断报告等。

（1）在线运行分析　参数分析主要提供设备运行参数的实时展示和趋势分析；振动分析主要提供设备状态监测的集中展示；性能分析主要提供典型设备性能曲线及性能参数对比分析及分析说明；健康指数主要展示设备健康指数趋势图和分析说明；自主分析主要提供分析工具自主分析，生成报告，主要用户为厂级、装置级设备主管领导和设备管理人员。

（2）故障诊断与预测　结合故障案例和专家诊断，建立故障诊断模型与知识库，对专业设备进行智能诊断和综合评估，为设备运行与维修提供可靠的支撑，根据故障预测概率开展预知性维修。通过配置故障征兆、规则等信息，对专业设备进行智能诊断和综合评估，为设备运行与维修提供快捷的诊断结果。通过访问知识库中过去相似案例的处理经验而获得当前问题解决方案，对专业设备进行智能诊断和综合评估。通过专家经验而获得当前问题解决方案，对专业设备进行诊断和综合评估。通过规则、案例、人工等诊断方式，对故障诊断结果进行标准化记录，诊断报告中包含故障类型信息、可信度、故障处理建议。

#### 12.2.7.2　应用效果

（1）提升故障诊断和预测能力　建立案例库、多种诊断和预测模型，完善各种设备性能和状态的算法及模型，对相关设备进行健康状态体检和评分，对设备性能、健康指数、零部件磨损、运行风险等状态变化实现在线分析与预测，对潜在故障能够实时诊断与预警，提供准确定位故障类别、原因、部位及处理措施，降低设备故障响应时间，提高故障处理效率，减少人工判断慢或因经验不足判断失误导致事故造成的损失。

（2）提高设备效能，降低设备故障率　利用总部大数据平台，整合智能油气田企业设备运行状态的数据，实现跨企业、同类型设备运行状态、故障等情况的分析，使数据的样本由单一企业延伸到多个企业，使企业具有全局的分析视角，扩大工业大数据分析范围和应用深度。在西北油田设备健康指数分析、设备故障诊断与预测方面，运用大数据分析方法进行敏感参数、趋势、偏差等的分析，提高了设备效能，降低了设备故障率。

## 参考文献

［1］李德芳.石化行业两化融合推进大会专题报告Ⅳ推进两化深度融合 打造世界一流企业［J］.中国石油和化工经济分析，2015（11）：15-16.

［2］于杰，王保平，郭家全.中国石油数字化油田迈入物联网与云计算时代［J］.中国管理信息化，2014,17（02）：60-64.

［3］王昆.中石油发布勘探开发梦想云平台［EB/OL］.北京：新华网，2018［2018-11-27］. http://www.xinhuanet.com/2018-11/27/c_1123775741.htm.

［4］赵国兵.中国海油将加快数字化转型［EB/OL］.北京：中化新网，2018［2018-12-19］. http://www.ccin.com.cn/detail/f3205b551f518ec08ddf2a5240bf29d4.

［5］蒋白桦，索寒生.基于物联网技术的危化品物流应用平台研究［J］.计算机与应用化学，2014,31（10）：1271-1274.

# 13 油品销售企业数字化智能化转型案例

油品销售在我国主要是以加油站零售的方式进行，而我国地域广阔，加油站数量众多，可见加油站零售市场之大。面对现今油品销售逐步对外开放的形势，提升油品销售企业在石油零售市场的竞争力、控制力是大势所趋[1]。而加油站作为油品销售企业的终端网点，经历了从业务、渠道、服务、管理、用户、数据等方面的不断演变，逐步向立体的、共享的、主动的全渠道会员服务体系转变，与新零售时代越发契合。智慧型加油站是信息时代发展的必然产物，将互联网相关技术与加油站建设和运营融合在一起，在大数据背景下，针对个体消费者消费习惯进行分析，制定精准营销，把相关商品直接呈现在顾客面前[2]，借助移动支付、APP推送信息等互联网技术，将普通的销售管理升级为线上线下相结合的智慧式销售管理，满足用户多样化需求，拓展商品与服务的销售手段，全面提升加油站销售服务水平，从而促进销售业务有效开展[3]。

目前，国内加油站智能化转型，主要体现在以下几个方面：

（1）收银载体从单一走向丰富，架构从传统走向互联网　业务的发展经过长期探索，在收银载体上从单一走向丰富，架构上从传统架构走向互联网架构，其生命力并没有衰减，而是随着技术的发展在创新中前行，在互联网和移动大潮中继续焕发新的光芒。

（2）以客户为中心，线上线下融合，推动企业转型

a.线上线下相融合。通过引流互促、模式创新，由线上线下割裂管理发展为全渠道统一管理。

b.企业数据化驱动。通过客户数据整合、客户标签与画像、营销组合优化

等措施感知客户；通过数字和社交营销分析、精准推荐转化客户；通过集客营销、交叉销售促进客户增长；通过单一客户视图、生命周期管理维护客户；通过流失预警、满意度优化挽回客户。

c.推动综合服务商转型。以消费者为中心围绕资讯、展示、购买、支付、配送、评价、关怀等全流程优化，为客户提供多种服务，打通外部客户资源，降低运营成本，开放的边界吸引优质资源的进入，并实现优胜劣汰。

（3）智能设备逐步推广应用，加强安全管理，提高运行效率 引入智能油机、智能摄像头、智能手持POS等智能终端，通过进销存数据的实时采集与分析，提升加油站经营管理效率；通过罐区入侵监控、卸油流程监控，加强加油站安全管理。

## 13.1 多元化创新型销售企业——浙江石油分公司

### 13.1.1 基本情况

中国石化销售有限公司浙江石油分公司（以下简称浙江石油分公司）是中国石化集团公司全资下属企业，注册资金82.06亿元。主营业务涉及汽油、柴油、煤油、天然气的储运和销售等，以及便利店、汽服、快餐等附加服务。是浙江省内最大的成品油销售企业，也是国内经营规模最大的成品油销售企业之一。

公司下辖11个地市公司，与BP公司、省交投集团成立2个较大规模的合资公司。截至2019年年底，公司在营网点2070座，其中加油站（含油气合建）2020座、纯加气站50座。定位油库21座，总库容160万立方米。已建成覆盖全省9个地市的6条成品油管道，总里程近1500km。

2019年，公司共销售成品油1635万吨，销售天然气3.64亿立方米，非油品交易额84.5亿元，实现报表利润34.5亿元，各项经济指标，特别是获利能力连续多年位居国内成品油销售企业前列，2012年被全国总工会授予"全国五一劳动奖状"，被集团公司授予年度"特别贡献奖"，2019年3月，根据《信息化和工业化融合管理体系评定指南》（GB/T 23003—2018）要求，浙江石油分公司获得两化融合贯标单位。

### 13.1.2 转型历程与效果

随着移动互联网、大数据、云计算、物联网等信息技术的迅猛发展与广泛应用，结合销售企业发展战略从油品销售商转型为综合服务商，浙江石油分公司积极探索互联网应用和数字化转型，信息化应用重点也从企业内部管理向提升客户体验转变，借助ERP与互联网技术集成，以技术创新带动业务创新，为广大消费者推出了一系列的新业务、新服务；同时，积极响应浙江省委省政府机器换人的发展战略，贯彻落实集团公司关于提升人均劳效的工作部署，努力探索智慧油站、智慧油库和智慧管道的建设与应用工作，深挖企业数据价值，实现油非业务深度融合，不断提升客户消费体验，为企业的业务创新、拓市创效和数字化精准营销等方面提供了坚实可靠的技术支撑，有效推进了企业两化融合的发展进程。

自2005年以来，认真贯彻总部关于"用信息化改造提升传统石油石化产业""以ERP建设为主线"的信息化发展思路，坚持以ERP系统为核心，不仅按总部统一模板实现了销售、物流、财务、审计等多项业务的综合应用，覆盖全省各级管理部门、油库、营业厅和基层各类网点，为经营决策提供了精准高效的数据支撑。而且，利用自有技术，深度开发ERP系统的创新应用，在销售量价控制、全面预算管理、费用成本核算等方面，取得了高效管控、高度集成的应用效果，进一步推进管理制度与信息系统的深度融合。到2010年，基本完成了信息化综合集成应用，初步实现了"规范经营、强化监督、过程受控、管理高效"的应用目标。

于2010年开始探索互联网技术在传统成品油销售的具体应用，在互联网上率先成功推出了网上营业厅，面向数百万加油卡用户提供了充值、查询、预分配等自助操作服务，而且开通了网银充值、支付宝充值等集成应用；随着移动互联网的应运而生，2013年开通手机支付宝服务号，满足广大加油卡用户空中充值需要；2015年推出微信公众号，并以ERP平台为核心、以微信公众号为桥梁，为全省加油购物的消费者开启了全方位的移动互联网应用服务。

从2015年以来，坚持以ERP平台为核心，高度集成加油卡系统、便利店系统、物流系统、微信公众号等重点系统，将企业的进销存数据、加油站油非结算数据、客户消费数据等数据资产，进行深度挖掘和价值发现，先后在企业绩效考核、业财一体化管理、易捷钱包、便捷加油、客户画像、精准营销等方面，探索了销售企业数字化转型的创新应用；同时，不断深挖潜力，努力优化全省储运设施，在智慧加油站、智能化油库和智能长输管线的具体实践中，取得了长足进步，为全省储运设施的智能化升级改造积累了必要的技术储备。

（1）打造了以ERP为核心的经营决策平台　坚持以ERP系统为核心，高度集成了加油IC卡系统、零售管理系统、非油品管理系统、二次配送优化系统等，不断探索ERP创新应用，不断增强企业内生动力，为企业提升盈利能力提供强大的技术动能；同时，为中国石化ERP应用贡献了许多浙江经验、浙江智慧，比如月结平台已推广到集团公司油田、炼化、销售等多板块近30家企业。

（2）为企业风险治理保驾护航　浙江石油分公司全省有11家地市公司、2000多座加油站和网点，面对频繁的交易业务、庞大的资金流水，凭借精益求精的管理功底和技术开发能力，努力实践信息技术与经营管理的深度融合，将管理制度固化到信息系统中，先后推出网点资金监控、信用在线审批、加油站现金缴款跟踪、非油品扫码盘点、发油作业安全联锁等，利用大数据分析、物联网技术、二维码应用等技术，不断完善公司内部治理环境，构建企业经营风险的预警和防控机制，有效防范企业经营风险。

（3）信息技术为企业拓市创效赋能添彩　在油品零售、非油业务、仓储物流等核心业务中，以互联网培育新动能，以技术创新促进拓市创效，积极引入移动互联网、"电商换市""机器换人"等新技术、新理念，利用信息技术为"油非互动""客户服务"新转变、新常态提供高效精准的一整套解决方案，借助微信公众号、网上营业厅和支付宝服务号等形式，大力推进客户自助化消费，改善客户消费体验，降低企业成本开支。

### 13.1.3　经营管理精细化

针对销售企业管理链长、网点多、地域广的经营特点，浙江石油分公司一直秉承"精心经营、精细管理"的经营理念，大力推进管理信息化进程，规范业务操作，堵塞管理漏洞，防范经营风险，经过多年的不懈努力和开拓创新，形成了以ERP应用为主线，高度集成办公自动化系统、加油IC卡系统、加油站零管系统、海鼎便利店系统、物流管理系统、油库自动发油、油库自动计量系统、加油站液位仪系统和微信公众号等关键系统，全面覆盖了公司的产品销售、油站管理、油库储运、物流调度、财务核算和经营决策等各个层面，为浙江石油分公司精细化管理提供技术支撑。

#### 13.1.3.1 解决方案

销售企业在日常管理中，除了上述提到的核心信息系统，还有许多应用特殊、功能专一的其他信息系统，比如运费结算、费用报销、物品领用等，凭借对ERP（SAP R3版本）的深入研究和独立的开发能力，从销售企业的管理链着手，不断优化和整合业务流程，在ERP系统中开发了许多创新应用，攻克了系统集成的关键难题，形成了ERP综合管理平台，满足了企业精细化管理的需求。

（1）ERP系统覆盖经营管理各层面　依托ERP系统，实现各级领导全面、及时掌握经营管理与行政办公信息，特别是ERP系统中"领导视窗"模块，按照领导级次和岗位职责定制个性化界面，按照内控权限指引实现ERP在线审批，为各级领导展现权限对等的个性化界面，动态反映全省进销存、应收款、资金到账、二次物流、加油IC卡、零售精准营销、客户消费分析等重要信息，有效破解了ERP"脸难看、门难进"的应用瓶颈。各级领导积极使用ERP系统，有效推动了各职能部门、各营业厅、油库等单位的合规应用，全省系统的经营管理数据满足全程记录、过程追溯、数据共享、自动便捷，同时通过ERP积累的海量数据，引入大数据分析算法，构建了业财一体化考核平台，自上而下，精准引导创新创效，不断强化各级经营单位的盈利能力。

（2）ERP智能化辅助经营决策　充分利用ERP系统的综合管理平台，对企业的进销存、应收款、资金到账、物流调度、运费结算、加油IC卡等重要信息，进行自动监控和智能分析，有效实现各业务环节的自动感知和自动校验，及时发现异常操作，保证经营信息的准确及时，充分体现信息系统"能自动处理的，就无须手工干预"的自动化效率，针对数据量大、数据结构复杂的ERP

全管理链数据，进行了从数据模型到应用层的逻辑设计，标准化处理系统数据源，创建了ERP月结管理平台，开创了财务机器人在月结过程中的首创应用，有效满足了财务细化管理的需要。该ERP月结平台的解决方案和实现方法已推广应用到中国石化内部的油田、炼化和销售企业的数十家单位。

（3）实现加油站ERP在线管理　ERP系统中对于加油站零售业务没有在线的管理方案，浙江石油分公司依靠独立自主的开发能力、破旧立新的流程再造，在ERP系统中开发了加油站在线管理平台，在全省2000多座加油站全面推广实施了ERP零售在线管理，加油站的日常交接班、进销存数据实时地上传到ERP系统中，实时反映全省加油站零售经营数据。同时，ERP系统将油库出库单、电子银行等信息传输到加油站，实现加油站物流信息、资金流信息的口径一致。加油站ERP在线管理的推广应用，标志着浙江石油分公司经营管理业务真正实现了ERP全覆盖，极大地促进了全省加油站的精细化管理。

#### 13.1.3.2　应用效果

浙江石油分公司坚持以ERP系统为核心，务实推进信息系统的集成化、规范化和智能化应用，在企业经营管理的过程控制、风险防控和精细化管理中，真正达到了信息系统与经营管理融为一体、无处不在的应用氛围，将销售企业ERP深化应用提升到新的更高水平。

（1）确立了集团内ERP创新应用的标杆企业　浙江石油分公司打造了标准化ERP管理平台，方便、全面、直观地展现全省经营信息，极大地推进了ERP的深化应用。ERP系统每天常用人员达到6000多个，并发在线用户有1800多个，上至省公司领导，下至加油站、营业厅和油库等基层岗位，充分体现了ERP系统应用范围的最大化，体现ERP系统从"要我用"到"我要用"的群众基础，真正使ERP系统成了支撑全省经营决策的信息管理平台。

（2）有效辅助企业精细化管理　ERP系统集成了成品油直分销业务、加油站零售业务、便利店非油品业务、加油IC卡、在线交易、线上支付等重要信息，通过建立严密的校验规则、精准的数据接口，实现关键数据的自动集成、自动监控和智能分析，有效实现各业务环节的自动感知和自动核对，提供全新的智能化分析平台，从而提高业务监管的精准度。

（3）提高全省经营管理效率　浙江石油分公司ERP平台覆盖了全口径业务，为经营管理积累了海量的经营数据，实现高效精准地通过业财一体化价值管理平台，针对省、分、支（区域）、站四个管理层级，开展量价费效多维对标分析和考核通报，全省上下聚焦价值引领增效创效，采用该平台的统一计算口径、统一逻辑取数，实时计算最明细加油站层级的效益，与以往传统的绩效考核方法相比，全省13个分公司（含合资公司）和65个支公司，每月每次考核可节约40个工时测算，全年节约的工时相当于可节约20位管理人员，仅这一项应用，就可以每年节约人工成本200万元，起到了降本增效的作用。

### 13.1.4　风险防控信息化

结合多年来精细化管理的风险防控经验、信息化管控手段的实践经验，以ERP平台管控企业经营风险，大胆引入移动互联网技术，突出了以全面风险防控为目标，大力推进风险管理制度与信息系统的深度融合，建立和健全信息化条件下的企业全面风险管理体系，不断完善企业风险治理环境，以信息化全面支撑企业风险管理。

#### 13.1.4.1　解决方案

根据《浙江石油全面风险管理办法》，企业面临的风险分为战略风险、财务风险、市场风险、运营风险和法律风险五大类，结合经营管理的工作重点和企业面临的经营环境，认真梳理和评估经营管理活动中的重大重要风险清单，并收集整理了"浙江石油风险清单""风险案例表"，针对上述五大风险中的财务风险和运营风险，存在于企业日常经营活动中，对于销售企业点多面广线长的管理现状，这两类风险在企业风险管理中往往表现出风险发生概率高、风险监控难度大、风险控制成本高的特点，努力通过信息化创新开发，将风险管理制度和风险防控手段固化在信息系统中，将全面风险管理的制度和手段切实贯彻落实到基层日常操作环节，进一步堵塞管理漏洞，不断加强信息系统自动预警和管控手段，更加高效、更加经济地管控企业经营风险。

（1）企业内控管理流程化　从2009年就开始在ERP平台中探索内控管理信息化应用，通过近年来的实践检验，基于ERP流程化的内控管理工作已经覆盖了日常经营管理的各项活动中，各级管理人员和基层操作人员已经适应、已经自觉地刚性执行内控管理的工作要求，有效降低经营活动中风险发生的概率。

（2）资金风险管理　浙江石油分公司目前拥有2000多座在营加油站、300多个开票点或加油卡发卡点，点多面广、管理链长、人员繁杂、现金量大的企业特点，给各地资金安全带来诸多困难。通过推广全省网点资金自动监控系统，有效监控加油站每天的营业款到账情况，一旦发现未达资金，就会触发异常报警，督促各级财务人员及时核查；在引入互联网应用以来，率先推出网银支付手段、支付宝、微信、易捷钱包等加油卡充值渠道，培育客户网上自助服务的消费习惯，有效减少加油站网点现金存量，降低现金管理风险，同时，结合ERP电子银行的自动核对和自动清账功能，大大减轻网点现金管理的难度和风险。

（3）销售信用风险管理　销售环节是石油公司实现销售收入、获得销售利润的关键环节，通过对油品销售业务中的风险分析和评估，在ERP系统中实现了信用控制、量价管理、已售未提、提单超期冻结、防伪税票等功能的流程控制与审批。在控制客户信用风险方面，通过在各网点均购置高拍仪，实现了客户的工商执照、税务登记证等基本资料在业务和开票等各环节的数据共享，加强客户资料的认证比对工作，进一步强化油品直分销环节的风险控制。

（4）存货风险管理　为了降低实物库存的风险，在油库、加油站的数量与质量管理、财务盘存制度等方面不断修改和完善，通过ERP超期提单冻结、在线审批解冻、油罐自动计量、自动发油等手段，进一步精确地监控到油库的实物库存；在加油站油品库存管理中，充分利用加油站自动液位仪系统，实时监控油罐液位，并建立自动核对模型，实现实物库存的自动比对，防治油罐渗漏、偷盗油、加油机不稳定等情况；在便利店非油品库存管理中，浙江石油分公司自行研制了便利店微信扫码盘点功能，可以实现位置定位、扫码盘点、库存核对、异常报警等功能，大大提升了非油品盘点工作的效率和精准度。

（5）其他综合风险管理　税务发票风险管理：通过在ERP系统中植入金税防伪发票接口，实现销售发票在线集成管理，发票领用、收款和信用管理、发票开具整个流程集成在ERP系统中，有效防控虚开增值税发票，防范税务风险。

成本费用控制风险：早在2015年，浙江石油分公司在ERP系统中全面启用了预算管理和费用报销功能，通过集成二次物流优化系统，在线监控油品配送的运距、运量和运价，自动计算全省每天3000车次的油罐车配送费用，为整个企业控制开支、降低吨油费用起到了积极的作用。

#### 13.1.4.2 应用效果

（1）业务自动化提高工作效率　完善企业全面风险管理体系。结合总部从严管理工作要求，以ERP系统为核心，进一步梳理和优化关键业务流程，细化岗位职责，继续将风险管理制度与手段融合到ERP系统的具体业务操作中，通过ERP平台便捷、合规地落实各类管理制度，构建全面风险管理平台。

（2）提高了风险防控的精准度　凭借精细化管理的经营理念，融合了信息化集成开发，有效探索了经营风险防控的自动化预警，将风险防控由人防逐步向技防转变，从而提高风险防控的精准度。

（3）整体提升风险管理效率　近年来销售企业一方面坚决执行从严管理，另一方面开展优化用工、人均劳效等改革措施，在数据集成与共享、数据逻辑自动校验、超阈值自动预警等方面，发挥高效精准的管控作用。以便利店商品扫码盘点模块为例，以往便利店有上千个商品分布在便利店库房、营业厅货架和加油区地堆，而且在动态销售，原本每当要盘点时，总要花1个盘点人员通过2天时间盘点一个便利店，而且存在人工干预库存数量的风险。采用微信扫码盘点以后，按照全省在营易捷门店1500家，每店每月开展1次库存盘点，每次盘点工作节约1人，每人劳务费150元/天计算，全年可节约费用270万元；从协同效益角度看，通过扫码盘点一个模块将省、分、片、门店四级库存管理工作有效串联在一起，提高工作的协同性，确保了库存管理工作落到实处。

### 13.1.5　创新业务数字化

近年来，国内成品油市场竞争态势持续升级，零售环节扩销创效变得异常艰难。浙江石油分公司坚决贯彻总部战略布局的总体要求，围绕"一站一策"

的竞争策略和"精细、精准、灵活"的原则，打破原有的管理模式束缚，深入挖掘现有微信平台、加油卡和零管系统积累的海量数据，积极探索数字化转型和大数据精准营销，有效推进油非业务深度融合，不断研发创新业务，努力将竞争层级从传统的价格竞争向品牌、质量、服务、效率、体验等多维一体的高级竞争转化，全力提升全省范围加油站经营创效能力。

#### 13.1.5.1 解决方案

为了开展数字化营销、不断丰富创新产品和服务，浙江石油分公司以ERP平台为核心，开展大数据分析，深度挖掘ERP零管系统、微信公众号、加油站和海鼎便利店系统积累的海量数据，积极探索数字化营销，努力提升加油站油非融合的创效能力：一是建立微信公众号、易捷钱包、客户画像等数据分析，初步实现不同客户需求设计不同的营销产品及策略；二是开展精准定向和数字化营销策略，对特定客户定向精准推送特定的电子消费券，引导并刺激客户消费，努力提高加油站进站率、进店率、通过率、回头率，进一步提升零售创效能力，最终实现顾客和员工双满意。

（1）建立微信公众号　自2014年推出微信公众号以来，不断推陈出新，迭代开发，先后推出了绑定加油卡、预售油品包、电子消费券、易捷钱包和便捷加油等创新性功能，为全省广大加油客户提供了专属的移动支付和便捷体验。截至2019年12月，浙江石油分公司拥有1853万加油卡、1100万微信粉丝和494万易捷钱包活跃客户，积累了丰富的客户资源，这给加油卡和易捷钱包的客户提供数字化营销、消费行为分析提供了宝贵的数据资产。自2019年，基于微信公众号，通过对庞大的客户消费记录进行深入细致的多维分析，开展了给特定客户定向精准地推送电子消费券，引导并刺激客户消费，不断增加客户黏性，为企业维系客户、拓市创效作出了有益的探索。

（2）易捷钱包和便捷加油　2015年在微信公众号上推出了易捷钱包，加油购物的客户可以通过微信支付对易捷钱包进行充值，有开票需要的客户，可以在微信公众号中输入发票抬头，下次就可以进店、扫码开具所有保存的发票抬头，加油站员工不必再输入开票抬头，加快开票速度。2017年10月份，自行研发了便捷加油的服务功能,在加油现场客户通过易捷钱包进行便捷加油时,员工可以手持无线防爆终端,客户在驾驶室内就可以完成加油扣款动作,不需要下车进店付款,扣款成功后,通过加油现场的无线音箱,播报扣款信息,方便员工确认扣款成功。在高峰期,就相当于一车道变多车道,可迅速分流客户,加快站内车辆通过率,提高加油站运营效率。

（3）客户画像与精准营销　依托ERP平台强大的数据集成和分析能力,汇聚了加油IC卡系统、便利店系统的海量数据,通过对客户的年龄、加油消费频次、非油品用券喜好等进行客户画像,分类制定可灵活配置的营销策略,并研发了多种微信电子券,包括加油卡与易捷钱包通用油品券、加油优惠券、非油品抵扣券、非油品提货券、现金消费券等,通过客户画像和电子券的自由组合,实现数据分析平台与营销策略配置模块互通,便于零售非油业务人员利用营销策略配置模块,向广大客户精准推送适销对路的电子券,节约营销成本,增加客户综合黏性。同时,在ERP系统中进行统计分析这三种电子券的发券及回收兑换率,还可以在有效期内对客户进行二次提醒或推送电子券,有效开展精准营销活动,提升加油站扩销和创效能力。

### 13.1.5.2　应用效果

在激烈的市场竞争中,率先引入互联网思维,发挥ERP平台的集成分析能力,大力开展大数据分析,自动绘制客户画像和消费足迹,动态分析和激发客户消费行为,与传统手工分析相比更高效精准。

（1）节约营销成本　通过大数据分析、精准营销、定向推送电子券等数字化营销手段,用较少的投入带来最大化的增量,改变过去简单粗暴的普惠策略,有效降低"撒网式"无明确客户目标的营销投入。若对全省汽油重点站（约占20%）开展加油送活动,按每个客户5元优惠力度,月均发券约630万元;而开展精准营销,仅对睡眠客户即潜在流失客户发券,月均发券189万元,每月可节约营销成本约441万元。如按照每年开展6个月的活动时长测算,每年节约营销成本约2646万元。

（2）提升加油站创效能力　通过易捷钱包和便捷加油等创新服务模式,

加快了加油购物的结算效率,有效提升了加油站高峰期的车辆通过率,从而提升油站销量。以市区加油站在高峰期间,现金客户加油、付款、开票整个流程的单次交易时间为例,通过易捷钱包和便捷加油站,单次交易平均节省5min以上,单站高峰时段汽油提枪笔数环比增长20笔/天,即单站销量环比增加约600升/天,全年增量约160t。按照全省市区繁忙站200座测算,效率优化后的站点全年可增加汽油销量3.2万吨,按照2018年汽油平均吨油毛利测算,相当于实现效益增长5860万元。

### 13.1.6 安全管理移动化

为了有效解决安全检查中屡查屡犯问题重复发生,实现零伤害、零污染、零事故的HSSE目标,浙江石油分公司HSSE委员会研究决定,在全省范围开展安全检查发现的问题建立举一反三整改销项机制,实行清单化管理,但在执行过程中发现,每个检查的问题整改进度无法及时掌握,基层单位只能靠举一反三纸质台账进行跟踪,每月全省问题整改情况的统计跟踪还需要层层汇总上报,存在效率低、工作量大等困难,全省安全管理的效率和精准度有待提高。

#### 13.1.6.1 解决方案

依托ERP和微信平台的集成应用,面向各级单位的安委会成员、机关安全管理人员以及一线安全生产管理人员,可以通过微信公众号进行安全隐患督查记录和上报、安全问题整改与销项、上级安全督促和指导等功能,后台系统依靠ERP平台,融合了作业指导书、安全管理微课件、HSE检查、举一反三管理、HSSE公示等系统功能,满足分级管理、全程追溯、台账集成等管理需要,有效提升了安全管理水平。

(1) HSE实地检查,现场上报问题隐患 借助系统的地理位置定位功能,在日常HSE检查中,检查人员或基层管理人员必须在相对应的现场对问题清单逐一核查,防止异地、事后修改问题清单,在一线现场发现安全隐患问题,就在手机(如遇防爆区域,要使用防爆终端)上按实际排查结果填报,该问题就处于"待整改"状态,直到问题整改完毕,由检查人员现场核实确实整改到位的，就在手机上确认为"已整改"状态，完成该项问题的闭环销项管理。

（2）定向发布推送问题　"待整改"问题上报系统后，油库主任、加油站站长、分公司各专业线条部门负责人可以根据权限，同时在ERP或微信公众号都可以看到待整改问题的上报时间和整改进度，系统根据问题归属的分委会来实现定向发布推送到相应的群组，如：加油站管理类问题直接推送到各分公司零管科长，加油站现场类问题直接推送到各加油站站长"浙江石油微信公众号"的操作平台上，形成了安全隐患群防群治的治理体系，各层级管理人员可以通过公众号即时看到库、站、管道的排查整改情况，及时督促责任单位、责任人及时排查整改，并上传更新整改进度，便于尽早再次现场核查。

（3）问题归类，方便统计　为了便于对HSE检查中发现的清单问题进行统计，在上传安全隐患问题时，需对问题按属性逐一进行分类，分类的类别要根据实际需要添加。如有关设备设施的问题，可以归类到设备管理类；涉及应急演练的问题，归类到消防应急；涉及员工培训的，归类到培训教训类，等等，系统可以根据分类和月度，自动统计隐患治理台账，重点督促未整改项目尽早闭环销项。

（4）实时反馈，实时查询　在ERP系统和微信公众号中，各级管理人员可方便地实时查询到每一项问题的分布总数、未确认数量及确认率、未涉及单位数量和比率、未整改数量和比率以及已整改数量和比率，并按地市公司分类排名，形成了对标竞争的安全管理热潮。

#### 13.1.6.2　应用效果

（1）降低安全管理成本　基层单位利用微信平台开展"举一反三问题"销项整改，可以减少纸质台账，随时利用平台查看安全隐患问题清单的整改进度。

（2）提高安全督查效率　通过精细化的隐患问题分类，针对性强，操作方便，极大提高了检查人员对安全隐患举一反三问题的排查效率；方便的查询功能又进一步降低管理人员数据统计工作量；通过对问题属性的分类，更有利于问题的汇总，及时作出总结分析，预计每月可减少240工时。

（3）提高数据准确性　此前安全隐患问题的数据统计停留在纸质检查表

上，汇总数据出错概率高、数据差距大，通过平台查询后数据基本无误，为安全管理人员分析问题与决策服务。

（4）灵活跟踪查询  管理人员只需在手机联网的情况下，可随时随地通过微信平台实时了解安全隐患、举一反三问题销项的排查确认、整改落实情况，可在基层单位面对面地培训，手把手地指导和实时地监督。

### 13.1.7　储运设施智能化

浙江石油分公司积极响应浙江省委省政府"机器换人"的发展战略，贯彻落实集团公司关于提升人均劳效的工作部署，运用互联网思维，持续推进基层作业流程的优化和改造工作，努力提升储运设施智能化、客户消费自助化的技术改造，在确保安全的前提下，优化劳动用工，提升客户服务水平。

#### 13.1.7.1　解决方案

在开展储运设施智能化改造的工作中，重点是探索智慧加油站、智慧油库和智慧管道的建设与应用工作，大力推行设备智能化改造，提升跨系统集成应用，深挖企业数据价值，强化信息系统的管控机制，不断提高作业效率，为企业的业务创新、数字化精准营销和提升人均劳效等方面提供了坚实可靠的技术支撑，有效推进了企业两化融合的发展进程。

（1）探索智慧油站建设  利用互联网应用的技术储备，从2016年开始启动智慧油站的建设工作，重点解决了智慧油站"对内智能管理，对外智慧服务"的技术研究与试点应用。对内智慧管理主要是在站级层面集成了加油站零管系统、加油卡管控系统、非油品便利店系统以及液位仪系统、视频监控系统，强化了站内重大作业、账务处理和资金管理的自动集成和联动监控，通过液位仪地罐交接功能，强化作业安全流程化管理、油品计量动态监控和计量账务自动处理，通过全省推广现金封包的动态监控，加强营业资金的全过程监控；在对外智慧服务方面，主要通过ERP和微信平台丰富的开发优势，陆续推出油品包预售、第三方合作的O2O购物模式、预约发票邮寄、权益卡等创新业务和产品，特别加油站交易中的易捷钱包、便捷加油、通码收款、车牌付、刷脸付等创新应用的落地应用，有效改善了客户消费体验，破解了加油站交易结算的瓶颈问题。今后，利用全省2000多座加油站的网店优势，有效整合线上线下业务，积极打造浙江石油分公司在未来市场中的核心竞争力。

（2）实现油库智能化改造　2016年开始，开始探索智能化油库改造工程，在绍兴东湖油库开展智能门禁、全自助发油、安全联锁、中控室远程调控、设备全生命周期管理、物联网监控、视频联动、油罐车电子签封等智能化改造，打造了"作业现场全自助"的创新工作法，将传统的油库公路发货流程进行优化整合，搭建了油库智能化管理平台，通过增设智能感知设备，自动识别违规操作行为，自动后台扣减司机的安全积分；搭建了油库NB-IoT物联网平台，自动采集油库设备工况信息，满足了油库设备全生命周期管理，提高油库设备完好性；实现了油库报表台账，特别是油库三核对报表的自动取数、自动生成，避免了油库计量管理中的人工操作和人工干预。

（3）实现长输管线智能化管理　2015年在总部的统一部署下，正式启动了智能化长输管线管理系统的建设，包括完整性管理、隐患治理、管线运行、应急响应、综合管理、数字化管理六大功能，实现了长输管道中线、地下交叉管线数据探测、周边环境调绘、全景影像等，对重点监管第三方施工、打孔盗油等管道日常业务活动，从发现问题、分析问题到处理问题形成了闭环管理，有效保障管线安全运行。从业务上先后覆盖了甬绍金衢、甬台温、绍杭、龙游—常山、诸暨—桐庐、镇杭等成品油长输管线，管道总长为1056km。

### 13.1.7.2　应用效果

浙江石油分公司通过这几年智能化改造的实践探索，不仅成功地积累了移动支付、物联网技术、大数据分析等新技术在企业经营管理中的具体应用，而且通过技术创新，引领了业务创新，带动了管理创新，为企业带来实实在在的应用成效。

（1）智慧加油站将催生销售企业生态圈重构　通过智慧加油站的建设与探索，不但实现了加油站对内对外的智慧式管理和服务，从试点层面实现了智能感知、位置服务、自助结算、移动支付、物联网联动、消费者画像等智慧模块，打造以智能硬件为技术，以定制化的软件和数据运营为中心的智能体验场景终端，打通油站与客户之间的信息交互通道，实现营销与管理科学化、智能化的加油站新形象，从而构建人、车、生活的生态圈。

（2）智能化油库提升运行效率　以绍兴东湖油库智能化改造为例，2015年年吞吐量192万吨，2019年在油库智能化改造的技术支撑下，油库满负荷运营能力从以往300车次/日提升至500车次/日，全年吞吐量达到370万吨，较2015年增长82.3%；同时，油库的组织机构由5个班组改变成2个班组员工，人数由56人精简至43人，每年节约人工成本约160万元，有效促进了油库人均劳效、大班组改革等管理革新，为销售企业油库智能化改造积累了宝贵的技术储备。

（3）促进长输管线安全平稳运行　通过智能化管线管理系统的深化应用，建立起数据完整、真实可视、安全运行的长输管线监管体系，实现管线管理的标准化、数字化、可视化，逐步实现全部地下管线三维展示、运行动态实时掌握和应急处置快速响应，有效应对了成品油管道点多线长、地质复杂、人口密度大、经济发达、水网和丘陵密布、第三方施工频繁、违章占压、打孔盗油等安全隐患，满足了总部、销售公司、企业自身对管线运行的监管要求，确保了长输管线安全平稳运行。

## 13.2　站级一体化智能加油站——香港石油分公司

### 13.2.1　基本情况

中国石化（香港）有限公司（以下简称香港石油分公司）是香港喷气燃料（航空煤油）、船用燃料油、工业用柴油及石油气市场主要供应商之一，成立于1989年10月，是中国石油化工股份有限公司在香港经营汽油、柴油、航煤、燃料油及液化石油气的全资子公司。截至2014年年底，注册资本约133亿元（港币，下同），公司资产总额314.4亿元，资产净值168.7亿元。公司始终坚持做优做实香港市场、拓展国际贸易、提升经营质量和效益的思路，紧盯市场，优化结构，深化改革，从严管理，实现了经营量稳步增长，2014年经营总量约2357

万吨，比2007年增长244%，销售总额1505亿元。

香港石油分公司目前有48座加油站，油站数量占香港市场的35%。经营业务覆盖车用油品、LPG、非油品销售及洗车服务等。车用油品销售量占香港市场的20%，LPG业务占到了香港市场的50%，近三年站均销量1.7万吨，非油品销售额达5764万元，高于香港地区平均水平。

### 13.2.2 发展历程

香港石油分公司面向油品零售客户的销售方式主要是到站加油，没有提供面向中小企业及酒店等特殊行业的配送业务。由于社会环境因素，在客户营销方面不同于内地的方式，主要是建立在银行卡及客户信用体系上的经营，管理也较内地灵活，为提升销售业绩和服务客户，同时增加客户黏性，香港石油分公司推出了多种基于实体卡的营销措施，主要包括：

① 面向信用度高的公司、个人客户的记账卡。

② 面向忠诚客户提供明折明扣的VIP卡。

③ 面向流动客户提供积分服务增加客户黏性的积分卡。

④ 面向有管理需求的记账卡用户提供司机身份标识卡等。

⑤ 支持海关、外交、特殊客户群体（如身体障碍人士）的免税销售，或能够为免税客户提供抵扣税凭证。

经过多年的信息化建设，已经有多套相互关联系统在为公司营运提供帮助。到2015年已建立了包括ERP、数据整合平台、零售管理等业务系统；办公系统包括OA、HR、合同系统。从零售信息化建设现状来看，一直在大力发展和提升零售管理系统，实现公司经营与站级零售的有机结合，取得了明显应用效果。零售管理系统是由石化盈科和新西兰INVENCO公司合力打造的定制化系统，实现香港石油分公司特色化的油品、非油品进销存价集中管控。零售管理系统属于实时在线系统，支持赊销过程全控制，支持室内、室外多方式支付，支持中控模式的卡机联动，该系统于2011年之前建设，支持了当时环境下的硬件设备集成及经营环境需要。但随着业务的开展也暴露出很多痛点和不足，主要表现在：

① 设备老化。多数设备已超过使用年限，老化严重，故障率逐年升高。与

本港其他公司相比，零管系统使用年限已超过同行业8～9年的标准。

② 停产断货。室外支付终端（outdoor payment terminal，OPT）、泵卡等关键设备的停产导致现有系统运行困难，新建站设备采购无法保障。

③ 技术落后。零售管理中心系统（head office system，HOS）使用2005年前的技术，技术已经落后。系统容量已饱和，设计上的一些不足也开始凸显，已不能满足扩容及业务的需要。

④ 非油问题。非油业务管理及结算越趋复杂，难以进行销售结算及高效精准的分析，妨碍非油业务持续扩展。

⑤ 操作系统安全风险。HOS用的是Windows Server 2003，微软停止了安全升级，继续使用的风险越来越高；站级系统在Windows XP下运行，微软已停止对Windows XP的安全服务。

⑥ 新需求。零管部、信息部在功能提升、"互联网+"、安全性等方面提出了新的需求。HOS的架构无法支撑这些新增需求。

⑦ 同行差距。国内外同行在云技术、线上线下（online to offline，O2O）、移动应用、第三方支付等方面取得了较好的应用效果。

香港石油分公司信息技术部通过调研分析，并与原有系统承建商深入交流，需要尽快启动香港智能加油站建设项目，从支付方式、营销方式、客户识别、客户体验等方面进行整体提升优化，打造油非销售一体化、线上线下一体化的站级一体化智能加油站。

以上也反映了香港石油分公司对大数据、云计算、智能化、移动应用等新IT技术的向往，对数据信息深入挖掘的渴望，对信息架构整体再规划、提升换代的期盼。基本形成了以数字化决策、智能化销售、现代化办公为目标的"十三五"信息化建设需求。

结合"十三五"期间信息化建设的大趋势，香港石油分公司信息化建设过程中加强了信息化建设的全局规划、顶层设计，引入了智能控制技术、创新技术，以满足决策层的需求，推动信息化向更高层面进化。

① 以创新为主线。依靠创新服务、创新管理、创新业务模式、创新业务流程，创造出新的业务能力。零售业务利用系统整体换代的契机，凭借在线系统

架构优势，打通供应链，发挥"互联网+"优势，实现线上与线下互动。

② 以总体架构方法为指引。在香港石油分公司的高度重视下，与专业团队合作，集成专家意见。以企业架构为指导，梳理和优化组织的业务、应用、数据和技术架构，通过先进、前瞻性的架构设计来牵引业务需求，同时引领新的IT解决方案，为业务创新、系统建设和整合、IT治理优化提供基础。

③ 以新兴技术为手段。通过结合互联网企业在大数据、云计算、移动应用等方面的优势，引入战略合作伙伴提升公司信息化水平。依靠新IT技术推动香港公司信息架构的更新和优化，打造新的"互联网+"模式。

④ 以数据应用和分析为重心。通过扩展数据来源，整合多种渠道、多种类型的数据源，引入低成本、易操作的数据存储，为大量数据的分析和挖掘提供技术基础。加强数据的治理和管控工作，做好数据质量管理、安全管理工作，在整个组织范围内优化数据标准，健全元数据、主数据管理，增强数据的一致性。

### 13.2.3 解决方案

一体化智能加油站的主要目标是打造架构更先进、效率更高、功能更全、兼容性更强的全港领先系统。主要通过从以下几个方面的建设，对外增强油非一体化营销、提升客户体验，提升销售收入，对内提高员工工作效率，有效利用现有资源，降低运营成本。智能加油站系统架构如图13-1所示。

（1）油非一体化销售　油品和非油品同单销售，统一支付收银，避免客户分单结算、员工分开操作。销售时自动根据设定的优惠规则计算每个商品或整单的优惠金额。油品、非油品前台交易数据统一，后台按比例进行油品和非油品拆分，包括优惠分摊和支付方式分摊，满足油品、非油品各自管理要求，提升用户体验，提高员工工作效率。

（2）实现室内室外一体销售　实现室内授权、室外加油的授权管控模式；实现室外支付终端授权、油机直接加油的管控模式；实现室外加油，加油交易转入室内的结算模式；室外交易可重新拍卡、拍优惠券、拍现金券，重新计算优惠。室内室外多种模式结合，不仅方便了客户，更提供授权加油的灵活性，提高了工作效率。

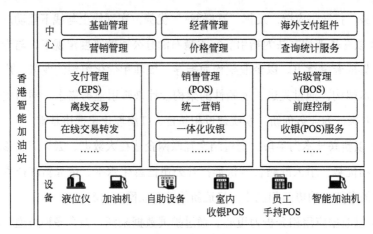

图 13-1 智能加油站系统架构图

（3）支持智能班日结　实现油品、非油品一体化班日结，简化站级复杂多系统操作，统一班日结时点，便于资金上缴和对账管理；支持自动班日结，可节省站级的班日结操作时间，事后进行复核确认导入ERP。大幅度缩减员工完成班日结时间5~10min。减少员工烦琐操作和停站时间，减轻员工班日结工作量，极大提高班日结工作效率。

（4）支持油非互促营销　实现油品营销明折明扣，直接为客人给予优惠折扣，让客人得到实惠，小票打印显示；支持Happyhour、组合套装优惠、满赠满减优惠、支付方式优惠等市场主流优惠方式；支持油非互动，包括赠送实物和电子优惠券方式，相互引流，互促互利提高营收；支持油品、非油品同单营销活动，通过后台营销折扣分摊，满足管理要求。实现多种营销活动灵活开展，促进了油品、非油品业务发展，增强了企业对市场的响应和灵活应对能力。

（5）支持多种支付方式　支持油品、非油品、汽服等混合收银；支持密码、扫码、手机、射频识别（radio frequency identification，RFID）标签等多种支付授权模式；支持联机电子账户类（石化卡、银行卡、微信、现金券、现金等）和业务终端；支持收银系统（point of sales，POS）、室外支付终端（OPT）、室外移动收银、手机APP等多种支付方式。

（6）支持油枪射频识别自动扣款加油模式　通过RFID感应器（已过防爆

认证）读取油箱盖上的射频识别标签，精确匹配。客户进站加油，加油完成后即可离开。系统可立刻扣款或者事后扣款，并将电子发票自动推送给会员客户。这种模式不会出现套牌车带来的问题（基于车牌识别的加油模式）。同时，减少了员工开具发票的工作量，节省了发票工本费、税控机成本、打印机耗材以及相关人力成本。

（7）电子货架标签　通过APP或者手持设备扫描电子货架标签，可以查询商品附加信息（产地、供货商、保质日期等），提升客户放心程度，支持APP自助下单、提货与结算、打印、分类和更换纸质标签，避免标签被无意地移动或撤掉，因货架标签和POS系统之间的价格不同步造成的投诉和其他相关处罚，实时的价格更新和发布及时的促销信息来提高网点销售额，接近零成本的价格有效地挖掘价格优化系统的价值，给顾客传递更准确的价格和促销信息，提升店面购物环境水平，提高价格管理能力，提升自身竞争力。

（8）车牌识别不下车无感支付　车辆进站时，通过识别系统对车牌进行自动识别，判断是否为会员，获取会员信息，并推送问候语到客户手机APP；车辆停靠泵岛，识别信息显示在OPT上，OPT和APP同时对车牌支付进行确认，并自动授权加油；加油完成，自动从客人账户进行扣款，达到客人无感加油；加油后的消费记录推送到客户手机APP，APP可查看消费明细；消费记录产生的积分推送到客户手机APP，在客人积分账户中累计。

（9）支持油品与非油品　O2O模式销售实现了客户线上预约，OPT生成付款码，客户可通过扫描APP付款码完成付款。客户可在APP上选择已加油枪号，提取交易明细，进行在线支付并加油；客户在APP上购买非油商品，线下到站后出示提货码，通过自动语音播报，油站员工将商品送入车辆后备厢，实现线上下单、油站提货、送货上车全流程服务，提升用户体验。

### 13.2.4 应用效果

（1）实现了零售管理一体化整体方案　新零管系统基于客户的新型销售运营需求打造，通过创新建设和新技术应用，制定统一的数据通信标准，形成统一支付的安全体系，构建成了一体化的零售管理系统，实现站级设备智能管控与自动化集成，有效地支撑了站级和中心零售业务的全面开展，丰富了营销手段，提升了油品、非油品服务功能。通过以客户为中心，满足用户多样化需求，加速油站支付新时代到来，从而提升了客户体验和消费感受。

（2）实现了技术与业务的创新　通过室内外智能收银终端以及智能班日结等方式，优化整合业务流程，实现了站级油品、非油品的统一收银。支持国内银行卡聚合支付、微信支付、加油卡及国际VISA（维萨）/MasterCard（万事达）/EMV等多种支付模式，形成了全新的站级支付体系和站级设备管控体系。

（3）提高了管理水平　通过融合了国内外优秀产品经验，一是对标国际加油站一流水平的管理系统，二是结合香港管理与服务特色及国内互联网先进技术，研发打造了室外支付终端设备（OPT）、智能协议转换设备（fore court controller, FCC）、海外支付网关具有自主知识产权的产品，同时系统支持多币种、多语言、多国际区域，适应性强，极具竞争力，为开拓国际市场提供了有利条件。

（4）提升了用户体验　通过丰富营销和服务手段，增强油品、非油品销售和营销一体化，以客户为中心，打造新一代以大数据为核心的智能加油站。利用大数据及机器学习算法进行深度客户分析及挖掘，建立360度的客户标签体系，并在此基础上进行客户聚类及分群，精准营销服务，满足用户多样化需求。

（5）实现了香港分公司智能化提升　以智能支付终端OPT、智能协议转换FCC、双屏收银台（安卓）、移动POS、移动终端为代表的一批智能化新设备、新技术得到了广泛的应用，有效解决了香港公司设备老化、技术落后、安全风险等问题。

## 参考文献

[1] 操德平. 新形势下石油零售企业应对市场竞争的策略 [J]. 石油库与加油站, 2003, 03:22-23.

[2] 车燕玲. 互联网大数据下智能化加油站建设研究 [J]. 网络安全技术与应用, 2019, 09:96-99.

[3] 郭鹏, 苏今辉. 浅析智慧型加油站设计 [J]. 中国新技术新产品, 2019, 19:55-56.

## 索引

**A**

安防一体化 / 396
安全防护水平 / 144
安全管理 / 059
安稳长满优 / 387

**B**

本质安全 / 385
标识解析 / 230

**C**

财务机器人 / 476
采购 / 122
采购标准化 / 322
掺稀优化 / 467
产量预测 / 455
产品+运营+服务 / 415
产品质量可追溯 / 388
成品油泄漏量计算 / 432
持续交付中心 / 156
抽油机井示功图 / 462
川气东送 / 444
创新驱动提升企业核心
竞争力 / 387
存储 / 144

**D**

打孔盗油概率预测 / 428

大机组监测 / 392
大数据 / 001, 471, 473, 488
大数据分析 / 313, 346
单井工况诊断 / 462
单品量本利精细化核算 / 411
地理信息服务平台 / 431
地质灾害 / 454
电子货架标签 / 491
电子商务 / 122
电子商务生态圈 / 125
敦煌易购 / 409
多层递阶的物料平衡
技术 / 391
多通道并行采集 / 395
多形态服务集成 / 431
多源空间数据融合技术 / 431
多源线性管道腐蚀预测
模型 / 432

**E**

二次配送优化系统 / 474
二维地理信息管理 / 422

**F**

非油品管理系统 / 474
非油品销售 / 137
费用结算与损耗管理 / 415
风险防控 / 477

凤平台 / 408
服务管控中心 / 156

**G**

改善客户体验 / 129
高含硫气田 / 447
高后果区管理 / 425
高后果区管理及风险
管理 / 424
高效管理平台 / 136
工厂模型 / 247, 389
工厂模型+数据集成
服务 / 389
工程项目管理 / 112
工况典型图谱库 / 463
工况诊断 / 462
工业APP / 263
工业大数据 / 250
工业互联网 / 225, 443
工业控制 / 097
工业软件 / 261
工业物联 / 240
工业智能 / 253
供应商协同 / 123, 139
共享服务 / 314
故障预警 / 144
故障智能检测 / 210

管道 / 419
管道完整性管理 / 420
管道巡线管理 / 423
管道业务活动管理 / 424
管理模式创新 / 334
管线数字化管理 / 420
管线文档资料管理 / 422
管线泄漏智能识别 / 464
管线运行管理 / 420
规范高效经营管理 / 385
国家智能制造试点示范企业 / 331

## H

互联网+化纤 / 409, 415
互联网应用 / 473
化纤 / 383
环保地图 / 341
环保管理 / 063
环境污染风险防控 / 426
会员服务 / 471
会员管理 / 139

## J

机理模型 / 248
机器人流程自动化 / 316
机组预警 / 394
基础数据维护 / 422
基于大数据的产量预测 / 455
急救 / 396
集成共享 / 311
集中管控 / 309
集中监控 / 144

计划调度一体化模型 / 354
计算 / 144
技术服务组件 / 156
加油IC卡系统 / 474
加油卡 / 129
加油站 / 471, 486
减员增效 / 387
降低运营成本 / 125, 140
节能减排 / 078
金属管线腐蚀点预测 / 428
进销存系统 / 408
精细化管理 / 477
精准安全生产管控 / 385
精准营销 / 481
井站无人值守 / 452
九江石化 / 331
决策支持 / 312

## K

可持续发展 / 060
客户服务 / 121, 305
客户关系管理 / 125
客户画像 / 481
空间数据聚合技术 / 432

## L

离散+流程 / 409
炼化一体 / 002
炼油化工 / 331
零售管理系统 / 474
绿色节能IT基础设施 / 385

## M

茂名石化 / 331

煤化工 / 383
模型 / 173

## N

内外操协同 / 339
能耗优化 / 467
能力开放中心 / 156
能源管理 / 078
能源和物料集成建模及优化技术 / 390

## P

飘丝飘杂工艺实时检测 / 409
平台+应用 / 315

## Q

企业ERP集成联动 / 391
气藏动态预警 / 455
区块链 / 011
全厂物料平衡模型 / 389
全流程 / 334
全渠道 / 471
全生命周期管理 / 351

## R

人车货线等的物流安全 / 415
人工智能 / 001, 250, 316
人员危险信息识别 / 460
日平衡、旬确认、月结算 / 391
日优化效益 / 373
融合通信 / 448
柔性优化设计 / 196
软件定义 / 144

## S

三维模型管理 / 422
三维事故模拟 / 426
三维数字工厂 / 343
商业模式创新 / 321
商业新业态 / 301
设备高效运转 / 387
设备健康管理 / 379, 381
生产管理业务流程的标准化、规范化 / 389
生产集控 / 332
生产一体化优化 / 337
生产营运指挥 / 052
生产优化 / 387
生产运行精细化 / 066
生产执行 / 065
施工作业过程管控 / 375
石化产业链 / 007
石化e贸 / 326
石化信息物理系统 / 167
石油化工 / 001
实时计算 / 257
实时数据库 / 116
实验室信息管理 / 072
事故场景 / 399
数出一家、量出一门 / 406
数据 / 173
数据仓库 / 416
数据互通 / 230
数据集市 / 416
数据集中集成 / 372
数据融合 / 396
数据中心 / 144

数字化 / 001
数字化智能化 / 288
数字油田 / 441
丝路平台+敦煌平台 / 415
丝路易达 / 409
四流集成的新型工厂 / 385

## T

碳中和 / 007
统一运维 / 144
统一资源配置 / 313
透明运输 / 415

## W

完整性评估 / 425
网络 / 144
网络安全 / 144
网络互联 / 230
网络化 / 001
网络流量调度 / 153
微商城 / 414
维修与维护 / 425
稳定和可扩展的MES工厂模型 / 390
无感支付 / 491
无人机巡线 / 464
无人值守 / 460
物联网 / 011, 385, 452
物料移动模型 / 390
物流管理 / 085
物流优化 / 415

## X

先进可靠的自动化控制 / 385

先进控制 / 207
先进制造 / 331
消气防 / 396
销售模式创新 / 143
销售、生产多部门联动决策 / 411
效能评估 / 425
协同优化 / 171
新冠疫情 / 005
新基建 / 009
新一代生产营运指挥中心 / 334
信息安全管理体系 / 144
信息化 / 031, 052, 121
信息物理系统 / 167
循环经济 / 004

## Y

阳光采购 / 322
业财一体化 / 475
业务标准化 / 312
业务协同 / 387, 458
业务主线 / 228
业务自动化 / 358
一个平台、一个标准、一个团队 / 408
一体化生产指挥 / 450
一体化现代物流 / 085
一体化智能排产模型 / 412
一站一策 / 479
异常报警分析 / 423
异常工况报警预警 / 347
隐患跟踪分析 / 427
隐患管理 / 420, 427

隐患排查 / 427
隐患整治 / 427
隐患智能识别 / 464
影像智能识别 / 316
应急联动 / 396
应急抢险现场监控 / 426
应急响应 / 420
应急一体化指挥 / 447
应急值守管理 / 398
应急资源联动 / 426
应急资源自动标注 / 426
优化管线改线路由 / 436
油库智能化 / 485
油库自动发油 / 475
油品零售 / 136
油气管道隐患治理 / 419
预知性维修 / 468
原料采购流程自动化 / 409
原煤管控系统 / 388
远程操控 / 452
远程监测及故障诊断 / 392
远程监测中心机组
列表 / 393
远程监控 / 452
远程诊断 / 385
云平台 / 144
云资源池 / 156
运维管理平台 / 144
运行参数监控 / 423
运营数据仓库 / 369

## Z

再生能源 / 004
在线监测 / 454

在线支付 / 323
站级一体化智能
加油站 / 488
诊断案例库 / 393
镇海炼化 / 331
知识库 / 381
质量事故可认定 / 388
智慧物流平台 / 415
智慧型 / 471
智慧油站 / 484
智能便携决策支持 / 387
智能产线 / 409
智能导航 / 450
智能工厂 / 016, 331, 332
智能化 / 001
智能化服务体系 / 290
智能化工业体系 / 290
智能化管理体系 / 291
智能化管线管理 / 420
智能化排丝 / 413
智能化转型路线图 / 302
智能环保监控 / 343
智能监控 / 216
智能建模 / 185
智能决策 / 299
智能立体仓库 / 409
智能排产 / 410
智能融资下单 / 413
智能设备 / 472
智能视频分析 / 365
智能优化 / 198
智能油田 / 441
智能诊断 / 393

智能制造 / 008, 013, 300, 331
智能制造标准体系 / 280
智能制造参考模型 / 277
智能制造成熟度评估 / 283
转型升级 / 447
装置在线实时优化 / 355
资产模型 / 247
自动化 / 102, 132
自动化控制 / 235
自动识别产品外观
检测 / 409, 410
综合管理 / 420

## 其他

CPS（信息物理系统）/ 167
CRM（客户关系管理）/ 125
ERP（企业资源计划）/ 473
IC（集成电路）卡 / 130, 362
IT（信息技术）运维
平台 / 144
KPI（关键性能指标）
指标库 / 416, 418
MES（生产执行系统）数据
平台 / 389
OPC UA通信协议 / 232
PCPS（石化信息物理
系统）/ 167
SPDM（中国石化管道数据
模型）/ 432
TSN（时间敏感网络）/ 232